Friederike von Gross
Winfried Marotzki
Uwe Sander (Hrsg.)

Internet – Bildung – Gemeinschaft

VS VERLAG FÜR SOZIALWISSENSCHAFTEN

Bibliografische Information Der Deutschen Nationalbibliothek
Die Deutsche Nationalbibliothek verzeichnet diese Publikation in der
Deutschen Nationalbibliografie; detaillierte bibliografische Daten sind im Internet über
<http://dnb.d-nb.de> abrufbar.

1. Auflage 2008

Alle Rechte vorbehalten
© VS Verlag für Sozialwissenschaften | GWV Fachverlage GmbH, Wiesbaden 2008

Lektorat: Stefanie Laux

Der VS Verlag für Sozialwissenschaften ist ein Unternehmen von Springer Science+Business Media.
www.vs-verlag.de

Das Werk einschließlich aller seiner Teile ist urheberrechtlich geschützt. Jede Verwertung außerhalb der engen Grenzen des Urheberrechtsgesetzes ist ohne Zustimmung des Verlags unzulässig und strafbar. Das gilt insbesondere für Vervielfältigungen, Übersetzungen, Mikroverfilmungen und die Einspeicherung und Verarbeitung in elektronischen Systemen.

Die Wiedergabe von Gebrauchsnamen, Handelsnamen, Warenbezeichnungen usw. in diesem Werk berechtigt auch ohne besondere Kennzeichnung nicht zu der Annahme, dass solche Namen im Sinne der Warenzeichen- und Markenschutz-Gesetzgebung als frei zu betrachten wären und daher von jedermann benutzt werden dürften.

Umschlaggestaltung: KünkelLopka Medienentwicklung, Heidelberg
Druck und buchbinderische Verarbeitung: Krips b.v., Meppel
Gedruckt auf säurefreiem und chlorfrei gebleichtem Papier
ISBN 978-3-8100-3161-7

Inhalt

Einleitung
Winfried Marotzki, Uwe Sander und Friederike von Gross 7

Erster Teil:
Gemeinschaft und Kultur

History in the Digital Domain
Mark Poster 15

Is there Any Body in Cyberspace? Or the Idea of a Cyberbildung
Lars Løvlie 31

Die Gemeinschaften der Eigensinnigen. Interaktionsmediale
Kommunikationsbedingungen und virtuelle Gemeinschaften
Udo Thiedeke 45

Bildung und Gedächtnis im Cyberspace
Arnd-Michael Nohl und Wolfgang Ortlepp 75

Swarms und Task Force Communitys:
Zur Re-Formierung des Kollektiven im Netz
Birgit Richard 95

Männlichkeit und Weiblichkeit im Netz: Dimensionen des Cyber-Gendering
Nicola Döring 119

Zweiter Teil:
Bildung und Lernen

Allgemeinbildung durch informationstechnisch vermittelte Netzinformation
und Netzkommunikation
Wolfgang Nieke 145

Virtuelle Welten und Cyberspace
Johannes Fromme 169

Neue Bildungskulturen im »Web 2.0«:
Artikulation, Partizipation, Syndikation
Benjamin Jörissen und Winfried Marotzki 203

Bildung und virtuelle Welten – Cyberbildung
Norbert Meder 227

Computerbasiertes kooperatives Lernen (CSCL)
als technische und pädagogische Herausforderung
Udo Hinze 241

Autorinnen und Autoren des vorliegenden Bandes 263

Einleitung

Winfried Marotzki, Uwe Sander und Friederike von Gross

Der vorliegende Band hat sich drei gewichtige Termini auf den Titel geschrieben: Internet, Bildung, Gemeinschaft. Die Frage, die sich uns stellte, war, was diese Begriffe in der aktuellen Diskussion miteinander verbindet. Zunächst einmal ist festzustellen, dass das Internet (wieder) in aller Munde ist. Web 2.0 ist das aktuelle Schlagwort der Diskussion. Was meint Web 2.0? Welche Konsequenzen bringt diese augenscheinlich neue Version des einst Altbekannten mit sich, welche Chancen? Damit einher geht die Frage, ob das Internet ein Bildungspotenzial besitzt? Wenn ja, worin besteht es? Was ist unter Cyberbildung zu verstehen? Wenn gelernt bzw. gebildet wird: Wo geschieht das? Können virtuelle Gemeinschaften solche Orte sein? Oder entpuppen sich diese sozialen Gruppen, ja vielleicht sogar der ganze Hype um das Web 2.0, bei näherer Betrachtung als ebensolche unwirklichen, wenig greifbare und überbewertete Gebilde wie einst die Unternehmen der Dotcom-Blase?

Internet, Bildung, Gemeinschaft. Diese drei Termini werden in diesem Band miteinander verwoben, aufeinander bezogen und voneinander abgegrenzt. Die Autoren gehen der Thematik dabei aus ganz unterschiedlichen Perspektiven auf den Grund, die sich aber zwei großen Teilbereichen zuordnen lassen. Den ersten Teil, *Gemeinschaft und Kultur*, eröffnet *Mark Poster* mit seinem Beitrag »*History in the Digital Domain*«. Der US-amerikanische Professor der Geschichte, zu dessen Arbeitsschwerpunkten u.a. »Media Studies« gehören, wirft einen Blick auf das Verhältnis von Geschichte (als Disziplin) und Internet. Er zeigt auf, wie durch das Internet sowohl die Arbeit als Historiker als auch die betroffenen historischen Objekte eine Veränderung erfahren. Des Weiteren erläutert er, wie sich das Lernen und Lehren verändert – zum Guten wie zum Schlechten – und verdeutlicht, warum Mediengeschichte ein wichtiger Untersuchungsgegenstand für Historiker werden sollte.

Es folgt *Lars Løvlies* Beitrag »*Is there anybody in Cyberspace? Or the Idea of a Cyberbildung*«, welcher dem Verhältnis von »Selbst« und »Welt« nachgeht. Hierbei thematisiert der Autor, ob und wiefern Körper bzw. Körperlichkeit im Internet von Bedeutung sind. Dazu verweist er auf Philosophen wie z.B. Edmund Husserl, Maurice Merleau-Ponty, Gaston Bachelard und Martin Heidegger und setzt seine in Beziehung zu ihren Vorstellungen.

Udo Thiedeke stellt in seinem Beitrag »*Die Gemeinschaft der Eigensinnigen. Interaktionsmediale Kommunikationsbedingungen und virtuelle Gemeinschaften*« heraus, dass mit den kybernetischen Interaktionsmedien, zu denen er das Internet zählt, eine Virtualisierung, genauer eine Vermöglichung von Medienformen und medialen Wirklichkeiten eingetreten ist, die auf vier verschiedenen Sinnebenen zu greifen scheint (sachlich, sozial, zeitlich, räumlich). Diese Sinndimensionen begünstigen seiner Meinung nach solche sozialen Systeme, zu denen die virtuellen Gemeinschaften gezählt werden können. In ihnen geht es laut Thiedeke um ein kollektives Mitwirken individueller Mitglieder, welches durch die Identifikation von Gemeinsamkeiten gestützt wird und sich infolgedessen von einer komplexen Umwelt unterscheidet. Dabei sind sie mehr als nur soziale Gruppen, denn virtuelle Gemeinschaften haben gelernt, trotz Asynchronität und Distanz zu funktionieren. Wo individualmediale und massenmediale Kommunikation nicht mehr ausreichen, schaffen Entgrenzung und Vermöglichung im Virtual Life neue Erfahrungsräume. Diese ortlosen Räumlichkeiten sind laut Thiedeke durch Pseudonymität, Selbstentgrenzung, Interaktivität, Optionalität und Fluidität geprägt. Diesen Begriffen geht der Autor in seinem Beitrag auf den Grund und weist daraus resultierende Möglichkeiten und Grenzen auf. Daraufhin definiert Thiedeke, was virtuelle Gemeinschaften kennzeichnet, was sie ausmacht und was sie von anderen Gemeinschaftstypen unterscheidet, ja, was sie ihnen voraushaben. Sie werden seiner Meinung nach auch in Zukunft gesellschaftliches Thema bleiben und von den Usern nicht nur Medienkompetenzen, sondern gar Wirklichkeitskompetenzen erfordern.

Arnd-Michael Nohl und *Wolfgang Ortlepp* verknüpfen in ihrem Beitrag »*Bildung und Gedächtnis im Cyberspace*« beide großen Themenbereiche des Bandes – Gemeinschaft und Kultur einerseits sowie Bildung und Lernen – auf sehr direkte Weise miteinander. Eingangs geben sie eine Einführung »in die Bedeutung von Bildung im Zeitalter der postindustriellen Wissensgesellschaft und ihren Bezug zum Gedächtnis«. Sie grenzen dabei Lernprozesse deutlich von Bildungsprozessen ab. Letztere gelingen, so Nohl und Ortlepp, durch das Vergessen, denn nur so »erhält der Geist die Möglichkeit der totalen Erneuerung, die Fähigkeit, alles mit frischen Augen zu sehen«. Alte Gedächtnisrahmen werden abgelöst, wodurch neue Rahmen, und somit Bildungsprozesse, entstehen können. Im zweiten Teil des Beitrags weisen die Autoren auf die Besonderheiten soziotechnischer Netzwerke hin, die eher an eine Überlappung von Gedächtnisrahmen denken lassen als an deren Löschung. Im dritten Teil übertragen Nohl und Ortlepp den vorgelegten theoretischen Rahmen auf die »Hybrid-Akteure« des Internets, auf virtuelle Communitys und in ihnen verkehrende Avatare, und erläutern u.a. an einem anschaulichen Beispiel, wie in Gedächtnistransformationsprozessen online Bildung stattfindet.

Birgit Richard strebt in ihrem Beitrag *»Swarms und Task Force Communitys: Zur Re-Formierung des Kollektiven im Netz«* eine Neudefinition von Kollektivität an. Diesen negativ konnotierten Begriff befreit sie vom Gewand des Sozialismus und überträgt ihn auf bisher wenig beachtete Online-Phänomene. Zunächst aber zeigt sie dem Leser auf, dass das einstige »Wilde Netz« von US-Firmen wie Network Solutions und ICANN kontrolliert wird, dass die einstigen Internet-Pioniere zu Geächteten wurden und dass der »New-Frontier-Gedanke« von der Kommerzialisierung beinahe erstickt wurde. Diesen pessimistischen Blick auf das Internet vermag Richard zu relativieren, indem sie dokumentiert, wie Netzaktivismus in Form des Kollektiven ein Stück weit die von ihr positiv konnotierte Unkontrollierbarkeit der Internet-Gründerzeit ins Hier und Jetzt hinüberretten kann. Als Beispiele nennt sie neben Open Source Software vor allem Formen des Hacktivism (die sie deutlich von Hacking differenziert). Bei Hacktivism geht es um Hackerethik anstelle des Setzens »männlicher pubertärer Duftmarken«. Es geht um »angekündigte Aktionen von begrenzter Dauer mit symbolischem Charakter«. Im Kollektiv sind politische Aktivisten und Künstler bei der Durchführung von Cyber- und InfoWar-Taktiken geschützt. Gleichberechtigte Partizipation, Individualität und Egalität sowie das Nebeneinander persönlicher Skills und einer sinnstiftenden, schützenden Gemeinschaft zeichnen die neuen Online-Kollektive aus. Abschließend untersucht Richard in ihrem Beitrag, in wieweit die neuen Kollektive auch bis hin ins Real Life funktionieren können.

Der Beitrag *»Männlichkeit und Weiblichkeit im Netz: Dimensionen des Cyber-Gendering«* von *Nicola Döring* stellt Ergebnisse einer explorativen Untersuchung dar, die sich mit der bisher wenig systematisch beobachteten Thematik des Cyber-Gendering in der Online-Kommunikation auseinandersetzt. Diese bricht Döring auf vier Ebenen herunter: 1.) Geschlechts-Spezifik von Netzangeboten, 2.) Geschlechter-Zuordnung der Beteiligten, 3.) Geschlechter-Inszenierung der Beteiligten und 4.) geschlechtspolitische Implikationen der Netznutzung. Diesen vier Ebenen ordnet die Autorin Chancen und Grenzen zu und verweist auf mögliche Forschungs-Desiderate.

Den zweiten Schwerpunkt des vorliegenden Bandes, Bildung und Lernen, eröffnet Wolfgang Nieke mit seinem Beitrag »Allgemeinbildung durch informationstechnisch vermittelte Netzinformation und Netzkommunikation«. Der Autor beginnt seine Ausführungen mit einem Blick auf die aktuelle Diskussion zur Allgemeinbildung. Diese sei an Schlüsselproblemen orientiert, die in Zeiten der Individualisierung für den Einzelnen unvorhersehbar geworden sind. Notwendig sei deshalb eine Selbstbildungskompetenz. Das dazu notwendige Wissen kann im WWW praktisch von jedermann gefunden werden, wenn er die sich ihm in den Weg stellenden Hürden zu bekämpfen weiß. Nieke gibt in seinem Beitrag einen Überblick über die

Möglichkeiten des Netzes und über dessen Amplifikationen, über die Bildungswirkung des E-Mail-Schreibens und des Chattens. Gleichzeitig relativiert er aber auch die lange mit dem Internet verbundene Euphorie, enttarnt nicht haltbare Mythen und verweist auf mögliche Gefahren. Abschließend stellt er die Bedeutung der Medienkompetenz als Bestandteil der Allgemeinbildung heraus.

Johannes Frommes Beitrag *»Virtuelle Welten und Cyberspace«* beschäftigt sich mit den medialen Besonderheiten virtueller Welten und geht aus medientheoretischer Perspektive der Frage nach, auf welche Weise sinnvoll zwischen virtueller und wirklicher Welt differenziert werden kann und wie sich diese Welten zueinander verhalten. Fromme arbeitet die relevanten Eigenschaften des Internets und der VR-Technologie (hiermit meint er eine Medientechnologie, die eine realistisch erscheinende virtuelle Realität [VR] erzeugen will) heraus: Interaktivität, Intersubjektivität und sensorischer Realismus. Laut Fromme seien es eben diese Momente, die Wirksamkeit bzw. Stellvertretung im Cyberspace ermöglichen. Weiter ausführend betont er die Relevanz der Nutzerperspektive, denn der Cyberspace ließe sich nicht allein von der technischen Seite her entschlüsseln. Im Ausblick verweist Fromme auf Forschungsdesiderate, die vor allem informelle und nonformelle Bildungsprozesse zum Thema machen sollten.

Winfried Marotzki und *Benjamin Jörissen* geben in ihrem Beitrag *»Neue Bildungskulturen im ›Web 2.0‹: Artikulation, Partizipation, Syndikation«* anhand ausgesuchter Beispiele Einblicke in die Chancen, die Möglichkeiten und die erhöhte Komplexität des Web 2.0. Nach einer einführenden Begriffsklärung nehmen die Autoren drei – aus ihrer Sicht – wichtige Aspekte des »neuen« Internets ins Visier: 1.) das so genannte Blogging, 2.) die Idee der Kollaboration und des Sharings sowie 3.) die Wandlung der traditionellen Online-Community zum sozialen Netzwerk und erläutern diese anschließend am Beispiel der Fotosharing-Community flickr.com. Im den Beitrag abschließenden Ausblick arbeiten Marotzki und Jörissen thesenartig sechs prägnante Aspekte des noch jungen Forschungsfeldes heraus.

Norbert Meder versucht in seinem Beitrag *»Bildung und virtuelle Welten – Cyberbildung«* einen »sauberen Begriff von Virtualität herauszuarbeiten, um den inflationären Gebrauch der Virtualität kritisch einzuschränken«. Dabei stellt er vier Formen von Welt einander gegenüber: Modellwelt, simulierte Welt, virtuelle Welt und fiktionale Welt. Meder konkretisiert, inwiefern Virtualität als Simulation einen bildungsrelevanten Leerraum eröffnet, der in virtueller Umgebung ein reales Handeln ermöglicht. Diese wirkliche Handlung macht die virtuelle Welt laut Meder zu einer möglichen Welt, insofern, dass sie das Phänomen des Transfers in sich birgt, welcher den didaktischen Aspekt im pädagogischen Handlungszusammenhang deutlich macht.

Abschließend stellt *Udo Hinze* in seinem Beitrag *»Computerbasiertes kooperatives Lernen (CSCL) als technische und pädagogische Herausforderung«* das Konzept des kooperativen E-Learnings auf den Prüfstand. Nachdem er den Begriff erläutert und einen Überblick über das sich dahinter verbergende breite Spektrum des kollaborativen Lernens im Internet gibt, beleuchtet Hinze das Feld aus zweierlei Perspektive: 1.) mit Blick auf die technischen Herausforderungen und 2.) mit Blick auf die pädagogischen Herausforderungen. Der Autor stellt heraus, dass ein mehr an Technizität nur dann sinnvoll und vor allem nicht hinderlich ist, wenn die konstruktivistische Didaktik diese in adäquater Art einzusetzen weiß. Als innovativ bezeichnet Hinze das aus den Implikationen des Web 2.0 resultierende E-Learning 2.0. Ziel zukünftiger Überlegungen und Forschungen sei es dem Autor zufolge nun, die Rahmenbedingungen zu eruieren, die ein optimiertes – sowohl technische als vielmehr auch pädagogische Aspekte einbeziehendes – CSCL 2.0 möglich machen.

Wir danken Miriam Schupp und Horst Haus für die kompetente redaktionelle Mitarbeit an diesem Band und Frau Laux für ihre Geduld.

Bielefeld/Magdeburg 2007

Erster Teil:
Gemeinschaft und Kultur

History in the Digital Domain

Mark Poster

1. Digital Disciplines

What is at stake in the alteration of the material structure of cultural objects from the paper forms of manuscript and print to the digital form of computer files? In particular, how is the change affecting academic disciplines which rely upon stable forms of symbolic records? More specifically still, how is the discipline of History affected by the digitization of writing? Is digitization simply a more efficient means of reproduction, storage and transmission of documents, whose availability in space and time is enhanced for the application by historians of research techniques and methods? Or does digitization cause an alteration for historians in the constitution of truth?

Katherine Hayles suggests that digital culture introduces into the epistemological procedures of the Humanities and Social Sciences a logic of pattern and noise, one that contrasts with an older logic of presence and absence (Hayles 1993). In the digital domain of zeros and ones (Plant 1997), everything is in principle immediately present and at the same time always distant, mediated by information machines. Digital information is on the server, in cyberspace, on the hard disk, in RAM, never palpable to beings ensconced in a Newtonian universe. By contrast, in the world of atoms, an epistemology of presence and absence prevailed at least since Plato introduced a hierarchy in which voice receives privilege over writing. In the domain of atoms – let us call it for convenience, the analogue world – truth consists in a certain relation to presence, either presence in the consciousness of an embodied speaker, or in the representation of that consciousness in voice, or, finally, in the representation of that voice in a printed or handwritten text. The epistemology of the analogue, or its ideology if you prefer, is that of an original that is defined as subsisting in consciousness: truth exists in consciousness in the first instance. Voice, handwriting and print sustain that epistemology through the supplement of representation. Derrida's critique of this epistemology inserts deferrals in time and space within the ideology of presence, revealing its repressed underside as the position of absence. Deconstruction remains within the epistemology of presence/absence, complicating its intentions, reversing its priorities, unsettling its metaphysic of the origin, without, however, discarding is terms.

If digital culture constitutes an epistemology of randomness/pattern, it inserts a new logic of truth within a cultural world caught up in an older binary of presence/absence. One might say that now, in the era of information machines, in an age when cultural objects reside within such machines, the strategy of interpretation shifts to the question of the pattern within the noise. Truth cannot find its origin in consciousness but in the interpretive process that sifts patterns from a background of noise. One might then also go along with Neal Stephenson in *Cryptonomicon* (Stephenson 1999) and give priority in the question of truth to the decoding of messages, to the extraction of patterns from the devised noise of encrypted signs. In this case, one knows that a pattern exists, but the agent that formed the pattern is so removed from the presence of the signs – through the machinic mediation, through the encoding process, etc. – that decoding must look to the pure text, to the array of signs and apply methods like statistics and other algorithms that do not suppose an originating consciousness but only a pattern related to a language. Encrypted messages constitute a heaven of structuralist linguistics, one where meaning pertains solely to the string of symbols.

Epistemology is then complicated first by the deconstructive move to reverse the binary of presence/absence, then by the addition of the binary pattern/randomness. At issue is not the displacement of analogue truth systems by digital truth systems but the establishment of a field where both are at play, independently and in mixed forms. We have then a very messy situation confronting us.

2. Disciplining the Discipline

In this messy situation, with so much in the Humanities appearing up for grabs, uncertain and in turmoil, the ability of the discipline of History to respond to the challenge and opportunities of new media depend in part on how tightly the boundaries of the discipline are guarded, or how open Historians are to new developments affecting their methods and assumptions. From the 1970s to the 1990s, the discipline of History shifted interest toward the social and the everyday, away from grand politics and intellectual history. Although many of these younger historians were Marxist in orientation, the empiricist epistemology that characterized political history changed very little in the shift to social history. Social historians, like their forebears, searched the record for conscious acts of agents (Poster 1997). Despite the shift of field to the social, historians, clinging to established methodologies, defensively rejected the theoretical innovations that coursed through the disciplines of the Humanities in the last third of the century. Borders of the discipline were closed to any hint of »fiction«, of questioning the objectivity of the past, of introducing critically oriented theories, and self-reflection on assumptions. Those who insisted upon doing so, like Hayden White, generally found themselves shunned or marginalized. Remarkably the same conclusion may be drawn concerning another shift of emphasis in the discipline: the turn in the 1990s to cultural history and global history. Although the field of inquiry is now radically different from what it was in the 1950s and 1960s, the epistemological rules remain the same.

A question that follows from this summary of the state of the discipline is who qualifies as a bona fide historian? As new media challenge many of the habits of the discipline, it is urgent to inquire about the readiness of the discipline to face what might be perceived as strange new procedures of inquiry. In this vein, most often academics in History Departments will respond to the question of membership in the guild, »Only those who have a PhD from a History Department«. But at least in three quite prominent recent cases, Edward P. Thompson in British social history, Arthur M. Schlesinger in the political history of the United States, and Philippe Ariès in the cultural history of France, that criterion would not suffice: none earned a PhD in History.[1] In another criterion of qualification, many scholars from disciplines other than History write books which are taught in history courses at universities. These important exceptions to conventional judgment – and there are many more examples like them such as Herodotus and Thucydides – encourage us not to slough off the question with statistical probabilities but to open it to fresh inquiry.

If it is not possible to guarantee with certainty the historian's identity, perhaps an easier question might be, what qualifies as a work of history, as historical knowledge or truth? A simple answer might be those works which are accepted as such by historians. But then we are in an awkward logical circle, as the reader/listener might have noticed. In my experience, faculty in History Departments that offer PhDs in History, often utter, in relation to papers by students and even published works, the phrase »that is not history«. This comment pertains not to the question of the coherence of the students' texts or the quality of their research effort but rather to the theoretical aspect of their work. Historians habitually draw a boundary around their discipline, excluding from it scholarly works which at least on the surface are historical in the simple-minded sense that they are about the past. In fact one might, with Foucault, designate the phrase »that is not History« as a discursive »rule of formation« of the discipline (Foucault 1972). Students are often told in no

---

[1] Of the three, only Schesinger held a post in a History Department.

uncertain terms that their work is »not history« when they deploy in their texts theories from poststructuralists, for example.

Here are some instances of the problem from my own experience. In a job talk at my university a young historian presented a paper on the historical conditions of Lacanian psychoanalysis in the 1920s, the relation of the emergence of French psychoanalysis with legal institutions. Distinguished members of the department voted against hiring her using the argument that Lacan »is not history«. In another instance, a graduate student at the University of Toronto told me that her adviser urged her not to include Foucault's name in her dissertation, not even in a footnote, because »that is not History«. Or again, some years ago I presented to my department the proposal of a distinguished colleague from French Literature Department at my campus who wanted to give a course in the History Department on the relation of History to Literature in the eighteenth century, an age when the demarcations between the two discourses was murky at best. This was an easy one: many colleagues demurred with the phrase »this is not History«. And one more example: while attempting to qualify with enough undergraduate credits for entry into a graduate program in History, I took a course in 1963 on European history at St. Johns University in Queens, New York from an instructor who was also a priest in the Catholic Church. He announced to the class, much to my naive surprise, that prominent historians of the day, (he mentioned the most distinguished American historian of France of the day, R.R. Palmer of Princeton University), regarded two categories of scholars as automatically »not historians«: Communists and Catholics. Although such judgments are not often aired in official journals and at panels of the convention of the American Historical Association, they are commonplace in the practice and decisions, in the institutional activity, of History Departments. Keeping the boundary of history defended against fiction, theory, non-Protestants, non-liberals is the difficult work of the gatekeeper. These personal examples illustrate, I hope, not that gate-keeping ought to be abolished but that historians have an overly narrow sense of what may be included within their safe boundary. So today, when digital culture introduces its new conditions of truth, the discipline of History may need to rethink the location of its Maginot line. It may behoove historians to redefine who and what are included in their club.

2.1 Historical Data

The digitization of texts, images and sounds presents several levels of problems for defining the nature of historical truth. The first concern in the minds of most historians is the fate of data that originally existed in print or manuscript forms. That data may now be located in digital files on the Internet. Roy Rosenzweig has shown how quickly historians have converted documents into digital files and posted them on the Internet (Rosenzweig 2001). One major archive, »American Memory«, the online resource of the Library of Congress's National Digital Library Program (NDLP), contains over five million records. Full text digital versions of countless academic journals are available online for historians especially from JSTOR and Project Muse. Thousands of sites have been constructed on the Web by teachers of history and history enthusiasts, by Civil War re-enactors, family genealogists, and other groups achieving high numbers. These sites are constructed by a combination of professional historians and amateurs, raising the question of verifiability of documents to a new level of urgency. It is often not clear if documents on the Web have been put there by those holding PhDs in History. The pedigree of websites is notoriously uncertain. Nonetheless these sites, which are sometimes very popular, contain a rich trove of text, images and sounds.

In addition to worries about authenticity, another troubling aspect of history-on-the-Web is the increasing privatization of document collections and, even worse, the increasing concentration of media companies owning these databases. In a sense, access to historical documents has always presented difficulties for the scholar. Collections are often controlled by governments, corporations, and private individuals who may be reluctant for various reasons to open them to researchers. One skill not taught in graduate school but that remains essential for historians concerns strategies of overcoming obstacles to such collections. Legal hurdles are often most burdensome: copyright law, in one stroke, prevents access to vast classes of documents. Yet digitization changes the nature and extent of the difficulties. Since it renders distribution and copying cost free, the Internet lightens the burden of many research chores. From home one can access countless documents and locate information with great ease. Yet the great advantages of digital culture put in question many of the established systems of control. In response, the music and film industries lobbied hard to undermine the best features of the Internet with the passage in 1998 of the Digital Millennium Copyright law which significantly expanded corporate control of culture and, for historians, reduced access to data collections.[2] Digital culture thus opens a new political dimension to access, one that seriously affects historians, although I am not aware of any response to the DMC by the American Historical Association. In the first instance, then, digitization changes the nature of historical documents by rendering them easily available,

---

[2] Benedict (1986) discusses these issues regarding the revision of the Copyright Law of 1976.

introducing new questions of certification, and opening the issue of access to direct and controversial political questions.

A second aspect of the digitization of data is that it renders all documents potentially fluid, changeable at the whim of the reader/viewer/listener. At present many digital document formats are closed. Certain hypertext novels, for example, can be read and the reader can add »links« but the nodes of the story cannot be changed. Also, Adobe's pdf format forbids alteration of the document and additionally prevents cutting and pasting of passages. Many of the books and articles that have been digitized and are available online come to reader in pdf format. JSTOR articles and Netlibrary books are in pdf. Using such closed formats perhaps promotes the widespread distribution of documents but preserves their original forms, some would say, their integrity. Inured to print media and paper formats, modern culture has for centuries abided closed formats. But digital culture lends itself more readily than print and broadcast media to open cultural objects, to the simultaneous reading and rewriting of texts, to viewing and reimaging of pictures, and to listening and transforming of auditory items. Word processing, image viewing and audio programs all allow and encourage the position of audience to become, at the same time, the position of author, artist and composer. Furthermore, the network of digital objects encourages these figures to become distributors. Functions that were separate in the print and broadcast ages of media, now are merged or at least have their boundaries blurred. Digital culture introduces principles of reception that echo the era before mechanical reproduction: the traditions of oral story-telling and folk music in which each reception was also a transformation. In the digital mode, these practices, once limited to the proximity of voice, now may disseminate globally. As a result, historical documents face a danger of losing their »integrity« and becoming open to continual transformation, surely a nightmare for historians.

2.2 Digital Archives

The archive has been central to the epistemology of History from its inception. For historians, travel to archives in the nineteenth century was analogous to field work for anthropologists, a sine qua non of professionalization. Archives gained new importance beginning in the 1970s with the trend toward social history. If nineteenth century historians, given the salience of the history the nation state, consulted the collections of governments, late twentieth century historians, more concerned with previously ignored groups (the working class, women) and institutions (the family, the labor union) investigated legal documents, church registries, landholding records. Both political and social historians regarded the visit to the archive as a prerequisite of scholarship, investing in it great emotional energy.

In a pioneering study of the gendered nature of historical practices, Bonnie Smith demonstrates the emotional fascination of historians for archival work. She distinguishes the graduate seminar, characterized by a mood of civic rationality, from the journey to the archive where historians found »love, melodrama, and even obsession« (Smith 1998: 116). The trip to the archive was most arduous, especially in the nineteenth-century. Historians viewed themselves in heroic terms, overcoming dangers, costs and inconveniences to access ill-sorted records and the authentic traces of the past. In this context, emotions were easily incited. Even the legendary founder of modern history, Leopold von Ranke, was affected. He described his experience in the archive thusly: »Yesterday I had a sweet, magnificent fling with the object of my love, a beautiful Italian, and I hope that we produce a beautiful Roman-German prodigy. I rose at noon, completely exhausted« (119). The archive was the occasion for a most masculine flurry of emotion. Smith concludes her analysis by indicating the imbrication of archives with truth and feeling: »[…] archives became the richly imagined repositories of knowledge and the guarantors of truth […]« (128). One can also conclude that social historians from the 1970s onward, including many women, continue to associate truth with feeling, albeit in a more complex mixture of gendered experience.

The physical form of documents as print and manuscript papers conditions the architecture of the archive. Papers require an enclosure safe from the elements of nature and papers that are rarely consulted, such as those in archives, likely will be housed in an obscure location and given little attention in their arrangement. By their nature archives of paper are off-putting, remote, inaccessible and poorly organized. Digital archives, by contrast, require no journey at all, only »surfing« with »navigator« or »explorer«, metaphors that conceal the absence of travel in space. Such repositories may be »searched« with the ease of database algorithms, with a tap on the keyboard or a movement of a mouse. Information can be extracted from them with simple cut and paste operations of the word processor, not the arduous copying by hand or even machine. The new archive far less likely elicits feelings of heroic conquest in men or analogous emotions in women. Perhaps the digital context will reduce the intensity historians invest in the archive and perhaps they will less likely fall under the illusion, characteristic of earlier generations, that archives contain the truth of the past, that the reassembly of their documents constitutes by itself, to quote Ranke, »the past as it actually was« (Novick 1988). Perhaps digital archives will lessen the false objectivism of historians and afford a turn to a more self-reflective and constructivist understanding of the historical text.

In other disciplines, such as anthropology, literary criticism and art history, scholars have begun to investigate the media that contain cultural objects. Museums have attracted much attention in these fields as important constituents of the epistemological practice of the discipline. The way cultural objects are stored and are available for reception thus is understood to influence the kind of knowledge produced about them. Jacques Derrida muses about the influence of an email archive on the early psychoanalytic association (Derrida 1995). His use of the term »archive« is more general or metaphorical than the historians', including in the category any stored collection of information. In this sense, museums and public libraries would also qualify as archives. Using Derrida's definition, an archive denotes a material collection of data and is distinguished from memory, although the brain is certainly a material being and memory changes its chemistry however minutely. If other disciplines than history have been most interested in the functioning of the archive, historians have focused attention on memory. In recent years, they have explored oral history and testimony as a continuation of the trend toward social history but also in new directions such as the question of historical trauma (LaCapra 2001, 1988). While historians have wrestled with questions of the epistemology of memory, and addressed the comparison of written/print records with oral evidence, they have paid much less attention to the archive and its potential transformation into digital forms.

Curious about the recognition by historians of the importance of the archive to their disciplinary truth, I did some searches of online journals, using the latest technology of the California Digital Library. I searched for the word »archive« in the texts and titles of articles in some of the leading journals of the field: The *American Historical Review*, *History and Theory*, the *Journal of Modern History*, *French Historical Studies* and the *Journal of Interdisciplinary History*. In the *AHR* going back to the 1960s, there were 119 instances of the word »archive«; in *History and Theory* (which went back only to 1998) and the *Journal of Modern History* combined there were 120. A search of the other two journals yielded not one result. Of the 239 mentions, only one raised questions about the archive in general in relation to historical truth. One may conclude that, compared to the great interest of historians in the question of memory and its relation to more permanent traces in paper, the media change of the archive has not aroused much concern.

But an older technology yielded slightly better results: an email to a friend asking about the question of digitization of archives resulted in a reference that proved suggestive.[3] A German scholar, Wolfgang Ernst, compares digital archives with

---

3 The person in question is Dominick LaCapra who I thank for the reference.

historical narratives in relation to archaeological evidence. He argues that inscriptions on stones from Roman antiquity confront the historian with bits of data, forming a kind of archive, which can only be absorbed in historical narratives by seriously violating the limits of the evidence at hand. He contrasts the mute, modular, partial, highly ambiguous shards of script that constitute a good deal of the »archive« of ancient history, with the pleasingly unified fullness of meaning in historical narratives, underlining »the dissonance between analytical archaeology and synthetical history [...]« (Ernst 1999: 61). Ernst speculates on a new history that would take its point of departure from hyper-text databases where modules of documents reside in heterogenous juxtaposition. »Maybe the computer has the better memory of the past«, he snidely suggests (62). His polemic against narrative history however rejoins the profession's objectivist leanings. A synthetic model of archaeology and digital archives, in his mind, is closer to some form of facticity than the elaborated stories of conventional historiography. Digital archives for him returns history to a grounded methodology of fidelity to the documents, the old empiricist saw.

Ernst remains within the binary history/fiction. Perhaps digitization permits a move outside this opposition. Computerized databases suggest the inseparability of the discursive need for narrativizing (introducing »fiction«) and the insistence to heed the material form of the information. Digital documents, for instance, require aesthetic choices about the display of the data, even in the matter of keyword indexing that greatly affects access to information. At the same time, digital documents remind the researcher of their inauthenticity, that they are not relics from the past but transcodings of a recent vintage (Manovich 2001). In these ways, digital archives obey epistemological canons that depart from the familiar rules of usage associated with more conventional sources.

2.3 Historians Online

In addition to the digitization of historical documents, writings by historians are also migrating to computer formats and appearing online. Historians are publishing their work in online journals, print journals are available online, and even monographs and other larger works are being posted to Web sites. There are also a number of centers for historical research that treat directly the question of the new media, such as the Center for History and New Media at George Mason University. In all of these ways the writing of historians is increasingly present on the global computer network. One question persists from our earlier discussion of digital data: how does the user authenticate Web sites that contain historical writing? It is easy enough for someone to copy a piece from my Web site and place it on their own, under their own name, perhaps with alterations of their design. Such acts that were called plagiarism in the age of print (and which instructors are quite familiar with) will likely increase with digitization and the new principle of the variable cultural object.

Digital culture also facilitates new kinds of texts by historians, texts that combine audio and visual components. Multimedia documents are as easy to create as linguistic texts. Ted Nelson's vision of »Xanadu«, a global, hypertext library, put forth in the mid-1960s (Nelson 1965) anticipated what has become the reality of the World Wide Web. Some scholars as in the William Blake Archive edited by Morris Eaves, Robert Essig, and Joseph Viscomi (http://www.blakearchive.org/) put online the poetry of William Blake whose printed texts included drawings that were integral to the reading. They have utilized the Web to transfer, as faithfully as possible to the original print versions, work that appeared first in rudimentary multimedia forms. This form of transcoding, however, ignores the difference between print and digital media, taking advantage only of the propinquity of the Web as a means of dissemination. Gregory Crane's Perseus Digital Library (perseus.mpiwg-berlin.mpg.de), covering ancient Greek and Latin writing, and others like George Landow whose databases concern the work of Charles Dickens, deploy greater features of digital culture. Landow built multimedia databases including literary works, historical works that relate to the same period, and images from the period (Landow 1997). As many have argued, the transfer of texts to the Web, even limited to the juxtaposition of multiple media and cultural objects in a single database, introduces an associational logic of Web space that runs counter to the more linear logic of print. Hypertext promotes jumping from one site to another, with no hierarchical, tree-like structures, such as numbered pages or library catalogue files to control the narrative of discovery or research. It remains unclear how these features of digital culture – hypermedia and associational links – will affect the construction of historical narratives.

If the material form of the Web presents a challenge to the bookish discipline of history, it also poses a threat to the institutional procedures of certification. Anyone, even an undergraduate History major, can publish their work on a Web site for all to see. In one respect, Carl Becker's phrase becomes a literal reality: »everyman his own historian« (Becker 1935). No obstacle stands in the way of publicly displaying historical scholarship. The practice of expert readers and referees in publishing houses and journals is bypassed by digital culture. Ease of publication poses an enormous problem for all the disciplines, including of course History. For the student or layperson, the Web offers exciting possibilities for distributing historical scholarship; for those in the discipline, the issue is more complex. To what extent will departments and campus review committees accept publication online for credit toward promotions and tenure? As economies of publishing discourage the printing of narrow monographs and revised dissertations, presses are beginning to issue »books« exclusively in digital formats. Will these publications earn the status of paper books? And as print journals are appearing in digital form, the lines are blurring between paper and online distribution. Again digital culture destabilizes established traditions of scholarly evaluation and review.

2.4 Life Online

Digital culture presents further difficulties for historians: not only are archives online and historical writings online but social life itself in part occurs on the Web and the Internet more broadly. Historical experience itself is in part digital. Personal letters take the form of email. A great variety of chat rooms, bulletin boards, electronic cafes and public meeting rooms proliferate on the Internet. Guest workers in foreign lands and diasporic peoples in general utilize the Internet to maintain daily contact with family and friends back home. Young people expand their social contacts through instant messaging. Online games are a major activity for countless thousands. Wireless telephony is becoming digital. In some places, bandwidth is great enough to afford video conferencing. Millions exchange music files in digital form on the Internet. In fact, digital culture is designed for and characterized by remote intimacy, communication mediated by machines, in short, by virtual reality. Interlaced with RL (real life), VR obeys rules that are significantly different from familiar forms of society. Most saliently, the historian's assumption about individual and group agency is sharply challenged by social encounters heavily mediated by networked computing, by information machines. The interface of the Net, where no one ever knows for sure who you are, presents an enormous problem of theory and methodology. How will historians write the history of life on the screen when it is uncertain who is acting and to what extent the actor is a human being, a machine, or some combination of the two?

2.5 An Example from Ethnography

One of the richest and most nuanced studies of social experience on the Internet is Don Slater and Daniel Miller's ethnography of Internet use in Trinidad, *The Internet: An Anthropological Approach*. Based on interviews with Trinis (as Trinidadians prefer to be called) in the late 1990s, the book contains numerous surprises: In Trinidad, the Internet is not understood as an extension of American imperialism, but as a facility completely adaptable to local conditions. Trinidad, as a third world nation, nonetheless has very high Internet usage. The only social category left out of Internet culture is the older population, a demographic trait that cuts across all nations. Trinis do not see the Internet as an intimidating, arcane technology but as easily assimilable to their existing cultural patterns. At the time of the study fully one-third of Trinis had Internet access at home and Internet cafes were ubiquitous in the urban landscape (Miller and Slater 2000).

Miller and Slater provide a comprehensive overview of Internet use in Trinidad: which groups use it and how, which aspects of the Internet are most heavily used, how the political economy of Trinidad relates to the Internet, and, above all, how the history and culture of Trinidad link up with Internet use. They argue that the long history of Trini diaspora creates conditions ripe for Internet use: since Trinis are unusually dispersed around the globe they have a need for a cheap means of communication such as the Internet. The Internet enables, they claim, a solidification of the ethnicity of Trinidad. Further they show how Trinis represent themselves to the world by Web pages and other features of the Internet, another way that the Internet strengthens local identity. Finally they content that Trinis received the Internet as matching and enhancing local cultural practices. They practice »liming«: »filling one's time with skilled banter, dancing and drifting onwards to other places (a street corner, a club, someone's house, another island) [...]. [It] was regularly cited as the Trini pleasure they most wanted to recover on or through the Internet« (89). And they did so in emailing and in chat rooms. The Internet for Trinis was not a strange technology that was learned with difficulty and seen as altering their behavior. Use of the Internet flowed directly from pre-existing cultural habits.

This very sketchy outline of Miller and Slater's surprising findings indicates the importance of empirical studies of Internet use. Their results contradict most assumptions about new media. However their work points to a problem with such inquiry: they proceeded from the assumption »that we need to treat Internet media as continuous with and embedded in other social spaces [...]« (5). In other words, they assume that the distinction between the virtual and the real presents no epistemological hurdle to their investigation. Continuing from there, they simply interviewed Trinis about their use of the Internet. They inserted into their study the figure of the rational agent, one who deploys technologies, engages in practices, expresses cultural forms, and has full self-understanding of those experiences. Historians will find this agent convincing since it is the chief narrative conceit of historical writing. Yet it begs the very question that needs to be asked when humans engage with information machines and digital culture, to whit, what are the alterations in the cultural construction of the subject under such conditions? This question might not be answerable by historical agents who appear to have every motive to disavow it. If cultural practices generally tend to work at the unconscious level, then profound changes in cultural modes are even more likely to go deliberately unrecognized, if I can use that oxymoronic phrase. In the present case, Trinis know that they are Trinis but as *agents* cannot recognize that they became that way and are sustained in that identity through discursive practices embedded in fields consisting of relations of force. How likely would it be, then, for Trinis, or any other group, to ask, how, when I am chatting on the Net, do I know that my conversant is a Trini, and how, under those conditions, can I represent my true Trininess?

The historical and social science study of the media often concentrates on »effects«, such as, Does a certain TV show which depicts violence, lead to violent acts by viewers? Or even, does the reporting in the media of actual violence in society, increase its incidence, as in copycat violence? These studies contain a dubious epistemological assumption of a sensationalist theory of action – sense data from outside is internalized by the subject, leading in some cases, to its reproduction. This epistemological principle becomes even more questionable, I contend, in relation to the Internet. Sensationalist theories of truth presuppose a pre-media agent who is affected by information as an external force. Cultural and social practices are far more complex than that. In any case the image of the subject presumed by such research is contravened by the multiple marriages of human and machine in digital cultures. We need instead to study the links and assemblages of humans with various media. Our categories are profoundly humanist and need to be modified to account for such mediated social experience.

Finally, there is a still more difficult question: digital culture mixes into other media cultures and to face-to-face relations, situations where humans are proximate and deploy primarily language as a medium. Humans are now going in and out of various different configurations of media situations. Questions then arise about how these transitions are managed and how each medium experience affects the others. One study that approaches this multi-media condition is Nancy Baym's work on soap operas. Her text is noteworthy especially for its comparison of television viewing with Usenet participation, a broadcast and a digital medium, along with telephone conversation and proximate, voice dialogue. The book provides a model of how to approach the dense mediascape of the current conjuncture (Baym 2000).

One last issue that I would like to call to the attention of historians and social scientists is the following: when you study the archive of a chat room in the effort to comprehend life online, all you have is the digital script, a script that does not represent a social act, but rather *is* that social act. True enough, reading a chat room archive misses the flow of text on the screen, which often combines several conversations in fast moving and intertwined complexity. But in any case such a text is quite different from say a transcript of a courtroom trial. The latter is a record of spoken dialogue by co-present agents concerning prior actions. The former – the chat room or archive – has no external referent: the archive is the entirety of the encounter or exchange. The agents in the chat room exist, while they are there, solely by their textual interventions. Language in the chat room, mediated by networked computers and software programs, constitutes the agent in the act of enunciation and only thereby. What analytic categories, one might ask, are required to render intelligible such a human/machine interface? What ontology of subject and object are capable of rendering coherent these bizarre, monstrous engagements?

2.6 Teaching History with Digital Technology

Digital culture upsets standards of the teaching of history in every way imaginable. Steeply rising anxiety over Web plagiarism, the intrusive emailing of questions to professors, posting of student work on Web pages, online evaluation and testing of students, online research and submission of work in the form of new media, distance learning – in these and many other ways, digital culture offers innovations in higher education at every level. Some of these innovations are relatively innocuous, like downloading online research or the use of email or listservs to facilitate the administration of the class. Other changes, on the contrary, promise to transform basic aspects of the disciplines. The ease of students' exchanging and posting their own work introduces potentially fundamental alterations of educational experience. More cogently still, research on the Web introduces a logic of association, a horizontal epistemology of a »flat« discursive regime in which every site is equal, depending on the protocols of the search engine rather than on intrinsic quality or financial support. This replaces the hierarchical or vertical search logic of the card catalogue, the layout of the library, the linear material organization of the book, or the judgment of the professoriate and the discipline. In addition to the leveling effect of Web architecture, digital culture promotes an epistemology of the link and module. What becomes interesting in digital text is not so much the string of symbols but the connections made most often between pre-existing cultural objects, be they text, sound or image. In the analogue world, higher education promoted truth regimes of argument, rhetoric, comprehensiveness of research and the like. How will teachers inured to these epistemological habits evaluate a link between a picture and a module of text taken from some document? Will such a link even be considered an accomplishment of learning?

Historians are probably no better or worse than faculty in other disciplines in adapting to the classroom of the digital age. One aspect of the new circumstances that has achieved some attention is the creation of online learning tools. There are many examples of highly successful Web pages designed by faculty and graduate students to promote historical education. One thinks immediately of the University of Virginia Center for Digital History, with its projects on »the Valley of the Shadow« (concerning the civil war), »Virtual Jamestown« (an online tour of the colonial city), various digital databases such as »Virginia Runaways Project« (on escaped slaves) and »the Dolly Madison project« (a multi-media database about the President's wife). Countless historians have produced excellent teaching tools that, generally speaking, are open to all teachers in the field. One can only applaud these experiments in digital historical culture.

But other aspects of the application of digital culture to higher education may be less worthy of praise. In the field of distance learning there are also may important experiments. But here there are also serious dangers. Pecuniary impulses, so unconstrained in American culture, combine with digital technology to produce software packages for distance learning that undermine the basic principles of education: critical inquiry and academic freedom. The advent of digital culture has encouraged some entrepreneurial types to view higher education as little more than a potential market. Heedless of educational culture, these companies imagine they can improve on the efficiency with which information is transmitted from the mind of the teacher to the mind of the student. They need only capture the mind of the teacher in a digital recording system and transfer it to a software system by which it can be commodified and sold. This perversion of education is facilitated by digital culture and must be resisted by faculty in all disciplines.

2.7 History as Media History

The drastic novelties of digital culture suggest, at the very least, that the history of the media must become a major topic for historians. This apparently harmless innovation in the epistemological repertoire of the discipline ought to incite far less resistance than some of the other suggestions offered in this paper. Students of media from other disciplines would benefit greatly from comparative historical work. Too many studies of the Internet, for example, are flawed by a lack of perspective on the topic, becoming lost in the dazzling novelty of the new technology.

Some important work has already been done on topics ranging from print (Johns 1998), to the telegraph (Carey 1989), photography, panoramas and other visual technologies of the nineteenth century (Crary 1992), the telephone (Fischer 1992), film (Charney and Schwartz 1995), radio (Douglas 1987), television (Spigel 1992) and others too numerous to mention. Not all these histories, it might be noted, are by historians.

Despite the appearance of many noteworthy studies in media history, the constitution of the field of the history of the media will be no easy task. One issue concerns the relation of media to one another and the relation of new media to old media. Bolter and Grusin have put forth an interesting hypothesis they call »remediation« (Bolter and Grusin 1996) the complex way new media attempt to disavow their novelty and assert it at the same time. More than this, the question of the history of information machines, culminating so far in digital media, concerns issues of the materiality of the media, the relation of media to agents, the interface or subjects to objects, the question of humans to machines, the alteration of space/time configurations, the issue of artificial life and the changing boundary between life and non-life, and a plethora of other problems that fundamentally reconfigure the objects of historical analysis, the figure of the historian as subject of history, and the status of history as a truth regime. Media history raises no less a question than the history of the human and the non-human (Guattari 1993). Digital culture, after all, imposes the question of information machines as agents, placing agency itself in question, a hard nut for historians to crack. Finally, the rapid pace of the introduction of digital culture suggests another kind of problem, one that I do not believe historians until now have dealt with: rapid change of media implies a rapid change of analytic categories, leading to the recognition of the tentative nature of all such epistemological tools. We are thus well outside the binary certainty/relativism, and in a new age of conditional truth regimes, a far cry from history »as it actually was«.

Referernces

EN.REFLIST

Is there Any Body in Cyberspace? Or the Idea of a *Cyberbildung*

Lars Løvlie

It is remarkable how our language is replete with body imagery. Metaphors like being ›out to lunch‹ or ›down to earth‹ or ›up in the clouds‹ implicitly describe the location of the body in its relation to the self and the world. The way we speak about our ›normal‹ world is repeated in the way we speak about the cyberspace as well: we enter the ›information superhighway‹ in order to ›meet‹ other people in ›electronic cafes‹ or ›chat rooms‹ before we ›exit‹ to our normal world of work or leisure. It is all the more remarkable, then, to come across perspectives that decouple self and body in cyberspace. We are told that even if traditional notions of the ›true self‹ will linger on, »[...] the new technology is opening up the possibility of radically new disembodied subjectivities« (Featherstone/Burrows 1995: 12). In cyberpunk literature this myth finds its way into descriptions of a fleshless life: »The dream of cyberculture is to leave the ›meat‹ behind and [for the subject] to become distilled in a clean, pure uncontaminated relationship with computer technology« (Lupton 1995: 100). This seems to be an unexpected computerised version of the Romantic quest for an absolute spiritual unity!

A simulation culture that turns everything real into a virtual reality seems to spell the end of self-education in its classical sense. Classical *Bildungstheorie* will not easily survive the loss of the dialectics between self and world and between self and body. What, then, are the prospects for the hybrid idea of a *Cyberbildung* – is not any concept of *Bildung* a contradiction in terms when everything is, as it were, subjectified? And what about educating the *cybercitizen*, the critical and reflective subject of postmodern liberal democracy, when embodied political attitudes are left behind? – The prospects are not that bad for *Bildung*. I think Mark Poster is right when he ventures that »The effect of the new media as the Internet and the virtual reality, then, is to multiply the kinds of ›realities‹ one encounters in society« (Poster 1995: 86). If I understand him right the Internet means more of the same old ›reality‹, but differently configured and differently lived. I think that one of the main reasons for this state of affairs is the simple and uncontroversial fact that you can hardly think of a theory of the self without having a body to go with it. In a certain sense there are ›real‹ bodies in cyberspace, and it is their presence that makes it natural for us to configure the Internet the way we have done. The body contributes to a concept of *Cyberbildung* that does not break totally with traditional aspects of *Bildung* but may even contribute to them.

The professed aim of classical German *Bildung* was the education of an emerging self in its successive transformations towards an autonomous character. In that educative context cultural artefacts typically served to confirm the individual in her moral identity. The Renaissance morality play, the 18th century *Bildungsroman* and even the 20th century feature film are conduits of reflection and self-perfection. The scene, the printed page and the film used to authenticate the self as the centre of the world, and acted as prime interfaces of formal and informal education. The historical shift from the scene to the screen in the late 20th century introduced the new interfaces of the TV and the computer. The computer contributed to the simulation technologies that take us beyond pure screen-based representations and actively synchronise the virtual and physical world. When the virtual world blends with the physical, when simulation replaces the ›hard reality‹ as a mode of experience and action, we have created an interaction space that erases the traditional boundary between self and world. But that does not mean that the body is left behind. People feel frustrated or satisfied, respected or rejected, happy or unhappy on the Internet because their whole personality is involved. They tend to feel confident and at home on the Internet once they tackle the technical and emotional difficulties of getting online because the Internet is a space to relish and to suffer in. Even virtuality requires a body to go with it.

1. So – enter the body

The cyberpunk idea that we can leave the flesh behind belongs to fiction and radical thought experiments, like the famous one of the bodiless brain in the vat. In any case, it is beyond our conceptual and technological horizon today to conceive of disembodied subjectivities or identities roaming the virtual world, other than as interesting aspects of cyberpunk imagination. To reiterate, we are persons in the flesh. We naturally refer to ourselves in our bodily existence and take it for granted that our body is located in space, or rather, that it inhabits a geographical place. We get immersed in cyberspace in meaningful ways because we are already always immersed in ›normal‹ everyday space – only that in the virtual world we are differently immersed. The question is not if but how we are embodied on the Internet. I shall try and answer the question in two steps. First, by saying something about how we are *situated* in space and how we are *oriented* in space; second, by describing space in terms of places that we inhabit. Place takes precedence over abstract space in this description.

In the *Cartesian Meditations* Edmund Husserl took an important step for a later phenomenology of the cyberspace. He pointed out that the body – the »*one spatial ›Nature‹*« as he called it – »is constituted throughout the change in [its] orientations«. That is to say, the bodily organism is an experiential *a priori*. He further specified that »the fact that my bodily organism can be (and is) apprehended as a natural body existing and movable in space like any other, is manifestly connected with the [...] free modification of my kinesthesias, particularly those of locomotion«. Here, then, the body is not just a thing in the world, but exists actively in its movements and rhythms. Moving and acting belong to the specific repertoire of the body and to its existence in general. Husserl went on to add the important observation that »I can change my position in such a manner that I convert any There into a Here – that is to say, I could occupy any spatial locus with my organism« (Husserl 1988: 116, § 53). He could not, of course, imagine the cyberspace of the last decade. But we may pursue the view that spatiality in general is dependent on the body. Whether I stand in this room or move on the information highway, those facts are constituted by my existence in embodied space. This is a topological perspective that refers experience and action back to the body as its locus. The body may now be seen as both a thing among other things in the world and the interface that mediates between them: it emerges as the prime interface of education. It may seem far-fetched to call the body an interface, because the term usually denotes aspects of the computer's hardware and software, first and foremost the screen. It is, however, not lost on the reader that in philosophy the ›I‹ has been the interface between self and world over the past 200 years, even if the embodied self will be our concern in what follows.

The basic *situatedness* of my body gives rise to another central feature of embodied experience and action: that of its *orientedness*. The »cultural world« Husserl argued, »is given orientedly on the underlying basis of the [bodily] Nature common to all and on the basis of the spatiotemporal form that [...] must function also in making the multiplicity of cultural formations and cultures accessible«. And he went on to propose that »[...] in this fashion the cultural world, too, is given ›orientedly‹, in relation to a zero member and a <zero> ›personality‹« (Husserl 1988: 134, § 58). If we extend the cultural world to include the virtual – they are both created by us – and drop any egological suppositions, we come close to a description of bodily presence in the virtual reality. We do not leave the body behind when we enter the cyberspace. Rather, the body insinuates itself in the basic orientedness that makes the user able to move on the Internet.

It is worth noting here that to be located is not the same as to occupy a position in space – a description of body-space is different from that of objects in physical space. Natural objects – stars for example – may have positions in abstract space, but they are not bodily situated. The spatiality of the body is, as Maurice Merleau-Ponty once stressed in the *Phenomenology of Perception*, not »[...] a *spatiality of position*, but a *spatiality of situation*«. (Merleau-Ponty 1962: 100). Spatiality of position characterises objects in designed space, for example the icons on a graphic user interface (GUI). Objects may appear as points in a grid, symbols on a map but also as icons on a screen. A first step towards a spatiality of situation takes place when the icons on the computer screen allow for the direct manipulation that gives the user confidence as an initiator of action, for example when you go from letter combinations to icons and image mediated action. We may ask: Why was the introduction of the Mac Operating System such a huge success? Why does the Windows design appear to be easier to use and remember than a manual of key combinations? Part of the answer is that the Windows design plays on the spatiality of situation. Moving the mouse, the effect on the icons, and the possibility of immediate corrections, are close to real-life bodily actions that make the user feel in control. To be in control means to be bodily involved, not only on having control over what takes place ›objectively‹ on the screen, but being in control of one's own body-self before the computer. Ben Shneidermann speaks for designers when he says: »The trick [of the user-interface designer] in creating a direct-manipulation system is to come up with an appropriate representation or model of reality« (Shneidermann 1992: 200). The GUI works better both because direct manipulation is easier and faster than numeric manipulation; and because the former trades on the spatiality of the body.

I have suggested that the body is both object and interface, and described how the body as an interface constitutes space. But the body-subject is not only an individual self engaged in purposive action. This is an important qualification, because some recent descriptions of identity play on the Internet often operate with free-floating selves spurred on by their own individual intentions. These descriptions are part of a constructivism that makes the virtual world a playground for fantasies and fictions. That may enhance self-education and contribute to social cohesion; but it may also cater to a kind of latter-day individualism in education. The Faustian twist to this constructivism is that the moment the self seems to savour the fruits of its identity play, self-creation runs idle. It may come as a release, then, to return to one's bodily situated self. As Wolfgang Welsch puts it: »[...] without the appearance of something as real none of the phenomena from the palette of doubt, phantasy, fiction, etc. could occur. They require a range of shared reality in order to allow some pieces of it to be questioned, attacked, or changed« (Welsh 2000: 56f.). A shared reality is partly dependent on bodies in their situatedness, or to be more concrete, on people in shared but not necessarily identical situations. Welsh opts for the ›intertwinement‹ between real and virtual. The body interface lays the ground for this intertwinement. The embodied mind configures virtual reality according to basic parameters of its actions in the real world. The Internet is both a vast expanse for explorations and a refuge – *refugium* – for the intimate activities of the homestead. We now have the minimal bearings that seem necessary for talking about a *Cyberbildung* that leads to the formation of a coherent self-world relationship. Which are more specifically those bearings?

A clue to an answer is found in the further elaboration of orientedness and, by implication, the notion of place. Making the body rather than the ego the subject of interaction marks the transition from Husserl's egological stance to Maurice Merleau-Ponty's bodily-grounded phenomenology. In the latter's theory intentionality becomes bodily in character. When I set out on a walk and lose my way, and then regain my geographical bearings, I am always located with an inclination towards getting from here to there. In a town I may, of course, orient myself according to the abstract coordinates of a town map. But again, I cannot make much use of the map if I cannot coordinate its information with my actual whereabouts, that is, where I am actually standing. According to Merleau-Ponty this is a basic condition: »The word ›here‹ applied to my body does not refer to a determinate position in relation to other positions or external coordinates [in abstract space], but by laying down of the first coordinates, the anchoring of the active body in an object, [which is] the situation of the body in face of its tasks« (Merleau-Ponty 1962: 100). The ›object‹ here is not the body in isolation but the interacting body in its surroundings. Or more specifically, the body coordinates the ›geo-graphical‹ bearings that accord the world its presence as a placeholder. The body orders the world by the basic directions: front-back, right-left, up-down, and over-under (cf. Merleau-Ponty 1962: 101f.). This is the fourfold way the world is structured according to the basic orientedness of the body in practical everyday life.

2. The body on the Internet

As I have already mentioned, in cases of simulation the real and virtual merge. That, however, comes with a caveat. In his book *The Language of New Media* Lev Manovich suggests that in cases of simulation the body still forms a centre of experience and action: the body grounds or coordinates space with itself as the tacit point of reference (cf. Manovich 2001: 109f.). A point in case is the fighter pilot who plugs in his helmet and flips down his visor to activate his Super Cockpit system. The virtual world he sees exactly mimics the world outside, and so erases the difference between the real and the virtual altogether (cf. Manovich 2001: 11). The Super Cockpit pilot seems to turn into a hyper humanoid in a totally virtual world. We may imagine a future of simulation implants that finally end our imprisonment in the body. Computer technology may converge with brain chips to make the way we talk about body experiences a thing of the past. But, as Manovich reminds us, we should not forget that the fighter pilot is strapped into the seat of his aircraft just like the VR user's body is strapped in his or her harness. They operate with an imprisoned body as the boundary between physical and virtual existence. – There is, of course, the Cartesian idea of a totally free or virtual mind that figures as a non-spatial entity. The trouble is, if the body goes so do not only the mind, but imagination and emotions as well. For imagination is in the senses: in smelling, touching and seeing. And emotions belong to the body as visceral experiences of joy or gloom, empathy or antipathy (cf. Lakoff/Johnson 1999: 403f.).

The original Mac OS interface was an instant success because it answered well to the body-centred experiences of ›real‹ life. The way the coordinates of body space integrate life on the screen can often be read off the way we visualise cyberspace. The user intuitively perceives it to be located in front of her, and not to the right and left, and definitely not behind her. This is partly due to the fact that the computer is, in the Heideggerian sense, something *Vorhanden* or ready-to-hand. As a tool it refers back to the body and the hands as the locus and origin of its workings. The interface metaphors bear this out. We ›enter‹ a browser or a Web page, ›travel‹ on the information superhighway, visit a ›site‹ and partake in the activities of a chat room. When finished we click ›home‹ and thus end our travel by returning to the starting point when the glow of the screen fades. These peripatetic movements remind us of the structure of the venerable *Bildungsroman*: the home as a starting point for travelling and visiting new *topoi* both in the physical and literal sense of the word; then the integration of these experiences in a continuous self-creation. The metaphors used here and their narrative implications repeat the basic dimensions of body space: location, direction, and locomotion.

We do not know what the future holds for us, but for now both the configuring of the screen – for example the side-by-side spatial montage of the GUI – and the metaphors that describe our Internet behaviour are intimately tied to the body as locus of experience and action. But this is not as obvious as it sounds. In the *Philosophy in the Flesh* Lakoff and Johnson observe that many metaphors name disembodied minds. Both religious and philosophical traditions do, as we know, conceptualise the soul or spirit as something apart from the body – as a non-substantial or transcendental entity. This illusion is supported by common cases of elation, ecstasy or near-death experiences that seem to show that soul and spirit are apart things. They argue that this is an illusion that disconnects what is basically connected and that »our very concept of a *disembodied* mind arises from *embodied* experiences that every one of us has throughout his life« (Lakoff/Johnson 1999: 562). They go on to list bodily experiences from which primary metaphors of subject and self arise. They proceed to show how the mind is metaphorically conceived as a person, an object or even a location, with a body, social roles and actions – a veritable topology of the mind.

My proposal that there are bodies on the Internet – and I am not here thinking primarily of bodily representations or avatars – makes sense only if bodily orientedness carries over from the real to the virtual world, so that both worlds become structured according to the same coordinates. Although different in their content, these worlds become similar in their basic topography, described in terms of places and directions we are familiar with, for example streets, stairways and corridors. The individual who sits in front of the computer screen, typically acts in the tacit presence of the room, the house and the locality he or she inhabits.

We may hesitate to use the expression ›located in cyberspace‹ about the body, because location usually connotes a place where you can physically dwell, and the body does not exist physically on the Internet. ›Home‹ therefore points ›away from‹ the Internet and back to the places you are most familiar with, the house and the room that you are working in. But the Internet is a dwelling place. Some Internet nomads actually find themselves better at home in virtual geography than in their physical surroundings, as expressed by one of Sherry Turkle's oft quoted respondent, that »RL [real life] is just one more window [...] and it's not usually my best one« (Turkle 1995: 13). The statement is significant not only for the variety of worlds the respondent moves in but for the window metaphor

For us the window is indeed the perfect transparent boundary, as anyone who has bumped his or her head into a glass door is familiar with. Turkle's respondent uses a visual metaphor that gives prominence to transparency. The window as a metaphor is related to the ocular metaphors of light that abound in the religious and philosophical literature and express the non-substantial mind's unlimited access to knowledge. But the window also demarcates the inside from the outside of a room. There is a dark ambiguity in the shimmering half-transparent window façades of the brand new corporate buildings erected on the *Potsdamer Platz* in Berlin. They both invite the spectator's gaze – and shut it out. They show both hospitality and a rejection bordering on hostility: the inside keeps its secrets from the prying public. The façade act as the transparent interface that juxtaposes the secure inside and the hostile outside. But it may also be the other way round: for those inside a house the outside may spell freedom from incarceration. For the inside of a house may be as uncanny or sinister as in an Edgar Allan Poe story; or as threatening as the empty corridors and stairways that the heroine Lara Croft searches in PlayStation games. The window is an interface, similar both to the eye and to the body in its interplay with the world.

In *The Poetics of Space* Gaston Bachelard argued more than 40 years ago that there is a rivalry between ›house and universe‹, a dynamic that is expressed in what he called the ›topoanalysis‹ of ›poetic images‹. As one of the strongest poetic images we have, the house is not, he says, an ›inert box‹, with doors to shut behind you or windows to peer out of. Rather, the inhabited space »transcends geometrical space« (Bachelard 1964: 47). The poetic image allows us to go beyond the geography of the material house and to analyse its topology. He cites Georges Spyridaki, who wrote: »My house is diaphanous, but it is not of glass. It is more of the nature of vapor. Its walls contract and expand as I desire. At times, I draw them close about me like protective armor [...] But at others, I let the walls of my home blossom out in their own space, which is infinitely extensible (p 51). Yet I would rather keep the glass as my preferred metaphor – or rather metonymy – for the transparency that connects. The title of Turkle's book, *Life on the Screen*, is a wonderfully apt metaphor for postmodern man's ›glassy‹ existence! Gaston Bachelard's house is more than a metaphor, for it ›constitutes a body of images that give mankind proofs or illusions of stability« (p. 17). The window seems to give only illusions and no proofs – it is the pure transparent interface and as such the metaphor for the immaterial. Bachelard's poetic images, on the other hand, are ›thick‹ images that carry proofs of the body's concrete existence. The metaphor »He's too big for his pants« implicitly refers to the body and means what it says. Or take the following lines from John Donne's poem »The Good-Morrow«: »My face in thine eye, thine in my appears/ And true plain hearts do in the faces rest«. His lines create an extended poetic image that relates the eye, the face and the heart to the wonder of love. These parts of the body occur in well-known metaphors: the eye as the window of the soul, the face as the mirror of the soul and the heart as the expression of truth – in other words, the body as the conduit of emotions and feelings. To call Donne's poetic lines an illusion may, after all, not be all that bad: for the word illusion is constructed on the Latin *ludere*, which means to play.

Self and identity are words coined by modernity; they belong to the context of classical *Bildung*. Virtual reality extends and enriches identity play, but it has not yet created new concepts of self and identity. The reason is, I think, that the concepts and metaphors of the virtual world trade on the traditional notions of self-formation. The idea that the Internet offers a free-play of identities is the result of the ›virtual world fallacy‹, the false idea that the virtual world is a bodiless space that frees the self for boundless self-creation. The fact seems to be that the coordinates of a centred body configure virtual life, so that the body exists online in its basic topology, that is, its situatedness and orientedness. It seems that Martin Heidegger's statement in *Building Dwelling Thinking* is still true: »To say that mortals *are* is to say that *in dwelling* they persist through spaces by virtue of their stay among things and locations« (Heidegger 1978: 335). Bachelard's poetic images surely go beyond and extend the range and geography of the body coordinates of front-back, left-right etc. Neither Heidegger nor Bachelard could, for obvious reasons, appreciate illusion as the play of computer interfaces. The body that is physically defined in its traditional settings is present in the configuration of cyberspace as well. That seems to give the body not less but more force and reality.

3. The body and rhythm

The view suggested here has some repercussions on the concept of *Cyberbildung*. The classical idea of *Bildung* put independence in forms of embodied and institutionalised self-creation. A concept of *Cyberbildung* takes into consideration that mind is spatial; that it is a body-mind. When we speak of personal identity, that identity is embedded in the coordinates of the body, and in the poetic images and metaphors that involve the body. The body is kinaesthetic, whether it is standing, leaning or crouching; looking, listening or smelling; talking, crying or smiling. Even the smileys that appear in SMS messages attest to the existence of embodied selves. We should, however, be weary of treating either the physical or virtual body as a centre or pivot of experience. The centred body is no doubt the source of corporeal orientation and direction. It is situated in time and space. But it is not an independent point of observation. The body is already embedded in the landscape it observes. The individual may, of course, identify himself or herself as the person standing on this very spot, as we do as tourists on a sightseeing. But that is possible only on account of his or her situatedness in the world. The body is, as I have said before, an object in the world and also the interface between itself and its surroundings. But this is not the whole story. For the body is also fundamentally ›spaced‹ in its situatedness. As Edward Casey puts it in *The Fate of Place*, »all orientation involves a gearing into a ›spatial level‹ that is not embedded in one's body proper but in the surrounding world « (Casey 1998: 234). In a spatial sense to be at home is not only to sit down in one's armchair or by the computer but also to partake in the ambience of the supporting world.

The body is, on the face of it, bounded by its surroundings, which act as the resources of a person's actions. In *The Visible and the Invisible* Merleau-Ponty asked the further question: »Where are we to put the limit between the body and the world, since the world is flesh?« His radical answer was that the limit is mutually set by the body and the world, as being of the same ›flesh‹: »The world seen is not ›in‹ my body, and my body is not ›in‹ the visible world ultimately: as flesh applied to a flesh, *the world neither surrounds nor is surrounded by it*« (Merleau-Ponty 1968: 138, my italics). Merleau-Ponty argued that the body and its surroundings mutually condition each other, and we might add: as both finite and infinite. Bodily presence is not delimited (the word *unlimited* should be avoided here) but also beyond itself in the eternal moment when past and future overlap in experience. Merleau-Ponty's described the body as embedded in a world in which the boundaries between body and world are not given ontologically. That is to say, it is up to the body and the world together to define their boundaries, which may be seen as a phenomenological version of the dialectical self-world relationship that underpinned classical *Bildung*. In the digital world these ›definitions‹ materialise as GUIs, of which the screen is the most obvious. Now the interface does not really define in the literal sense of drawing a boundary. As I have already shown, interfaces are double-edged and negotiable – they ›neither surround nor are surrounded‹. Merleau-Ponty is primarily concerned with the kinaesthetic body – that is you and me in our daily life – that summons the world into situations of desires and satisfactions: the flesh as interface.

In *A Thousand Plateaus* Gilles Deleuze and Félix Guattari make another significant move. They describe the interface, not in terms of body, but rather of rhythm. They invoke rhythm as »the transcoded passage from one milieu to another, a communication of milieus, coordination between heterogeneous space-times«. They go on to say that in music meter »is dogmatic, but rhythm is critical; it ties together in passing from one milieu to another«. And they refer to an earlier book by Bachelard when they add the important qualification that »rhythm is never on the same plane as that which has rhythm. Action occurs in a milieu, whereas rhythm is located between two milieus, or between intermilieus, on the fence, between night and day, at dusk, *twilight* or *Zwielicht*, Hacceity. To change milieus, taking them as you find them: Such is rhythm. Landing, splashdown, takeoff« (Deleuze/Guattari 1988: 313f.). Rhythm is, of course, a basic feature of the kinaesthetic body. The film *Crouching Tiger Hidden Dragon* is a point in case. The film is from beginning to end a movie of rhythm. Features of ballet, acrobatics and the martial arts combine action with the weightlessness of the body – the body as spirit. The actors run up walls and make somersaults back into courtyards, fly through the treetops in pursuit of each other – the body as transcendence. In the final scenes the hero dies from treacherous poisoning, reminiscent of Shakespeare's

Hamlet. What to make of this? We may say that the ›soul‹ of the film plays itself out in rhythm – rhythm as a moving interface. Rhythm stretches and extends the boundaries of the body to include cultural artefacts that seem to have no connection with the body. Rhythm is the true illusion of bodily play in its diverse cultural expressions. But for Deleuze and Guattari rhythm goes beyond the choreography in dance, the meter in music and the cadence in poems. Their description catches the body, not as the locus of rhythm, but as partaking in the ›twilight‹, the in-between and transitional that cannot be pinned down to a particular interface like the screen. The two authors radicalise the idea of an interface by pointing to its rhythm, that is, to movement and transformation as a feature of the interface. The interface then includes the feel that the body has for the milieu and atmosphere that it partakes in. An analysis of rhythm may add significantly to the idea of a *Cyberbildung* that treats the body as an experiential interface.

Crouching Tiger Hidden Dragon is splendid kitsch that shows how body and rhythm together constitute the body. And it leads to another observation. When, in more mundane cases, we take a walk without having a specific destination but rest in the ›flow‹ of just moving ahead, we leave the physical dimensions of space and time behind, and act according to directions given in the course of walking, choosing this path over the other, in what Deleuze and Guattari calls nomadic space. ›There exists a nomadic absolute where »the absolute is local, precisely because place is not delimited« (Deleuze/Guattari 1988: 494). This is the case when, as other writers have pointed out, the experience of the eternal moment or instant makes time or *khronos* collapse into *topos*, that is, into the sense of place or simply being there. Rhythm sets no limits but is intermediate and marks the crossover from one modus to another – the poetic image of the body as interface. Rhythm describes the inherent movement that informs the house image and the body image as well. These images are conduits of both contradictory and mutually supportive experiences that may be realised in the eternal instant when the past is confirmed in its transition.

The Internet introduces a notion of *Cyberbildung* that reconfigures the classical relation between self and the world. The graphic user interface helps us see that the house and the body are not settled substances but interfaces, that is, creative and changing self-world relations. The extended perspective of the body offered by philosophers like Heidegger and Merleau-Ponty makes the picture of the body as an independent object that may be formed, sculpted and manipulated to performance something of an aberration. Descriptions of the body as both emplaced and oriented towards, sedentary and nomadic, bounded and unbound, do indeed retain the difference between the individual and its surroundings. But the difference is not categorical. In a working note written in 1960, Merleau-Ponty said that ›the body is not simply a *de facto* visible among visibles, it is visible-seeing, or look‹ (Merleau-Ponty 1968: 272). It is that which inaugurates »the *where* and the *when*« or the ›facticity‹ that ›makes the fact be a fact« (140). To agree with this is not to engage in metaphysics. We may take it as a memento for a *Cyberbildung* that retains the classical opposition between self and world, but remediates it within the context of the Internet.

4. Lost bodies?

Let me work towards a conclusion. In the Prologue to the first volume of *The Rise of the Network Society*, Manuel Castells states that the global network of information and communication creates a »fundamental split between abstract, universal instrumentalism, and historically rooted, particularistic identities«. And he goes on the stress – in bold types – the fact that postmodern »societies are increasingly structured around a bipolar opposition between the Net and the Self« (Castells 1996: 3). I think that his first statement is generally right as a diagnosis of the current ideology, but not of the facts of the case. His last statement is possibly wrong. If what I have said in this paper is right, the Internet does not necessarily introduce a cleavage between abstract systems and the particular identities. Quite to the contrary, the Internet makes new connections between persons and the systems possible, in a way that may be conducive to *Bildung*. But then our idea of the self is not confined to free-floating minds, but includes the phenomenology of the body-self. Electronic interfaces oppose – and connect. And they connect because the virtual world repeats the basic configuration of the body in the real world, that is, its situatedness, orientedness and transparency.

Some theorists leave the body behind. Niklas Luhmann is a case in point. In the last impressive, two-volume exposition of his theory, *Die Gesellschaft der Gesellschaft*, finished just before he died, there are no entries on the word body in its German denotations of *Körper* or *Leib*. It seems that he is not able to entertain the idea that the person is an interface that also includes an embodied person that partakes in a sensed world. He quite rightly says that »One cannot assign people to functional systems, as if each person belonged only to one system, that is, only to justice, but not to business, to politics but not to the educational system.« Then he draws the wrong conclusion that this »[…] leads ultimately to the consequence that one cannot any longer claim that society consists of persons; for persons obviously cannot be accommodated to any part system, that is, to a place in society« (Luhmann 1999:

744). If I understand him right he thinks that the idea of a person entails that it be assigned to a location in space. Since autopoetic systems operate as information networks across social arenas we cannot settle the person in location and place. That means a farewell to traditional ways of talking about the person. Luhmann's persons do not have bodies but function as individual points of reference in a larger grid – they are ›reference points for self-referential, rational calculation‹, but not situated in any particular part of society.

Luhmann's functionalism reiterates the abstract space of Newton's physics, even if that space is now occupied by autopoetic systems. Luhmann would, of course, reject Castells' diagnosis, if only because there is no opposition between the Net and the self when the self does not exist as embodied any longer. In his vocabulary the idea of a *Cyberbildung* turns out to be a contradiction in terms, because the idea of an educated person is lost when there are no persons to educate. In this perspective *Bildung* in the sense of a self-formation in the encounter between self and other is a Romantic story of self-creation that belongs to a dear but obsolete narrative. When persons are described in terms of autopoetic systems in relation to other ›alien‹ systems, we can, of course, still talk of the learning processes and change of these systems, but hardly of persons that grow and transform into self-conscious personalities in mutual recognition.

According to the phenomenological approach that I have sketched above, there are no hard and fast walls between belonging to different worlds and being situated. Neither is there an absolute distinction to be drawn between transparent and embodied selves. The idea of an interface as a transparent boundary can be used to describe, not only the screen, but also the house and the body. In Merleau-Ponty's view the self and the world are not things apart because the body partakes in the world. I have tried to show how the body acts by proxy, as it were, on the Internet, through its basic orientedness. The body's presence in cyberspace is corroborated by as diverse works as Lakoff's and Johnson's research on metaphors, Bachelard's topoanalysis of poetic images and Deleuze's and Guattari's descriptions of rhythm. On his own account Luhmann's theory is just one out of several scientific vocabularies for describing modern society – and not the best at that.

A possible account of *Cyberbildung* hinges on the idea of the interface in its various meanings. The interface fascinates by its transparent substantiality: it exists both as a boundary and a rhythm, an impossibility that entails its own possibility. The body moves freely in cyberspace, but it is also settled in a location. The interface negotiates between different worlds, but always within the body-self-world context. Just like the window reflects light, the body reflects its own existence in the world through the world itself. By introducing the body and its surroundings as the basic interface there is no split between the Internet and the self. There are, however, constraints in the relation, and I have suggested that a main constraint on the vagaries of self on the Internet is its bodily situatedness. The fact that we are body-subjects makes it all the more fascinating to think of virtuality and the Internet as an opportunity for working out the idea of a *Cyberbildung*.

References

Bachelard, Gaston (1964): The Poetics of Space. Boston: Beacon Press.
Casey, Edward S. (1997): The Fate of Place. Berkeley: University of California Press.
Castells, Manuel (1996): The Information Age: Economy, Society and Culture, Vol 1: The Rise of the Network Society. Oxford: Blackwell.
Deleuze, Gilles/Guattari, Félix (1988): A Thousand Plateaus. London: Athlone Press.
Featherstone, Mike/Burrows, Roger (1995): Cultures of Technological Embodiment. An Introduction. In: Featherstone, Mike/Burrows, Roger (Eds.): Cyberspace, Cyberbodies, Cyberpunk. London: Sage.
Heidegger, Martin (1978): Basic Writings. London: Routledge.
Husserl, Edmund (1988): Cartesian Meditations. Dordrecht: Martinus Nijhoff.
Lakoff, George/Johnson, Mark (1999): Philosophy in the Flesh. New York: Basic Books.
Luhmann, Niklas (1999): Die Gesellschaft der Gesellschaft. Frankfurt a.M.: Suhrkamp.
Lupton, Deborah (1995): The Embodied Computer/User. In: Featherstone, Mike/Burrows, Roger (Eds.): Cyberspace, Cyberbodies, Cyberpunk. London: Sage.
Manovich, Lev (2001): The Language of the New Media Cambridge: MIT Press.
Merleau-Ponty, Maurice (1962): Phenomenology of Perception. London: Routledge.
Merleau-Ponty, Maurice (1968): The Visible and the Invisible. Evanston: Northwestern University Press.
Poster, Mark (1995): Postmodern Virtualities. In: Featherstone, Mike/Burrows, Roger (Eds.): Cyberspace, Cyberbodies, Cyberpunk. London: Sage.
Shneiderman, Ben (1992): Designing the User Interface. Reading, Boston.: Pearson Addison-Wesley.
Turkle, Sherry (1995): Life on the Screen.Identity in the age of Internet. New York: Simon & Schuster.
Welsch, Wolfgang (2000): Virtual to Begin With? In: Sandbothe, Mike/Marotzki, Winfried (Hg.): Subjektivität und Öffentlichkeit. Köln: Herbert von Halem.

Die Gemeinschaften der Eigensinnigen. Interaktionsmediale Kommunikationsbedingungen und virtuelle Gemeinschaften

Udo Thiedeke

1. Internet reloaded?

Ist alles wieder neu im Netz oder sogar am Netz? Verfolgt man derzeit die Berichte der Massenmedien, dann drängt sich der Eindruck auf, das Internet sei wieder da. Mehr noch: der Internet-Hype scheint zurückgekehrt. Kaum sind die Abgesänge auf die Dotcom-Euphorie verklungen, da liest, hört und sieht man allerorten vom Internet und seinen gesellschaftlichen Konsequenzen.

Jetzt geht es um das »Web 2.0«, in dem sich die Netzkontakte zu Netzwerken formieren, die von »Social Software« geknüpft werden und nach Prinzipien des »Schwarms« organisieren (vgl. O'Reilly 2005). Die Mobilisierung der Vernetzten vollzieht sich demnach spontan in »Smart-« oder »Flash-Mobs« (vgl. Rheingold 2003) oder in der Logik kollaborativer Wissensproduktion, die eigensinnig, evolutionär und vor allem schnell verläuft. Wir erinnern uns, das Präfix »Wiki«, z.B. im Namen der viel zitierten Online-Enzyklopädie »Wikipedia«, leitet sich vom hawaiianischen »wiki wiki« her, was soviel wie »schnell« bedeutet (vgl. Thiedeke 2007: 272).

Neu an all dem sind aber allenfalls die Erscheinungsformen, etwa der »Blogosphäre« (global geführter Netztagebücher »Weblogs«, kurz: »Blogs«), der »Podcasts« (individuell produzierter Sendungen für den »iPod« oder andere MP3-Player), der »Wikis« etc. Die Grundprinzipien der Kommunikationsmöglichkeiten des Internets haben sich jedoch kaum gewandelt, seit »das Netz« in den 1990er Jahren mit der hypermedialen Navigationsstruktur des World Wide Web (WWW) zum globalen Kommunikationsmedium wurde.

Die Netzkommunikation beruht immer noch auf dem dezentralen Code des universellen Internet-Protokolls (TCP/IP) und auf der deliberativen Organisation des Namensraums aller Internetadressen (DNS: Domain Name System; vgl. Hutter 2004) Voraussetzungen, die es erlauben, einzelne Computer mit ihren Programmen und Daten dynamisch zu einem weltweiten Computernetzwerk zu verkoppeln.

Mit der Computertechnik besteht zugleich die Möglichkeit, individuell zu überschaubaren Kosten auf Wirklichkeitsmaschinen zuzugreifen. Diese zerlegen mittels

Digitalisierung die Welt in Punktmengen, die computierbar,[1] d.h., berechenbar und damit manipulierbar sind. Alle, die mit Computern umgehen können, wirken mit am Erschaffen, Verändern und Vermitteln ferngesteuerter Welten aus Worten, Texten, Bildern, Filmen und Klängen. Durch die Vernetzung der Computer kann daraus eine permanente, steuerbare (kybernetische) Kommunikationswelt entstehen, in der man nicht nur Botschaften austauscht oder Angebote rezipiert, sondern die man mit anderen selbst erzeugt, verändert und gemeinsam nutzt.

Auf diese Weise sind mit Computern und Computernetzen »neue« Medien, nämlich *kybernetische Interaktionsmedien*, entstanden. Sie unterscheiden sich grundsätzlich von den bislang gesellschaftlich verfügbaren *Individualmedien* (z.b. Sprache, Schrift, Telefon) und *Massenmedien* (z.b. Druck, Film, Rundfunk, Fernsehen), da sie *multimedial, telepräsent* und *telematisch* operieren.

Kybernetische Interaktionsmedien (Computer, Computernetze, Mobiltelefonie) koppeln alle medialen Kommunikationsformen (Gespräch, Geschriebenes, massenmediale Veröffentlichungen etc.) und machen sie steuerbar, sodass die stellvertretende Interaktion medial erzeugter Identitäten und Welten sowie deren Fernsteuerung möglich werden. Die Folge davon ist weit mehr als multimediale Medienkonvergenz. Mit den Interaktionsmedien tritt eine Virtualisierung, d.h. eine *Vermöglichung* aller Medienformen und medialen Wirklichkeiten ein, die der Computer und seine jeweiligen Programme formbar werden lassen (Thiedeke 2004: 130f., 2007: 42ff.).

Infolgedessen erfahren auch die sozialen Kommunikationsperspektiven einen Wandel, der über einen bloßen Übergang von einer »one-to-one-Perspektive« bei individualmedialer Kommunikation über die »one-to-many-Perspektive« der Massenmedien hin zu einer »many-to-many-Kommunikation« hinausgeht. Bei interaktionsmedialer Kommunikation fallen diese Perspektiven in einer fast beliebig formbaren und daher entgrenzten *»virtual-to-virtual-Kommunikation«* zusammen.

Computergestützte interaktionsmediale Kommunikation (engl. CMC, »Computer-mediated Communication« genannt) weist somit eine eigene Sinnhaftigkeit auf. Sie entwickelt sich unter Bezug auf einen Sinnhorizont vermöglichter Wirklichkeit, wie ihn die Metaphorik des »Cyberspace« beschreibt (Thiedeke 2004: 121ff.).

Mediale Welterzeugung scheint jetzt kein Privatvergnügen Einzelner oder kleiner Gruppen mehr zu sein, die sich ihre Welt erzählen, schreiben oder zusammentelefonieren. Sie liegt auch nicht mehr alleine in der Verfügungsgewalt massenmedialer Organisationen, die Wirklichkeiten journalistisch oder fiktional formen und verbreiten. Im Cyberspace sind alle, die sich einloggen, potenziell in der Lage,

---

1 »Computerbar« ist ein Begriff der Informatik und meint »durch Computer berechenbar«. Er ist vom Englischen »computable« abgeleitet.

den Code ihrer Kommunikationsumwelt und damit die mediale Welt nach eigenen Vorstellungen zu verändern – und seien diese noch so eigenartig. Aus den einander erkennenden Personen (Individualmedien), den anonymen Konsumenten und exemplarischen Personen der ›Stars‹ oder ›Vorbilder‹ (Massenmedien) sind im Cyberspace auf diese Weise virtualisierte Produzenten und eigensinnig konstruierte Personae geworden.

Für die Netzkommunikation deutet sich damit eine erhöhte Komplexität an. Vor allem die sinnhafte Entwicklung der Internetkommunikation kann nur noch bedingt als kausal beschrieben werden. Sie konfiguriert sich und ihre sozialen Formen vielmehr selbstorganisiert unter Bedingungen einer *evolutionären Komplexitätsdynamik*. Sie wird von *Varietät* (der Fülle individueller Beiträge im Netz), *Konnektivität* (den unabsehbaren Möglichkeiten der Verlinkung) und *Viabilität* (der ›Überlebensfähigkeit‹ von Themen und Identitäten) vorangetrieben (vgl. allgemein zur Evolution sozialer Systeme Luhmann 1998: 413ff.).

All das galt bereits in den Anfangstagen des WWW. Wir kennen es unter Namen wie »Rough Consensus«, »Running Code«, »Open Source« oder »Cyberpunk«. Die soziale Dimension der Mailing-Listen, NewsGroups, Chats und MUDs wurde dadurch geformt. Allerdings – und das zeigt eine qualitative Veränderung an – stellt der Internetzugang heute ein Massenphänomen dar. Statt der Unix-Priester, der »Wizards«, »Gods«, »Zsars«, »Hacker« oder »Phreaks«, die den Netzcode noch als Muttersprache beherrschten, geben heute die Millionen UNDs (Users Next Door) im Netz den Ton an, die mit unterschiedlichsten Netzkompetenzen, nichtsdestotrotz aber höchst eigensinnig am Netz mitweben.

Das Internet ist also nicht »reloaded«. Wir befinden uns vielmehr in einem weltweiten Prozess, in dessen Verlauf sich das Netz in unseren Alltag »herunterlädt«. Es ist ein Prozess der Veralltäglichung interaktionsmedialer Kommunikation, der gerade erst begonnen hat und in dessen Zusammenhang wir uns mit veränderten Formen sozialer Ordnungen – wie der virtualisierten Vergemeinschaftung – konfrontiert sehen.

2. Virtualisierte Vergemeinschaftung

Aus dem bisher Skizzierten ergeben sich einige Fragen: Welche Konsequenzen resultieren aus der globalen Nutzung kybernetischer Interaktionsmedien für die gesellschaftliche Kommunikation? Wie ist eine auf virtualisierter Kommunikation basierende, am vermöglichten Sinnhorizont des Cyberspace orientierte Vergemeinschaftung möglich? Was folgt daraus für die beteiligten Individuen, bzw. wie realisiert sich ihr gesellschaftlicher Einbezug, ihre »Inklusion« bei interaktionsmedialer Kommunikation?

Die Fragen sind eng miteinander verbunden und lassen sich zu der Fragestellung zusammenfassen: Wie können angesichts der Komplexität der Netzkommunikation soziale Ordnungen möglich sein?

In aller Kürze möchte man antworten: Indem sinnhafte soziale Erwartungsstrukturen und darauf bezogene Selbstbeschreibungen entstehen, die eine ganz eigene Antwort auf diese Kommunikationsbedingungen darstellen und sich daher nur unter diesen Bedingungen ausformen und behaupten können.

Für die Internetkommunikation fällt auf, dass die sozio-technischen Bedingungen interaktionsmedialer Kommunikation das Entstehen solcher sozialen Systeme zu begünstigen scheinen, die eine paradoxe Vermöglichung aller Sinndimensionen aufwiesen. Charakteristischerweise zeigen sie Merkmale *verallgemeinerter Abweichung* (sachliche Sinndimension), *mittelbarer Unmittelbarkeit* (soziale Sinndimension), *synchroner Asynchronität* (zeitliche Sinndimension) und *ortloser Räumlichkeit* (räumliche Sinndimension).

Konkret bleiben bei der Netzkommunikation bspw. individuell abweichende Meinungen nicht Privatsache oder gehen in einer massenmedialen Nivellierung auf. Stattdessen können sie zum Ausgangspunkt einer an thematischen Ähnlichkeiten orientierten Interaktion vieler, dezentral verteilter Kommunikationspartner werden.

Soziale Einheit ergibt sich hierbei aus der Verknüpfung ähnlicher Abweichungen. Sowohl die individuellen Meinungen, in Form von Beiträgen, als auch ihre Verknüpfungsbedingungen, in Form eines Netzwerks, bleiben kommunizierbar. Zumindest im Anfangsstadium kondensieren soziale Systeme hier in Form reflexiver Meinungsballungen.

Das, was als Ähnlichkeit wahrnehmbar wird und der Reflexion von Anschlussfähigkeit zugrunde liegt, kann dabei breit variieren. Bei Wikipedia geht es etwa um die Bewertung selbstverfasster Beiträge nach ihrem »neutralen Standpunkt«. In den Singelbörsen zählen individuelle Neigungen, die Intimität versprechen. Globale Fotoarchive sind nach Sujets und deren Umsetzung strukturiert. Freundschafts- oder Bekanntschaftsnetzwerke konfigurieren sich hingegen entlang vermuteter Sympathien, gemeinsamer Interessen, Fähigkeiten oder nach gemeinsamen Bekannten.

Die interaktionsmedialen Möglichkeiten zur Selbstdarstellung persönlicher Meinungen und zur Selbstpräsentation individueller Beiträge, zu deren Bewertung durch viele andere sowie zu deren automatischer Verknüpfung begünstigen eine Kommunikationsstruktur gruppierter Ähnlichkeiten, auf der virtualisierte Vergemeinschaftung aufbauen kann.

2.1 Das soziale System Gemeinschaft

Um nachzuvollziehen, wie virtuelle Gemeinschaften im Prozess virtualisierter Vergemeinschaftung[2] entstehen, ist zunächst zu klären, was unter einer Gemeinschaft, bzw. unter Gemeinschaften verstanden werden soll.[3]

Grundsätzlich sollen Gemeinschaften nicht als differenzierungshistorische Residualkategorien, als Refugien psycho-sozialer Nähe oder als normative Projekte moralischer Integration verstanden werden, sondern, wesentlich nüchterner, als ein Typ sozialer Systeme, der eine spezifische Antwort auf die eigenen Umweltbedingungen darstellt.

Im Anschluss an Niklas Luhmann, der allerdings kein Konzept für einen derartigen Systemtyp ausgearbeitet hat,[4] soll Gemeinschaft als ein soziales Sinnsystem der Kommunikation verstanden werden. Konstitutiv für ein solches soziales System ist seine Unterscheidung von der Umwelt. Soziale Systeme unterscheiden sich hierbei von einer Umwelt – eigentlich von Umwelten –, die a) keinen Sinn prozessieren (physikalische, chemische, biologische, technische Umwelt, z.B. ökologische Umwelt, Organismen, Maschinen), b) Sinn anders prozessieren (psychische Sinnsysteme, die auf Bewusstsein, nicht auf Kommunikation aufbauen, z.B. Individuen) oder die c) andere Kommunikationsgrenzen ausprägen (andere Themen verfolgen, Personen anders einbeziehen, dauerhafter oder unruhiger sind, ihren Kommunikationsraum anders formen, z.B. Interaktionssysteme, Organisationen, Gesellschaft; vgl. Luhmann 1984: 16).

Ohne Differenz zur Umwelt könnte das soziale System sich weder selbst erhalten, indem es eigene Kommunikationen aneinander anschließt, noch seine Identität ausprägen, indem es seine Operationen und Strukturen durch Bezug auf sich selbst (Selbstreferenz) von anderem unterscheidet (ebd.: 25).

Zur Unterscheidung von der Umwelt fällt zweierlei auf. Zum einen wird für das System die eigene Sinnauswahl als Einschränkung der Sinnmöglichkeiten gegenüber den komplexeren, d.h., nicht gleichzeitig realisierbaren und intransparenten Sinnmöglichkeiten der Umwelt, kommunizierbar (ebd.: 47). Zum anderen wird deutlich, dass »Umwelt« immer nur die relative Umwelt des Systems meint (ebd.: 189).

---

2 »Vergemeinschaftung« soll hier nicht wie bei Max Weber als affektuelle oder traditionale soziale Beziehung von »Vergesellschaftung« unterschieden werden (1972: 21f.). Stattdessen ist damit der Prozess der Produktion und Reproduktion von Gemeinschaften als eigenständige soziale Kommunikationssysteme in der Gesellschaft gemeint.
3 Die Verwendung des Plurals zeigt an, dass sich soziale Systemtypen in unterschiedlichen empirischen Erscheinungsformen ausdifferenzieren, die gleichwohl ihre Unterscheidungsmerkmale bestätigen.
4 Zur Definition des sozialen Systemtyps »Gemeinschaft« ausführlich Thiedeke 2007: 57ff.

Daran sind die sinnhaften Kommunikationen sozialer Systeme orientiert. Was sich in einer komplexen Umwelt als soziales System ausformt, das stellt eine ganz eigene soziale Ordnung, eine ganz eigene Sinnauswahl, d.h., eine spezifische Problemlösung für das Komplexitätsproblem einer Welt dar, die übervoll an Sinnverweisen und möglichen Erwartungsstrukturen ist. Je nachdem, welche Kommunikationen im Zuge dieser Abgrenzung verstärkt oder abgeschwächt werden, erfahren andere Erwartungen eine Bestätigung oder Enttäuschung (ebd.: 398), was die Ausprägung unterschiedlicher Erwartungsstrukturen und Identitäten, d.h. unterschiedlicher Systeme konditioniert.

Hierzu zwei Beispiele, die uns die Unterscheidung des sozialen Systems Gemeinschaft erleichtern sollen. Einen Lösungsansatz für das Komplexitätsproblem stellen etwa soziale *Interaktionssysteme* dar (ebd.: 560). Sie ermöglichen es, bei stark reduzierten Kommunikationsmöglichkeiten, schon durch reflexive Wahrnehmungen selektive soziale Kontakte aufzubauen. Der Lösungsansatz liegt hierbei in der Konzentration auf *Anwesenheit*, wobei diese auch medial vermittelt sein kann, wenn das Medium wechselseitige Wahrnehmung erlaubt.

Interaktionssysteme sind demzufolge wenig voraussetzungsreich. Sie bedürfen nur geringer Informationen und können ad hoc auf Anwesenheit reagieren, weisen aber nur beschränkte Möglichkeiten zur Selbstbeschreibung auf, sind wenig organisiert und zerfallen, wenn Anwesenheit endet (ebd.: 560ff.).

Ein ganz anderer Lösungsansatz tritt mit dem sozialen System der *Organisation* in Erscheinung. Organisationen beziehen sich auf die Unsicherheit von Erwartungen. Sie begegnen diesem Problem durch *Entscheidungen*, d.h., indem sie Unsicherheit durch die Festlegung von Erwartungen minimieren und dazu Entscheidungsbedingungen und -ergebnisse kontrollieren (Luhmann 2000: 9).

Reflexiv wahrgenommene Anwesenheit reicht hierzu aber nicht mehr aus. Wer etwa in einer Organisation Mitglied werden möchte, muss nicht nur ›da‹ sein, er muss verbindlichen Verhaltensregeln zustimmen, die in formalen Organisationen zudem codifiziert sind (Luhmann 1976: 35).

Organisationen können so ihre Erwartungen reflexiv strukturieren, auf Dauer stellen und die komplexen Motivlagen ihrer Mitglieder z.B. auf die Erfüllung festgelegter Rollen konzentrieren. In Organisationen sieht man sich regelmäßig wieder, man weiß, was man zu tun hat, und ist nicht deshalb Mitglied, weil man gerade anwesend ist, nett wirkt oder ungeheuer viele Leute kennt.

Beide Systemtypen schließen allerdings auch Kommunikations- und das meint in Sinnsystemen ›Erwartungsmöglichkeiten‹ aus. Sowohl Interaktionssysteme als auch Organisationen weisen bspw. nur beschränkte Kapazitäten auf, Personen in die Kommunikation einzubeziehen (zu *inkludieren*).

Individuen, verstanden als psychische Systeme, die an identifizierbare Körper gebunden sind, unterscheiden sich von sozialen Systemen, da sie sich aufgrund von Bewusstsein, nicht aufgrund von Kommunikation selbst reproduzieren (Luhmann 1995: 39). Wie oben angedeutet gehören sie somit zur Umwelt sozialer Systeme. Damit ist nicht ausgeschlossen, dass sich Individuen an Kommunikation beteiligen. Es meint aber, dass sie nicht Kommunikation ›sind‹, genauso wenig, wie die Kommunikation ›identisch‹ mit den Gedanken eines Individuums ist.

Deshalb können Individuen nur in einer kommunizierbaren Form, der Form *»Person«*, in soziale Systeme inkludiert werden (Luhmann 1991: 170). Die Person stellt eine Beschreibung von Individualität dar, die niemals den ›ganzen Menschen‹ in das soziale System ›integriert‹. Man könnte sagen, im sozialen Kontext realisiert sich von uns nur das, was wir den anderen vermitteln können und diese von uns halten – also eine bereits sozial reduzierte, eine »sozialisierte« Fassung unserer komplexen Individualität.

In Interaktionssystemen können Personen jedoch nur sehr oberflächlich, geradezu ›flüchtig‹ wahrgenommen werden. Personen erscheinen ephemer: Verschwinden sie aus der Wahrnehmung, dann sind sie vergessen. Organisationen weisen hingegen eine weitreichende Trennung von Person und Rolle auf. Wer zur Organisation gehört, hat vor allem Rollenanforderungen zu erfüllen. Personen erscheinen hier austauschbar, Rollen hingegen nicht.

In diesem Zusammenhang fällt das Komplexitätsproblem der individuellen Zurechnung von Personen zum sozialen System auf, vor allem in seiner Fassung des reflexiven Bezugs auf das *kollektive* Mitwirken *individueller* Mitglieder. Beide Systemtypen lösen dieses *Zugehörigkeitsproblem* von Personen zur Gesellschaft nur sehr eingeschränkt. Im einen Fall verschwindet Zugehörigkeit hinter Zufälligkeiten, im anderen Fall hinter Entscheidungserfordernissen.

Genau dieser Problembezug scheint die Ausprägung des sozialen Systems *Gemeinschaft* zu begünstigen. Allerdings kann auch ein soziales System Gemeinschaft als Kommunikationssystem nicht superinklusiv operieren. Selbst hier werden nicht die Individuen als ›ganze Menschen‹ vergemeinschaftet. Vielmehr findet eine Sinngeneralisierung individueller Beiträge, ja, bereits der Beitragsprämissen im Hinblick auf wechselseitige kommunikative Anschließbarkeit statt. Mit anderen Worten: Der Sinn individueller Mitgliedschaft in Gemeinschaften liegt in der Produktion und Reproduktion von *Gemeinsamkeiten.*

Anschlussfähig an Gemeinschaften sind Personen demnach nur unter den Gesichtspunkten ihrer Gemeinsamkeiten und individuelle Beiträge nur hinsichtlich ihrer gemeinschaftlichen Kommunizierbarkeit. Das schließt auch die Ähnlichkeit ein, die Personen und Beiträge mit den jeweils vorherrschenden Erwartungsstrukturen der Gemeinschaft aufweisen.

»Gemeinschaften« sollen daher solche sozialen Systeme heißen, deren kommunikativer Zusammenhang durch Identifikation von Gemeinsamkeiten produziert und durch die Zurechnung von individuellen Mitgliedern sowie von deren Beiträgen auf Gemeinsamkeiten reproduziert und sinnhaft reflektiert wird.[5]

Einzelfälle können demzufolge von Gemeinschaften als sozial anschlussfähig behandelt werden, jedoch nur unter den sozialen Bedingungen der Zugehörigkeit und im Rahmen von Gemeinsamkeitserwartungen. Daran sind die Inklusions- und Exklusionsmechanismen von Gemeinschaften ausgerichtet und deshalb sind in Gemeinschaften Personen und individuelle Beiträge wichtiger als Anwesenheit und Rollen.

2.2 Inklusionsmodi von Gemeinschaften

Wie oben behauptet, entstehen soziale Systeme nicht im ›luftleeren Raum‹, sondern indem sie sich von einer komplexeren Umwelt unterscheiden. Das gilt auch für Gemeinschaften. Für sie bedeutet der konstitutive Bezug auf die Komplexitätsdynamik ihrer Umwelt eine Selbstanpassung der Art und Weise, wie Personen vergemeinschaftet werden können. Das meint konkret eine Selbstanpassung ihres *Inklusionsmodus*, der Art und Weise des Einbezugs, nicht jedoch des *Inklusionsprinzips*, der Zugehörigkeit aufgrund von Gemeinsamkeiten. Letzteres bleibt identisch, solange sich das soziale System als Gemeinschaft reproduziert.

So können wir uns vorstellen, dass Gemeinschaften, etwa in der segmentär differenzierten gesellschaftlichen Umwelt einer Stammesgesellschaft, einen Inklusionsmodus ausprägen, bei dem die Identifikation von Gemeinsamkeiten von der Begegnung mit Personen abhängt, die man unmittelbar kennen lernen kann. Dieser Inklusionsmodus ist auf *Unmittelbarkeit* abgestellt und reproduziert *Face-to-Face-Gemeinschaften*, wie etwa soziale Gruppen (vgl. Neidhardt 1979).

Ganz anders die Situation, wenn sich Gemeinschaften in der funktional differenzierten Umwelt einer modernen Gesellschaft entwickeln und fortschreiben. Hier nehmen Kontakte mit Fremden zu oder sind nur noch über lange Handlungsketten vermittelt (vgl. Giddens 1995). Würden Gemeinschaften weiterhin nur im Inklusionsmodus der Unmittelbarkeit operieren, könnten sie nur auf das Zugehörigkeitsproblem im Nahbereich der Kommunikation unter Bekannten reagie-

---

5 Damit sind weder Aussagen über die Qualität der Vergemeinschaftung noch über wertende Fremd- oder Selbstbeschreibungen gemacht. Gemeinschaften können als ›gut‹ oder ›schlecht‹ gelten, das Erleben ihrer Mitglieder bereichern oder beschränken, sich selbst als ›geschlossen‹ oder ›offen‹ verstehen, sie bleiben Gemeinschaften, wenn das letztgültige Selektionskriterium ihrer Kommunikation in der Unterscheidung von Zugehörigkeit nach Gemeinsamkeiten liegt.

ren. Mit ihrer auf unmittelbare Gemeinsamkeiten eingeschränkten Sinnreichweite wären sie wenig mehr als eine Insel der Nähe im Ozean des Entfernten.[6] Im inneren Bezug auf Umweltveränderungen hat das System ›Gemeinschaft‹ aber offensichtlich gelernt, auch unter asynchronen und distanzierten Kommunikationsbedingungen die Gemeinsamkeiten heterogener Personen und Beiträge zu identifizieren und aneinander anzuschließen.

So haben sich neben Gemeinschaften mit einem Inklusionsmodus der Unmittelbarkeit, der weiterhin konstitutiv für Gruppen ist, Gemeinschaften mit einem Inklusionsmodus der *Mittelbarkeit* herausgebildet. In solchen *imaginären Gemeinschaften*, die empirisch etwa als ›Bewegungen‹ oder ›Nationen‹ auftreten (siehe bspw. für Nationen Anderson 1988: 15), sind statt persönlich bekannter Mitglieder exemplarische Personen vergemeinschaftet, die Merkmale eines typischen Mitglieds als Ausdruck essenzieller Merkmalskategorien (etwa: deutsch, französisch, schwarz, weiß, progressiv, konservativ etc.) der Gemeinsamkeit symbolisch kommunizieren.

2.3 Mediale Umweltbedingungen der Vergemeinschaftung

Wenn soziale Systeme sich als sinnhafte *Kommunikations*systeme produzieren und reproduzieren, dann sind sie nicht nur der Komplexitätsdynamik gesellschaftsstruktureller oder semantischer Differenzierung ausgesetzt, sondern in erheblichem Maße auch den Veränderungen ihrer medialen Umwelt- bzw. Kommunikationsbedingungen.[7] In Reaktion auf das Kommunikationsproblem, Aufmerksamkeit auch über Distanzen herzustellen, konnten sich daher, je nach Distanzsituation gesellschaftlicher Kommunikation, unterschiedliche Medientypen ausformen und im Gebrauch etablieren.

Eine gesellschaftliche Kommunikationssituation unmittelbarer Interaktionen kann durch *Individualmedien* komplexer werden. Die gesellschaftliche Kommunikation zwischen vielen unbekannten Personen, Gruppen oder Funktionssystemen, die Anschluss an geteilte Wissensbestände finden wollen und müssen, findet in *Massenmedien* Unterstützung und Erweiterungsmöglichkeiten. Mit den Möglichkei-

---

6 Angesichts der zentrifugalen Kräfte der Modernisierung an der Wende vom 19. zum 20. Jahrhundert hat das, z.B. in der Soziologie eines Ferdinand Tönnies, dazu geführt, Gemeinschaft als Bereich familialer und nachbarschaftlicher Nähe von einer Gesellschaft abzugrenzen, die sich in der Auflösung von Nähe, etwa in ›künstlichen‹ Vertragsverhältnissen konkretisiert (1988: 3f., 7ff., 34ff.).

7 Diese korrespondieren wiederum mit den anderen Umweltbedingungen. So kann sich der Buchdruck wohl nur in einer Gesellschaft durchsetzen, die ›Bedarf‹ für massenhaft reproduzierte Informationen hat. Bücher, so sie einmal gedruckt und verbreitet wurden, stellen dann aber Kommunikationsmöglichkeiten und -gewohnheiten um (z.B. wird jetzt still, individuell und sequentiell gelesen) und erlauben andere Sichtweisen auf die Welt (was schwarz auf weiß gedruckt steht kann von allen Leserinnen und Lesern gleichzeitig rezipiert, aber auch verglichen und bewertet werden; vgl. z.B. Giesecke 1991: 21ff.).

ten der Computertechnik zur berechnenden Konstruktion und gesteuerten Interaktion konnten *kybernetische Interaktionsmedien* entstehen, die die Vermöglichungserwartungen einer global ausgedehnten heterogenen Gesellschaft zu bestätigen scheinen. Speziell für Gemeinschaften wirken mediale Umweltbedingungen als Kommunikationsbedingungen, die Möglichkeiten zur Ausprägung von Gemeinsamkeitserwartungen verändern. So erscheint es wahrscheinlich, dass individualmediale Gespräche, Briefe oder Telefonate besonders die Unmittelbarkeit der Kommunikation und die Ausprägung eines Sinnhorizonts *konkreter Erwartungen* unterstützen. Man wird persönlich angesprochen, angeschrieben oder angerufen und hat sich mit persönlich adressierten Erwartungen ad hoc auseinanderzusetzen.

Um die kommunikative Anschlussfähigkeit und damit den Fortbestand imaginärer Gemeinschaften sicherzustellen, reichen individualmediale Kommunikationen jedoch nicht mehr aus. Wie sollte man die kategorisierende Darstellung von Gemeinsamkeit, die exemplarischen Personen und verbindenden Symbole, an all die unbekannten Anderen vermitteln – etwa durch Weitersagen? Das scheint nurmehr mittels massenmedialer Kommunikation möglich. Damit erweitert sich aber auch der Sinnhorizont möglicher Erwartungen. Fortan heißt es, mit *faktisch fiktiven* Erwartungen umzugehen. Man wird zum Zeugen von Ereignissen, an denen man niemals unmittelbar beteiligt war oder ist. Man reagiert auf Nachrichten, die den Eindruck erwecken, als ob sie alle angingen und man geht davon aus, dass einen die Öffentlichkeit beobachtet, wenn man ›veröffentlicht‹, obwohl man diese Öffentlichkeit niemals persönlich kennen lernt.

In diesem Zusammenhang fällt auf, dass die multimediale Konvergenz individualmedialer und massenmedialer Kommunikation bei CMC und die Sinnentgrenzung durch sozio-technische Vermöglichung weder den Face-to-Face- noch den Typus der imaginären Gemeinschaft bestätigen. Ganz im Gegenteil haben diese aktuellen Gemeinschaftstypen Probleme, ihre Grenzen im Cyberspace zu behaupten, sprich Erwartungen unmittelbarer oder mittelbarer Vergemeinschaftung zu bestätigen.

Entstehen Gemeinschaften im Cyberspace, dann sind sie gezwungen, auf die vermöglichten Umweltbedingungen zu reagieren, sich z.B. an die Kommunikationsbedingungen der CMC anzupassen. Ihre Vergemeinschaftung erfährt eine Virtualisierung.

2.4 Mediale Umweltbedingungen virtualisierter Vergemeinschaftung

Die Bedingungen der Kommunikationsumwelt, wie sie mit CMC möglich werden, erscheinen für eine Gemeinschaft nur dann relevant, wenn sie selbst eine

Vermöglichung erfährt. Virtualisierte Vergemeinschaftung findet nur im Cyberspace statt.

Das schließt nicht aus, dass sich z.b. Administratoren von Chat-Channels IRL (In Real Life) zu Konferenzen treffen, dass es »Stammtische« und »Lan-Partys« von Online-Gamerinnen und -Gamern gibt oder »Hacker-Partys« in alten Bunkern. Nur finden diese sozialen Kontakte unter aktuellen, z.b. physisch und sozial begrenzten, Kommunikationsbedingungen, mithin im Rahmen aktueller sozialer Systeme statt.

Deren Beziehungsstrukturen lassen sich jedoch nicht identisch IVL (In Virtual Life) wiederholen. Beim Übergang zu interaktionsmedialen Kontakten erfahren sie eine Verformung durch Entgrenzung, eben die angesprochene Vermöglichung. Sie äußert sich in eigenen Kommunikationsstilen, eigenen Wirklichkeits- und Normalitätserwartungen, eigenen Personen- sowie Identitätskonzepten etc.

Die Eigenschaften der interaktionsmedialen Umwelt erscheinen demzufolge nur aus der Perspektive sozialer Systeme, die ›auf Lichtgeschwindigkeit beschleunigt‹, d.h., ›im‹ Cyberspace realisiert werden sollen,[8] als Bedingungen ihrer sozialen Möglichkeiten. Im Folgenden beobachten wir diese Umweltbedingungen daher aus der Perspektive von Gemeinschaften im Cyberspace. Genauer gesagt simulieren wir deren Beobachtungsperspektive durch Analyse, also allenfalls in einer Annäherung an ihre Realität.

Charakteristisch erscheint, dass es sich grundsätzlich um sozio-technische Bedingungen handelt. Zwar haben auch die anderen Medien der Aufmerksamkeit im Zuge wachsender Kommunikationskomplexität eine Technisierung erfahren. Beispielsweise muss man zum Briefeschreiben Schreibtechniken und -werkzeuge beherrschen. Beim Telefonieren läuft nichts ohne Kenntnisse, wie man ›den Apparat‹ zu handhaben hat. Wer unfähig ist, Gedrucktes zu entziffern, Radio- oder Fernsehgeräte o.ä. zu bedienen, wird wenig Freude an Massenmedien haben.

Die sozio-technischen Bedingungen interaktionsmedialer Kommunikation weisen jedoch nicht nur instrumentelle Qualität auf. Um z.B. im Netz zu ›surfen‹ oder gar um Netzwelten zu konstruieren, muss man das Interface der Wirklichkeitsmaschine ›Computer‹ manipulieren. Dabei scheint diese Technik nicht nur auf

---

8 Auch Interaktionssysteme oder Organisationen können in Gestalt virtualisierten Shoppings oder einer sog. virtuellen Verwaltung Vermöglichung erfahren. Nur lässt sich für beide Systemtypen beobachten, dass virtualisierte Kommunikation bislang nur episodischen Charakter hat. Im Fall der Interaktionen handelt es sich um punktuelle, sporadische Kontakte. Im Fall der Organisationen bleibt ihre aktuelle Formalisierung, z.B. die rechtliche Verankerung IRL, weiterhin ›entscheidend‹ für das Entscheidungsmanagement und ihren Bestand. Virtuelle Operationen beschränken sich hier zumeist auf eingegrenzte Aufgabenbereiche oder ›Spezialabteilungen‹ zur Koordination oder für ›Kundenkontakte‹ etc. (vgl. Goll 2004: 382f.).

Eingaben und ›Befehle‹ zu reagieren, sondern selbst zu kommunizieren, etwa dann, wenn wir mit einem Chat-Robot (Chatbot oder Bot) verhandeln, damit wir uns in einen Channel einloggen dürfen oder wenn im Online-Spiel ein NPC (Non Player Charakter) mit uns Handel treiben ›will‹ (Thiedeke 2007: 312ff.).

Kybernetische (regelkreisartige) Interaktion mit der Kommunikationstechnik erscheint als Grundgesetzlichkeit der virtualisierten Kommunikation, d.h., der interaktionsmedialen Wirklichkeitsbeobachtung, bzw. -erzeugung. Ändern die Computerprogramme den Code einer virtuellen Welt, dann ändern sich deren Wirklichkeitsbedingungen. Andererseits verändert jede unserer ›Eingaben‹ – und jede Kommunikation im Cyberspace ist eine Eingabe – gleichfalls den Code der Welt.

Diese Grundgesetzlichkeit bestimmt die komplexeren, zugleich möglichkeitsreicheren und voraussetzungsreicheren Normalitätserwartungen im Cyberspace. Sie liegt der Art und Weise zugrunde, wie hier Personen, Beteiligungen, Handlungszurechnungen, Sinnauswahlen oder Grenzbildungen realisiert werden können. Diese grundsätzlichen Bedingungen konkretisieren sich daher in CMC-spezifischen Kommunikationsfaktoren wie *Pseudonymität*, *Selbstentgrenzung*, *Interaktivität*, *Optionalität* und *Fluidität*.

2.4.1 Pseudonymität

Besonders im Internet entwickelt sich CMC als Kommunikationsform ohne unmittelbare Face-to-Face-Begegnung der Kommunizierenden. Gleichwohl sind diese in der Lage, direkt aufeinander Bezug zu nehmen, ja, sich und ihre Umgebung im Bedarfsfall wechselseitig ›umzuprogrammieren‹. Die bei CMC konstruierten virtuellen Räume, Welten, Objekte und Personen kann man im Wortsinn als *Beschreibungen* klassifizieren oder genauer: als sozio-technisch konstruierte und gesteuerte Beschreibungen, als *kybernetische Soziofakte* (Thiedeke 2004a: 130).

In der codierten Welt virtualisierter Kommunikation fällt demzufolge die virtuelle Präsenz aller wahrnehmbaren Inhalte, Objekte und Akteure auf. Vor allem letztere kommunizieren in einer Kommunikationssituation der *kontrollierten Distanz*. Sie sind zwar anwesend und beteiligt, aber die jeweilige virtuelle Person, die wir »Persona« nennen wollen, wird von einer Person in der aktuellen Wirklichkeit oder von einem Computerprogramm konstruiert und gesteuert.

Damit lässt sich die Individualität der Person weder unmittelbar erfassen noch physisch prüfen, wohl aber symbolisch vermitteln. Personen, die als Personae im Cyberspace kommunizieren, stehen Möglichkeiten offen, *pseudonym* zu agieren. Sie treten hinter eine Art Ganzkörpermaske zurück, die sie sich selbst zugelegt haben und die sie manipulieren. Persönliche Identitätsmerkmale stehen somit unter Konstruktions- und Steuerungsvorbehalt (für Chats siehe Beißwenger 2002).

Bei ›Ganzkörpermasken‹ liegt es nahe, an die aufwendigen grafischen Figuren in MUDs oder MMPORGs (Massively Multiplayer Online Role-Playing Games) zu denken, die man als »Avatare« oder »Handles« bezeichnet. Die Konfrontation der Person mit ihrer Pseudonymisierung, d.h. mit der Vermöglichung ihrer ganz individuellen Individualisierung, setzt aber viel unspektakulärer, etwa bei der Gestaltung virtueller Namen für die Netzkommunikation ein. Diese »Nicknames« (kurz: Nicks), die wir uns etwa für unser E-Mail-Account zulegen, eröffnen uns bspw. die Möglichkeit, von Herbert Müller zu acrylschnulli@web.de zu werden.

Was »Vermöglichung individueller Individualisierung« soziologisch bedeutet, wird deutlich, wenn man die Individualisierung der Namensgebung in der virtuellen Pseudonymität mit der Situation in der aktuellen Wirklichkeit vergleicht.

Jürgen Gerhards und Mitarbeiter haben bspw. im Jahr 2003 die Ergebnisse einer Studie zur Vergabe von Vornamen in der modernen Gesellschaft vorgelegt. Sie konnten zeigen, dass sich unsere Vornamen in den vergangenen 100 Jahren signifikant aus religiösen, nationalen und familialen Bindungen gelöst haben (zusammenfassend 2003: 174ff.). Wie nie zuvor markieren all die Kevins, Björns, Rabeas oder Mandys individuelle Besonderheit, ja, Einzigartigkeit. Dennoch ist es in der aktuellen Wirklichkeit nach wie vor beschwerlich, den einmal vergebenen Namen zu wechseln. Mit unseren ›besonderen‹ Vornamen verkörpern wir in der Regel lebenslang die individuellen Ambitionen unserer Eltern zur Individualisierung unserer Person.

Der Unterschied zur pseudonymen Namenswahl im Cyberspace liegt auf der Hand. Mit den selbst gegebenen Nicknames, denen ein willkürlich gewählter, aber gängiger Name wie ›Mayer‹ oder ›Schulze‹ zugrunde liegen kann, die aber häufiger als mythologische Namen, Anspielungen auf Neigungen und Eigenschaften, Lautäußerungen oder Zahlen-/Buchstabenkombinationen daherkommen, vermitteln wir in der Art einer persönlichen Signatur Hinweise auf Sympathien/Antipathien, Kompetenzen, Vorlieben oder Zugehörigkeiten zu Subkulturen (vgl. Bechar-Israeli 1995, daran anschließend Döring 2003: 88; Thiedeke 2003: 26). Die Pseudonyme der Nicks erzählen *unsere* kleinen, ambitionierten Identitätsgeschichten, mit denen wir bereits im Vorfeld der Kommunikation versuchen, Erwartungen zur dargestellten Identität in eine uns genehme Richtung zu dirigieren.

Die interaktionsmediale Kommunikation aus der ›sozialen Deckung‹ heraus, die große Experimentiermöglichkeiten bei kleinen ›sozialen Kosten‹ verspricht, lässt augenscheinlich den Mut zur Entgrenzung persönlicher Identität, aber auch zu deren gezielter Anpassung an wechselnde soziale Kontexte wachsen.

So findet, anders als bei der Individualisierung der aktuellen Wirklichkeit (vgl. Gerhards 2003: 180f.), bei den Nicknames eine Ausdehnung der Identitätsverkörperung über Ethnizitäts-, Alters-, Status- und – wenn auch seltener – über Geschlechtsgrenzen hinweg statt (vgl. Cooper et al. 1999; Roberts/Parks 1999). Zudem lässt sich eine Differenzierung in Teilidentitäten beobachten, die die Personen an Maus und Tastatur im jeweiligen Kommunikationszusammenhang freisetzen (Döring 2003: 354ff.).

Eher ungeschickt wäre es z.B., wenn man sich auf einer wissenschaftlichen Mailingliste als geil4you@diesundas.de anmeldet. In der lustvibrierenden Gemeinschaft eines Erotik-Chats bestätigt ein solcher Nick den Erwartungskontext. Die Pseudonymität erlaubt es, je nach Bedarf mehrere Identitäten als Personae zu führen – und niemand weiß, dass ich ab und zu auch Rumpelstilzchen heiß! Allerdings werden den virtuellen Puppenspielern dabei erhebliche Kapazitäten zum Antizipieren sozialer Kontexte abverlangt. Andernfalls sind mögliche Gemeinsamkeiten mit anderen Personae schnell zerstört und man muss einen neuen Identitätsversuch wagen.

Für Vergemeinschaftung im Cyberspace bedeutet Pseudonymität, dass weder die deskriptive (wie bei Face-to-Face-Gemeinschaften) noch die askriptive Zuordnung der Mitglieder (wie bei imaginären Gemeinschaften) pseudonyme Personae angemessen erfassen kann, weil CMC die unmittelbaren Kontroll- und die mittelbaren Abstraktionsmöglichkeiten gleichermaßen reduziert. Stattdessen scheint sich bei virtualisierter Vergemeinschaftung eine *konstruktive Identifikation* durchzusetzen, bei der die Verhaltensspezifik einer Persona in einem Aushandlungsprozess zwischen individuell projizierten Eigenschaften und kollektiv postulierten Gemeinsamkeitserwartungen zeitweilig festgelegt wird (vgl. Döring 2003: 342).

2.4.2 Selbstentgrenzung

Die Niedrigkostensituation hinsichtlich sozialer Sanktionen bei gleichzeitigem Konstruktionspotenzial sozialer Erwartungsprojektionen suggeriert, dass man Wirklichkeitserwartungen, wenn nicht aushebeln, so doch zumindest weitreichend modifizieren kann. Als weiterer Kommunikationsfaktor der CMC tritt daher die *Selbstentgrenzung von Normalitätserwartungen* zutage.

Eigenes Verhalten scheint vermöglicht, d.h. nur mehr von den Grenzen beschränkt, die man selbst gezogen hat. In der Expansionsphase des Internets in den 1990er Jahren waren mit dieser Wahrnehmung sowohl Erwartungen einer grenzenlosen sozialen ›Freiheit durch Technik‹ (vgl. Negroponte 1995; kritisch Brill 2003: 90f.) verbunden als auch scharfe Hinweise auf die Begrenztheit virtueller Kommunikationszusammenhänge (z.B. Stegbauer 2000).

Über soziale Verhaltensnormen hinaus betrifft Selbstentgrenzung jedoch alle, also auch sachliche, zeitliche und räumliche Normalitätserwartungen im Cyberspace.

Sollen vor diesem Hintergrund überhaupt soziale Kontakte möglich sein, gar soziale Systeme entstehen und bestehen, dann setzt das die Selbstorganisation gültiger Erwartungsgrenzen im jeweiligen virtualisierten Kommunikationskontext voraus. Die Bedingungen einer selbst- statt einer fremdbestimmten Entgrenzung der Normalität eröffnen ein breites Spektrum an Verhaltensmöglichkeiten und -erwartungen, das von anomischer Selbstentgrenzung bis hin zur Demarginalisierung und kreativen Partizipation reicht (vgl. Thiedeke 2007: 101ff.).

Am einen Ende dieses Spektrums ›normalen‹ Cyberverhaltens lassen sich somit Effekte der Enthemmung und des Netzmissbrauchs beobachten.[9] Diese Verhaltensweisen resultieren wohl vor allem daraus, dass der ›Körper‹ der Personen oder der ›Körperschaften‹, auf den sich in der aktuellen Wirklichkeit in letzter Konsequenz alle physischen Beschränkungen aber auch sozialen Sanktionen beziehen, im Cyberspace amorph bleibt.[10]

Am anderen Ende des Spektrums beobachten wir die aktive Konstruktion von Wirklichkeiten, die sich an individuelle oder partikulare Vorstellungen anpassen lassen und einen Bereich der Cyber-Beteiligung definieren, der je nach Erfahrung erweitert, eingeschränkt oder aufgegeben werden kann (vgl. z.B. Döring 2003: 541ff.). Die Vermöglichung des Cyberspace scheint zudem Voraussetzungen zu bieten, um z.B. normative Grenzen zu verhandeln und Institutionalisierung ›in die eigene Hand‹ zu nehmen, indem man sie als »Running Code« entwickelt, der nach dem »Rough Consensus« oder der »Folksonomy« im Netz modifiziert wird und so viabel bleibt.[11]

Auf diesem Potenzial zur Selbstentgrenzung von Identitäten, Beiträgen und Ordnungsprinzipien basieren bspw. netztypische Grenzziehungen wie der Übergang von Besitz zu Eigennutzen (Copyleft), das Prinzip der Patentfreiheit (Open Source; vgl. Thiedeke 2004b: 302ff.) oder das »Wiki-Prinzip« der vertrauensvollen, selbstreflexiven Beteiligung (vgl. Thiedeke 2007: 271ff.).[12]

---

9 Zur Diskussion des »Net Abuse« oder der Kriminalisierung des Internets siehe Helmers/Hoffmann/Hofmann 1998 und Wall 2001.
10 Zwar ist es im Cyberspace gut möglich, die kybernetischen Soziofakte technisch zu beobachten und in ihrer ›Bewegungsfreiheit‹ automatisch zu beschränken, auch wird man es sich als Person zweimal überlegen, ob man eine konstruierte Persona und ihr soziales Kontaktnetz aufgibt, dennoch handelt es sich beim ›Reset‹ der virtuellen Identitäts- und Körperprojektion immer um eine faktisch realisierbare Verhaltensmöglichkeit.
11 »Rough Consensus« und »Folksonomy« bezeichnen Prinzipien der Meinungsballung. Was aus der ›rauen‹ Diskussion widerstreitender Meinungen als geteilte Meinung hervorgeht oder was in einer interessegeleiteten, unkoordinierten ›Abstimmung mit den Mäusen‹ (Folksonomy) von den ›Leuten‹ (Folks) für gut befunden wird (Taksonomy), das überlebt im Netz als generalisierter Konsens.
12 Auch Lutz Ellrich stellt zusammenfassend fest: »Die virtuellen Räume [...] sind Medien der Transformation einer Ordnung expliziter Normen und Werte in eine Ordnung der Verdichtung, Häufung, Streuung und Vernetzung« (2002: 108).

Gemeinschaften, die unter solchen Bedingungen Zugehörigkeit produzieren und reproduzieren, stehen infolgedessen dem paradoxen Problem gegenüber, Begrenzung durch Entgrenzung realisieren zu müssen. Virtuelle Gemeinschaften haben eine fragile Balance zwischen der Geltungssicherheit von Normalitätserwartungen und deren Verfügbarkeit zu halten, wenn sie weiterhin attraktiv, das meint, möglichkeitsreicher als ihre aktuellen Pendants bleiben wollen.

Daraus resultieren Anforderungen, Grenzsetzungen und Normvollzug sowohl zu flexibilisieren – etwa, indem Aushandlungsprozesse institutionalisiert werden –, als auch in ihrer Realisierung zu objektivieren – etwa durch technische Inklusions-/Exklusionsprozesse von Mitgliedern und Beiträgen (vgl. für den Normvollzug in Chats z.B. Döring/Schestag 2003: 332ff.; für MUDs z.B. Mnookin 1996).

2.4.3 Interaktivität

Zunächst scheint *Interaktivität* bei CMC ein selbstverständlicher, sozial nicht weiter beachtenswerter, allenfalls steuerungstechnischer Sachverhalt zu sein. Bei näherer Betrachtung zeigt sich aber, dass man angesichts des Interaktivitätspotenzials der codierten Welt, in der alle Interaktionen stattfinden, genauso wenig sicher sein kann, dass Personae von Personen und nicht doch von Programmen gesteuert werden, wie man davon ausgehen kann, dass leichtfertig hingetippte oder hingeklickte Cyberworte und -gesten nur ›metaphorische‹ und nicht doch ›materielle‹ Qualitäten haben.

Interaktivität bei CMC kann daher nur unzureichend als ausschließlich technische Steuerung oder nur als soziale Interaktion beschrieben werden. Auch lässt sie sich kaum als qualitatives Ziel oder als Maßstab ›guter‹ interaktionsmedialer Kommunikation erfassen. Stattdessen scheint es sich um einen virtualisierten Bezugsprozess mediatisierter Wahrnehmungen zu handeln, der sich erst in einer Verschränkung sozialer und technischer Faktoren realisiert.

Aus der Interaktivität resultieren demnach mehrere Konsequenzen für den Umweltbezug sozialer Systeme im Cyberspace. So zeichnet sich eine Vermöglichung der doppelten Kontingenz ab, etwa dergestalt, dass technische Strukturen und Kommunikationselemente wie etwa Agenten, Bots oder NPCs, in NewsGroups, Chats, MUDs oder Spielen als programmgesteuerte ›Akteure‹ auftreten, die so agieren, ›als ob‹ sie sinnhaft kommunizieren könnten (siehe allgemein Braun-Thürmann 2004: 82ff.; zur Vertrauensproblematik Thiedeke 2007: 306ff.).

Eine weitere Konsequenz stellt die Speicherung des Vergänglichen und die technische Reaktualisierung von Kontaktstrukturen dar. So ist bei CMC bspw. die mitlaufende Protokollierung aller Kommunikationen ebenso möglich wie die automatisierte Suche nach Begriffen, Diskussionen, Personae oder Ähnlichkeiten, die dann über sog. Matching-Funktionen miteinander zu Wissens-, Themen-, Beziehungs- oder Eigenschaftsnetzwerken verwoben werden.[13]

Schließlich macht die Interaktivität interaktionsmedialer Kommunikation deutlich, dass spezifische, sowohl soziale als auch technische Kompetenzen unabdingbar sind, wenn Personen im Cyberspace kommunikativ an soziale Systeme gekoppelt werden sollen. Man muss wissen, wie man sich als »Newbie« (Neuling) im Netz zu verhalten hat, damit man nicht gleich als »DAU« (Dümmster anzunehmender User) dasteht. Vonseiten der sozialen Systeme gilt es dabei, technische Strukturlösungen und -probleme kommunikativ verfügbar zu machen, etwa in die gemeinschaftliche Erzählung einzubinden, wie häufig bei MUDs oder Spielen zu beobachten, wo technische Operatoren als ›Götter‹, ›Zauberer‹ oder ›Dämonen‹ plausibilisiert werden (vgl. etwa Reid 1994).

Die Kontingenz der Interaktivität markiert demnach bei virtualisierter Vergemeinschaftung weder die rein soziale Problematik abweichender Interessen noch die rein technische Problematik instrumenteller Funktionalität oder Dysfunktionalität. Sozio-technische Interaktivität erhöht vielmehr die Komplexität sozialer Systembildung, d.h. die Fähigkeit zu nichtvorhersagbarer Strukturbildung und -auflösung.

Gemeinschaften im Cyberspace müssen versuchen, diese Herausforderung so zu bewältigen, dass sie ihre Interaktionsfähigkeit erweitert, d.h., ihre Interaktivität einen Virtualisierungsgewinn ermöglicht und ihre Wahrnehmungskontrolle erhöht. Ihre Erwartungsstrukturen basieren dann u.a. auf der Selbstbeobachtung sozio-technischer Bedingtheit, was vielleicht den tieferen Sinn der im Cyberspace allfälligen Erwartung einer ›Freiheit durch Technik‹ (s.o., S. 58) oder besser: der ›Techniken zur Freiheit‹ ausmacht.

2.4.4 Optionalität

Möglichkeiten pseudonymer Kommunikation, der entgrenzten Selbstdarstellung und -organisation sowie der sozio-technischen Interaktivität aller Kommunikationsteilnehmer und -strukturen, begünstigen nicht nur eine kaum mehr überschaubare Konnektivität der Kommunikationen, sondern auch mehr Varietät der Themen, Identitätsangebote oder Orientierungskontexte. Die gewachsene Komplexität schlägt sich demzufolge in der umfassenden Optionalität aller Sinnbezüge nieder.

Das mag nicht weiter überraschen. Auch vor Internet, WWW und Cyberspace zeigte die moderne (Welt-)Gesellschaft eine Tendenz zur »Multioptionalität«

---

13 Angesichts der derzeitigen Veralltäglichung des Internets treten diese Aspekte heute etwa in Gestalt der Diskussion um die ›Macht‹ von Suchmaschinen wie bspw. von »Google« oder des Hypes um die »social Software« des »Web 2.0« wieder in die gesellschaftliche Diskussion ein.

(Gross 1994). Allerdings wurde mit der interaktionsmedialen Kommunikation und ihrem Sinnhorizont ›Cyberspace‹ die *Faktizität des Möglichen* offensichtlich. Optionen bleiben im Cyberspace keine Utopien, die man wählen könnte, wenn einem nicht immer wieder physische, physikalische, soziale oder zeitliche Beschränkungen ›einen Strich durch die Rechnung‹ machen würden. Bleibt Vermöglichung in der aktuellen Realität ein offenkundiger Ausnahmezustand und allzu oft nur auf massenmediale Fiktionen, künstlerische Imaginationen oder Planungsutopien beschränkt und weist eine Tendenz zum Irrealen oder gar ins Pathologische auf, so wirkt der Ausnahmezustand im Cyberspace alltäglich (Thiedeke 2004a: 134).

Verantwortlich dafür scheint zum einen die schiere Fülle an verfügbaren Informationen zu sein, die im Netz zirkulieren. So hatte die School of Information Management and Systems an der University of California in Berkeley für das Jahr 2002 statistisch geschätzt, dass das WWW an seiner ›Oberfläche‹ (d.h., Sites mit fester Adresse) 167 Terabyte an Daten umfasst.[14] Das sog. tiefe Web (z.B. durch Seitenaufrufe generierte Web-Seiten) wird dabei auf 91.850 Terabyte geschätzt (alle Daten Lymann et al. 2003). Zudem wächst die Informationsmenge im Internet im globalen Maßstab schneller als die Informationsmenge in allen anderen Medien.

Allerdings wäre diese Informationsfülle ohne entsprechende Selektionsmöglichkeiten nur Informationsrauschen. Der ›Information-Overflow‹ der Web-Optionen würde jede Kommunikation mit sich reißen, wenn die Optionen nicht zugleich in eine Struktur thematischer Verweise, sog. Hyperlinks, eingebunden wären. Und diese Struktur umfasst, entsprechend der Interaktivität der CMC, nicht nur symbolische Querverweise, sondern ›Tore‹ zu Informationswegen und -clustern im Hyperraum der Optionen.

Es ist zum anderen die Kommunikationserfahrung mit dieser hypermedialen Struktur, der Eindruck, dass alle Rezeptions- und Partizipationsoptionen in einem Netz der Sinnbezüge ›eingewoben‹ bleiben, an dem alle Kommunikationsteilnehmer ständig weiterweben, wodurch die Optionalität zur interaktionsmedialen Realität wird.[15] Die Optionalitätssurferinnen und -surfer navigieren in einer Matrix, wenn sie die Welle hyperstrukturierter Komplexität ›abreiten‹ und die Optionen sowie ihre Konstellationen dadurch beständig verformen.

Dazu muss man die Optionsstruktur im Cyberspace allerdings auch wirklich ›drehen‹ und ›wenden‹. Die Kehrseite von Überfülle und Vernetzung stellt mithin ein unmittelbarer Erwartungsdruck zur gezielten Auswahl dar. Inhalte oder Kon-

---

14 1 Terabyte entspricht 1.000 Gigabyte; 10 Terabyte stellen ungefähr die Informationsmenge dar, die alle Publikationen der US Libary of Congress enthalten.
15 Hier ist ein Netzwerk entstanden, das dem »DOCUVERSUM« von Hartmut Winkler (1994: 54) gleicht.

takte sind individuell abzuschätzen und zu wählen (vgl. Möller 2004: 357ff.). Die Optionalität erzeugt einen Sog an Möglichkeiten, der alle Wissensgrenzen sprengt und die Dämme institutioneller Filterung längst durchbrochen hat. Letzteres deuten die vielfältigen im Netz kursierenden Verschwörungstheorien ebenso an wie verbreitete »Hoaxes« (Netz-Enten) oder der »Blogism« als Spielart des gerüchtebasierten Journalismus (vgl. Bucher/Büffel 2005; Thiedeke 2007: 125).

Auch virtualisierte Vergemeinschaftung scheint angesichts der Optionalität nicht unproblematisch zu sein. Unzählige Mitgliedschaftsalternativen, aber auch die Optionen, im Netz Gleichgesinnte für eine ›eigene‹ Gemeinschaft zu finden, setzen die Gemeinschaftsgrenzen der Zugehörigkeit unter permanenten Druck.

Als Folge davon sind sowohl Attraktivitätskonkurrenz für die Gemeinschaften im Cyberspace, eine hohe Mitgliederfluktuation, ›Parallelgemeinschaften‹ zu gleichen Themen, Off-Topic-Probleme bei der Themenkommunikation, Exklusivitätsbestrebungen sog. Gated Communitys, als auch die kreative Erfindung immer neuer Vergemeinschaftungsangebote zu erwarten und im ›Alltag‹ des Cyberspace auch zu beobachten.[16]

2.4.5 Fluidität

Angesichts der Vermöglichung der Sinnbezüge fällt eine Relativierung der Geltung von Bedeutungssetzungen im Cyberspace auf. Sinngrenzen scheinen sich schnell zu verändern. Gerade realisierte Strukturen lösen sich auf, beständig erscheinen nur Erwartungen der Bedeutungsüberlagerung oder Kontingenz. Im Cyberspace wirkt die Unwandelbarkeit dauernder Sinngeltung kaum mehr als sicherer Grund der Strukturbildung. Verallgemeinerte Erwartungsstrukturen des Konsenses, der Normgeltung oder des gültigen Wissens geraten im interaktionsmedialen Kommunikationsprozess in Bewegung, was etwa die oben angeführten emergenten Prozesse selbstorganisierter Ordnungsbildung veranschaulichen.

Der damit verbundene Sinneindruck der *Fluidität*, des ständigen Ineinanderfließens von Unterscheidungen, die sich wechselseitig beeinflussen, und die daraus resultierende Dynamisierung von Sinngrenzen, erscheint als eigener, charakteristischer Faktor jeder Kommunikation und jeder sozialen Ordnungsbildung im Cyberspace.

Kommunikation im Cyberspace forciert eine Weltwahrnehmung, die kennzeichnend für die moderne Gesellschaft ist, die sich selbst als vom unablässigen Wandel, vom ständigen Hervortreten des Neuen beeinflusst, beschreibt. Die moderne Gesellschaft ist nur noch temporalisiert zu erfassen (Luhmann 1998:

---

16 Zur Diskussion der Grenzbildung und Mitgliedschaft in virtuellen Gemeinschaften siehe z.B. Döring 2003: 522ff.

1011ff.). Ihre Sinnmarken befinden sich in unablässiger Bewegung, was in der Wertschätzung von »Kritik«, »Innovation«, »Flexibilität« ebenso zum Ausdruck kommt wie in den Ängsten vor »Beliebigkeit«, »Erinnerungslosigkeit« oder »Hektik«. Gelingt es Sinnsystemen, sich im Cyberspace auf Fluidität einzustellen, indem sie lernen, ihre Grenzen unter wechselnden Sinnperspektiven kontingent zu halten, dann können sie mehr Unwahrscheinlichkeit verarbeiten. Sie können variantenreicher und kreativer operieren als aktuelle Sinnsysteme, wirken aber auch unwirklicher und instabiler.

Sinnsysteme im Cyberspace erfahren angesichts der Fluidität eine radikale Temporalisierung, was sich im Bruch mit aktuellen Zeiterfahrungen niederschlägt. Im Cyberspace wird die Zeit selbst zur ›flüssigen‹ reversiblen Konstruktion.

Gilt in der aktuellen Wirklichkeit, selbst in der modernen Gesellschaft, die Unwiederholbarkeit des Vergangenen geradezu als letzte Grenze, was in der Endgültigkeitserfahrung des Todes kumuliert, so verlaufen im Cyberspace die Ereignisse vordergründig zwar auch entlang eines gerichteten Zeitpfeils, hintergründig wird jedoch deutlich, dass hier alles Vergangene ›gespeichert‹ bleiben kann.

Wurde ein ›Back Up‹ angefertigt – und das Unterlassen eines Back Ups ist bei interaktionsmedialer Kommunikation die Zeitkatastrophe schlechthin –, wurden die Identitäten, Interaktionen, die Spielstände und Weltentwürfe als Daten gesichert, dann kann zu ihnen jederzeit ›zurückgesprungen‹ werden. Man kann aber bspw. auch die Eigenzeit der Persona immer wieder neu ›zurücksetzen‹, etwa in einem Onlinespiel ›sterben‹ und bei Bedarf vor dem eigenen Todeszeitpunkt wieder neu ›einsteigen‹, um die eigene Zukunft mit anderen Parametern neu zu erleben. Im Cyberspace gibt es nicht nur ein Leben nach dem Tod, es gibt auch einen Tod vor dem Tod!

Für Gemeinschaften im Cyberspace bedeutet Fluidität die Herausforderung, ihre äußeren und inneren Bedeutungsgrenzen unablässig zu moderieren. Hier kann man sich nur noch sehr bedingt ›eine Zeit lang‹ auf das verlassen, was gelten soll, außer man führt allen Interagierenden die konstitutiven Gemeinsamkeiten als ständiges Monitoring einer gespeicherten Interaktionsgeschichte vor Augen, bei gleichzeitig strikten Begrenzungen der Manipulationen der Vergangenheit.

Dass dies im fluiden Sinnkontinuum nur bedingt gelingen kann, zeigen die ›Zeitverbrechen‹ von Hackern oder Cheatern, mit denen die gespeicherten Erinnerungen, d.h. die verallgemeinerten Erwartungsstrukturen manipuliert werden, indem alte Datensätze gelöscht und neue gespeichert werden, um der Zukunft einen anderen Verlauf zu geben. Fluidität überlagert auch die Kontrollmechanismen und wir können hierzu beides notieren: die schöpferischen Variationsmöglichkeiten neuer Zukünfte und das destruktive Potenzial einer flüchtigen Gegenwart.

2.5 Virtuelle Gemeinschaften

Eine relativ stabile Identität, d.h. Selbstkontrolle über und Selbstidentifikation mit eigenen Sinngrenzen, können Gemeinschaften gegenüber der interaktionsmedialen Umwelt nur ausprägen, wenn sie ihre Kommunikationen durch Virtualisierung auf diese Bedingungen einstellen.

Diese Abgrenzung als eine Gemeinschaft, die gegenüber Gemeinschaften in der aktuellen Wirklichkeit bspw. mehr Partizipationsfreiheit, globale Kontakte unter Gleichgesinnten, Anerkennung abweichender Interessen, selbstorganisierte Entfaltung von Kompetenzen oder die gemeinsame Konstruktion vermöglichter Identitäten und Welten zulässt, realisiert sich demzufolge in einem Prozess der Selbstanpassung.

Die komplexen Umweltbedingungen interaktionsmedialer Kommunikation erzeugen somit einen Anpassungsdruck, der besonders auf den Inklusionsmodus der Gemeinschaft wirkt. Wie ausgeprägt dieser Komplexitätsdruck ist, wird deutlich, wenn man sich die paradoxen Sinnbezüge vor Augen führt, die mit den interaktionsmedialen Kommunikationsbedingungen hervortreten. So verweist *Pseudonymität* auf die Bekanntschaft mit unbekannten, weil ›ferngesteuerten‹ Personae. *Selbstentgrenzung* konkretisiert sich in einer Beteiligung durch selbstkontrollierte Entgrenzung. Bei *Interaktivität* fällt der Selbstwiderspruch auf, dass soziale Kontingenz im Medium der Kausalität, also durch Technik reproduziert wird. *Optionalität* lässt Möglichkeiten zu Fakten werden und engt Handlungsspielräume durch Möglichkeitsausweitung ein. *Fluidität* macht schließlich die Prozesshaftigkeit von Strukturen durch Strukturierung von Prozessen kommunikabel.

All dies mündet in konkrete Probleme virtualisierter Vergemeinschaftung, die wir als *Identifikationsproblem* virtualisierter Mitglieder und Beiträge, als *Regulationsproblem* vermöglichter Partizipation und als *Interoperabilitätsproblem* sozialer und technischer Kommunikationsprozesse benennen können.

Beantwortet werden diese Problemlagen, die zugleich Ansatzpunkte für virtualisierte Vergemeinschaftungsmöglichkeiten darstellen, mit einer Neuausrichtung des Inklusionsmodus der selbstvirtualisierten Gemeinschaften. Die Kommunikation der Gemeinsamkeiten, die Zugehörigkeit unterscheidet und vermittelt, operiert im Cyberspace im Modus *mittelbarer Unmittelbarkeit*.[17]

Damit wird dem Sachverhalt Rechnung getragen, dass im Cyberspace individuell konstruierte Mitglieder mit ferngesteuerten Eigenschaften im Rahmen spezifischer

---

17 Gemeinschaften die sich im Cyberspace bilden und behaupten können, sind demzufolge nicht ›besser‹ oder ›leistungsfähiger‹ als aktuelle Gemeinschaften. Sie sind komplexer, verfügen über entgrenzte Sinnmöglichkeiten, haben sich dazu aber paradoxen Sinnproblemen zu stellen.

Thematiken so zueinander vermittelt werden, dass sie unmittelbar miteinander interagieren. Auch die Identifikation und Einordnung von Gemeinsamkeiten entfaltet sich paradox, bspw. als eine Kategorisierung selbstkonstruierter Abweichung.[18]

Gemeinschaftsmitglieder erfahren ihren Einbezug, sowohl unter dem Gesichtspunkt der Gemeinsamkeit selbstkontrollierter individueller Eigenschaften oder Neigungen als auch in Hinblick auf ihre kategoriale Zuordnung zu Interessenschwerpunkten – etwa ihrer individuellen Beiträge zu den allgemeinen ›Topics‹ der Gemeinschaftskommunikation. Ihr Mitgliedsstatus erscheint dahingehend virtualisiert, dass ihre Gemeinsamkeiten auf der Verallgemeinerung individueller oder partikularer Abweichung basieren. Unter Inklusionsbedingungen mittelbarer Unmittelbarkeit sind Mitglieder unbekannter als in Face-to-Face-Gemeinschaften, aber individuell stärker in die Gemeinschaftskommunikation involviert als in imaginären Gemeinschaften.

Die ›Spannweite‹, in der virtuelle Gemeinschaften im Cyberspace empirisch in Erscheinung treten, erscheint dabei beträchtlich. So können Gemeinschaften auftreten, die eher den Aspekt der Unmittelbarkeit betonen. Hier wird besonderer Wert auf die Identifikation der Personae, deren Einbettung in eine Gemeinschaftsgeschichte u.ä. gelegt. Die Steuerung der Kommunikationen verläuft bevorzugt über soziale Sinnformen (z.b. Werte, Normen, Gemeinschaftsziele), sodass diese Gemeinschaften den Charakter *virtueller Gruppen* aufweisen. Ebenso treten aber auch Gemeinschaften in Erscheinung, die Vermittlungsaspekte in den Mittelpunkt der gemeinschaftlichen Kommunikationen rücken. Sie weisen den Charakter von *virtuellen Netzwerken* oder *virtuellen Bewegungen* auf, wobei die Reproduktion sozialer Ordnung primär auf der technischen Koordination des Matchings von Meinungen und Positionen sowie auf der automatischen Regulation[19] von Beiträgen beruht.[20]

---

18 Hieran schließen dann Ordnungsprinzipen der Gemeinschaftskommunikation an, wie z.b. das vieldiskutierte »Schwarm-Prinzip« der Kommunikationskontakte. Aus Perspektive der Mitglieder lautet es: Bleibe unterscheidbar, suche die Nähe zu denen, die ähnlich sind, bewege dich mit den Ähnlichen in die gleiche Richtung, betone die Unterschiede, wenn dir jemand zu nahe kommt! Aus Perspektive der Gemeinschaft bedeutet es, Abweichung so zu homogenisieren, dass sie verknüpfungsfähig und unterscheidungsfähig bleibt.

19 »Automatisch« heißt selbsttätig vollzogen. Beiträge werden dabei nicht nur wiedergegeben oder veröffentlicht, sondern durch die Kommunikationsprogramme gewichtet und verknüpft und so strukturell eingeordnet. Bewertungen, werden z.b. durch social Software automatisch aus abgegebenen Einzelmeinungen akkumuliert (Bsp. eBay-Bewertungen), Netzwerke werden automatisch in ihren Verknüpfungen dargestellt (Bsp. Xing), Kontaktmöglichkeiten werden automatisch aufgeführt (Bsp. Matching, bei Handys Toothing) etc.

20 Siehe zur »Spannweite« der Vergemeinschaftung im Cyberspace die Beiträge in Thiedeke 2003.

Gemeinsam ist all diesen Gemeinschaften ›im‹ Cyberspace aber der auf virtualisierte Vergemeinschaftung eingestellte paradoxe Inklusionsmodus sowie die Selbstreflexion als ungewöhnliche, vermöglichte Gemeinschaft.[21] Wandelt sich der Modus der Grenzbildung, wird die sozio-technische Entgrenzung nur als Problem und nicht als Chance für Vergemeinschaftung begriffen, dann konstituieren sich die betreffenden Gemeinschaften nicht ›im‹ Cyberspace oder fallen ›aus‹ dem Cyberspace heraus. Sie reproduzieren sich als aktuelle Gemeinschaften, bei denen Computernetze bestenfalls Mittel zum Informationszugriff, Datenaustausch oder zur Effizienzsteigerung darstellen, denen aber kein besonderer Einfluss auf die Vergemeinschaftung oder die Entgrenzung von Erwartungsstrukturen zugeschrieben wird.

Haben sich Gemeinschaften durch Selbstvirtualisierung an den Cyberspace angepasst, dann unterscheiden sie sich als *virtuelle Gemeinschaften* von aktuellen Gemeinschaftstypen (s. Tab. 1). Der Inklusionsmodus mittelbarer Unmittelbarkeit orientiert die Grenzbildung dieser Gemeinschaften nach außen (Cyberspace, CMC) und nach innen (Mitgliedschaft, Erwartungsstrukturen), sodass sich die Gemeinschaft selbst als virtuell (besser: virtualisiert) beobachtet und beschreibt.

Virtuelle Gemeinschaften sollen daher definiert werden als *Soziale Systeme, die ihren kommunikativen Sinnzusammenhang der Gemeinsamkeit durch einen Inklusionsmodus mittelbarer Unmittelbarkeit sozio-technisch gegenüber einer virtualisierten Umwelt abgrenzen und*

Tabelle 1: Aktuelle und virtuelle Gemeinschaftstypen

	Face-to-Face-Gemeinschaften	Virtuelle Gemeinschaften	Imaginäre Gemeinschaften
Inklusionsmodus	Unmittelbarkeit	mittelbare Unmittelbarkeit	Mittelbarkeit
Kommunikationsmedien	Individualmedien	computergestützte Interaktionsmedien	Massenmedien
Mitgliedertypus	Individuen	Personae	Merkmalsträger
Zurechnung von Gemeinsamkeiten	deskriptiv	konstruktiv	askriptiv
Wirklichkeitsbezug	konkret	faktisch möglich	fiktiv
Empirische Beispiele	Kleingruppen Zweierbeziehungen Nachbarschaften ...	virtuelle Selbsthilfegruppen virtuelle Netzwerke virtuelle Clans, Gilden [...]	Nationen soziale Bewegungen Fandom [...]

Quelle: eigene Darstellung.

---

21 Deshalb erfüllen egozentrierte Netzwerke (vgl. Wellman 2003: 126ff.), die über das Internet geknüpft werden, noch nicht die Bedingungen virtualisierter Vergemeinschaftung. Hier geht es zwar um vermöglichte Kontakte, aber nicht zwangsläufig um die unterscheidende und reflexive Kommunikation entgrenzter Gemeinsamkeiten. Solche Netzwerke können sich aber bspw. dann zu Gemeinschaften entwickeln, wenn die vermöglichte Vernetzung selbst zum gemeinsamen Thema wird.

selbst als ›virtuell‹ reflektieren. Virtualisierte Vergemeinschaftung ist demzufolge in folgenden Sätzen zu erfassen:

• Wenn sich bei interaktionsmedialer Kommunikation eine reflexive Kommunikation von ähnlichen Merkmalen, Eigenschaften oder Beiträgen ausprägt, dann sind die Voraussetzungen für das Entstehen einer virtuellen Gemeinschaft gegeben.

• Wenn sich die reflexive Kommunikation von ähnlichen Merkmalen, Eigenschaften oder Beiträgen relativ dauerhaft auf die Unterscheidung der Zugehörigkeit von Mitgliedern zu einem gemeinsamen, interaktionsmedial vermöglichten Sinnzusammenhang bezieht, dann entsteht eine virtuelle Gemeinschaft.

• Wenn eine Mitgliedschaft in einer virtuellen Gemeinschaft besteht, dann sind diese Mitglieder mittelbar (interaktionsmedial) unmittelbar (interaktiv) in die Gemeinschaft inkludiert.

• Wenn die Mitglieder in eine virtuelle Gemeinschaft inkludiert sind, dann kreuzen sich ihre Fremdsozialisation (die Kommunikation als Mitglieder) und ihre Selbstsozialisation (die individuelle Konstruktion virtueller Identität) in der Form kybernetischer Soziofakte (steuerbare Daten-/Sinneinheiten).

3. Schluss: Die Gemeinschaften der Eigensinnigen

Angesichts von Internetkommunikation und Cyberspace fällt heute nicht nur die Multimedialität der Kommunikationsmedien auf. Im sozialen Zusammenhang irritiert vielmehr das gleichzeitige Hervortreten Unbekannter, die ihre sozialen, sachlichen, zeitlichen und räumlichen Individualitätsmerkmale im globalen Maßstab unter Umgehung zentral organisierter Sende- und Kontrollinstanzen verfügbar bzw. kommunizierbar machen.

Gerade deshalb, so vermuten wir, werden virtuelle Gemeinschaften zu einem gesellschaftlichen Thema. Angesichts interaktionsmedialer Kommunikationsbedingungen kann diese Thematisierung jedoch nicht mehr in den alten Fassungen des Gemeinschaftsbegriffs erfolgen. Dort wurde Gemeinschaft oder Vergemeinschaftung, wie etwa von Ferdinand Tönnies oder Max Weber, in Opposition zur rationalisierten Gesellschaft gesetzt oder von einer verbandsmäßigen, rationalen Vergesellschaftung abgegrenzt. Virtualisierte Vergemeinschaftung erscheint dagegen als eine spezifische Antwort der Vergesellschaftung auf spezifische gesellschaftliche Kommunikationsbedingungen.

Oben war dazu ausgeführt worden, dass Gemeinschaften die Inklusion, den kommunikativen Einbezug von Personen in soziale Systeme ermöglichen, indem sie Zugehörigkeit anhand von Gemeinsamkeiten kommunizieren. Virtuelle Gemeinschaften scheinen dieses Versprechen verallgemeinerter, ›sozialisierter‹ Individualität in ganz besonderer Weise zu erfüllen, nämlich weder durch Deskription persönlich bekannter Mitglieder und unmittelbare Nähe der Interaktionen – was den Kreis der Gemeinschaftsmitglieder drastisch beschränkt – noch durch mittelbare Einordnung askriptiv kategorisierter Personenmodelle – was Gemeinschaftskontext und Interaktionen zur Imagination abstrahiert.

Die Umweltbedingungen interaktionsmedialer Kommunikation erzeugen hierbei Voraussetzungen, die eine Vergemeinschaftung konstruierter und medial vermittelter Personae ermöglichen. In *mittelbarer Unmittelbarkeit* in die Gemeinschaft inkludiert, können die nur medial repräsentierten Personae mit allen anderen Mitgliedern der Gemeinschaft sowie mit deren Strukturen unmittelbar interagieren und so die Gemeinschaft miterzeugen. Der Cyberspace begünstigt deshalb das Entstehen von ›Gemeinschaften der Eigensinnigen‹.

Die Inklusion in virtuelle Gemeinschaften verspricht das, was aktuelle Gemeinschaften aufgrund physischer, physikalischer, sozialer oder zeitlicher Beschränkungen de facto nicht möglich ist: Die Einheit des Besonderen im Allgemeinen und – aus individuellem Blickwinkel – die Einheit des Allgemeinen im Besonderen zu verwirklichen.[22]

Jedoch findet auch hier keine Verschmelzung der Individuen mit der Gemeinschaftskommunikation statt. Sie sind in Form unterscheidbarer *Personen* Teil der aktuellen Kommunikation, gehören also zur Umwelt virtueller Gemeinschaften. Für das soziale System der virtuellen Gemeinschaft werden sie erst als digitalisierte, in ihren Sinnmöglichkeiten entgrenzte *Personae* kommunizierbar.

Diese Personae stellen eigensinnige Identitätskonstruktionen dar. Sie kommunizieren besondere Merkmale oder Merkmalssets, die sich aber, z.B. im Internet, auf der Grundlage thematischer Unterscheidung von Ähnlichkeiten (»off topic« versus »on topic«), der Konstruktion von Kommunikationswelten (Erzeugung partikularer virtueller Realitäten etwa in Homepages, Blogs, Chats, Spielwelten) und selbstorganisierender Verknüpfungsmechanismen (»rough consensus«, »Wikiprinzip«, »Folksonomy«) vergemeinschaften können.

Dabei weisen virtuelle Gemeinschaften eindeutige Zugehörigkeitsgrenzen auf, die sowohl sozial als auch technisch rigide unterscheiden. Bspw. können off topic Beiträge, Normverletzungen oder eine geringe Vernetzung zur automatischen Exklusion aus der Gemeinschaftskommunikation führen (vgl. Döring/Schestag 2003:

---

22 An dieser Stelle ist darauf hinzuweisen, dass virtuelle Gemeinschaften reale soziale Orientierungs- und Handlungswirklichkeiten (so auch Paetau 1997: 119) vermöglichter Ordnung darstellen, die sich von sozialen Zusammenhängen der realen aktuellen Wirklichkeit unterscheiden.

337). Allerdings muss eine solche Exklusion weder endgültig sein noch muss sie andere Exklusionen nach sich ziehen. Infolge der Vermöglichung von Personae und Erwartungsstrukturen erfolgt sie zu reduzierten ›sozialen Kosten‹. Unter neuer IP-Adresse, mit neuer Persona oder in einer alternativen Gemeinschaft zur gleichen Thematik ist jederzeit ein ›Neustart‹ individueller Inklusion möglich.

Personen sind hier im Cyberspace um den Preis ihrer Digitalisierung anschlussfähig an virtuelle Gemeinschaften geworden, die sich selbst auf der Grundlage koordinierter Kontingenz fortschreiben. Mit der Vergemeinschaftung im Cyberspace scheint man der Utopie einer gesellschaftlichen Integration des individuell Abweichenden einen Schritt näher zu kommen, zumindest in Form einer Annäherung bzw. einer schnellen Oszillation zwischen den Sinnperspektiven des Allgemeinen/Gemeinsamen und des Besonderen/Individuellen. Virtuelle Gemeinschaften kommunizieren daher eine *symbolische Verallgemeinerung des Besonderen*.[23]

Für Personen, die Personae in die Gemeinschaften im Cyberspace entsenden, dort steuern und mit anderen Personae und den virtuellen Kommunikationsstrukturen interagieren, bedeutet das, die ›Kontaktflächen‹ symbolisierter Besonderheiten unablässig zu kontrollieren und die ›Online-Identität‹ zu pflegen.

Konkreter heißt das, man erfährt bei virtualisierter Vergemeinschaftung nicht mehr nur eine Aufteilung von persönlichen Merkmalen auf unterschiedliche Rollen, die man mehr oder weniger ›persönlich‹ erfüllen soll – was den Erfahrungen mit den »Rollensets« (vgl. Merton 1973) entspricht, die mit der modernen Gesellschaft entstanden sind. In virtuellen Gemeinschaften erfährt man stattdessen die Möglichkeit, einzelne Identitätsaspekte der Person in Form von Personae zum Ausgangspunkt einer je eigenen, selbstverantworteten Sozialisation werden zu lassen. »Sozialisation« meint in dieser Situation sowohl die Grundlage einer selbstgesteuerten Inklusion, die an der kommunizierten Persona anknüpft, als auch die individuelle Reflexion sozialer Einschätzungen, die sich über die Interaktionen der Persona an die Person ›hinter‹ dem Bildschirm vermitteln.

Damit scheinen wir uns im Spiel der Inklusion in virtuelle Gemeinschaften auf eine ganz eigene Weise jenen Optionen und Anforderungen anzunähern, wie sie Wilhelm von Humboldt für den Begriff der »Bildung« im Aufbruch in die Moderne idealistisch skizziert hatte:

---

23 Auch darauf kann keine moralische Hoffnung bauen. Vermöglichung des Besonderen im Allgemeinen (und umgekehrt) treibt nicht nur die positiven Besonderheiten der Prosozialität, Kreativität, Selbsthilfe oder Demarginalisierung hervor und macht sie vergesellschaftungsfähig. Vermöglichung erlaubt auch die Vergrößerung des Pathologischen, der Destruktion, Diskriminierung oder des Terrors, wie das Auftreten rassistischer Gemeinschaften oder von Hass- und Terror-Gemeinschaften im Netz anschaulich belegt.

»Die letzte Aufgabe unsres Daseyns: dem Begriff der Menschheit in unsrer Person [...] einen so grossen Inhalt, als möglich zu verschaffen, diese Aufgabe löst sich allein durch die Verknüpfung unsres Ichs mit der Welt zu der allgemeinsten, regesten und freiesten Wechselwirkung« (Humboldt 1969: 235/236).

Im Zuge einer als Selbstsozialisation verstandenen Selbstbildung wird es uns in den Gemeinschaften im Cyberspace wohl nicht gelingen, die Welt mit unserem ›Ich‹ zu verknüpfen. Die Evolution der gesellschaftlichen Kommunikation hat jedoch erstmals universell verfügbare Möglichkeiten hervorgebracht, um über unsere Personae, gemeinsam mit anderen, Kommunikationswelten zu konstruieren und zu steuern, die als soziale Wirklichkeiten auf den kommunizierten Aspekten unserer Individualität beruhen können.

Das mag angesichts mancher unbeholfener Identitätskonstruktionen oder abnormer Weltentwürfe befremdlich anmuten. Die Folgen, die sich daraus für die weitere Entwicklung gesellschaftlicher Differenzierung, nicht nur im Cyberspace ergeben, sind heute jedenfalls ebenso wenig zu überblicken wie die Anforderungen, die daraus für die Kompetenzen der Selbstsozialisation resultieren. Ansatzweise zeichnet sich vor dem Hintergrund virtualisierter Vergemeinschaftung aber ab, dass es sich hierbei nicht nur um Medienkompetenzen, sondern weit anspruchsvoller um »Wirklichkeitskompetenzen« handeln wird.

Literatur

Anderson, Benedict (1988): Die Erfindung der Nation. Zur Karriere eines erfolgreichen Konzepts. Frankfurt a.M./New York: Campus.
Bechar-Israeli, Haya (1995): From <Bonehead> to <cLoNehEAd>: Nicknames, Play and Identity on Internet Relay Chat. URL: http://www.usc.edu/dept/annenberg/vol1/issue2/bechar.html.
Becker, Barbara/Paetau, Michael (Hg.) (1997): Virtualisierung des Sozialen. Die Informationsgesellschaft zwischen Fragmentierung und Globalisierung. Frankfurt a.M./New York.
Beißwenger, Michael (2002): Das Knistern zwischen den Zeilen. Inszenierungspotenziale in der schriftbasierten Chat-Kommunikation. URL: http://www.dichtung-digital.de/2002/modemfieber/beisswenger.htm.
Blöbaum, Bernd/Scholl, Armin (Hg.) (2005): Wandel im Journalismus. Wiesbaden.
Braun-Thürmann, Holger (2004): Agenten im Cyberspace: Soziologische Theorieperspektiven auf die Interaktionen virtueller Kreaturen. In: Thiedeke, Udo (Hg.): Soziologie des Cyberspace. Medien, Strukturen und Semantiken. Wiesbaden: VS, S. 70-96.
Brill, Andreas (2003): Paradoxe Kommunikation im Netz: Zwischen Virtueller Gemeinschaft, Cyberspace und virtuellen Gruppen. In: Thiedeke, Udo (Hg.):Virtuelle Gruppen. Charakteristika und Problemdimensionen. 2., überarb. und aktual. Aufl. Wiesbaden: Westdeutscher Verlag, S. 88-106.

Bucher, Hans-Jürgen/Büffel, Steffen (2005): Vom Gatekeeper-Journalismus zum Netzwerk-Journalismus. Weblogs als Beispiel journalistischen Wandels unter den Bedingungen globaler Medienkommunikation. In: Blöbaum, Bernd/Scholl, Andreas (Hg.): Wandel im Journalismus. Wiesbaden, S. 85-121.

Cooper, Alvin/Scherer, Coralie/Boies, Sylvain/Gordon, Barry (1999): Sexuality on the Internet: From Sexual Exploration to Pathological Expression. In: Professional Psychology: Research and Practice, 30/2. S. 154-164. URL: http://www.apa.org/journals/pro/pro302154.hm.

Döring, Nicola (2003): Sozialpsychologie des Internet. Die Bedeutung des Internet für Kommunikationsprozesse, Identitäten, soziale Beziehungen und Gruppen. 2., vollständig überarbeitete und erweiterte Aufl. Göttingen: Hogrefe.

Döring, Nicola/Schestag, Alexander (2003): Soziale Normen in virtuellen Gruppen. Eine empirische Analyse ausgewählter Chat-Channels. In: Thiedeke, Udo (Hg.):Virtuelle Gruppen. Charakteristika und Problemdimensionen. 2., überarbeitete und aktualisierte Aufl. Wiesbaden: Westdeutscher Verlag, S. 313-355.

Ellrich, Lutz (2002): Die Realität virtueller Räume. Soziologische Überlegungen zur ›Verortung‹ des Cyberspace. In: Maresch, Rudolf/Werber, Niels (Hg.): Raum – Wissen – Macht. Frankfurt a.M.: Suhrkamp, S. 92-113.

Gerhards, Jürgen (2003): Die Moderne und ihre Vornamen. Eine Einladung in die Kultursoziologie. Wiesbaden.

Giddens, Anthony (1995): Konsequenzen der Moderne. 2. Aufl. Frankfurt/M.: Suhrkamp.

Giesecke, Michael (1991): Der Buchdruck in der frühen Neuzeit. Eine historische Fallstudie über die Durchsetzung neuer Informations- und Kommunikationstechnologien. Frankfurt a.M.: Suhrkamp.

Goll, Michaela (2004): Die Organisation von Wissen in vernetzten Unternehmen. In: Thiedeke, Udo (Hg.): Soziologie des Cyberspace. Medien, Strukturen und Semantiken. Wiesbaden: VS, S. 380-407.

Gross, Peter (1994): Die Multioptionsgesellschaft. Frankfurt a.M.: Suhrkamp.

Helmers, Sabine/Hoffmann, Ute/Hofmann, Jeanette (1998): Internet [...] The Final Frontier: Eine Ethnografie. Schlußbericht des Projekts »Interaktionsraum Internet« Netzkultur und Netzwerkorganisation. WZB-Paper FSII 98-112. Berlin.

Humboldt, Wilhelm von (1969): Theorie der Bildung des Menschen. Bruchstück. In: Humboldt, Wilhelm von: Schriften zur Anthropologie und Geschichte. Werke Bd. 1, 2. Aufl. Darmstadt. zuerst 1793.

Hutter, Michael (2004): Die globale Regulierung des Internet Domain-Name-Systems: Fünf Lehren aus dem Fall des ›ICANN‹. In: Thiedeke, Udo (Hg.):Soziologie des Cyberspace. Medien, Strukturen und Semantiken. Wiesbaden: VS, S. 522-537.

Luhmann, Niklas (1976): Funktion und Folgen formaler Organisation. 3. Auflage Berlin.: Duncker & Humblot.

Luhmann, Niklas (1984): Soziale Systeme. Grundriß einer allgemeinen Theorie. Frankfurt a.M.: Suhrkamp.

Luhmann, Niklas (1991): Die Form »Person«. In: Soziale Welt, 42,. S. 166-175.

Luhmann, Niklas (1995): Wie ist Bewußtsein an Kommunikation beteiligt? In: Soziologische Aufklärung 6. Die Soziologie und der Mensch. Opladen: Westdeutscher Verlag, S. 37-54.

Luhmann, Niklas (1998): Die Gesellschaft der Gesellschaft. 2 Teilbände. Frankfurt a.M.: Suhrkamp.

Luhmann, Niklas (2000): Organisation und Entscheidung. Wiesbaden: Westdeutscher Verlag.

Lyman, Peter/Varian, Hal R./Charles, Peter/Good, Nathan/Jordan, Laheem Lamar/Pal, Joyojeet (2003): HOW MUCH INFORMATION 2003? URL: http://www.sims.berkeley.edu/research/projects/how-much-info-2003.

Merton, Robert K. (1973): Der Rollen-Set: Probleme der soziologischen Theorie. In: Hartmann, Heinz (Hg.): Moderne amerikanische Soziologie. Stuttgart, S. 316-333.

Mnookin, Jennifer L. (1996): Virtual(ly) Law: The Emergence of Law in LambdaMOO. URL: http://www.ascusc.org/jcmc/vol2/issue1/lambda.html.

Möller, Svenja (2004): Wissen, was es ist! Die Bedeutung der Medienkompetenz für die Wissensnavigation im Cyberspace. In: Thiedeke, Udo (Hg.): Soziologie des Cyberspace. Medien, Strukturen und Semantiken. Wiesbaden: VS, S. 255-379.

Negroponte, Nicolas (1995): Total Digital. Die Welt zwischen 0 und 1 oder die Zukunft der Kommunikation. München.
Neidhardt, Friedhelm (1979): Das innere System sozialer Gruppen. In: Kölner Zeitschrift für Soziologie und Sozialpsychologie, 31/4. S. 639-660.
O'Reilly, Tim (2005): What IS Web 2.0. URL: http://www.oreillynet.com/pub/a/oreilly/tim/news/2005/09/30/what-is-web-20.html.
Paetau, Michael (1997): Sozialität in virtuellen Räumen. In: Becker, Barbara/Paetau, Michael (Hg.): Virtualisierung des Sozialen. Die Informationsgesellschaft zwischen Fragmentierung und Globalisierung. Frankfurt a.M./New York: Campus, S. 103-134.
Reid, Elizabeth (1994): Cultural Formation in Text-Based Virtual Realities. Master Thesis on MUDs. URL: http://www.ludd.luth.se/mud/aber/articles/cult-form.thesis.html.
Rheingold, Howard (2003): Smart Mobs: The Next Social Revolution. Cambridge.
Roberts, Lynne D./Parks, Malcolm R. (1999): The social geography of gender-switching in virtual environments on the Internet. In: Information, Communication and Society, 2/4, S. 521-540.
Stegbauer, Christian (2000): Begrenzungen und Strukturen internetbasierter Kommunikationsgruppen. In: Thimm, Caja (Hg.): Soziales im Netz. Sprache, Beziehungen und Kommunikationskulturen im Internet. Opladen: Westdeutscher Verlag, S. 18-38.
Thiedeke, Udo (2004a): Cyberspace: Die Matrix der Erwartungen. In: Thiedeke, Udo (Hg.): Soziologie des Cyberspace. Medien, Strukturen und Semantiken. Wiesbaden: VS, S. 121-143.
Thiedeke, Udo (2004b): Drei – zwei – eins – download! Über die Schwierigkeit virtualisiertes Eigentum zu besitzen. In: Thiedeke, Udo (Hg.): Soziologie des Cyberspace. Medien, Strukturen und Semantiken. Wiesbaden: VS, S. 287-310.
Thiedeke, Udo (2007): »Trust, but test!« Das Vertrauen in virtuellen Gemeinschaften. Konstanz. (i.E.).
Thiedeke, Udo (Hg.) (2003): Virtuelle Gruppen. Charakteristika und Problemdimensionen. 2., überarbeitete und aktualisierte Aufl. Wiesbaden: Westdeutscher Verlag.
Thiedeke, Udo (Hg.) (2004): Soziologie des Cyberspace. Medien, Strukturen und Semantiken. Wiesbaden.
Thimm, Caja (Hg.) (2000): Soziales im Netz. Sprache, Beziehungen und Kommunikationskulturen im Internet. Wiesbaden.
Tönnies, Ferdinand (1988): Gemeinschaft und Gesellschaft. Grundbegriffe der reinen Soziologie. 8. Aufl. Darmstadt. Zuerst 1912.
Wall, David S. (2001): Crime and the Internet. London.
Weber, Max (1972): Wirtschaft und Gesellschaft, hg. v. J. Winckelmann. 5. Aufl. Tübingen: J.C.B. Mohr. Zuerst 1920.
Wellman, Barry (2003): Die elektronische Gruppe als soziales Netzwerk. In: Thiedeke, Udo (Hg.): Virtuelle Gruppen. Charakteristika und Problemdimensionen. 2., überarbeitete und aktualisierte Aufl. Wiesbaden: Westdeutscher Verlag, S. 126-159.
Winkler, Hartmut (1997): DOCUVERSE. Zur Medientheorie der Computer. Mit einem Interview von Geert Lovink. München: Boer.

Bildung und Gedächtnis im Cyberspace

Arnd-Michael Nohl und Wolfgang Ortlepp

Bildungsprozesse offline entspringen der Auseinandersetzung des Menschen mit sich und seiner Welt, mit Personen, Dingen oder Sachverhalten, in deren Ergebnis der Mensch seine Sicht auf sich und seine Welt verändert. Typischerweise ist der Mensch durchaus in der Lage, sich seines Zustandes nach dem Bildungsprozess zu erinnern. Die Erinnerung an den Zustand vor dem Bildungsprozess hingegen ist eher unscharf, denn mit dem Bildungsprozess ist das Alte seiner Funktionalität und unmittelbaren Erinnerbarkeit beraubt worden. Bildungsprozesse stehen daher im Zusammenhang mit den Möglichkeiten des Erinnerns und Vergessens.[1]

Folgt man dieser Überlegung, so stellt sich die Frage, ob sie auch auf das Leben im virtuellen Raum, im Cyberspace, zutrifft. Wie findet in der Online-Welt des Cyberspace Erinnern und Vergessen statt, können die daran Beteiligten sich nach dem Bildungsprozess einerseits ihres vorangegangenen Zustandes erinnern und was vergessen sie andererseits? Dieser Zusammenhang von Bildung und Gedächtnis im Cyberspace steht im Zentrum unseres Beitrags.

Wir wollen herausarbeiten, dass Erinnern und Vergessen im Cyberspace nach ähnlichen Mustern wie im Leben offline ablaufen. Hier wie dort werden im Bildungsprozess alte Rahmen des Gedächtnisses funktionslos und treten hinter neue Gedächtnisrahmen zurück. Bildung impliziert also eine Transformation von Gedächtnisrahmen. Der Zustand vor dem Bildungsprozess kann dann vom Menschen alleine nicht mehr so erinnert werden, wie er damals erlebt wurde.

Doch fällt im Cyberspace – in noch höherem Maße als im Leben offline – ein Element des Bildungsprozesses ins Auge: Im Gegensatz zu Erinnerungen, die alleine im *Menschen* fundiert sind, tauchen *Vergegenständlichungen* und *Verdinglichungen* alter Erinnerung auch im neuen Gedächtnisrahmen auf. Zum Beispiel vergessen wir mit dem neuen Gedächtnisrahmen bestimmte persönliche Erinnerungen; sobald aber – etwa in Form von Urlaubsandenken – diese Erinnerungen vergegenständlicht sind, nehmen sie auch im neuen Rahmen ihren Platz ein. Die Gegenstände der Vergangenheit ragen so in das Gedächtnis der Gegenwart hinein. Daher lässt sich hier auch nicht von einem vollständigen Vergessen reden. Vielmehr überlappen neue Gedächtnisrahmen die alte vergegenständlichte Erinnerung, welche – soweit sie passt – in den neuen Gedächtnisrahmen transferiert wird. Die

---

1 Zum Zusammenhang von Bildung und Gedächtnis vgl. auch den Band von Dieckmann et al. 1998.

Bildungsprozesse im Cyberspace vollziehen sich mithin in der Transformation der Gedächtnisrahmen und im Transfer alter vergegenständlichter Erinnerung in die neuen Rahmen.

Die hiermit skizzierte Perspektive auf Bildung und Gedächtnis ist voraussetzungsvoll. Denn die Rede von der vergegenständlichten Erinnerung impliziert, Bildung und Gedächtnis nicht mehr ausschließlich als humanwissenschaftliche Phänomene zu betrachten, sondern auch in ihrem dinghaften Aspekt zu berücksichtigen. Dinge können erinnern – und dies nicht nur im transitiven, sondern auch im intransitiven Sinne des Verbs. Im gemeinsamen Handeln von Menschen und Dingen vollziehen sich die Bildungs- und Gedächtnisprozesse im Cyberspace.

Unsere Überlegungen beginnen wir mit einer kurzen Einführung in die Bedeutung von Bildung im Zeitalter der postindustriellen Wissensgesellschaft und in ihren Bezug zum Gedächtnis (1). Den humanwissenschaftlichen Fokus dieser bildungs- und gedächtnistheoretischen Überlegungen erweitern wir dann durch Überlegungen zu jenem Gedächtnis, das auf einer Kombination von Menschen und Dingen in »soziotechnischen Netzwerken« aufruht (2), um uns schließlich dem Zusammenhang von Bildung und Gedächtnis im Cyberspace zu widmen (3).

1. Bildungs- und Gedächtnisprozesse in der Wissensgesellschaft

Im Zeitalter der Wissensgesellschaft lässt sich Bildung als ein *transformatorisches Geschehen* begreifen, *das sich nicht innerhalb fester, tradierter Schemata bzw. Rahmen bewegt, sondern diese zu transformieren vermag* (vgl. Peukert 2000): Gerade in solchen Zeiten, in denen tradierte Wissensbestände brüchig werden und sich angestammte Milieus auflösen, kann es nicht mehr ausreichen, das Wissen vorangegangener Generationen zu erlernen und zu erweitern; vielmehr wird es sich, wenn dieses Wissen nicht mehr den Anforderungen der Zeit genügen kann, in seinen Strukturen und Rahmungen transformieren.

Diese Bildungsprozesse lassen sich zwar unter Bezug auf das Individuum empirisch rekonstruieren, dürfen aber nicht auf dieses reduziert werden. Denn sie sind »die Sollbruchstellen bei der Weitergabe einer Kultur. Sie bedeuten immer Dekonstruktion, Rekonstruktion und Neukonstruktion zugleich, und zwar aus der Lebensperspektive von Individuen, die mit der Perspektive von *Gruppen* und von ganzen *Gesellschaften* verschränkt sind« (Peukert 1998: 17; Herv. d.A.). Individuelle Bildungsprozesse können also in kollektive oder gesellschaftliche Transformationsprozesse eingebettet sein.

Bildung als transformatives Geschehen wurde vor allem von Winfried Marotzki (1990) grundlagentheoretisch ausgearbeitet und empirisch anschlussfähig gemacht (vgl. auch Koller 1999; Nohl 2006). Demzufolge vollziehen sich – wie Marotzki unter Bezug auf Batesons Lernebenenmodell (vgl. Bateson 1981) schreibt – Lernprozesse *innerhalb* eines gegebenen »Rahmens« bedeutungsmäßiger und sinnhafter Gehalte, während es sich bei »Bildungsprozessen« um solche Lernprozesse handelt, »die diesen Rahmen transformieren« (Marotzki 1990: 52).

Rahmen entstehen, weil Menschen dazu tendieren, »den Strom der Erfahrung so zu interpunktieren, dass er die eine oder andere Art der Kohärenz annimmt« (Bateson 1942: 224, zit. n. Marotzki 1990: 33). Durch die Rahmen wird der Fülle an Erfahrungsinhalten eine Struktur gegeben, die eine bestimmte Handlungsweise in den bekannten Kontexten nahelegen. Jeder Rahmen »stellt sozusagen die Auswahlmenge der Reaktionsmöglichkeiten [auf einen Kontext; d. A.] zur Verfügung« (Marotzki 1990: 36). Lernen findet dort statt, wo der Mensch *innerhalb* eines gegebenen Rahmens die adäquate Reaktionsmöglichkeit auf einen kontextspezifischen Reiz findet. Bildung beginnt demgegenüber dort, wo die Auswahlmenge der Reaktionsmöglichkeiten selbst verändert und damit der Rahmen transformiert wird (vgl. ebd.: 52).

Möchte man diesen hier knapp skizzierten Bildungsbegriff mit einer gedächtnistheoretischen Perspektive verbinden, so muss zunächst hervorgehoben werden, dass jede Rahmentransformation nicht nur die Gewinnung des Neuen, sondern auch den Verlust von Altem (nämlich alten Rahmungen) bedeutet. In gedächtnistheoretischer Hinsicht kann dies folgendermaßen formuliert werden: Bildungsprozesse setzen Vergessen voraus, wodurch neues Erinnern möglich wird. Im Unterschied zu Lernprozessen, in denen das Vergessen lediglich als Verlust von Wissen betrachtet werden kann, den es zu vermeiden gilt, bezieht sich diese bildungsrelevante Form des Vergessens jedoch nicht auf einzelne Inhalte, sondern auf den Rahmen des Gedächtnisses, der verloren geht. Diese Ablösung alter Gedächtnisrahmen ermöglicht die Entstehung neuen Erinnerns und seiner Rahmungen.

Dass das Gedächtnis nicht nur im Modus des Erinnerns, sondern auch des Vergessens funktioniert, hat schon der Klassiker der Gedächtnistheorie, Maurice Halbwachs, herausgearbeitet; bei ihm finden sich zudem unmittelbare Anknüpfungspunkte für unsere bildungstheoretische Perspektive. Bevor wir hierauf eingehen, soll jedoch seine Gedächtnistheorie kurz skizziert werden (vgl. dazu ausführlich: Ortlepp 2002; 2003).

Folgt man Halbwachs, so ist das individuelle Gedächtnis dem kollektiven Gedächtnis nachgeordnet. Jenes kollektive Gedächtnis ist nicht willkürlich, sondern wird durch einen sozialen Rahmen strukturiert. Dies bedeutet, dass sämtliches Erinnern und Vergessen – das individuelle wie das kollektive – im Zusammenhang mit sozialen Rahmen steht. Bei Halbwachs heißt es dazu: Es »gibt kein mögliches Gedächtnis außerhalb derjenigen Bezugsrahmen, deren sich die in der Gesellschaft lebenden Menschen bedienen, um ihre Erinnerungen zu fixieren und wiederzufinden« (Halbwachs 1985a: 121). Obgleich in Halbwachs' Gedächtnistheorie selbstverständlich keine bildungstheoretische Argumentation expliziert ist, können wir bildungstheoretisch gerade dort an sie anknüpfen, wo Halbwachs die Bedeutung des Vergessens herausarbeitet. Das Vergessen ist für Halbwachs ebenfalls eingebunden in Rahmungen:

> »Das Vergessen erklärt sich aus dem Verschwinden dieser Rahmen oder eines Teils derselben, entweder weil unsere Aufmerksamkeit nicht in der Lage war, sich auf sie zu fixieren, oder weil sie anderswohin gerichtet war [...]. Das Vergessen oder die Deformierung bestimmter Erinnerungen erklärt sich aber auch aus der Tatsache, daß diese Rahmen von einem Zeitabschnitt zum anderen wechseln« (Halbwachs 1985a: 368).

Das ›Verschwinden von Rahmen‹ vollzieht sich, so wird hier deutlich, also mit der Dynamik des Zeitablaufs. Inwiefern diese zeitliche Dynamik für das Vergessen eine besondere Rolle spielt, wird in Halbwachs' letzter überlieferter Schrift *Das kollektive Gedächtnis* deutlich, in der er sich u.a. dem Zusammenhang zwischen Erinnern und Vergessen und den Bedingungen widmet, denen diese Gedächtnismöglichkeiten zugrunde liegen (vgl. Halbwachs 1985b: 3ff.). Die zentrale These wird schon in der Überschrift eines Abschnittes, »Das Vergessen durch Loslösen von einer Gruppe«, komprimiert angedeutet: Es geht Halbwachs um das Beziehungsgefüge zwischen dem Einzelnen und der ihn umgebenden Gruppe, deren Verlust zugleich ein Vergessen impliziert.

Das erste Kernelement von Halbwachs' Argumentation weist darauf hin, dass Gruppenzugehörigkeiten nicht dauerhaft sein müssen, sondern zeitlich begrenzt sein können. Sobald man sich von einer Gruppe entfernt hat, gehen dann aber auch die Erinnerungen verloren, d.h. jene Zusammenhänge, die in der Zeit der Zugehörigkeit zu dieser Gruppe entstanden sind, können vergessen werden.

> »Jedoch ist es möglich, daß man sich zunächst ebensosehr wie andere und sogar noch stärker für ein bestimmtes Ereignis interessiert und trotzdem nichts davon in Erinnerung behält, so daß man es nicht wiedererkennt, wenn die anderen es einem beschreiben, weil man seit dem Zeitpunkt, zu dem es geschehen ist, die Gruppe, von der es bemerkt wurde, verlassen hat und nicht wieder in sie zurückgekehrt ist« (Halbwachs 1985b: 8).

Wenn sich also die Zugehörigkeit zu einer Gruppe als temporär erweist, haben Erinnerungen keinen dauerhaften, aktiven Bestand. Es handelt sich hier um eine Art der Ablösung von Rahmen, wie wir sie eingangs bereits bezeichnet haben.[2] Eine solche Ablösung von Rahmen ermöglicht Bildungsprozesse, denn erst sie zeitigt letztlich die Entstehung neuer Rahmen.

Das zweite Kernelement ist bildungstheoretisch noch bedeutsamer: Halbwachs lässt offen, wie eine solche Gruppenzugehörigkeit beendet wird. Einerseits ist es möglich, dass diese Zugehörigkeit zu einer Gruppe vom Einzelnen selbst fortgesetzt oder abgebrochen werden kann: Der Einzelne kann sich von dieser Gruppe entfernen und eröffnet sich damit die Chance, seinen Rahmen zu wechseln. Es ist es aber andererseits auch möglich, dass die Anderen (die bisherige Gruppe) sich von ihm abwenden oder die Gruppe selbst sich auflöst. Sofern man in die bisherige Gruppe nicht wieder zurückkehrt, löst sich der Rahmen für Erinnerungen auf:

»Einen Abschnitt seines Lebens vergessen heißt: die Verbindung zu jenen Menschen verlieren, die uns zu jener Zeit umgaben. Eine fremde Sprache vergessen bedeutet: nicht mehr imstande sein, jene Menschen zu verstehen, die uns in dieser Sprache anredeten – mochten sie im übrigen lebendig und gegenwärtig sein oder Autoren, deren Werke wir lasen. Wenn wir uns ihnen zuwandten, nahmen wir eine bestimmte Haltung ein, ebenso wie jedweder menschlichen Gesamtheit gegenüber. Es hängt nun nicht mehr von uns ab, diese Haltung einzunehmen und uns der Gruppe zuzuwenden. Nun können wir jemanden treffen, der uns versichert, daß wir diese Sprache sehr wohl gelernt, können beim Durchblättern unserer Bücher und Hefte auf jeder Seite sichere Beweise dafür finden, daß wir diesen Text übersetzt haben, daß wir diese Regeln anzuwenden wußten. Nichts von alledem wird genügen, den unterbrochenen Kontakt zwischen uns und jenen Menschen wiederherzustellen, die in dieser Sprache sprechen oder geschrieben haben. *Das bedeutet, daß wir nicht mehr genug Aufmerksamkeit aufzubringen vermögen, um gleichzeitig mit dieser und mit anderen Gruppen in Verbindung zu bleiben, an denen wir zweifellos enger und unmittelbarer festhalten.* Es ist im übrigen nicht erstaunlich,

---

2 Bei Jan Assmann heißt es hierzu: »Wenn ein Mensch – und eine Gesellschaft – nur das zu erinnern imstande ist, was als Vergangenheit innerhalb der Bezugsrahmen einer jeweiligen Gegenwart rekonstruierbar ist, dann wird genau das vergessen, was in einer solchen Gegenwart keine Bezugsrahmen mehr hat. Mit anderen Worten: das individuelle Gedächtnis baut sich in einer bestimmten Person kraft ihrer Teilnahme an kommunikativen Prozessen auf. Es ist eine Funktion ihrer Eingebundenheit in mannigfaltige soziale Gruppen, von der Familie bis zur Religions- und Nationsgemeinschaft. Das Gedächtnis lebt und erhält sich in dieser Kommunikation; bricht diese ab, bzw. verschwinden oder ändern sich die Bezugsrahmen der kommunizierten Wirklichkeit, ist Vergessen die Folge« (Assmann 1999: 36f.).

daß diese Erinnerungen – und ausschließlich sie – auf diese Weise alle zugleich ausgeschaltet werden. *Es besagt, daß sie ein unabhängiges System bilden, da sie Erinnerungen derselben Gruppe, untereinander verbunden und aufeinander gestützt sind, und daß diese Gruppe sich deutlich von allen anderen unterscheidet, so deutlich, daß man sich zugleich innerhalb aller jener und außerhalb dieser einen befinden kann.* Liegen keine pathologischen Störungen vor, entfernen und isolieren wir uns auf vielleicht weniger brüske und brutale Weise allmählich von manchen Milieus, die uns nicht vergessen, die wir selbst jedoch nur vage in Erinnerung behalten. *Mit allgemeinen Begriffen können wir die Gruppen, denen wir angehört haben, noch umschreiben. Aber sie interessieren uns nicht mehr, weil alles uns gegenwärtig von ihnen entfernt«* (Halbwachs 1985b: 10f.; Herv. d. A.).

Wenn sich der Einzelne von seiner alten Gruppe distanziert, so bedeutet dies allerdings nicht, dass er nunmehr alleine auf sein individuelles Gedächtnis angewiesen ist; denn er wendet sich zugleich einer neuen Gruppe zu, an deren Gedächtnis er nun teilhat. Beim Betreten der neuen Gruppe werden die Erinnerungen der alten Gruppe, folgt man Halbwachs, ›ausgeschaltet‹ oder man könnte sagen, ›deaktiviert‹.

Wenn Halbwachs hier vom Vergessen einer fremden Sprache spricht, meint er nichts Geringeres als das Abhandenkommen sinnstiftender kommunikativer kollektiver Rahmen. Er, der Einzelne, kann nicht mehr mit der noch vorhandenen Gruppe sprechen, es gibt nichts mehr zu sagen, der Einzelne kann nicht mehr »genug Aufmerksamkeit« für diese (alte) Gruppe aufbringen – oder anders gedreht: Er kann sich jetzt anderen (neuen Gruppen) zuwenden. Bildungstheoretisch gesprochen heißt das, dass eine Änderung der Weltsicht stattfindet. Halbwachs spricht von veränderten »Haltungen« den Mitgliedern der alten Gruppe gegenüber: Sie »interessieren uns nicht mehr, weil alles uns gegenwärtig von ihnen entfernt« (Halbwachs 1985b: 11).

Liest man Halbwachs auf diese Weise, so ergeben sich neue Interpretationen zu seiner wissenssoziologischen Gedächtnistheorie. Denn es wird nun möglich, Halbwachs bildungstheoretisch zu verstehen und die Bedeutung von Erinnerung und Vergessen für menschliche Bildungsprozesse zu untersuchen. Wenn, wie Halbwachs schreibt, das individuelle Gedächtnis sich als ein »Treffpunkt mehrerer sich in uns kreuzender Strömungen kollektiven Denkens« (1985b: 27) konstituiert und damit das Individuum den Schnittpunkt unterschiedlicher kollektiver Zugehörigkeiten ausmacht, dann ist der Einzelne vor die Aufgabe gestellt, sich mit diesen kollektiven Zugehörigkeiten auseinanderzusetzen und sowohl Identifikationen mit neuen Gruppen als auch Distanzierungen zu alten Gruppen zu erzeugen. In diesem Moment der Balance zwischen unterschiedlichen kollektiven Zugehörigkeiten und deren Gedächtnissen kann, wie wir mit Marotzki (1990: 43f.) argumentieren möchten, »der Mensch aufgrund seiner interaktiven Vermitteltheit sich selbst als Aktor begreifen«; er lernt »sich selbst als denjenigen kennen [...], der die Welt immer schon in einer bestimmten Weise aufordnet«. Dieses »Aufordnen« nennt Halbwachs eine bestimmte »Haltung einnehmen«, wobei der Mensch auf dem Höhepunkt des Bildungsprozesses nicht mehr nur eine neue Haltung einnimmt und einen neuen Gedächtnisrahmen konstituiert, sondern diesen Vorgang selbst (und seine Kontingenzen) reflektieren kann.

Halbwachs' Gedächtnistheorie kann – so lässt sich hier konstatieren – also auch als Theorie von *erinnerungsgenerierender Rahmenkonstitution* bzw. von *vergessensgenerierendem Rahmenzerfall* gelesen werden. Die Ablösung alter Gedächtnisrahmen ermöglicht die Entstehung neuer Rahmen und damit einen Bildungsprozess. Assmann, der sich weitgehend auf Halbwachs beruft, sieht diese Transformation von Gedächtnisrahmen sehr klar: »Erinnern bedeutet Sinnstiftung für Erfahrungen in einem Rahmen; Vergessen bedeutet Änderung des Rahmens, wobei bestimmte Erinnerungen bedeutungslos und also vergessen werden, während andere in neue Beziehungsmuster einrücken und also erinnert werden« (Assmann 1991: 347). Bei Gadamer heißt es zu diesem Sachverhalt: »Nur durch das Vergessen erhält der Geist die Möglichkeit der totalen Erneuerung, die Fähigkeit, alles mit frischen Augen zu sehen, so daß das Altvertraute mit dem Neugesehenen zu vielschichtiger Einheit verschmilzt« (Gadamer 1975: 13, zit. n. Krämer 2000: 262).[3]

Bezieht man an dieser Stelle Halbwachs' Gedächtnistheorie noch einmal auf die Bildungstheorie, so lässt sich sagen: Während Lernen bedeutet, innerhalb vorhandener Gedächtnisrahmen neue Informationen aufzunehmen, die zwar die bestehenden Rahmen anreichern, sie aber nicht verändern, meint Bildung die *Transformation* solcher Gedächtnisrahmen. Lernen bedeutet also Erinnern, Bildung hingegen schließt zunächst auch das Vergessen alter Rahmen ein, das dann den Aufbau neuer Erinnerungsrahmen ermöglicht.

---

3 Weitaus grundsätzlicher sieht die Systemtheoretikerin Esposito die Funktion des Vergessens. Denn ihr gilt das Gedächtnis als »Ausdruck für die Rekursivität von Operationen« (Esposito 2002: 24), d.h. als erinnerte Wiederholung von Umgangsweisen mit der (Um-)Welt, die nun nicht mehr immer wieder als eine »komplett fremde Welt« (ebd.) bewältigt werden muss. Redundanz ist damit die Bedingung von Identität und bedarf der »Schemata, die reproduziert werden und dabei Redundanz organisieren« (ebd.: 32). Für den Aufbau solcher Schemata ist aber nicht nur das Erinnern von Redundanzen, sondern auch das Vergessen aller anderen – nicht redundanten – Informationen vonnöten. Denn nur indem das soziale System einzelne Informationen in ihrer Konkretion vergisst, kann es abstrahieren, generalisieren und auf dem Hintergrund dieser Generalisierung auch Neues erkennen (vgl. ebd.: 28). Aufgrund dieser sehr radikalen Sichtweise des Vergessens als conditio sine qua non der Identitäts- und Systemkonstitution gerät Esposito allerdings die Transformation von Gedächtnisschemata tendenziell aus dem Blick. Gedächtnisschemata tendieren bei ihr dazu, angesichts von Differenzen eher komplexer und abstrakter zu werden als sich zu transformieren (vgl. ebd.: 30).

Will man nicht behaupten, es sei das individuelle Subjekt alleine, das seine Gedächtnisschemata ändern und sich somit bilden könne, so muss selbstverständlich nach den sozialen Zusammenhängen solcher Transformationen des Gedächtnisses gefragt werden. Es geht also in der Untersuchung von Bildung auch um die »Strukturanalyse eines innovatorischen, transformatorischen Interaktionsprozesses« (Peukert 1998: 26).

Im Internet und allgemein in den Neuen Medien finden sich solche neuen sozialen Strukturen, die Bildungsprozesse nahelegen. So heißt es bei Fromme (2002: 12): »Die Bildungsrelevanz der Neuen Medien besteht strukturell vor allem darin, dass in ihren interaktiven medialen Umgebungen mit neuen Varianten des dreifachen Bildungs-Verhältnisses experimentiert werden kann«. Dabei bezieht er sich auf das Verhältnis des Einzelnen zu sich selbst wie auch zur dinglichen und sozialen Welt. Besonders hoch wird dabei die Bildsamkeit des Internets eingeschätzt. Ganz lapidar schreibt Meder (2000: 34): »Das Internet ist Bildungsraum«. Und Marotzki hält die Transformation solcher Selbst- und Weltverhältnisse, die im Zentrum seines Bildungsbegriffes steht, gerade im Internet für möglich, werden hier doch »menschliche Identitäten [...] flexibilisiert« (2000: 242).

Diese bildungstheoretischen Perspektiven beschränken sich jedoch nicht mehr auf den Menschen alleine, sondern berücksichtigen auch seine Verbindungen mit den Dingen der Welt. Marotzki etwa spricht – unter Bezug auf Haraway (1995) – davon, dass »immer mehr Technik gleichsam in den Menschen einwandert« (Marotzki 2000: 242). Er fragt danach, wie man sich Menschsein vorstellen muss, »wenn Organismus und Maschine hybride Mischformen eingehen« (ebd.: 243). Und Fromme macht an einem einfachen Beispiel deutlich, dass nicht nur die Technik in den Menschen, sondern auch Menschliches in die Technik ›einwandert‹: In der »gestalteten Welt sind Erfahrungen und Zwecke früherer Generationen ›vergegenständlicht‹, die von der jeweils nachfolgenden Generation neu angeeignet werden müssen [...]. In einem Löffel beispielsweise sind verschiedene Zwecke des menschlichen Handelns quasi enthalten, etwa die Möglichkeit, damit eine Suppe zu essen« (2002: 8). In diesem Beispiel wird unmittelbar evident, dass die Verbindungen und Wechselwirkungen zwischen Mensch und Technik nicht nur bildungs-, sondern auch gedächtnistheoretisch relevant sind. Denn wenn sich Altes vergegenständlichen und damit in die Gegenwart hineinragen kann, wird es nicht mehr völlig vergessen. Hier deutet sich an, dass in der Welt der technischen Dinge die Ablösung alter Gedächtnisrahmen – als Voraussetzung für Bildung – neu konzipiert werden muss.

2. Das Gedächtnis der »soziotechnischen Netzwerke«

Es war die Forschung zur Künstlichen Intelligenz, in der erstmals Phänomene des Gedächtnisses in Bezug auf eine Verbindung zwischen Mensch und Computer durchdacht wurden. Denn der Speicher des Computers schien eine Idealform des menschlichen Gedächtnisses zu sein und jenem den Weg zu weisen. Damit wurde eine funktionale Äquivalenz zwischen Computerspeicher und menschlichem Gedächtnis hergestellt, wenngleich das Letztere stets als defizitär erscheinen musste.

Unberücksichtigt blieb dabei – wie Vaihinger (1998) gezeigt hat – eine wesentliche Fähigkeit des menschlichen Gedächtnisses, deren der Speicher entbehrt: das Vergessen. Der Mensch muss nicht alles erinnern, er muss und kann nicht einmal das Nichterinnern intendieren, denn er vergisst einfach. Es handelt sich bei dem Gedächtnis also »nicht um die Speicherkapazität des Gehirns, sondern um die austarierte Balance von Erinnern und Vergessen, die selbst nicht ein Akt des Bewusstseins ist und deshalb auch nicht als Funktion der erinnernden und vergessenden Maschine programmiert werden kann« (ebd.: 311). Weil also Computerspeicher nur intendiert, nicht aber unwillentlich vergessen können, sei ihre funktionale Äquivalenz zum menschlichen Gedächtnis nicht plausibel.

Vaihingers Kritik leuchtet zwar vor dem Hintergrund der human- und sozialwissenschaftlichen Gedächtnistheorie ein, doch sind ihr selbst zwei Verkürzungen eigen: Zum einen reduziert Vaihinger – ähnlich der KI-Forschung – das menschliche Gedächtnis und den Computerspeicher auf Phänomene des einzelnen Menschen bzw. des einzelnen Computers und blendet damit die kollektive Dimension völlig aus, deren Bedeutung wir im ersten Abschnitt anhand von Halbwachs' Arbeiten herausgearbeitet haben. Zum anderen lässt seine – berechtigte – Kritik am Speichermodell des Gedächtnisses die Austauschprozesse zwischen menschlichem Gedächtnis und Computerspeicher gänzlich unberücksichtigt.

Eben diesen »Raum, der sich *zwischen* den Speichern und den Gedächtnissen auftut«, nimmt Winkler (1997: 91; Herv. i. O.) in den Blick. Daher ist seine »Frage [...] nicht mehr, ob Speicher und Gedächtnisse tatsächlich zu vergleichen sind, sondern auf welche Weise sie interagieren« (ebd.). Winkler entwickelt seine Überlegungen zu dieser Interaktion zwischen maschinellem Speicher und menschlichem Gedächtnis zunächst an Halbwachs' Gedächtnistheorie, in der – ohne dass dies dort weiter ausgearbeitet worden wäre – die gegenständlichen Dinge als besonders stabile Manifestationen des kollektiven Gedächtnisses betrachtet werden. Halbwachs zitierend schreibt Winkler: »jeder Gegenstand, auf den wir stoßen, [...] erinnert uns an eine vielen Menschen gemeine Seinsweise‹ und die Seinsweise – umgekehrt – kann aus den Gegenständen herausgelesen werden« (Winkler 1997: 93).

Die spezifische Strukturierung der Gegenstände birgt das kollektive Gedächtnis der Menschen in sich und verstetigt es. Bezieht man diesen Gedankengang auf den Computer und seinen Speicher, so bedeutet dies: Nicht nur in seinen Inhalten verstetigt sich im Speicher das kollektive Gedächtnis (etwa in den immensen Datenbanken der Sozialversicherungen); vor allem in der Form der Speicher (ganz basal: der Digitalität) findet das kollektive Gedächtnis Dauerhaftigkeit. Das individuelle Gedächtnis ist – sofern es in diesem Zwischenraum zwischen Computerspeicher und kollektivem Gedächtnis angesiedelt ist – letztlich im Rahmen dieses Austauschprozesses zu verstehen. Damit wird »die Grenze zwischen außen und innen immer schon unterlaufen und das [individuelle; d.A.] Subjekt ein Produkt eben nicht nur der Gesellschaft, sondern all jener äußeren Maschinen, die zu seiner Strukturierung beigetragen haben« (ebd.: 107f.).

Mit diesem Blick auf die menschlich-technischen Austauschprozesse kann Winkler – stringenter als Halbwachs – »die materiellen Manifestationen als den Kern der Traditionsbildung« fassen und »löst die Materialität [...] auf in eine Interaktion, die zwischen den Dingen und den Menschen immer schon sich vollzieht« (ebd.: 108). Insofern in der Form der Dinge bzw. der Technik die Vergangenheit immer schon eingeschrieben ist, ragen sie als Vergangenheit in die Gegenwart hinein. Sie sind »ein Depot, das die Vergangenheit in die Gegenwart vorschiebt, Vergangenheit, die den Raum (und die Spielräume) der Gegenwart materiell strukturiert« (ebd.: 111). Mit dieser Perspektive auf das dauerhafte Gedächtnis der Dinge lässt sich nun Halbwachs' These relativieren, mit neuen sozialen Gruppen ginge das Gedächtnis der alten sozialen Gruppe verloren. Die Transformation von Gedächtnisrahmen kann – berücksichtigt man das Gedächtnis der Dinge – nicht mehr als einfache Ablösung des alten durch das neue Gedächtnis gesehen werden; vielmehr überlappt der neue Gedächtnisrahmen das alte Gedächtnis der Dinge, ohne es auszulöschen.

Eine solche technikbezogene gedächtnistheoretische Argumentation kann allerdings mit Winklers Werk nicht konsequent weitergeführt werden. Denn Winkler fordert, »die gesamte Technik nach dem Muster der Sprache zu denken« (ebd.: 108) und reduziert damit zugleich das kollektive Gedächtnis auf ein Problem des Diskurses. Auf diese Weise wird das kollektive Gedächtnis nurmehr unter einer – zudem für sich schon spezifischen – humanwissenschaftlichen Perspektive betrachtet.

In Winklers Ansatz zeigt sich eine »Technikvergessenheit« der Sozialwissenschaften (Rammert 1988) gerade auch noch dort, wo ein sehr anregender humanwissenschaftlicher Annäherungsversuch an die Technik gemacht wird. Deshalb wird es nun notwendig, neben den Human- auch die Technikwissenschaften zu berücksichtigen, wie dies in der Wissenschaftsforschung (mittlerweile) üblich ist. Bruno Latour etwa verfolgt in zielgerichteter Weise das Projekt, das »*gemeinsame* Handeln von Mensch und Technik« (Schäffer 2001: 51; Herv. i. O.; siehe auch Schäffer 2003, Kap. II) zu untersuchen. Latour ersetzt die Differenz zwischen einem menschlichen Subjekt und dem von ihm behandelten dinghaften Objekt durch die Unterscheidung von »Assoziation« und »Substitution« (Latour 2000: 192ff., 373). Dazu arbeitet er mit dem Begriffspaar »menschliche« und »nichtmenschliche Wesen« (vgl. ebd.: 362), die er auch als »Aktanten« bezeichnet (ebd.: 372). Einige für unser Anliegen relevante Aspekte von Latours Ansatz möchten wir näher erläutern.

Latour geht nicht a priori von einer Verbindung zwischen Technischem und Sozialem aus, sondern macht das Knüpfen dieser Verbindung zum Gegenstand empirischer Rekonstruktion. Solche Verbindungen entstehen, wenn zwei (menschliche und/oder nichtmenschliche) Aktanten aufeinandertreffen; in diesem Moment entfaltet sich in der Kombination der jeweiligen Handlungsgerichtetheiten beider Aktanten eine neue Richtung des Handelns. In dieser »Assoziation« kommt es zur »Schöpfung einer Verbindung, die vorher nicht da war und die beide ursprünglichen Elemente [...] in bestimmtem Maße modifiziert« (ebd.: 217f.).

Gedächtnistheoretisch gewendet entsteht in der Assoziation von Menschen und Dingen also ein modifiziertes Gedächtnis. Das Gedächtnis ist dann weder ausschließlich human noch lediglich dinghaft, sondern das Gedächtnis eines »Hybrid-Akteurs« bzw. »soziotechnischen Netzwerks«, wie Latour (2000: 175ff.) die Verbindungen von menschlichen und nichtmenschlichen Akteuren nennt. Will man dieser inklusiven, weil die Mischungen aus Technik und Mensch betrachtenden Perspektive auch im Sprachgebrauch Rechnung tragen, lässt sich nicht mehr davon sprechen, der Mensch benutze seinen Computer, um im Internet zu agieren. Vielmehr agieren die ›Computer-Menschen‹ bzw. ›Mensch-Computer‹ im Internet.

Den »Hybrid-Akteuren« (z.B. den ›Computer-Menschen‹) kann weder Sprachnoch Dinghaftigkeit eindeutig zugeordnet werden, wie dies noch in Winklers Ansatz impliziert wurde. Denn hier lässt sich »niemals [...] ein scharfer Bruch zwischen den Dingen und den Zeichen feststellen. Und niemals stoßen wir auf eine Situation, in der willkürliche und diskrete Zeichen einer gestaltlosen und kontinuierlichen Materie aufgezwungen würden. Immer sehen wir nur eine kontinuierliche Reihe von ineinander geschachtelten Elementen, deren jedes die Rolle eines Zeichens für das vorangehende und die eines Dings für das nachfolgende Element spielt« (Latour 2000: 70). Wenn somit Zeichen und Dinge ineinander übergehen können, wird auch der menschlich-technische Austauschprozess plausibel. Denn sprachliche Elemente des kollektiven Gedächtnisses lassen sich in Dingliches übersetzen und können so ihre »Ausdrucksmaterie« (ebd.: 227) verändern.[4]

Diese »Substitution« (Latour) des Sprachlich-Menschlichen in Dinghaftes ist gedächtnistheoretisch von besonderem Interesse. Denn Latour argumentiert, dass im Vergleich zum menschlichen dem nichtmenschlichen Gedächtnis eine wesentlich höhere Dauerhaftigkeit zukomme.[5] Somit konstituiert sich das kollektive Gedächtnis nicht lediglich in einer *sozialen* Gruppe, sondern als das Produkt der Austauschprozesse zwischen einer sozialen Gruppe und ihren *Techniken*, die – wie oben gezeigt – aus der Vergangenheit in die Gegenwart hineinragen können. Das Gedächtnis ist also – in Latours Diktion – einem soziotechnischen Netzwerk zu eigen.

Transformationen eines solchen soziotechnischen Gedächtnisses können, wie gesagt, nicht als bloße Ablösung alter durch neue Gedächtnisrahmen verstanden werden; vielmehr ragen die alten Erinnerungen in vergegenständlichter Form in das Gedächtnis neu entstandener soziotechnischer Netzwerke hinein und werden von jenen neu gerahmt, d.h. transferiert. Dabei gehen die alten Rahmen des Gedächtnisses letztlich im neuen soziotechnischen Netzwerk verloren. Neue Gedächtnisrahmen (bzw. neue Auforderungen der Welt) können entstehen und der soziotechnische Bildungsprozess kann seinen Gang nehmen.

3. Bildung und Gedächtnis
in den soziotechnischen Netzwerken des Cyberspace

Das Internet wird von vielerlei Hybrid-Akteuren und soziotechnischen Netzwerken bevölkert: den surfenden ›Computer-Menschen‹, den Avataren und virtuellen Communitys etc. Definiert man Bildung als *transformatives Geschehen*, welches impliziert, dass auch der Gedächtnisrahmen sich maßgeblich verändert, und berücksichtigt man, dass das kollektive Gedächtnis nicht mehr nur eines der sozialen Gruppe, sondern dem soziotechnischen Netzwerk zu eigen ist, so ergeben sich mindestens fünf Perspektiven auf Bildung und Gedächtnis im Cyberspace.

---

4   Latour zeigt dies etwa anhand der »schlafenden Polizisten«, d.h. der Schwellen in den Straßen, die das Zeichen »bitte dreißig Stundenkilometer fahren«, ersetzen.
5   Gleichwohl muss man der These, die »Technologie« sei »die dauerhaft gemachte Gesellschaft« (Latour 1991), nicht zustimmen, da sie dem Sozialen jegliche Stabilität abspricht und zudem selbst zu einer Dichotomisierung zwischen Sozialem und Technischem führt (vgl. Nohl 2002).

3.1 Bildung im Übergang von der analogen zur digitalen Technik

Die erste Perspektive auf Bildungsprozesse nimmt ihren Ausgangspunkt bereits vor dem Eintritt in das Internet. In der Welt prädigitaler Techniken weisen die soziotechnischen Netzwerke einen Gedächtnisrahmen auf, der sich aus unterschiedlichen Dimensionen konstituiert: Im kollektiven Gedächtnis eines jeden soziotechnischen Netzwerks kann sich u.a. eine generationsspezifische, eine geschlechtsspezifische, eine altersspezifische oder auch eine schichtspezifische Dimension finden. Zu diesen sozialen Dimensionen tritt, berücksichtigt man das gemeinsame Handeln von Mensch und Technik, auch die technische Dimension hinzu. Diese unterschiedlichen Dimensionen überlagern sich im kollektiven Gedächtnis von soziotechnischen Netzwerken. Hervorstechendes, wenn auch nicht einziges Merkmal für soziotechnische Netzwerke vor dem Computerzeitalter ist ihre Gedächtnisdimension analoger Technik, wie sie sich z.B. in den Büchern einer Bibliothek oder einem Adressbuch manifestiert.

Wenn es bei einem analogen soziotechnischen Netzwerk nun zur Begegnung und Verbindung mit den digitalen Netzwerken der Computerwelt kommt, kann sich *erstens* die technische Dimension des Gedächtnisses restrukturieren. Zum Beispiel können Adresskladden durch digitale Adressenspeicher im E-Mail-Programm ersetzt werden. Dabei würde dann die digitale technische Dimension des Gedächtnisses dessen analoge Dimension überlappen. Eine solche Überlappung innerhalb der technischen Dimension des Gedächtnisses kann jedoch *zweitens* auch das gesamte soziotechnische Netzwerk in Frage stellen und zu dessen Transformation führen. Das alte, u.a. analoge kollektive Gedächtnis wird mit einer nachhaltigen Differenz konfrontiert, die der Ausgangspunkt der Bildung eines neuen Gedächtnisses sein kann. Hier entsteht ein neues – nunmehr digitales – soziotechnisches Netzwerk mit neuem Gedächtnis. In diesem neuen Gedächtnis sind die alten Gedächtnisinhalte nicht unbedingt vergessen, aber völlig neu gerahmt.

Als Beispiel für eine solche Transformation des Gedächtnisses angesichts der Konfrontation mit der digitalen Welt des Cyberspace sei hier auf ein empirisches Forschungsprojekt verwiesen, in dem Seniorinnen im Internet untersucht wurden.[6] Ein Teil dieser Seniorinnen begegnet zwar dem Computer zunächst als völlig fremdem Gegenstand, der ihnen als ein »Kasten« erscheint, auf dem man lediglich »druff schreiben« kann, wie sie sagen. Doch mit wachsender Neugier und Begeisterung eignen sie sich diese fremde Technik des Computers an und digitalisieren immer mehr Bereiche ihres Lebens (Fotografie, Kalender, Adressbuch, Korrespondenz). Schließlich gelangen sie ins Internet, wo sie nach einigem Herum-

---

6 Siehe zu den folgenden Zitaten aus narrativen Interviews mit diesen Seniorinnen: Nohl 2006: 219ff.

stöbern neue soziotechnische Netzwerke finden (und selbst konstituieren): die informellen Freundeskreise der Seniorinnen im Internet. In diesen – deutlich von Frauen dominierten – Kreisen korrespondieren die Seniorinnen per E-Mail über alltägliche Geschehnisse, zu denen selbstverständlich auch technische Fertigkeiten und Probleme gehören. Dass man in diesem soziotechnischen Netzwerk »gar nicht mehr alles zu sagen« braucht – wie es in einem narrativen Interview heißt –, da vieles zu den stillschweigenden Selbstverständlichkeiten (zum impliziten Wissen) des Freundeskreises gehört, weist darauf hin, dass hier ein neues kollektives Gedächtnis – innerhalb eines neuen soziotechnischen Netzwerkes – entstanden ist. Dabei nehmen die Seniorinnen deutlich wahr, dass sie dieses kollektive Gedächtnis von einigen ihrer Altersgenossinnen trennt, die in der prädigitalen Welt verblieben sind. Jenen erscheinen sie »als Exotin«, wie es eine Seniorin im Internet formuliert. Bei diesen Seniorinnen im Internet, die von analogen zu digitalen soziotechnischen Netzwerken übergehen, kommt es zu solchen Gedächtnistransformationen; in diesen Transformationsprozessen findet Bildung statt: Sie sehen sich und ihre Welt in neuem Rahmen.

3.2 Reflexive Bildung im Übergang von der analogen zur digitalen Technik

Da nicht davon auszugehen ist, dass ein Mensch, wenn er mit dem Cyberspace in engeren Kontakt gekommen ist, nunmehr ausschließlich in ihm lebt, wird sein Leben von einem abwechselnden, bisweilen zeitgleichen Aufenthalt in der Offline- und Online-Welt strukturiert sein, wie sich dies auch im obigen Beispiel der Seniorinnen andeutet. Diesem immer wieder vollzogenen Wechsel zwischen unterschiedlichen sozialen bzw. soziotechnischen Gruppen entspricht auch ein Wechsel der kollektiven Gedächtnisrahmen.

Die Auseinandersetzung mit diesen unterschiedlichen soziotechnischen Rahmen und Gruppen online und offline sowie mit deren Wechsel kann aufseiten des Individuums zu einer Balancierung unterschiedlicher kollektiver Zugehörigkeiten und damit zur Erzeugung von Identifikationen als auch von Distanzierungen führen. Hier kann es zu einer Selbstreflexion des Akteurs kommen, in der sich dieser als in einer spezifischen Balance unterschiedlicher kollektiver Zugehörigkeiten befindlich begreift. Beispielsweise werden sich die Seniorinnen darüber bewusst, dass sie im Internet – innerhalb ihrer Freundeskreise – eine andere Sprache sprechen als in ihren Offline-Gruppen. In diesem Sinne kann man unter Bezug auf Halbwachs davon sprechen, dass die Seniorinnen beim Wechsel der kollektiven Rahmungen von online zu offline jeweils auch ihre Sprache wechseln.

Das bedeutet, im Halbwachsschen Sinne, die Möglichkeit des zeitweiligen, nämlich auf den ›Aufenthalt‹ in der einen jeweiligen Sprache begrenzten Vergessens. So wird zwischen sinnstiftenden kommunikativen kollektiven Rahmen balanciert, wobei nicht mehr nur ein Rahmen, sondern die Balance des Einzelnen zwischen mehreren Rahmen die Basis für (individuelle) Selbstreflexion bereitstellt. Diese Selbstreflexion erfordert die bloße Rahmentransformation – ohne die sie ja gar nicht möglich wäre –, erweitert sie aber um eine reflexive Haltung gegenüber solchen Transformationen und den transformierten Rahmen. Diese Rahmen vermag man individuell zu reflektieren und kann zwischen ihnen wechseln. Erinnerungen, wie wir oben bereits beschrieben haben (S. 79f.), sind also temporär, also nicht dauerhaft und damit rahmendeterminiert.

In unseren Ausführungen zur dritten, vierten und fünften Perspektive beziehen wir uns auf virtuelle Communitys und die in ihnen ansässigen Avatare, wie sie etwa von Marotzki (vgl. 2004) ethnografisch untersucht wurden. Avatare und virtuelle Communitys sind Paradebeispiele für soziotechnische Netzwerke und Hybrid-Akteure, denn weder können jene ausschließlich dem Menschlichen noch ausschließlich dem Technischen zugeordnet werden; das gemeinsame Handeln von Mensch und Maschine macht den Kern des individuellen Hybrid-Akteurs ›Avatar‹ und des kollektiven soziotechnischen Netzwerkes ›virtuelle Community‹ aus.

Im Anschluss an Marotzki (2004) kann man hier zwei unterschiedliche Formen des Gedächtnisses unterscheiden: das kollektive Gedächtnis der Community selbst und das individuelle Gedächtnis der einzelnen Avatare, die die Community bevölkern. Obgleich sich auch in den derzeit existierenden Communitys Elemente von Gedächtnissen finden lassen, halten wir diese Communitys doch für entwicklungsfähig, was die Dynamik von Gedächtnis und Bildungsprozessen angeht. Daher sind die folgenden Perspektiven auch nicht empirisch begründet, sondern vor allem praktischer Natur.

3.3 Bildung als kollektiver Transformationsprozess der virtuellen Community

Das kollektive Gedächtnis einer virtuellen Community konstituiert sich in der Genese ihrer Operationen und Praktiken sowie deren soziotechnischem Rahmen. Beispielsweise ist es für das kollektive Gedächtnis von hoher Bedeutung, ob die Community nach dem Modell einer Stadt geformt ist – im Sinne einer Cybercity (vgl. dazu Marotzki 2000) –, und welche Häuser, städtischen Einrichtungen, Straßen etc. wann und wo in dieser Stadt aufgebaut wurden, welche Bewohner/innen wann und wo gelebt haben.

In den von Marotzki (2004) empirisch erforschten virtuellen Communitys manifestiert sich dieses kollektive Gedächtnis allerdings lediglich in den Selbstpräsentationen der Community: Ihre Administratoren stellen die Community in sog. Mission Papers vor. Auch sind die visuellen Bestandteile der Community (ihre Häuser, Figuren, Straßen) etc. Teil des kollektiven Gedächtnisses. Da jenes sich jedoch nicht alleine aus den aktuellen Operationen und Praktiken (den aktuell vorhandenen Häusern und Straßen) sowie aus den – als reflexive Leistung zu betrachtenden – Mission Papers konstituiert, sondern vor allem auch aus den vergangenen Operationen und Praktiken (d.h. aus der Genese), ist hier nach deren Speicherung zu fragen. Empirisch lässt sich eine solche Speicherung in den Communitys (bisher) nicht finden, doch ließen sich solche Speicherungsvorrichtungen durchaus in den Communitys einrichten. Was jeweils gespeichert werden müsste, hängt selbstverständlich von der Struktur der einzelnen Community ab. Zum Beispiel lässt sich in den Cybercitys an Aufzeichnungen darüber denken, welche Häuser wann wo gestanden haben, wer sie bewohnte und wie sie genutzt wurden.

Das kollektive Gedächtnis konstituiert sich dann in der Dynamik zwischen den reflexiven Selbstpräsentationen (den Mission Papers etc.) und der – reflexiv letztlich nicht verfüg- und veränderbaren – gespeicherten Genese der Community. Gerade wo gespeicherte Genese und reflexive Selbstpräsentation in ein Spannungsverhältnis zueinander geraten, erhält das kollektive Gedächtnis eine hohe Dynamik und vermag sich u.U. zu transformieren. Dies ist etwa dort denkbar, wo die Diskrepanz zwischen Selbstpräsentation (Beispiel: »in unserer Community hat es nie Streit gegeben«) und gespeicherten Operationen (Beispiel: Streit mit einzelnen Avataren und deren Ausschluss) so weit geht, dass der kollektive Gedächtnisrahmen zerfällt und sich neu konstituieren muss. Denn das kollektive Gedächtnis kann sich nicht dauerhaft von den gespeicherten soziotechnischen Praktiken lösen, da es sich ja in deren Rahmen konstituiert. In dieser Dynamisierung des Gedächtnisses von virtuellen Communitys liegt unseres Erachtens eine wichtige Gelegenheit für Bildungsprozesse.

3.4 Konstitution von Avataren als Bildungsprozess

Bildungstheoretisch betrachtet ist die Entwicklung von Avataren an sich schon das Ergebnis eines Bildungsprozesses, in dessen Verlauf der *Avatar als Hybridakteur* zunächst im gemeinsamen Handeln von Mensch und Technik erzeugt wird und dann eine gewisse Eigenständigkeit entwickelt. Das Besondere daran ist aber, dass im Konstruktionsprozess den Avataren einerseits menschliche und technische Erinnerungen mitgegeben werden, die ihnen von den Menschen und Techniken sozusagen mit in die Wiege gelegt wurden. Andererseits aber erzeugen die Avatare auch durch ihr eigenes Bewegen in der virtuellen Community neue Erinnerungen und Gedächtnisrahmen. Dieses Zusammentreffen der von den Menschen und Techniken mitgegebenen Erinnerungen des Avatars mit seinen neuen Erinnerungen beim dynamischen Navigieren durch die Community führt dazu, dass der neue Gedächtnisrahmen des Avatars die alten – menschlichen und technischen – Erinnerungen überlappt.

Im Unterschied zu einer Ablösung eines alten durch einen neuen, rein sozialen Gedächtnisrahmen, mit der alle alten Erinnerungen verloren gehen würden, beschränkt sich im Bereich der soziotechnischen Avatare das Vergessen auf den alten Gedächtnisrahmen, ohne dass aber die alten Erinnerungen – die im Avatar ja vergegenständlicht sind – ausgelöscht würden. Durch das *Überlappen* alter Erinnerung durch den neuen Rahmen wird ermöglicht, dass – im Gegensatz zu nachhaltigem Vergessen – geronnene prädigitale Gedächtnisdimensionen in die digitale Welt transferiert werden. Der neue Gedächtnisrahmen ergibt sich aus den transferierten (menschlichen und technischen) und neu gerahmten Erinnerungen und der neuen virtuellen Aktivität im Cyberspace. Diese *Transferleistung* und *Transformation* ist Bildung – eine veränderte Sicht auf sich und die Welt unter Einbeziehung vorhandener Erinnerungen, und betrifft sowohl den »Erzeuger« des Avatars als auch jenen selbst als Hybridakteur.

3.5 Bildung als individueller Transformationsprozess von Avataren

Auch das Gedächtnis der fertiggestellten Avatare kann sich transformieren. Dieses Gedächtnis ist zwischen den Selbstpräsentationen der Avatare und ihren Bewegungen durch die virtuelle Community aufgespannt.

Die Selbstpräsentationen der Avatare sind sehr weit entwickelt: Üblicherweise geht es darum, dass im gemeinsamen Handeln von User und technischer Apparatur für die Avatare hinsichtlich verschiedener Merkmale (Hobbys, Kleidung, Einstellungen, Alter etc.) aus vorgegebenen Ausprägungen eine Auswahl getroffen wird. Kaum entwickelt sind demgegenüber Einrichtungen zur Aufzeichnung und Speicherung der Genese der individuellen Bewegungen und Praktiken des Avatars. Dies verhält sich so, obwohl die Avatare bei ihrem Aufenthalt in der Community umfassende Kommunikationsspuren hinterlassen: solche zu ihrer passiven Teilnahme (Zeitdauer und Häufigkeit der Anwesenheit) wie auch solche zur aktiven Kommunikation (Gesprächsprotokolle, Aktivitäten). Solche Kommunikationsspuren lassen sich speichern. Wenn man davon ausgeht, dass diese gespeicherten Kommunikationsspuren nicht nur dem einzelnen Avatar selbst, sondern auch seinen Interaktionspartnern zur Verfügung stehen, so ergibt sich hier eine besondere Dynamik im individuellen Gedächtnis: Dieses steht im Spannungsverhältnis zwischen der reflexiven Selbstpräsentation und den gespeicherten Kommunikationsspuren wie auch der Reaktionen anderer Avatare auf diese Kommunikationsspuren und Selbstpräsentationen.

Beispielsweise kann sich ein Avatar selbstreflexiv als Eigenbrötler präsentieren, in seinen gespeicherten Kommunikationsspuren jedoch ein hohes Maß an Interaktionen aufweisen. Dies mag Anlass für andere Avatare sein, der Selbstpräsentation als Eigenbrötler zu misstrauen, mit dem Avatar dennoch zu interagieren und sogar diese Diskrepanz ihm gegenüber zu spiegeln. Damit kommt dem individuellen Gedächtnis sein soziotechnischer Rahmen abhanden, das Gedächtnis muss sich transformieren und der Avatar durchläuft einen Bildungsprozess.

4. Zusammenfassung

Bildungsprozesse, wie sie in der postindustriellen Wissensgesellschaft von so hoher Bedeutung sind, gehen mit Transformationen des Gedächtnisses einher. Unter den Bedingungen der Wissensgesellschaft finden solche Bildungs- und Gedächtnisprozesse nicht nur *offline*, sondern auch in der Welt des Internets statt.

So gesehen, dies ist das erste Ergebnis unserer Überlegungen, unterliegen Gedächtnisprozesse (Erinnern und Vergessen), eingebettet in die jeweiligen Rahmungen in der Offline- bzw. Online-Welt, im Prinzip den gleichen Entstehungsbedingungen. Man könnte auch sagen, das Navigieren in Online-Welten stellt nur eine, wenn auch besondere Spielart der Transformation von Gedächtnis dar.

Obgleich auch in der Offline-Welt Gedächtnisprozesse nicht nur menschlich, sondern auch technisch und dinghaft vermittelt sind, sticht im Internet die soziotechnische Verfassung des Gedächtnisses besonders ins Auge. In den Cyberspace gehen zwar die Erinnerungs- und Vergessenssubstrate der Offline-Welt ein – dies insbesondere dort, wo sie soziotechnischer Art und damit von hoher Dauerhaftigkeit sind. Insofern es im Cyberspace aber zu starken Veränderungen zumindest in einigen Dimensionen des Gedächtnisses kommt, zerfällt der alte Gedächtnisrahmen und es entsteht ein neuer Rahmen, der die alten Erinnerungen überlappt.

Diese Möglichkeit des Überlappens alter Erinnerungen aus Offline- und Online-Welten durch neue Rahmungen ist unser zweites Ergebnis; hier unterscheiden sich internetbasierte Gedächtnis- und Bildungsprozesse zwar nicht von herkömmlichen Prozessen, doch fallen solche Überlappungen alter Erinnerung und ihr Transfer in neue Rahmungen im digitalen Netz weitaus stärker ins Auge.

Die Transformation von Gedächtnisrahmen und der Transfer alter Erinnerungen in den neuen Rahmen im Zuge des Übergangs von der Offline- zur Online-Welt gehen einher mit einer Veränderung der Selbst- und Weltsicht. Es handelt sich hier somit um einen Bildungsprozess im Sinne von Marotzki (1990). Innerhalb dieses transformativen Bildungsprozesses, der auf mehreren Ebenen zu identifizieren ist (z.b. beim Übergang ins Internet, in den Internetcommunitys und bei Avataren), werden alte Erinnerungen in neue Gedächtnisrahmen transferiert.

Derartige Bildungs- und Gedächtnisprozesse im Cyberspace lassen sich nur dann adäquat konzeptualisieren, wenn – wie in diesem Beitrag vorgeschlagen – sich der bildungstheoretische Blick auf die soziotechnischen Netzwerke im Internet richtet. Ist dieser Perspektivwechsel vom humanen zum soziotechnischen Fokus erst einmal vollzogen, kann auch eine Frage angegangen werden, die mit der Unterscheidung von ›Realität‹ und ›Virtualität‹, ›Materialität‹ und ›Immaterialität‹, ›Fassbarkeit‹ und ›Un(an)fassbarkeit‹ nur angedeutet, keineswegs aber beantwortet werden kann: Sind soziotechnische Bildungsprozesse, deren Gedächtnistransformationen zwar materiell gestützt werden, die sich aber vor allem in der Immaterialität und haptischen Un(an)fassbarkeit der digitalen Daten vollziehen, etwas ganz Eigenes? Diese Frage zu erörtern, soll zukünftigen Arbeiten vorbehalten bleiben.

Literatur

Assmann, Jan (1991): Die Katastrophe des Vergessens. Das Deuteronomium als Paradigma kultureller Mnemotechnik. In: Assmann, Alida/Harth, Dietrich (Hg.): Mnemosyne. Frankfurt: a.M.: Fischer, S. 337-355.
Assmann, Jan (1999): Das kulturelle Gedächtnis. Schrift, Erinnerung und politische Identität in frühen Hochkulturen. München: Beck.
Bateson, Gregory (1981): Ökologie des Geistes. Frankfurt a. M.: Suhrkamp.
Dieckmann, Bernhard/Sting, Stephan/Zirfas, Jörg (1998): Gedächtnis und Bildung – Erinnerte Zusammenhänge. In: Dieckmann, Bernhard/Sting, Stephan/Zirfas, Jörg (Hg.): Gedächtnis und Bildung – Anthropologische Zusammenhänge. Weinheim: Deutscher Studien Verlag, S. 7-39.
Esposito, Elena (2002): Soziales Vergessen – Formen und Medien des Gedächtnisses der Gesellschaft. Frankfurt a.M.: Suhrkamp.
Fromme, Johannes (2002): Spiel und Bildung im Zeitalter der Neuen Medien – Zur Bildungsrelevanz von spielerischem und medialem Probehandeln. In: medien praktisch Nr. 2, S. 8-13.
Gadamer, Hans-Georg (1975): Wahrheit und Methode. Grundzüge einer philosophischen Hermeneutik. Tübingen: Mohr.
Halbwachs, Maurice (1985a): Das Gedächtnis und seine sozialen Bedingungen. Frankfurt a.M.: Suhrkamp.
Halbwachs, Maurice (1985b): Das kollektive Gedächtnis. Frankfurt am Main: Fischer.
Haraway, Donna (1995): Ein Manifest für Cyborgs. In: Haraway, Donna: Die Neuerfindung der Natur. Frankfurt a.M./New York: Campus, S. 33-72.
Koller, Hans-Christoph (1999): Bildung und Widerstreit. München: Fink.

Krämer, Sybille (2000): Das Vergessen nicht vergessen! Oder: Ist das Vergessen ein defizienter Modus von Erinnerung? In: Paragrana Bd. 9, H. 2, S. 251-275.

Latour, Bruno (1991): Technology is society made durable. In: Law, John (Ed.): A Sociology of Monsters. Sociological Revue Monograph 38, S. 103-132.

Latour, Bruno (2000): Die Hoffnung der Pandora. Frankfurt a.M.: Suhrkamp.

Marotzki, Winfried (1990): Entwurf einer strukturalen Bildungstheorie. Weinheim: Deutscher Studien Verlag.

Marotzki, Winfried (2000): Neue kulturelle Vergewisserung: Bildungstheoretische Perspektiven des Internet. In: Sandbothe, Mike/Marotzki, Winfried (Hg.): Subjektivität und Öffentlichkeit. Köln: Haag + Herchen, S. 234-258.

Marotzki, Winfried (2004): Virtuelle Gemeinschaften als Impulsgeber für das Online-Lernen. In: Meister, Dorothee M. (Hg.): Online-Lernen und Weiterbildung. Wiesbaden: VS, S. 43-61.

Meder, Norbert (2000): Wissen und Bildung im Internet. In: Meister, Dorothee M./Marotzki, Winfried/Sander, Uwe (Hg.): Zum Bildungswert des Internet. Opladen: Leske + Budrich, S. 33-56.

Nohl, Arnd-Michael (2002): Personale und soziotechnische Bildungsprozesse im Internet. In: Zeitschrift für qualitative Bildungs-, Beratungs- und Sozialforschung, H. 2, S. 215-240.

Nohl, Arnd-Michael (2006): Bildung und Spontaneität. Phasen biographischer Wandlungsprozesse in drei Lebensaltern − Empirische Rekonstruktionen und pragmatistische Reflexionen. Opladen: Budrich.

Ortlepp, Wolfgang (2002): Gedächtnis und Generation. Zu Maurice Halbwachs' Gedächtnisbegriff und seiner Relevanz für allgemeinpädagogische Fragestellungen. In: Kraul, Margret/Marotzki, Winfried (Hg.): Biographische Arbeit. Opladen: Leske + Budrich, S. 308-325.

Ortlepp, Wolfgang (2003): Zu Aspekten des Zusammenhangs zwischen Erfahrung und Gedächtnis in Zeiten gesellschaftlicher Transformationen. Ein Beitrag aus der Perspektive erziehungswissenschaftlicher Biographieforschung. In: Kollmorgen, Raj/Schrader, H. (Hg.): Postsozialistische Transformationen: Gesellschaft, Wirtschaft, Kultur. Würzburg: Ergon, S. 241-262.

Peukert, Helmut (1998): Zur Neubestimmung des Bildungsbegriffs. In: Meyer, Meinert A./Reinartz, Andrea (Hg.): Bildungsgangdidaktik. Denkanstöße für pädagogische Forschung und schulische Praxis. Opladen: Leske + Budrich, S. 17-29.

Peukert, Helmut (2000): Reflexionen über die Zukunft von Bildung. In: Zeitschrift für Pädagogik, 46, Nr. 4, S. 507-524.

Rammert, Werner (1998): Technikvergessenheit der Soziologie? In: Rammert, Werner (Hg.): Technik und Sozialtheorie. Frankfurt a.M./New York: Campus, S. 9-28.

Schäffer, Burkhard (2001): »Kontagion« mit dem Technischen. In: Bohnsack, Ralf/Nentwig-Gesemann, Iris/Nohl, Arnd-Michael (Hg.): Die dokumentarische Methode und ihre Forschungspraxis. Opladen: Leske + Budrich, S. 43-64.

Schäffer, Burkhard (2003): Generation − Medien − Bildung. Medienpraxiskulturen im Generationenvergleich. Opladen: Leske + Budrich.

Vaihinger, Dirk (1998): Das Gedächtnis als Speicher und die Endlosschleife in der Kybernetik zweiter Ordnung. In: Assmann, Aleida/Weinberg, Manfred/Windisch, Martin (Hg.): Medien des Gedächtnisses. Sonderheft der Deutschen Vierteljahrsschrift für Literaturwissenschaft und Geistesgeschichte. Stuttgart/Weimar: Metzler, S. 297-312.

Winkler, Hartmut (1997): Docuverse − Zur Medientheorie der Computer. München: Boer.

Swarms und Task Force Communitys:
Zur Re-Formierung des Kollektiven im Netz

Birgit Richard

Dieser Beitrag untersucht die Existenz von kollektiven Phänomenen auf unterschiedlichen Realitätsebenen, materiell wie virtuell, und strebt eine Neudefinition von Kollektivität an. Der im deutschsprachigen Raum negativ konnotierte Begriff verweist auf Sozialismus und damit auf den für westliche ökonomische Strukturen unerträglichen Zustand der Aufweichung der Kategorie des persönlichen Eigentums. Daher werden kollektive Formen im Internet von Politik und Ökonomie mit Misstrauen betrachtet. Sie sind der Hinweis darauf, dass das Internet noch nicht vollständig von ökonomischen und politischen Machtdiskursen durchzogen und damit nicht im Detail kontrollierbar ist. Zurzeit sind zwei gegenläufige Bewegungen im Internet festzustellen: Die Schaffung von unabhängigen medialen Kommunikations- und Informationsräumen und im Nachzug die Versuche, diese zu begrenzen, zu observieren und zu kontrollieren.

Für diesen Beitrag ist die Verschränkung der schlaglichtartigen Betrachtung der online und offline Felder unumgänglich. Eine Veränderung des Verhältnisses von kollektiver und individueller Identität findet nicht nur in den delokalisierten Welten des Cyberspace statt. Vielmehr werden Überschneidungen zu Prozessen sichtbar, die sich in der Realität vollziehen.

Im Internet wird das Verhältnis von Individualität und Kollektivität ständig neu formuliert und überarbeitet. Es ist eine neue Wertschätzung von Gemeinschaft und Kollektivität festzustellen. Pierre Levy spricht in seiner Anthropologie des Cyberspace von kollektiver Intelligenz und kollektiver Einbildungskraft (Levy 1997), die sich in diesem virtuellen Raum bilden. Diese kollektive Gesamt-Intelligenz ist prozessual und lernt mit jedem hinzukommenden Individuum hinzu. Richard Dawkins nennt kollektiv entwickelte kulturelle Formen aus der Sicht des Evolutionstheoretikers »Meme« (Dawkins 1999). Diese kulturellen Bausteine sind das Pendant zu den Genen. Meme sind quasi nicht veräußerbares Gemeinschaftseigentum. Sie werden von Generation zu Generation weitergegeben und den jeweiligen Kontexten angepasst. Dabei können Informationen und Ideen, aus denen die Meme bestehen, kooperieren, mutieren oder sie werden auf einem Level konserviert.

Die digitalen Medientechniken erfordern die Zusammenarbeit von verschiedenen Experten (wie z.B. bei Knowbotic Research: einer Gruppe bestehend aus

Künstlern, Wissenschaftlern und Soziologen, die im Moment in dem Metropolen-Projekt *IO dencies* zusammenarbeitet, http://io.khm.de), die innerhalb eines bestimmten Rahmens ihr sonst verteiltes Wissen zusammenbringen.

Wenn das Netz Entstehungsort und Anstoß für eine neue Formierung des Kollektiven ist, wäre zu untersuchen, welche originären Formen es hervorbringt. Die virtuellen Identitäten weisen Interdependenzen zu materialisierten Erscheinungen auf oder stellen per se eine Verknüpfung dar. Die prägnanteste Verbindungsform wären die »Task Force Communitys«, die über das Netz und mobil kommunizieren, Aktionen vorbereiten, koordinieren und durchführen, wie z.b. die nun kriminalisierten Globalisierungsgegner. Zu diskutieren wäre, ob das Internet nur kollektiver Kompensationsraum ist oder auch als Innovationslaboratorium neue soziale Formationen hervorbringt.

1. Felder des Kollektiven

Verschiedene Spielarten des Kollektiven haben sich bereits in der handgreiflichen Realität formiert: Zunächst lässt sich eine allgemeine Tendenz der Zusammenschlüsse zu größeren Einheiten in ökonomischen Kontexten feststellen, was sich ganz banal in Schlagworten wie »Globalisierung« äußert und sich konkret in den Fusionen von Unternehmen materialisiert. In der Arbeitswelt bildet sich ein neues ökonomisch orientiertes, übergestülptes Gemeinschafts- und Kollektivbewusstsein zur Effektivitätssteigerung: Nicht nur in der New Economy werden Teams und flache Hierarchien als Steigerung der Produktivität angesehen (vgl. Sennett 1998). Sie bedeuten aber nicht unbedingt größere Freiheit für das Individuum (s. auch Hardt/Negri 2001).

Management-Konzepte machen die Firma zur Familie und strukturieren so auch die Lebenswelt der Arbeitnehmer um. Hier nimmt das Kollektive einen unsichtbaren Zwangscharakter an, auch wenn es nicht top-down verordnet wird. Es führt nur scheinbar zu sozialen Verbesserungen und zur Einebnung von Hierarchien. Der Zusammenschluss erfolgt nicht freiwillig auf der Grundlage von sozialen Beziehungen, sondern im Kontext einer ökonomischen Struktur. Dies gilt auch für die lockeren Nachwuchsfirmen und die Mitglieder von Start-ups, die in Existenzgründerzentren und »Brüter«-WGs lebten und nach der Arbeit ganz jugendkulturell kollektiv After Work Partys feierten, die nahtlos in die Entlassungspartys der New Economy, die pink Slip Partys, übergegangen sind.

Kollektivität innerhalb einer Corporate Identity transformiert unsichtbar individuelles Verhalten. Der »Netslave« in der Softwareindustrie schuftet mit anderen Individuen gleichgeschaltet für den Nutzen des Unternehmens (Lessard/Baldwin

2000; Copeland 1996). Die Netslaves unterliegen einer unsichtbaren Vereinheitlichung, obwohl sie gerade ihren individuellen Stil einbringen können. Der individuelle Körper wird als Leistungsträger in Beschlag genommen. Diese negative, ökonomisch fundierte Kollektivität steht im Kontrast zur selbstgewählten kollektiven Arbeit auf der Grundlage offener Plattformen im Internet. Den nur auf den ersten Blick legeren Firmenkulturen fehlen zwei entscheidende positive Kriterien für das Kollektive als sozialen Begriff, das Bedingung für die Internet-Communitys ist: die *Freiwilligkeit* des Zusammenschlusses ohne ein ökonomisches Abhängigkeitsverhältnis und die *Egalität* innerhalb einer Community, die ohne einen verborgenen Führungsdiskurs funktioniert.

Untersucht werden soll, wo Kollektivität in virtuellen und materiellen Realitäten den gleichberechtigten Zugriff auf Ressourcen ermöglicht. In der Hochenergiephysik ist das kollektive Arbeiten beispielsweise die Basis jedes Entwicklungsschrittes (Knorr-Cetina 1999: 26). Wie am CERN bilden sich sogenannte Detektoren, die aus sozialen Gebilden (den Gruppen, bestehend aus den einzelnen Wissenschaftlern) und Objektwelten bestehen. Jede Person, die an dem Projekt mitarbeitet, stellt ihre Leistung der Gruppe zur Verfügung, ist damit Autor des Gesamtergebnisses, kann aber kein Einzelergebnis extrahieren und vermarkten (Knorr-Cetina 1999: 26ff.). Das Prinzip der Egalität und die Nutzung einer verteilten Kreativität spielen hier eine wichtige Rolle.

Zunächst sollen verschiedene kollektive Phänomene der Offline-Welt kurz skizziert werden. Dann werden den traditionellen Vergemeinschaftungsformen in den Jugendkulturen und der Kunst ausgewählte mediale Formen der Netzkultur gegenübergestellt. Zu diskutieren ist, ob die im Netz funktionierenden kollektiven Ansätze, die unter Umständen noch nicht gefestigte Machtstrukturen kurzfristig aushebeln können, auch in anderen sozialen Räumen wirksam sind oder ob sie, wie die virtuelle Internationale der Globalisierungsgegner in Genua, doch dem materiellen Realitätsprinzip unterliegen.

Materiale Kollektive

Bei den zeitgenössischen Jugendkulturen lässt sich seit einer Dekade die Transformation von »Peer groups« zu größten kollektiven Einheiten wie Tribes, Familien oder Nationen (Rave und Rap Nation) feststellen. Die Peer-group-Formation des Nahbereichs wird erweitert und umbenannt zu Posse (SWAT 1991 Berlin), Crew, Clan oder Neighbourhood (mit Einbeziehung des Raumes) wie im HipHop oder wie bei der aktuellen 2 Step Bewegung zum Kollektiv (Gush Collective aus dem

Ruhrgebiet). Viele Beispiele lassen sich im HipHop nachweisen wie z.b. die Mongo Klique aus Hamburg oder das Stuttgarter Kolchose Label. Hier werden gerne Anleihen bei Begriffen für die kollektiven Organisationsformen des Sozialismus zur Abgrenzung gegenüber der Umwelt gemacht.

Charakterisiert sind diese neuen kollektiven Formen in den Jugendkulturen durch einen losen, momenthaften Zusammenschluss, der sich hauptsächlich über das gemeinsame Tun und Projekte definiert und sich immer neu formieren kann. Hier scheinen schon direkte Parallelen zu einer gemischten virtuell-realen Gemeinschaftsform, der »Task Force Community« auf (Dan Shafer 2001).

Eine Kombination von kollektiver Rezeption und Produktion findet in der gegenwärtigen Dancefloorkultur (Techno, House, 2 Step) statt. Das hier zugrunde liegende Prinzip des Clubs wandelt die ursprüngliche Exklusivität von Golf- oder Tennisclub, schafft sie jedoch nicht völlig ab. Die sogenannte Türpolitik – ein Türsteher entscheidet, wer reinkommt – nimmt das Prinzip der Auswahl, wenn es auch weiter gestreut ist, wieder auf. Hier zeigt sich eine gesteuerte Kollektivität, die sich auch über Ausschlusskriterien etabliert. Der Club ist erst in seinem Inneren ein Verein von Gleichgesinnten, der eine die Gegensätze versöhnende Vielfalt zulässt; auch hier gibt es Parallelen zu Internet-Communitys. Der hier konstruierte kollektive Kontext ist zunächst frei von künstlerischer Urheberschaft und individueller Genialität, die als normative Kategorien des Kunstbetriebs abgelehnt werden. Dies schlägt sich in Projektnamen und Pseudonymen nieder (z.B. Cybotron). Die Clubkultur durchläuft auf der Produzentenseite verschiedene Stadien: vom Ideal des anonymen Projektnamens über den Star DJ des Massentechno bis zu den Produzentenkollektiven wie *Crew* und *Collective* in der Gegenwart.

Die hier kurz gestreiften gegenwärtigen kollektiven Produktionsansätze in den Jugendkulturen sind vom Prinzip der Appropriation geleitet (der Aneignung, einer künstlerischen Strategie – das Begriffspendant heißt Bricolage). Es bestimmt den Umgang mit dem musikalischen Material auf verschiedenen Ebenen. Enteignung, Transformation und Modulation von historischen Elementen aus der Musikgeschichte sind Leitmotive für Bearbeitungsschritte wie Remix und Sampling in HipHop und Techno.

Durch die Reproduktions-, Speicher- und Transfermedien sind Copyright-Probleme schon vorgezeichnet. Diese verschärfen sich durch digitale Verfahren, die beim Kopieren keinen Qualitätsverlust verursachen und so die Unterscheidung zwischen Original und Kopie obsolet machen.

Der individuelle Werkcharakter wird aber vor allem in der Techno- und House-Szene durch den Wechsel vom Song zum Track bewusst gebrochen. Die Tracks sind Bausteine und Rohmaterial für einen im Prozess entstehendes, auf Interaktion, also Tanz, ausgerichtetes musikalisches Endlosband. Sie leben erst als Teil dieses Prozesses, sind nicht in sich abgeschlossen und haben keinen internen Spannungsbogen. Die Tracks sind eine Art von kollektivem Eigentum, weil erst die DJs sie zum Leben erwecken, wenn sie damit im Club oder Studio arbeiten (Richard 1998). Dagegen bleibt in der traditionellen bildenden Kunst das Werk unangetastet das Maß der Dinge. Gegen die Infiltration von kollektiven Prozessen scheint das System Kunst resistent zu sein.

Autor und Werk als Abwehr des Kollektiven

Der Club ermöglicht den Übergang zur Bildenden Kunst, weil die alltagskulturelle Äußerung als Frischzellenkur in den Kunstbetrieb eingeführt wird. Eine neue künstlerische offene und prozessuale Praxis fern vom verkäuflichen Werk, die den Prozesscharakter in die Kunst einführt, etabliert sich jedoch nicht.

Die veränderten künstlerischen Strategien in der Netzkunst müssen vor dem Hintergrund der nicht netzbasierten Kunst betrachtet werden. Dort ist das Kollektiv keine vorherrschende Produktionsform. Es taucht als punktuelle Abgrenzungsmöglichkeit auf und kennzeichnet vor allem die Situation von jungen Künstlern, die noch nicht am Markt etabliert sind und sich in Ateliergemeinschaften als Zweckkollektiv zusammenschließen. Das Kollektive ist hier temporär angelegt, eine Phase, nach der die Wiederauferstehung der Figur des Künstlerindividuums erfolgt.

Rötzer (1991) geht davon aus, dass gemeinschaftliches kreatives Tun eine uneinlösbare Utopie darstellt. An dieser wird aber permanent gearbeitet, es gibt in der Geschichte der Kunst vor allem im 20. Jahrhundert viele Versuche (Vettese 1999: 36), den individuellen Autor auszuschalten, so im Bauhaus oder in den mehrhändigen Zeichnungen der Surrealisten, den »Cadavres Exquis«. Viele der Gruppenarbeiten sind an den systemischen Vorgaben gescheitert, z.B. die Gruppe Zero in Deutschland (zur Geschichte der Künstlergruppen siehe Vettese 1999: 36).

Netzkunst lässt sich aus mehreren Gründen schlecht in den Kunstbetrieb integrieren: Sie ist immateriell und prozessual, selten ein starres Produkt. Wenn dann noch die anonyme oder kollektive Produktion in den Vordergrund gestellt wird, läuft dies der kunsttheoretischen Erfassung und Kategorisierung und damit der Vermarktbarkeit zuwider. Anonymität ist als Prinzip zu unterscheiden von dem Agieren unter Pseudonym, das wieder zur Erzeugung einer neuen künstlerischen Marke führt. Daher sind Künstlerpaare und -duos (z.B. Abramovic Ulay, Eva und Adele) integrierte Erscheinungen. Sie durchbrechen das für das System Kunst absolut notwendige Prinzip der Benennung von Einzelkünstlern nicht, weil hier zwei Personen zu einem

Künstlerindividuum verschmelzen. Aufgrund der Warenförmigkeit künstlerischer Werke müssen aus dem Kollektiv nach dem Paradigma der genialischen Künstlerpersönlichkeit wieder Einzelne hervorgehoben werden. Foucaults Definition des Autors ist lückenlos auf die Figur des Künstlers übertragbar: Die Künstlerbiografie erklärt Werkmodifikationen in verschiedenen Phasen. Der Künstler stiftet den begrifflichen Rahmen, in dem das Werk als Einheit erscheint, er ist eine wiedererkennbare stilistische Einheit und stellt einen historischen Schnittpunkt dar, der die Geschehnisse zusammenbindet, die sich im Werk niederschlagen (Foucault 1988).

Die Postmoderne Diskussion reformuliert die Begriffe Autor und Werk unter den Bedingungen digitaler, vernetzter Medien. Rein strukturell kann das digitale Kunstwerk im Netz nicht mehr die »genetische« Kausalität der Präsenz des Künstlers fortführen (in Übertragung von Kleinschmidts Schilderung der Veränderung von Text im Netz; s. Kleinschmidt 1999: 5ff.). Kollektive Produktion und Autorenschaft werden mit dem Erscheinen der digitalen medialen Struktur des Hypertexts im Internet als neue Bedingungen für kreatives Arbeiten diskutiert (Landow 1992). Sie zeichnen sich durch das Zusammenwirken mehrerer Künstler aus und können sich auch in der Heterogenität des Produktes niederschlagen. Gleichzeitig beziehen sie auch explizit die Rezipienten als Produzenten mit ein, wie das nicht nur in der Netzkunst, sondern z.b. auch bei der Performance geschieht.

Die Autopoiesis der Kunst beruht immer noch auf dem Fundament des Werkes. Daher sind neben den unabgeschlossenen analogen Arbeiten (Performance) erst recht die virtuellen Ausprägungen nicht systemimmanent. Sie müssen durch Stillstellen (Fotos von der Performance, im Netz Speicherung eines Zustandes der Website) wieder in systemische Elemente überführt werden. Das Phänomen der Künstlergruppe lässt sich nur dann integrieren, wenn die Zuordnung von Einzelteilen möglich ist. Das Kollektiv *Neue Slowenische Kunst*, das auch das Internet als Plattform für seine Arbeit nutzt (http://www.kud-fp.si/nsk und dazu: Inke Arms/StrategienNSK www.v2.nl/nams/Texts/NSK) und sich an der Form des sozialistischen Kollektivs orientiert, wird vom System Kunst wieder in einzelne Elemente aufgelöst, z.B. steht für die Kunst Irwin, für die Musik Laibach.

Alles, was dem System Kunst zuwiderläuft, wird transformiert oder in ein anderes System verwiesen (Rötzer 1994). Die Netzkunst, die das Internet als Plattform für künstlerische Arbeiten nutzt, zeigt leider jetzt schon, dass sie auch nur einen punktuellen Bruch mit dem herkömmlichen Kunst- und Künstlerverständnis vollziehen kann. Im Moment werden Protagonisten der Netzkunst wie Vuk Cosic (http://www.ljudmila.org/~vuk) trotz ihrer Versuche, die Paradigmen der individuellen Produktion zu durchbrechen, wieder Teil des Systems. Die Ablehnung des Künstlerindividuums durch die Netzkunst bewirkt eine kurzzeitige Öffnung des

Kunstmarktes. Vielversprechender und schwerer zu integrieren sind die ästhetischen Ansätze des netzbasierten *politischen Aktivismus*.

Der Katalog »Kunst als Teamwork« geht sehr optimistisch von einer Bewegung vom Werk zum System aus, das durch Vernetzung Strukturen wie den Autor aushebelt. Mediale Technologien ermutigen neue kollektive Formen in der Kunst: Studio Acconci oder Atelier van Lieshout erproben jeweils als Kooperationen Arbeitsformen aus Industrie und Wissenschaft wie das Labor (Matt 1999: 6).

Der Konflikt der medialen reproduktiven Strukturen des Internets mit den autopoietischen Elementen der Kunst – Autor und Werk – kommt zwangsläufig auf. Auch das darauf aufbauende Prinzip des geistigen bzw. kreativen Eigentums (Copyright) wird im Netz durch Ansätze wie Copyleft und Plagiarism in Frage gestellt. Die Netzkunst aktualisiert gerade diese peripheren Praxen des Kunstbetriebes und stellt sie in den Mittelpunkt: Neben dem kollektiven Arbeiten (z.B. die Aktivistengruppe *rtmark*), sind es Appropriation und Kopie (Plagiarism), Anonymität und die Entwertung des Eigennamens, der als Plattforum für viele Künstler und Nicht-Künstler fungiert (Luther Blissett: www.lutherblissett.net). Damit führt sie Strategien des Surrealismus und des Situationismus weiter (http://www.complit.fu-berlin.de/insti tut/lehrpersonal/cramer.html). Ein im Internet arbeitendes artistisches Kollektiv verbindet die individuellen Talente für ein gemeinsames Projekt. Das System Kunst kann mit den kollektiven Werken nicht umgehen, weil sie sich dem ordnenden Zugriff des Blickes und damit vor allem der kategorisierenden kunstgeschichtlichen Sicherheit des Einordnens von Einzelkünstlern entziehen. Die Bestimmung, wer, was, wie gemacht hat, entfällt, da das Werk ständig im Fluss sein kann. Formen wie Plagiat, Kopie und ein Agieren unter einem Pseudonym als Verfahren der Netzkunst gelten als Störung, nicht nur der internen künstlerischen Ordnung. Die bisher freie Bewegung der KünstlerInnen im Netz, die sich noch nicht auf ein Kunstreservat beschränkt, ruft auch in anderen Systemen Irritationen hervor.

Strukturelle Modelle für die kollektive Arbeit: Offene Software (Open Source)

Die unsichtbaren technisch-medialen Strukturen wirken auf das Verhältnis von individueller und kollektiver Identität im Internet ein. Dabei müssen notwendige Softwarestandards, die die Kompatibilität zwischen den Einzelnutzern garantieren, unterschieden werden von der Bevormundung der Nutzer durch willkürliche ökonomische Standards, wie den Protected Mode von Intel (vgl. Kittler 1993: 208ff.).

Dass Software für die Kommunikation, die Versendung von Daten und die Gestaltung standardisiert sein muss, bedarf keiner näheren Erläuterung. Es gilt jedoch, zwei Formen von Software zu unterscheiden: *Open Source* (offener Quellcode) steht für freie Zugänglichkeit und die Freiheit von Patenten auf der Basis von verabredeten Standards. Diese sind öffentliches, kollektives Eigentum, gleichzeitig aber individualisierbar und schließen eine ökonomische Nutzung nicht aus. Dagegen ist *Protected Mode* ein erzwungener Standard, der den NutzerInnen, den Quellcode von Software und damit die Möglichkeit zur individuellen Veränderung vorenthält.

Den Open Source Gedanken verkörpert beispielhaft das offene Betriebssystem LINUX. Diese Art von Programmen legt ihren Quellcode offen, die Benutzer können damit arbeiten unter der Bedingung, dass auch sie ihren weiterentwickelten Code veröffentlichen. Open Source ist ein Ansatz, der von einer gemeinnützigen kollektiven Nutzung einer Vorlage ausgeht. Die Veröffentlichung von Codes und die Möglichkeit der individuellen Modifizierung durchbrechen das Prinzip der geschlossenen Standardisierung von Software (Microsoft). Die Programmierer von DeCSS, einem Decodierungsprogramm für den DVD Standard, veröffentlichen nach legalen Schwierigkeiten den Code auf T-Shirts (www.deplay.com), um das Monopol der Unsichtbarkeit zu durchbrechen.

Weitere offene Software-Modelle, die Hierarchien in der Architektur von Netzwerken wie das Client- Server- System umgehen, sind sogenannte P2P (peer-to-peer) Anwendungen wie Imesh oder Gnutella, die über eigene Ports verfügen und damit nicht zentral abschaltbar sind. Sie erlauben es den Nutzern, ohne zwischengeschaltete Elemente wie Server, Daten zwischen Computern auf gleicher Ebene auszutauschen. Jeder Rechner wird zum Server.

»Die Frage ist, ob man ein Netz konstruieren kann, das frei von Kreuzungen, Verteilern und Schnittpunkten wäre, an denen sich Parasiten niederlassen. Wo jedes beliebige Element mit jedem anderen in Beziehung treten könnte, ohne auf einen Vermittler angewiesen zu sein. Es gilt entschieden, eine Philosophie ohne Verteiler zu schreiben« (Serres 1987: 37).

Der Begriff P2P zeigt mit »Peer« (gleichrangig, aber auch gleichaltrig), dass es sich im Ursprung um eine jugendspezifische Nische der Mediennutzung handelt, die keiner wirtschaftlichen Zweckrationalität folgt. Die kollektiven Tauschpraxen geraten in Konflikt mit der ökonomischen Struktur (»Hometaping is killing Music«). Die kollektive Vervielfältigung von symbolischem Kapital in Form des Austausches von Musik ist in Jugendkulturen eine gängige Praxis, die aus finanziellen Gründen Setzungen wie das Copyright unterläuft. Schon immer ist der Austausch von musikalischen Daten über verschiedene Reproduktions- und Speichermedien praktiziert worden: vom Tonband über Audiokassetten bis hin zu Napster, das nun fest in den ökonomischen Kreislauf integriert ist. Kopieren, Teilen und Tauschen ist ein gemeinsames Charakteristikum von offline Peer-groups und Online-Communitys, die damit in Opposition zu ökonomischen Gesetzen geraten. Die westliche Gesellschaftsordnung geht davon aus, dass Kreativität und Wissen immer klar auf ein Individuum, einen Autor oder Urheber rückführbar sein müssen und ein Werk erzeugen (vgl. Foucault 1988). Die in den westlichen kapitalistischen Gesellschaften negative Einschätzung des kollektiven Eigentums drückt sich besonders unmissverständlich in Copyright und Patenten aus. Das Patentieren ist die Festschreibung eines Codes und die Privatisierung der darin enthaltenen Informationen. Diese so erzeugten geschlossenen Codes entziehen der gegenwärtigen Gesellschaft eine der wichtigsten Ressourcen: Information (Spiegel Heft 30, 24.7.2000). Binäre Programmcodes können laut EU Gesetzgebung für zwanzig Jahre vergeben werden (Beispiele: British Telekom versuchte, sich den Hyperlink patentieren zu lassen, Amazon besitzt das Patent auf den One-click Einkauf: Rötzer 1999). Privates geistiges Eigentum hat damit das Potenzial zur Veränderung kollektiver Strukturen.

2. Kollektive im Netz

Die Mythen des Cyberspace besagen, dass es sich um ein freies und endloses virtuelles Territorium handelt. Wie Freyermuth 1996 in »Cyberland« an verschiedenen Persönlichkeiten darstellt, verbindet die amerikanische Computerelite der *digerati* mit der Metapher des Wilden Westens für das Internet die Hoffnung, dass alle Möglichkeiten zur individuellen Besiedlung offenstehen. Der New Frontier-Gedanke setzt auf die waghalsigen Pioniere mit neuen demokratischen und ökonomischen Maßstäben. Jeder soll das Recht haben, sich zu äußern, »free speech« und Handel zu treiben; niemand werde ausgeschlossen, so die Utopie. Das Problem liegt in der Grundlegung der Prinzipien des freien Markts. Dieser ergreift nun Besitz von dem einst so freien und unparzellierten Cyberspace. Instanzen versuchen unter neuer Bezeichnung die kulturelle Grammatik der materiellen Realität zu implementieren (Blissett/Brünzels 1998). Der virtuelle Raum wird einer Parzellierung auf der Grundlage von Domains unterworfen, in der alles seinen festgelegten Platz hat.

Die für alle mögliche unkontrollierte Besiedlung des immateriellen Raumes ist damit Vergangenheit. Der virtuelle Wilde Westen wird mit dem Argument seiner Zivilisierung und Befriedung kommerzialisiert. Die temporären autonomen Zonen

(Bey 1991) müssen ausgelöscht werden, um die Sicherheit des Handels zu garantieren. Die Argumentation für eine Reglementierung rekurriert auf die Feststellung des Vorkommens von Gesetzlosigkeiten wie Cybersquatting, Vandalismus, Hacking und Pornografie, InfoWar und Cyberterrorismus (s. verschiedene Stellungnahmen der EU 2000/2001), seit einiger Zeit auch rechtsradikalen Umtrieben. Eine immaterielle Struktur wird zum Sündenbock für den Inhalt erhoben, um diesen kontrollieren zu können, oder dient der Legitimation des gewalttätigen Vorgehens der Exekutive des Neoliberalismus in Genua bei den Protesten gegen den G8 Gipfel, um die schwer greifbare Bedrohung durch autonome Kommunikationsformen in eine konkrete umzuwandeln: Das Netz wird als die immaterielle Stütze des Schwarzen Blocks angenommen.

Auch im Netz gelten die Spielregeln der Realität und ihrer längst immateriellen Märkte. Das WWW wird wie der SONY public space in New York: ein pseudoöffentlicher Raum, wie eine Shopping Mall. Das Hausrecht der Corporation reguliert einen Teil des öffentlichen Raumes, der de facto zum privaten wird, da er von einer privaten Exekutive und Legislative kontrolliert wird. Die Verbindung der Utopie einer freien elektronischen Gesellschaft, gekoppelt mit den Prinzipien des freien Marktes, kann also nicht funktionieren. Das Wilde Netz mutiert zum elektronischen Handelsplatz, auf dem den bunten Ureinwohnern Reservate zugewiesen werden, die die kommerzielle Ordnung nicht tangieren: Die Kunst soll sich z.B. innerhalb ihrer Ländergrenzen (Länderkennung) bewegen und auf der ihr angestammten sozialen Spielwiese. Sobald sie sich dort herausbewegt in die Welt der dot.coms, schlagen die Juristen zu (s. Richard 2001, die zur ausführlichen Schilderung der Domainstreitigkeit im Fall der Künstler etoy, die zu »toywar« in und außerhalb des Netzes führt).

Die zentrale Instanz, die alle IP-Adressen eines jeden vernetzten Rechners auf der Welt verwaltet, ist die amerikanische Firma Network Solutions (NETSOL). NetSol ist von Pentagon und NSA (National Security Agency) beauftragt. Sie kontrolliert als grundlegende Einrichtung den Betrieb der Internets durch die weltweite Erkennung der Nameserver, die über die Existenz im Internet bestimmen und über die Einrichtung der Topleveldomains.

NetSol besitzt die höchste Hierarchie-Ebene, den Root Server A. Dieser Hauptserver verteilt die Daten auf Server, wovon sich nur drei außerhalb der USA befinden. Der DNS (Domain Name System) Entry, Eintrag in die Adressenverwaltung, ist auf einem zentralen Server gespeichert. Seit 1996 wird der Cyberspace nach Verwendungszweck in Domains parzelliert und mit unterschiedlichen Rechten ausgestattet, also hierarchisiert. Die Politik der US Instanz NetSol heißt Ressourcenverknappung. Die Anzahl der IP Adressen verringert sich, zur Erweiterung und funktionalen Entflechtung schlägt US Verbraucherschützer Ralph Nader domains wie isnotfair oder complaints vor, wo die Leute Firmen anschwärzen können (im Gegensatz dazu s. sucks.com, Rötzer 2000). Dies ist eine Lösung, die mit Redefreiheit nichts mehr zu tun hat. Damit sind alle Ärgernisse an einem Ort versammelt und nur dort dürfen sie geäußert werden. Sie würden den Geldfluss und den normalen Geschäftsverkehr nicht stören, man kann sie ignorieren, ein Traum des E-Commerce.

Neben der amerikanischen Instanz NetSol sind die USA in Gesetzgebung, Verwaltung und der ökonomischen Eroberung des Cyberspace federführend. Sie beanspruchen zwei TLDs, .gov und .mil für sich und juristisch gehen von hier alle Initiativen aus, die vor allem für Künstler gefährlich werden können. Mit dem »Satellite Viewers Act« hat der US Senat mit Unterstützung der Motion Picture Association of America (MPAA) Anfang November 1999 Verordnungen gegen das »Cybersquatting« genehmigt. Inhaber eingetragener US Warenzeichen können in Streitfällen um .com, .org, .net die Beklagten in den Vereinigten Staaten vor Gericht bringen. Sie können diejenigen Personen, von denen sie behaupten, dass diese den Namen in der Absicht registriert haben, ihn weiterzuverkaufen, das Warenzeichen zu verletzen oder Konsumenten in Hinblick auf die Tatsache zu verwirren, auf bis zu $100.000 Schadenersatz verklagen.

Auch das angeblich neutrale ICANN ist eine von der US-Regierung eingesetzte internationale Organisation (auf dem Papier), die Streitfälle um Domainnamen regeln und nun auch als offizielle Internet-Regierung fungiert. Am 26. August 1999 verfügte ICANN die »Uniform Dispute Resolution Policy«. Diese formuliert das Vergehen des Cybersquatting folgendermaßen: »(i) ihr Domainname ist identisch mit oder einem Waren- oder Servicezeichen verwirrend ähnlich, auf das der Kläger Anspruch hat; und (ii) sie haben keine Rechte oder legitimen Interessen in Bezug auf den Domainnamen; und (iii) ihr Domainname wurde arglistig registriert und benutzt«. Gegen die »Verwirrung der Konsumenten im Hinblick auf die Betreiber der Website« und eine »Verwässerung von Warenzeichen«, d.h. die Schwächung einer Markenidentität durch verwirrende Botschaften, kann nun vorgegangen werden. Die Vieldeutigkeit dieser Begriffe begünstigt die Markennamen und ihren juristischen Apparat und bringt diesen einträgliche Nebeneinnahmen. Damit wird das Squatting instrumentalisiert und es steht ein hervorragendes juristisches Instrument zur Verfügung, um politisch-ökonomisch missliebige Strategien auszuschalten. Man kann so gegen die sogenannten Fakesites von Künstlerkollektiven wie den Aktivisten rtmark (www.rtmark.com) vorgehen. Diese parodieren die Websites wie z.B. die von George W. Bush und der WTO.

Die Begriffe der Verstöße gegen die Neue Ordnung des E-Commerce sind der Realität entlehnt. Squatting, Vigilance, Vandalismus, Terrorismus und Webgraffiti sind die Schlagworte für die »drohende Gefahr«. Die Vergehen werden wie in der Realität schwerer geahndet als körperliche Gewalt, da das Antasten von ökonomischem Besitz auch im Falle von abstrakten Eigentümern und virtuellen kollektiven Körpern wie Marken als ein Hauptverbrechen westlicher Gesellschaften gilt.

Im Web hat der Name einer Marke mehr Wert als geistiges und visuelles Eigentum, sie konstituiert etwas Subjekthaftes, ein Individuum. Man könnte fast glauben, man trete in ein magisches Zeitalter ein, in dem die Nennung eines Namens direkte Auswirkungen auf die Realität hat. Der Eigenname gilt hier wie bei einer Verfassung als Gründungstext (Derrida/Kittler 2000: 19). Für die Markennamen der Corporations trifft besonders Derridas Charakterisierung eines Namens ohne existenten Träger zu: Er ist a priori ohne den Mehrwert des Lebendigen ein Totenname, eine vom Text getilgte Maske. Die Entstehungsgeschichte dieser Eigennamen erläutert er am Beispiel des Hutmachers, dessen Ladenschild: *John Thompson, hatter, makes and sells hats for ready money* sich auf das Icon eines Hutes und den Eigennamen reduziert (Derrida/Kittler 2000: 18, 25f.).

Der Name im Web, also die URL, die Adresse der Website, also die Bezeichnung für einen Ort, ist mehr als nur der Name: Er hat performative Eigenschaften. Für die Netzkunst ist die URL der Kern der Produktion und des Konzepts:

> »one simple way to prove that an artwork is an original is the URL in the location bar. It is included as an important part of the performance of the artwork. One can copy HTML code and images of a simple Net project, but the URL can't be doubled […] if both sides agree that art work can move to another server. The new address announces as the only one where the original can be found. Others are copies which are used illegally, or are fakes« (Olia Lialina, Interview Telepolis mit Olia Lialina zur Bedeutung der URL als Signatur als Siegel für das Original, zit. nach Baumgärtel 1998).

Die beschriebenen Vorgänge zeigen, dass der immaterielle Cyberspace keineswegs ein entleerter Unort ist, sondern dass sich hier neuartige Topografien gebildet haben, in denen die einstigen Pioniere zu Vogelfreien gegenüber den Rechtskanzleien der großen Firmen geworden sind. NetSol verhält sich dabei wie ein virtuelles Einwohnermeldeamt, es kann Zuwanderer ablehnen und unbequeme Mieter rauswerfen. Der Verlust einer mühsam etablierten Domain mit vielen hits pro Tag ist wie das Herauskatapultieren einer kleinen ausgefallenen Boutique von einer Hauptgeschäftsstrasse einer Metropole in die Seitenstraße eines Dorfes.

Die oben geschilderten Strukturen wollen die Kontrolle über das Wort, den Namen und sein phonetisches und etymologisches Umfeld. Im virtuellen Namensraum dient der kalkulierte Tippfehler der Steigerung des Umsatzes. Die ersten kommerziellen Großgrundbesitzer, die Pornoanbieter, setzen dies zum ersten Mal um, indem sie um den Buchstabenkern großer Markennamen ein von ihnen registriertes Fehlerimperium konstruieren. Beim Vertippen in den Suchmaschinen landeten die Vertipper automatisch bei den Sexanbietern. Aus dieser Strategie entwickelt sich das kommerzielle Cybersquatting, das kalkuliert Namen und Namensähnlichkeit für den Weiterverkauf besetzt.

Im Netz findet die unsichtbare Exekution einer strukturellen Macht statt, die die abstrakten Ordnungen, wie z.b. die juristische, aus der Realität in das WWW überträgt, um neue ökonomisch motivierte Mechanismen der Ausgrenzung zu entwickeln. Diese funktionieren nach dem gleichen Prinzip, wie es Foucault dargelegt hat (Foucault 1974, 1977). Im Internet schlägt die »kulturelle Grammatik« der Realität durch: Wer spricht, wer darf sprechen (Blissett/Brünzels 1998: 25f.) und in welchem Raum darf das Wort ergriffen werden? Noch ein entscheidender neuer Faktor tritt hinzu: Wie ist der Name der Person, der Entität, die spricht und eine html Spur hinterlässt?

»Wer unterzeichnet und mit welchem vorgeblich eigenen Namen?« formuliert es Derrida/Kittler (2000: 10). Die kulturelle Grammatik bleibt in den virtuellen Welten wie in der Realität unsichtbar und implementiert Ordnungen, die zur Selbstverständlichkeit werden. Die hier zum Tragen kommende abstrakte immaterielle Form der Machtausübung zielt in anderer Form auf Diskursverknappung (Foucault 1974). Sie trifft insbesondere die textbasierten Strukturen des Internets, in denen ein wesentliches Prinzip der Machtausübung die Kontrolle des Namens in der Beherrschung der Adresse, der URL und ihrer Nachbarschaft ist.

Deshalb sprechen im Netz, insbesondere in der Netzkunst, einzelne Personen mit vielen Namen, z.B. über unzählige email accounts: Nechtova Nezanova, Frederic Madre, antiorp, integer und mindfukc. Sie erproben Formen einer textuellen Mailinglisten-Hydra (Frederic Madre: www.pleine-peau.com, e-mail fmadre@wanadoo.fr, Nechtova Nezvanova: http://eusocial.com/nebula.m81 und http://www.studioxx. org/maid2001/e/even/artists/netoch/netoch.html und antiorp: http://www. m9ndfukc.org), die sich nicht beherrschen lässt. Ob es ein Konzept der multiplen Namen für eine Person oder eine Gruppe ist, bleibt unklar und verunsichert Abonnenten und Moderatoren von Mailinglisten massiv. Diese künstlerischen Störungsstrategien dringen in Infokollektive wie Mailinglisten ein, die wichtige Garanten für die Teilnahme an bestimmten Online Welten sind. Die Spammer (ihre Mails erscheinen als bedeutungslose Nachrichten) attackieren vor allem Infoposer, die diese Mailinglisten verstopfen, indem sie deren Postings durch eine Art von Maschinensprache verändern, kritisieren oder die Verursacher beschimpfen.

Eine andere Strategie ist, dass ein Name für viele Personen steht, wie z.B. Luther Blissett. Die Unsicherheit des kollektiven Namens oder eines multiplen Namens führt nicht nur im Netz zu Kollisionen mit gesellschaftlichen Strukturen.

3. Aktivisten und Artisten-Kollektive: Störungen im Informationsfluss

Die erste wichtige Unterscheidung für eine Praxis im Netz, die in die zugrunde liegenden Strukturen eingreift, ist die zwischen Hacking – als individuelle Praxis für persönlichen Ruhm – und Hacktivism. Hacker, Cracker und Skript Kiddies dringen aus ökonomischen Gründen in andere Rechner ein oder um eine männliche pubertäre Duftmarke (Webgraffiti) zu setzen oder um zu zerstören, wie bei der Denial of Service Attacke auf Yahoo von Hacker Mixter (Drösser 2000). Sie bleiben dabei anonym. Der kürzlich verstorbene CCC-Pionier Wau Holland hat dagegen angekämpft. Er sah als wichtigste Aufgabe für die Zukunft die Vermittlung einer Hackerethik an die Kids. Dagegen dient Hacktivism einem kollektiven Ziel und stellt die persönlichen Skills für eine bestimmte Aktion zur Verfügung, so z.B. beim Electronic Disturbance Theater (EDT). Die Hacktivisten geben ihren Namen bekannt oder agieren unter einem nachvollziehbaren Pseudonym.

Hacktivism ist die Art von Hackertum, das auch künstlerische Aktivisten durchführen und mit »reflexive hacking« bezeichnen. Den Aktivisten geht es um angekündigte Aktionen von begrenzter Dauer mit symbolischem Charakter: Störung, nicht Zerstörung, ist das Ziel. Das Floodnet-Programm von EDT (der Code des Programms für die Unterstützung von etoy ist veröffentlicht, s. Richard 2001) blockiert, indem es von vielen unterschiedlichen Terminals aus gemeinsam eine Webseite aufruft. Eine Website wird schneller angefordert, als sie sich aufbauen kann und der Server erhält permanent eine Rückmeldung der Überflüssigkeit der sich aufbauenden Seite und gleichzeitig die neue Anforderung zum Aufbau. Skripte, die auf dem eigenen Rechner oder auf zwischengeschalteten Servern laufen, automatisieren diesen Prozess und ab einer gewissen Menge der Abfragen von Einzelrechnern wird der attackierte Server immer langsamer. Dies bezeichnet man als *Denial of Service Attack* (DoS), die auch im Zusammenhang mit der im Juni 2001 laufenden Online-Demo gegen Abschiebepraxis der Lufthansa, Aktion *Lufthansa Deportation Class*, durchgeführt wurde. DoS wird in virtuelles Sit-in übersetzt, da die generelle Notwendigkeit besteht, Metaphern für im Hintergrund ablaufende bildlose Programmroutinen zu finden.

Zuletzt wurde ein Javascript als symbolischer Protest gegen den Tod von Carlo Guiliani gegen die G8 Website eingesetzt (www.thing.net/~rdom/ecd/NoG8/No

G8.htm). Der vernetzte Widerstand gegen die Globalisierung wird über das WWW koordiniert und über Mobilfunk lokal organisiert. Ein gelungenes Beispiel ist die »battle of Seattle«, der Protest gegen die World Trade Organisation (WTO), die eine Plattforum für unterschiedlichste Positionen des Unmuts bot, sowie auch die webkoordinierten Aktionen gegen die IWF-Tagung in Prag und den Gipfel in Göteborg (2001).

»Think globally act locally« und »may your resistance be as transnational as capital« (FR, 5. Februar 2000: M 11): Aktionen werden auch gleichzeitig an verschiedenen Orten ausgeführt (Blockade von Großkonzernen oder, im Falle der Lufthansa-Aktion, eine Kombination von Auftritten auf der Aktionärshauptversammlung, eine Gedenktafel am Flughafen Frankfurt und der Online Demo). Diese Mischung aus netzbasierten, mobilen, drahtlosen Kommunikationsmedien und traditionellen aktivistischen Formen macht die sogenannten Task Force Communitys als momenthaft solidarische heterogene Gemeinschaften aus.

Organisationen wie Ruckus Society mit ihrem »direct action network« (damn.tao.ca, Continental Direct Action Network www.directactionnetwork.org) sowie die österreichischen Bewegungen gegen die schwarzblaue Regierung oder indymedia http://de.indymedia.org) bündeln den Widerstand und, was noch wichtiger ist, sie starten mediale Gegenoffensiven: Fotografen und Videofilmer dokumentieren Polizeiübergriffe und stellen diese ins Netz. Die alternativen autonomen Medien berichten meist sofort (z.b. über streaming media) oder nur mit geringer Verzögerung, also beinahe in Echtzeit von den Brennpunkten. Während der blutigen Schlachten in Genua im Juli 2001 gibt es auf Mailinglisten wie nettime und Rohrpost stündlich Meldungen über verletzte Demonstranten und indymedia veröffentlicht sofort Bildmaterial.

Obwohl die Initialzündung der Aktionen vom Netz aus erfolgt, sind Öffentlichkeit und mediale Aufmerksamkeit durch die enge Verzahnung mit den traditionellen Printmedien und TV unerlässlich für die Wirksamkeit der Aktionen. Ein gutes Beispiel dafür ist der Digitale Zapatismus, der eine zum Schweigen gebrachte Minderheiten in Chiapas, Mexiko, unterstützt und zu Gehör bringt. Im Konflikt der Maya-Bauern mit der mexikanischen Regierung benutzen die Zapatisten um den Universitätsprofessor Subcommandante Marcos 1994 erstmals Cyber- bzw. InfoWar-Taktiken (Desinformation und DoS Attacken) für die Propaganda. Außerdem bekommen Menschen in Chiapas von den Zapatisten Kameras, um Übergriffe von Polizei und Militär zu dokumentieren und die Täter zu identifizieren. Aufrufe und Bilder im Internet mobilisieren NGOs (Non Governmental Organisations) in den USA, Kanada und Mexiko gegen die mexikanische Regierung. Als die Regierung Rebellen umstellt, starten die Zapatisten die Desinformationskampagne mit dem Tenor, die Rebellen hätten Dörfer erobert. Hier zeigt sich eine neue Form des Cybercombat (John Arquilla, West Point Academy), in dem es darauf ankommt, welche Geschichte gewinnt.

Aus Solidarität mit dem Kampf im mexikanischen Chiapas wird das Floodnet-Programm zum ersten Mal aktiviert. Floodnet, von Stephen Wray, Ricardo Dominguez und Bret Stahlbaum geschrieben, ist ein wesentliches Tool des Electronic Disturbance Theatre. EDT schreiben die virtuellen sit-in tools auf der Basis von Javascripts. Ihr Floodnet gegen mexikanische Regierung hatte 600.000 hits in der Minute. Am 9. September 1998 starten EDT im Rahmen des Medienkunstfestivals *Ars Electronica* in Linz eine dreifache Floodnet- Attacke: auf Rechner des Pentagons, der mexikanischen Regierung und die Frankfurter Börse. Das US Department of Defense antwortet mit einem »hostile« java applet und setzt die Rechner der Demonstrierenden außer Gefecht. EDT erwägen, aufgrund von § 1878 *Posse Comitans* dagegen zu klagen, einer Bestimmung, die verbietet, militärische Mittel für innere Angelegenheiten anzuwenden.

> »In the same way that the Pentagon is not allowed to use B-52s against New York City, they may also not be allowed to use offensive information war tactics against civilians« (Dominguez, E-Mail Interview mit der Verfasserin, September 2000).

Der US-Geheimdienst beschäftigt sich mit EDT, den Zapatisten und ihren InfoWeapons. EDT-Aktionen bewegen sich im Rahmen der Legalität. Das Agieren mit dem Eigennamen zeigt, dass es sich nicht um Cyberterrorismus handelt, so werden die Aktionen nicht gesetzlich geahndet. EDTs Ziel ist es, sich gegenüber dem Militär- und Unterhaltungskomplex Gehör zu verschaffen. Sie erproben Formen des »cyber civil disobedience« und benutzen hierbei auch Mittel der Performance und des Theaters. Diesem Protest stehen militärische Systeme wie die NSA, die EDT sogar eingeladen hatten, um ihre Kampfstrategien zu studieren, ratlos gegenüber.

EDT bevorzugen für ihre Internet-Aktionen Swarms von lose verbundenen Hacktivisten, die zuschlagen und sich dann im Cyberspace zerstreuen. Die Plattform gibt keinen Aufschluss über die, die den Schlag ausführen:

> »we are not into blowing people up or hacking sites, we just want to create a small force field that will disturb the pace of power« (Ricardo Dominguez).

Der Schwarm verursacht vorübergehend ein kleines Kräftefeld und ist damit eine spezielle offene Ausformung der Task Force Community. Electronic Disturbance

Theatres haben die Störung eines reglementierten Informationsflusses in den Mittelpunkt ihrer Aktionen gestellt.

Netz-Kunst Kollektive. Neben den politisch motivierten Netzaktivisten entwickelt auch die Netzkunst offene kollektive Arbeitsansätze. Zwischen beiden Gruppierungen gibt es eine Schnittmenge, da netzaktivistische Aktionen auch der ästhetischen Aufbereitung bedürfen. Die Netzkünstler vergrößern in dem Moment ihre Reichweite, indem sie auch in anderen gesellschaftlichen Feldern agieren.

Im *Handbuch der Kommunikationsguerilla* (1998) finden sich die gemeinsamen Verfahren von Aktivisten und Artisten, die im Netz Belebung erfahren: Camouflage, subversive Affirmation, Überidentifizierung, Entwendung und Umdeutung, Fake und Fälschung bzw. Verdopplung.

Die Netzkunst, die sich als eine »Open Source Kunst« versteht, löst sich vom traditionellen Konstrukt des »genialisch schöpfenden Individuums«, dem Künstler. Sie ermutigt zur gemeinsamen Arbeit (Olia Lialina, http://www.teleportacia.org/olia.html, http://student.merz-akademie.de/alink) stellt Material, Ergebnisse, Tools und generelle Strategien zur weiteren Bearbeitung zur Verfügung. Im Internet manifestiert sich die medienspezifische künstlerische Subversion in der direkten Veränderung oder Verdopplung von Codes, in transformierten Skripts und Interfaces, wie z.B. bei den Netzkünstlern jodi.org. Die beliebten Verdopplungsstrategien der Fake-Websites (s. http://rtmark.com/bush.html und http://GWBush.com) basieren auf der optischen Verdopplung einer Website, z.B. des politischen Gegners. Die verdoppelte Seite scheint auf den ersten Blick identisch, es soll zu einer Verwechslung kommen. Dies kommt durch die minimale Veränderung des so genannten »source codes« zustande, des Quellcodes, der jeder Internetseite zugrunde liegt. Der optische Gesamteindruck bleibt gleich, nur der Inhalt wird durch geringfügige Eingriffe, wie das Austauschen von einzelnen Wörtern, in sein Gegenteil verkehrt.

Die geschilderten Strategien bedeuten auf der Ebene der Kunst Sabotage von systemeigenen Elementen, die die Netzkunst zunächst zu einer nicht zu integrierenden, ästhetischen Erscheinung machen. Auch außerhalb des Netzes haben sich künstlerische Verfahren wie Plagiarism, als Strategie schon empfohlen von Lautreamont, Oskar Wilde, T.S. Eliot, Ende der 80er Jahre von den New Plagiarists (z.B. Graham Harwood), nicht durchgesetzt.

Daneben beschert die Netzkunst der Kunst weitere kollektive Elemente: künstlerische Corporations, die weltweit vernetzt nach dem Vorbild der globalen Konzerne arbeiten. Sie nutzen einen Vorteil der kollektiven Identität, die Anonymität der Einzelcharaktere (wie z.B. bei der etoy www.etoy.com und rtmark corporation www.rtmark.com). Die Referenzen der Netzkünstler – erstgenannte bezeichnen sich selbst als »art virus«, letztgenannte als Aktivisten – liegen im Business und in den virtuellen Codes des internationalen Aktienhandels. Die Verweise auf eine konforme Businessidentität sind sowohl im Web als auch beim Auftritt der Gruppen im Real Life zu finden. Die etoy Corporation visualisiert Kollektivität in ihrer Corporate Identity auf unterschiedlichen Ebenen (Corporate Wear und Website). Der Transfer von Oberflächen des Business ist auch ein Ausbruch aus dem System Kunst, da die scheinbare Angepasstheit an die Ökonomie nicht dem Rollenverständnis des Künstlers entspricht. Das Erscheinungsbild der Agenten legt den Gedanken an ein negatives, ent-individualisiertes Kollektiv nahe. Die Anonymität hat neben der konzeptuellen Bedeutung auch eine handfeste Schutzfunktion bei Aktionen, da die Agenten schwer zu unterscheiden sind. etoy erzeugen mit ihrer CI einen kollektiven Körper. Dieser virtuelle Körper war in der Lage, außerhalb des sicheren Terrains der Kunst punktuell ökonomischer und juristischer Gewalt zu widerstehen: im Fall toywar, in dem etoy von einer mittlerweile von der Bildfläche verschwundenen Online-Spielzeugfirma eToys juristisch wegen der fast vollständigen Namensgleichheit der Domain belangt wurden und die Künstler gewannen (www.toywar.com). Der kollektive Ansatz von etoy ist nur punktuell offen für eine größere Gemeinschaft wie bei solidarischen Aktionen im Rahmen von toywar, an denen eine große Internet-Gemeinde beteiligt war. Sonst verschließt sich die CI-bestimmte Struktur. Das Kollektiv ist eher elitär strukturiert und fungiert als neue Marke auf dem Kunstmarkt. Daher hat dieses Kollektiv keinen generellen Modellcharakter für zukünftige Gemeinschaften.

4. Kollektive, neue soziale Zusammenschlüsse im Netz?

Konstituierendes Merkmal für ein positiv definiertes Kollektiv ist die gleichberechtigte Partizipation, die zunächst niemanden ausschließt. Individualität und Egalität spielen zusammen. Das permanente Wechselspiel zwischen persönlichen Skills und schützender, sinnstiftender Gemeinschaft ist entscheidend für einen kollektiven Ansatz in den verschiedenen diskutierten Bereichen. Die Offenheit ist nicht als Unverbindlichkeit misszuverstehen, die den Internet-Gemeinschaften generell unterstellt wird. Der Access, der Zugang, zu bestimmten Communitys ist oft geregelt durch Minimalanforderungen wie Anmeldung. Dies ist notwendig, um die Unverbindlichkeit zu nehmen und enthält nur einen Hauch von sozialer Verpflichtung. Damit ist auch der Unterschied zu elitären Kollektiven formuliert. Andererseits sind die Temporalität des Zusammenschlusses und das Prozessuale, die eine feste einengende Struktur verhindern, wichtige Elemente.

Merkmale für die kollektive Arbeit an einem Projekt sind das parallele simultane Agieren an einer offenen Werkstruktur und die Beibehaltung der Multiperspektivität, die bedingt, dass die Unterschiede nicht wieder unter ein Konzept gezwungen werden. Wichtig ist, dass eigene individuelle Einträge in das System möglich sind, die auch berücksichtigt werden und im Prozess etwas bewirken. Die Kollektive im Netz bevorzugen statt Produkten Projekte, die reale und virtuelle Erfahrungsräume öffnen oder die eigenen Produktionsbedingungen und ihre Kontexte befragen. Sie sind produzierende und bewegliche Einheiten, keine passiven Entitäten. Die Größe einer solchen Gemeinschaft ist ein entscheidender Faktor: Je unüberschaubarer und anonymer, desto je geringer ist die Möglichkeit, gemeinsam an einem Projekt zu arbeiten.

Partizipation statt Konsumtion, das unterscheidet die artistischen und aktivistischen kollektiven Ansätze von ihren kommerziellen Pendants. Die sogenannten Shopping Gemeinschaften wie z.b. Letsbuyit.com sind eher Zweckgemeinschaften als eine neue soziale Form des Miteinanders. Die soziale Effektivität der kollektiven Formen ist also kontextabhängig. Dabei kann man aber auch kommerziellen Angeboten nicht grundsätzlich eine gemeinschaftsbildende Funktion absprechen. Entscheidend ist die Offenlegung des Kontextes: Eine kommerzielle Spielumgebung lässt keinen Zweifel über die Art des Angebots, verhindert aber nicht, dass die Nutzer sich z.B. in Clans für das Multiplayer Deathmatch Quake treffen und eigene Strukturen ausbilden (siehe auch die Weiterentwicklung des Spiels *Creatures* in Richard/Klanten 1998).

Wichtig für das kollektive Arbeiten ist das Prinzip des Tauschs, das Freeriding ausschaltet, also das Mitnehmen von allem, was zur Verfügung steht (Rötzer 2000). Die Reziprozität des Austausches muss gewährleistet sein, sonst kommt es nicht zu einer solidarischen Kollektivbildung (vgl. Marcel Mauss 1984). Wenn die Strukturen zu groß und zu anonym werden, findet kein Austausch, sondern nur noch der Konsum von Daten statt.

Das zu Beginn angesprochene Offline-Konzept des Clubs kann durchaus als ein Modell für die Herausbildung von individueller Identität im Kollektiv und das Arbeiten an kollektiven (musikalischen) Speichern verstanden werden. Das Clubkonzept bietet einen Prototyp von minimal gesteuerter Kollektivität an, der auch in den Netzgemeinschaften wiederzufinden ist. Die Zugänglichkeit ist durch visuelle Kriterien des Styles geregelt. Bei den aktivistischen und artistischen Netzgemeinschaften erfolgt die Zugangskontrolle über Skills. Eine unsichtbare »Programmierer«-User-Hierarchie kann hier das Kollektiv regulieren. Kollektive können auch subtil »verordnete« Formen sein, die bestehende Hierarchien durch einen Anschein von Beteiligung verdecken. So kann auch die künstlerische Vorformatierung einer Community die Interaktion regeln und bestimmen, wie sich die Nutzerinnen einbringen dürfen, also den Rahmen vorgeben.

Netzkollektive sind eine punktuell zusammengeballte delokalisierte Masse, die sich immer wieder zerstreut. Netzkunst und -aktivismus erschaffen anonyme kollektive Körper, die die einzelnen Identitäten dahinter verschwinden lassen und somit schützen. Künstlerische Netzkollektive sind ein nicht-lokales Phänomen, ein Ausdruck der Supermoderne (Augé 1992). Diesem stehen andere kollektive Formen des Computerspiels gegenüber, die die virtuellen Körper nach einem vormodernen Prinzip des Clans oder Tribes (Maffesoli 1996) konstituieren. Die Multi-Player Computerspiele im Netz zeigen eine neue Qualität: Nicht mehr der Einzelkämpfer ist gefragt, sondern eine kollektive Abwehr gegnerischer Gewalt (siehe z.B. die Quake Clans). So sind auch Computerspiele bei aller Primitivität ein Einüben in ein gemeinsames Agieren. Die Fun Kollektive, die sich in online Multiplayer Netzwerken und LAN Party Communitys zusammenfinden, kombinieren lokale körperliche Präsenz im kleinen Kollektiv und delokale virtuelle Präsenz im Netzwerk eines globalen großen Kollektivs. Diese Konstellation erzeugt einen neuen kollektiven Zwischenraum, der weder rein virtuell noch materiell zu charakterisieren ist.

Der punktuelle Zusammenschluss ist eine neue unverbindliche, aber doch identitätsstiftende Gemeinschaftsform. Beim Computerspiel sind die Kollektive im Zusammenspiel erkennbar. Die Netzaktivisten und -artisten bevorzugen das unsichtbare Prinzip der kollektiven Störung und der Swarmbildung. Die scheinbare Entindividualisierung verstärkt die Effektivität des kollektiven Ansatzes, da individuelle Kompetenzen auf *einer* Plattform gebündelt werden.

Genua G8-Gipfel: Körperliche Präsenz als Reality Check für elektronische Kollektive. Im Netz funktionierten die Aktionen wie »toywar« von Künstler-Kollektiven und -Aktivisten gegen eine politische und ökonomische Bedrohung: Dort, wo der Kopf eines Individuums abgeschlagen wird, wuchsen sofort medusenähnlich neue kollektive Körper und Mitglieder aus der Netcommunity nach. Diese virtuellen Taktiken werden nun konfrontiert mit dem Risiko einer körperlichen Präsenz auf einer Demonstration im Real Life, wie beim G8-Gipfel. Es stellt die Interventionskraft von internetbasierten Kollektiven in Frage, die kurze Zeit nach dem etoy Sieg spürbar war. Trotz des gefeierten Sieges der Künstler über die Firma eTOYS, ist nicht erst nach den Analysen klar gewesen, dass hier nicht die geschickten elektronischen Taktiken des Netzkollektivs den Ausschlag gegeben haben, sondern die Dynamik des Aktienmarktes und die Schachzüge auf dem Gebiet des Juristischen.

Wirksamkeit und Funktion des kollektiven Electronic Civil Disobedience sollen angesichts dieser Tatsachen reflektiert werden. Die Ereignisse um den G8-Gipfel machen die Trennung von virtuellen, delokalisierten Kollektiven von der »Straße« klar: Die Berichterstattung über Mailinglisten und alternative Medien wie indymedia erzeugte einen simultanen Informationsfluss aus verschiedenen Perspektiven, der die Daheimgebliebenen über die brutalen Ereignisse informierte. Diese konnten aber an ihren Bildschirmen außer Solidaritätsbekundungen wenig ausrichten. Die InfoWar-Gegenmittel, die eingesetzt wurden, z.b. ein virtuelles Sit-in tool von EDT und ein Mailbot von Rolux, waren relativ verzweifelte Gegenmaßnahmen gegen die Wucht tötender Gewalt.

Im Juli 2001 während des G8-Gipfels – (http://www.genoa-g8.it/eng/index.html, http://g8.market2000.ca) zeigte sich in der Gewalt gegen das Genua Social Forum (http://www.genoa-g8.org/doc-ger.htm) in der Diaz Schule und das IMC (Indepedant Media Center) die Willkür staatlicher Autoritäten, die vor allem die Formierung von globalen freien Informationsflows über unabhängige Medien nicht zulassen wollten. Das Genua Social Forum hatte im Vorfeld des G8-Gipfels über EU-Recht, Reisefreiheit informiert, während des Gipfels wurden Rechtsbeistand, medizinische Versorgung angeboten. Es war eine Informationsquelle für friedliche Globalisierungsgegner. Das Medienzentrum und der unabhängige Radiosender GAP wurden so brutal gestürmt und die Demonstrierenden so lange unrechtmäßig festgehalten, dass selbst italienische Medien wie La Repubblica (www.repubblica.it/quotidiano/repubblica/20010726/esteri/04espi.html) die Geschehnisse auf der Grundlage von Aussagen aus internen Polizeikreisen »chilenische Verhältnisse« nannten und Amnesty International diese Fälle dokumentierte.

Eine staatliche neoliberalistische Gewalt duldet keinen Machtverlust, schon gar nicht, wenn sie von einem Medienmonopolisten geführt wird. Das erklärt die Heftigkeit des militärischen Vorgehens, die die Verbreitung unabhängiger Informationen über das Internet im Nachhinein regulieren will. Das Netz ist als Informations-, Kommunikations- und Koordinationsraum zur Bedrohung geworden, die man mit der Zerschlagung der Hardware und der Konfiszierung sämtlicher medialer Geräte (digitale Kameras, Minidisk Geräte) beenden will. Die G8 Exekutiven und die Globalisierungsgegner stehen auf unterschiedlichen digitalen Entwicklungsstufen. Die Starrheit von Datenbanken, die die Staatsfeinde als undifferenzierte feindliche Masse kategorisieren, korrespondiert mit der Starrheit der gepanzerten Polizisten. Daher sahen sich die über das Netz erzeugten kollektiven virtuellen Körper im Straßenraum verpanzerten den materiellen Körpern der männlichen Polizeimacht gegenüber, die den Informationsfrevel durch Abschirmung und Isolierung der kommunizierenden Körper bestraften.

Mit Gewalt kann der digitale Informationsfluss jedoch nicht gestoppt werden. Trotz der Isolation der Körper im Gefängnis Bolzaneta dringen die Informationen nach außen und erreichen auch die offiziellen Print- und TV-Medien, die wiederum die Politiker zum Handeln zwingen.

Die Task Force Communitys sind also in ihrer Kombination von Internet, mobiler Kommunikation und Präsenz auf der Straße kein völlig wirkungsloses Instrument. Sie tasten das Informationsmonopol der Macht an. Organisationen wie indymedia übertragen die Geschehnisse per live stream (siehe auch Videoaktivisten) und erzeugen so eine »minor Media« (»kleine Medien«)-Version von »Realität«. Sie machen einmal mehr bewusst, dass es nicht nur *eine* Realität gibt, schon gar nicht die eine, die von einem bestimmten Medium erzeugt worden ist.

Die Verlagerung von Gipfeln ins Virtuelle – G8 oder das IWF sollen zukünftig über Videoconferencing tagen – legt die Vermutung nahe, dass sie mit neuen InfoWar Taktiken einfacher virtuell zu bekämpfen sind. Globalisierungsgegner könnten sich zukünftig mit Cybertaktiken auf die Auseinandersetzungen mit der Polizei auf der Straße einstellen, indem sie vorher mit State of Emergency trainieren, einem demnächst erscheinenden Computerspiel, das die Situation von Seattle simuliert. Es ist aber eine gefährliche Illusion zu glauben, in dem Moment, in dem ein Training mit den gleichen Medien stattfindet – mit kommerziellen Computerspielen trainiert auch das Militär in den USA (Richard 1998) –, stelle sich eine Chancengleichheit der Task Force Community mit den staatlichen Exekutiven ein. Hier wird die falsche Ebene der Auseinandersetzung beschritten, die auch in der nächsten Konfrontation eine Strafe an den einzelnen Körpern und an der Hardware für den Verstoß gegen das Info-Monopol nach sich ziehen wird. Wenn die Maßnahmen der Überwachung und Eindämmung eines freien Informationsflusses nicht klappen, wird man immer wieder die einzelnen Körper um so härter strafen.

In allen hier aufgeführten Beispielen geht es um die Erschließung oder Verteidigung von öffentlichen kollektiven Räumen, in denen sich die Meinungs- und Namensfreiheit der Individuen entfalten kann. Das trifft sowohl auf die Künstler etoy und ihre Namensverteidigung im virtuellen Raum zu wie auf Globalisierungsgegner, die ihre mediale Fähigkeit zu Kommunikation und Koordination über das Netz in Bezug auf die Übertragbarkeit aus dem Netz auf die Straße überschätzt haben. Im Netz ist ein kollektiver Körper nicht so leicht besiegbar wie eine einzelne Person, die einer globalen ökonomischen Gewalt weichen muss.

Das Netz ist ein Labor für die Erprobung von kollektiven Alternativen, deren Realisierung aber an den Strukturen des politischen und ökonomischen Systems scheitern kann. Als ein alternatives Globalisierungsmodell gilt das Betriebssystem

LINUX (Der Spiegel 31/2001: 81). Dieses kollektive Open Source Modell wird sich allerdings nicht durchsetzen, solange Monopolisten Autor, Werk und Copyright in Kunst, Jugendkulturen, Software und Netz zementieren. Daher müssen die neuen Kollektive innerhalb und außerhalb des Netzes immer wieder die Frage stellen, »wer in welchem Raum sprechen darf«.

Da die Verbreitung der wichtigen Ressource Information nicht über die individuellen Körper ausgeschaltet werden kann, muss das Offenhalten der verschiedenen Kanäle für den Informationsfluss die wesentliche Politik der neuen Kollektive sein. Die Task Force Community mit ihrem Instant Messaging mittels drahtloser Kommunikation (Mobiltelefon), der Fluidity, d.h. Beweglichkeit der einzelnen Körper, und ihrem Zusammenwirken mit einer punktuellen virtuellen Gemeinschaft, die auch ästhetische Strategien benutzt, wird diese Aufgabe in Zukunft umsetzen.

Literatur

Augé, Marc (1992): Non-lieux. Introduction a une anthropologie de la modernité. Paris: Éditions du Seuil.
Baumgärtel, Tilman (1998): Internet Art Haute Couture. A Question of Price Art teleportacia. Telepolis 25.08.
Bey, Hakim (1991): T.A.Z. The Temporary autonomous Zone. Ontological anarchy, poetic terrorism. New York: B & T.
Blissett, Luther/Brünzels, Sonja (1998): Handbuch der Kommunikationsguerilla. Berlin: Assoziation A.
Copeland, Douglas (1996): Microserfs. London: Harper Perennial.
Dawkins, Richard (1999): The selfish gene. Oxford/New York: Oxford University Press.
Derrida, Jacques/Kittler, Friedrich (2000): Nietzsche – Politik des Eigennamens. Berlin: Merve.
Drösser, Christoph (2000): die Zeit, 17. Januar, S. 41.
Foucault, Michel (1974): Die Ordnung des Diskurses: Inauguralvorlesung am Collège de France, 2. Dez. 1970, München: Hanser.
Foucault, Michel (1977): Überwachen und Strafen. Die Geburt des Gefaengnisses, Frankfurt a.M.: Suhrkamp.
Foucault, Michel (1988): »Was ist ein Autor«. In: Foucault, Michel, Schriften zur Literatur. Frankfurt a.M.: Suhrkamp, S. 7 31. zuerst 1969.
Freyermuth, Gundolf S. (1996): Cyberland. Berlin: Rowohlt.
Grether, Reinhold (2000): Wie die Etoy-Kampagne geführt wurde. Telepolis, 09.02.
King, James J. (2000): Hütet Euch vor der UDRP. Hinweise für die Halter von Domain-Namen. Telepolis, 09.09.
Kittler, Friedrich (1993): Draculas Vermächtnis. Technische Schriften. Leipzig: Reclam.
Kleinschmidt, Erich (1999): Stilllegungen. Kulturtheoretische Überlegungen zur Auktorialität. In: Weimarer Beiträge. Heft 1, S. 5-14.
Knorr-Cetina, Karin (1999): Einblick in die immensen Kollaborationen der Hochenergiephysik. S. 24-31.
Landow, George P. (1992): Hypertext. The Convergence of Contemporary Critical Theory and Technology. Baltimore/London: Johns Hopkins University Press, S. 71-100.
Lessard, Bill/Baldwin, Steve (2000): Netslaves. New York: McGraw Hill. zuerst 1999.
Levy, Pierre (1997): Die kollektive Intelligenz. Mannheim: Bollmann.

Maffesoli, Michel (1996): The time of the tribes. The decline of individualism in Mass society. London: Sage.
Matt, Hubert (1999): Vorwort in: Kunsthalle Wien (Hg.): Get together. Kunst als Teamwork. Wien: Folio.
Mauss, Marcel (1984): Die Gabe. Frankfurt a.m.: Suhrkamp. Zuerst Paris 1950.
Medosch, Armin (1998): US Regierung bezieht Stellung in der Frage der Domain Names. Telepolis, 07.06.
Medosch, Armin (1999): Künstler raus! Klage gegen Kunst- und Wissenschaftsnetzwerk Leonardo. Telepolis, 23.12.
Richard, Birgit (1998): Von der Gefährlichkeit des künstlichen Lebens: Norn Attacks und Marine Doom. In: Gerfried Stocker/Christine Schöpf: InfoWar. Ars Electronica. Wien/New York: Springer (engl./deutsch; 1999 auch in japanischer Sprache erschienen).
Richard, Birgit (2001): Am Anfang war das Wort: Domain wars! Zur Gewalt des Eigennamens in virtuellen Welten. In: Richard, Birgit/Drühl, Sven: Choreographie der Gewalt. Kunstforum International, Band 153, S. 202-229.
Richard, Birgit/Drühl, Sven (Hg.) (2001): Choreographie der Gewalt. Kunstforum International, Band 153, Januar-März.
Richard, Birgit/Klanten, Robert (1998): Icons. Localizer 1.3. Berlin: Gestalten.
Richard, Birgit/Tiedemann, Paul (1999): Internet für Kunsthistoriker. Darmstadt: Wissenschaftliche Buchgesellschaft.
Rötzer, Florian (1999): Die USA wollen das geistige Eigentum ihrer IT-Industrie besser schützen. Die leichtfertige Vergabe von Patenten wie unlängst bei Amazon oder Priceline durch das US-Patentamt könnte das Patenrecht langfristig unterhöhlen Telepolis, 15.10.
Rötzer, Florian (2000): eToys zieht die Klage gegen etoy.com zurück. Ein totaler Sieg für die Internetgemeinschaft. Telepolis, 26.01.
Rötzer, Florian (Hg.) (1991): Von der Utopie einer kollektiven Kunst. Kunstforum International, Band 116, November/Dezember.
Rötzer, Florian (Hg.) (1994): Betriebssystem Kunst. Kunstforum International Band 125 Januar/Februar.
Rushkoff, Douglas (1999): Warum ETOY sich nicht durch eToys erpressen lassen sollte. Telepolis 21.12.
Schultz, Pit (1997): Wem gehört das Web? Email-Interview mit Paul Garrin über sein Projekt Name.Space. Telepolis, 02.04.
Sennett, Richard (1998): Der flexible Mensch. Die Kultur des neuen Kapitalismus. Berlin: Berlin-Verlag.
Serres, Michel (1987): Der Parasit. Frankfurt a.M.: Suhrkamp.
Shafer, Dan (2001): http://www.onlinecommunityreport.com/features/taskforce/.
Stalder, Felix (1999): Spielzeugkriege. Telepolis, 08.12.
Stalder, Felix (1999): Zäune im Cyberspace. Die neuesten Entwicklungen in der Schlacht um Domainnamen. Telepolis, 22.11.
Vettese, Angela (1999): Wider den Mythos des Autors. S. 32-37.

Internet-Adressen

http://www.fcc.gov/csb/shva (satellite viewers act als download/Acrobat Reader file über link).
http://www.icann.org/udrp/udrp.htm (Uniform Dispute Resolution Policy).
http://www.etoy.com.
http://www.toywar.com.
http://www.rtmark.com.

Männlichkeit und Weiblichkeit im Netz:
Dimensionen des Cyber-Gendering

Nicola Döring

1. Cyber-Gendering

Mit *Cyber-Gendering* sind hier summarisch Prozesse der Herstellung von Geschlechterbezügen und Geschlechtsidentitäten bei der Online-Kommunikation gemeint. *Online-Kommunikation* ist dabei ein Sammelbegriff, der sich auf die Nutzung unterschiedlicher Dienste und Angebote im Internet (und in anderen Computernetzwerken) bezieht, und zwar insbesondere auf:

a) Online-Umgebungen für zeitgleiche Interaktion (z.b. Online-Chats, Multiplayer-online-Spiele),
b) Online-Foren für zeitversetzte Kommunikation (z.B. Mailinglisten, Usenet Newsgroups, Newsboards) sowie
c) Web-Angebote (z.B. Suchmaschinen, Online-Portale, Homepages).

Cyber-Gendering wird im vorliegenden Beitrag auf vier Ebenen untersucht:

1. Geschlechts-Spezifik von Netzangeboten:
Inwieweit sind einzelne Netzangebote (z.B. durch ihre Themenwahl oder Publikumsadressierung) geschlechtsspezifisch strukturiert?

2. Geschlechter-Zuordnung der Beteiligten:
Inwieweit ordnen Personen, die das jeweilige Netzangebot nutzen, sich selbst und andere Personen bestimmten Geschlechter-Kategorien (typischerweise »Mann«/»Junge« bzw. »Frau«/»Mädchen«) zu?

3. Geschlechter-Inszenierungen der Beteiligten:
Welche Formen der Geschlechter-Inszenierung (z.B. Kommunikationsstil, Körperdarstellung) realisieren die am jeweiligen Netzangebot partizipierenden Personen?

4. Geschlechterpolitische Implikationen der Netznutzung:
Inwieweit ist die spezifische Nutzung der verschiedenen Netzdienste durch bestimmte Personengruppen ein Beitrag zur Verfestigung oder Überwindung der tradierten Geschlechter-Hierarchie?

Die *performative Perspektive* des Cyber-Gendering (vgl. auch Rodino 1997) betont, das Internet mit seinen Diensten und Inhalten sei nicht per se »männlich« oder »weiblich« sondern stelle Geschlechterbezüge kontextspezifisch und situativ her. Diese Perspektive knüpft theoretisch an dekonstruktivistische (Butler 1990, 1993) und ethnomethodologische (West/Zimmerman 1987) Gender-Ansätze an. Dabei bewertet sie das Herstellen von Geschlechterbezügen im Netz geschlechterpolitisch nicht grundsätzlich als negativ: Geschlechtsneutrale virtuelle Kommunikationsräume und Kommunikationspraxen können einen Beitrag zur Gleichstellung liefern, doch dies gilt womöglich gerade auch für bestimmte geschlechtsspezifische Online-Angebote (z.B. solche mit dezidiert feministischer, schwuler oder lesbischer Ausrichtung).

Geschlechtsspezifisch soll hier ausdrücklich kein Synonym für »frauenspezifisch« sein. Vielmehr werden unter diesem Begriff auch männerspezifische Angebote betrachtet, die sonst häufiger ausgeblendet bleiben oder allenfalls in negativem Zusammenhang (z.B. Kritik an der auf ein männliches Publikum zugeschnittenen, heterosexuellen Online-Pornografie) auftauchen.

Es ist zu beachten, dass bei der hier vorgenommenen Fokussierung auf Nutzungsweisen die Fragen des *Netzzugangs* und der *technischen Netzentwicklung* nicht behandelt werden (s. dazu ausführlicher Döring 2000b; Dorer 1997, 2001). Was den Netzzugang betrifft, so zeigt sich eine starke Tendenz zur Angleichung: Wurde der Frauenanteil im Netz Anfang der 1990er Jahre in Deutschland noch auf ca. 5 Prozent beziffert, so liegt er am Beginn des 21. Jahrhunderts bei rund 50 Prozent (vgl. Döring 2000b). Was die Partizipation von Frauen an der Gestaltung und Weiterentwicklung der technischen Infrastruktur betrifft, zeigt sich ein weniger egalitäres Bild: So ist beispielsweise der Anteil der Informatikstudentinnen in Deutschland in den letzten Jahren rückläufig bei gleichzeitig wachsender gesellschaftlicher Relevanz der Informationstechnik. In den wichtigsten supranationalen Internet-Organisationen wie z.B. in der Internet Engineering Task Force (IETF www.ietf.org), im World Wide Web Consortium (W3C www.w3c.org) oder in der Internet Corporation for Assigned Names and Numbers (ICANN www.icann.org) sind Frauen nur marginal vertreten. Fragen der geschlechtergerechten Partizipation an Prozessen der Technikentwicklung werden im vorliegenden Beitrag nicht weiter vertieft.

Die hier vorgelegte explorative Untersuchung konzentriert sich vielmehr aus der *Anwendungsperspektive* auf die Netzaktivitäten von Personen, die bereits online sind und bestehende Dienste und Angebote nutzen bzw. erstellen. Anhand von Beispielen werden die verschiedenen Dimensionen des Cyber-Gendering beschrieben und unter Rückgriff auf vorliegende theoretische Beiträge und empirische Befunde kommentiert.

2. Geschlechts-Spezifik der Angebote

Inwieweit einzelne Netzangebote geschlechtsspezifisch strukturiert sind, zeigt sich anhand ihres jeweiligen Fokus, womit vor allem der inhaltliche Schwerpunkt sowie die Eingrenzung der Zielgruppe gemeint sind. Netzangebote können einen geschlechtsneutralen Fokus haben (2.1), sie können aber auch implizit (2.2) oder explizit (2.3) auf eine Geschlechtsgruppe ausgerichtet sein.

2.1 Geschlechtsneutraler Fokus

Zahlreiche Netzangebote sind in ihrer Thematik oder Funktion geschlechtsneutral ausgerichtet und weisen einen ausgewogen zusammengesetzten Teilnehmerkreis auf. Dies gilt etwa für *gesellige Chat-Rooms* im WWW (www.webchat.de) und Chat-Channels im IRC (www.irchelp.org), die unter Titeln wie »Chattalk«, »#australia«, »#romance« oder »TeenTalk« alle Interessierten zum Plaudern und Kennenlernen einladen.[1] Im Unterschied zu den zeitgleich genutzten (synchronen) Online-Umgebungen, die in erster Linie als thematisch offene Freizeit-Treffpunkte dienen (off-topic), haben die *asynchronen Online-Foren* meist ein klar umrissenes Thema (on-topic), das aus dem beruflichen oder privaten Bereich stammen kann. Usenet Newsgroups (http://groups.google.com/) wie <de.rec.fahrrad> oder <de.soc.studium> sowie Mailinglisten (z.B. http://groups.yahoo.com/) zu Menschenrechtsfragen, zum christlichen Glauben oder für Musikfans sind ebenso wenig geschlechtsspezifisch ausgerichtet wie entsprechende *Websites*, seien es etwa Suchmaschinen (z.B. www.google.com), Online-Portale von Massenmedien (z.B. www.ard.de) oder Homepages einzelner Personen, Organisationen und Institutionen (z.B. www.bundestag.de).

2.2 Implizit geschlechtsspezifischer Fokus

Neben den geschlechtsneutralen Netzangeboten existieren auch solche, die Themen oder Funktionen ansprechen, die traditionell als männliche oder weibliche Handlungsfelder etabliert sind. Dies gilt etwa für Netzangebote zur Computerprogrammierung (z.B. #linux.ger) oder zum Fußfall (z.B. <de.rec.fussball>) sowie für Online-Spiele (z.B. www.mud.de, vgl. Götzenbrucker 2001; Utz 1999) einerseits und für Netzangebote zur Schönheitspflege (z.B. www.beautyboard.de) oder

---

1 Zu Netzdiensten und ihren psycho-sozialen Dimensionen siehe Döring 2003.

Kindererziehung (z.B. www.baby.de) andererseits. Zwar richten sich entsprechende Netzangebote nicht explizit »an Männer« oder »an Frauen« und freilich kann eine Netznutzerin über Linux oder ein Netznutzer über Nachtcremes diskutieren. Es kommt jedoch de facto durch eine an thematischen Präferenzen orientierte Selbstselektion zu mehr oder weniger geschlechtshomogenen Foren.

2.3 Explizit geschlechtsspezifischer Fokus

Manche Netzangebote sind ausdrücklich »für Männer« oder »für Frauen« vorgesehen, sodass mit der Teilnahme an einem solchen Netzangebot die Geschlechtsidentität direkt angesprochen ist. Dabei wird teilweise auf traditionelle Männer- und Frauenrollen Bezug genommen, teilweise werden aber auch bewusst Identifikationsmöglichkeiten für diejenigen geboten, die traditionellen Geschlechterrollen kritisch und distanziert gegenüberstehen. Manche explizit geschlechtsspezifischen Netzangebote arbeiten mit Zugangskontrollen, um einen geschlechtshomogenen Teilnehmerkreis sicherzustellen, andere sorgen durch Moderation nur für einen männer- bzw. frauenfreundlichen Diskurs und lassen dabei auch das jeweils »andere Geschlecht« zu.

Der Zugriff auf Websites erfolgt unter anderem über einschlägige Domainnamen und über Suchmaschinen. Explizit geschlechtsspezifische Domainnamen haben dabei unterschiedliche Ausrichtung. Anfang der 1990er Jahre verbargen sich hinter frauenbezogenen Domainnamen oft Pornografie- bzw. Erotikangebote. Bei www.girls.de oder www.girl.de ist das bis heute der Fall (Stand: September 2006). Auch Suchmaschinen lieferten Anfang der 1990er Jahre auf Stichworte wie »Frauen«, »Mädchen« oder »lesbisch« oft auf den ersten Plätzen Verweise auf Pornografie-Angebote für ein heterosexuelles, eher männliches Publikum. Somit war die Recherche nach frauenbezogenen Online-Quellen erschwert und zudem erschien das Web als Männerdomäne (vgl. Korenman 2000).

Um ungewollte Konfrontation mit diesem Material zu verhindern, operieren Mädchen- und Fraueninitiativen im Netz teilweise mit abgewandelten Etiketten. So steht etwa Gurl (www.gurl.com) für ein Mädchenportal und nicht umsonst nennt sich das Frauennetzwerk der Medien-Profis Web»grrls« (www.webgrrls.com bzw. www.webgrrls.de) anstatt Web»girls«. Zudem existiert eine Reihe von spezialisierten Online-Katalogen, die auf der Basis ihrer thematisch begrenzten und redaktionell betreuten Datenbanken gezielt auf frauenorientierte Webangebote hinweisen (z.B. www.femina.com; www.powercat.de, www.woman.de). Pauschale Aussagen über Geschlechterbezüge von Web-Angeboten lassen sich also nicht treffen, vielmehr hängt es von der *Wahl der Suchmaschine* oder des Suchverzeichnisses sowie der jeweiligen *Suchbegriffs-Kombination* ab, welches »Fenster« auf die Webinhalte sich öffnet. Suchmaschinen wie z.B. Altavista (www.altavista.com) oder Google (www. google.com) liefern unter den Stichworten »Männer« und »Frauen« auf den ersten Plätzen jedenfalls auch Informationsangebote, die sich zum Teil mit emanzipatorischem Impetus beispielsweise mit Männern und Haus-/Familienarbeit oder Frauen und Technik befassen.

Im Vergleich zu anderen Publikationsorganen beinhaltet das Web schließlich durch die dezentralen und kostengünstigen Veröffentlichungsmöglichkeiten deutlich mehr frauenorientierte Beiträge, und zwar auch solche mit ausdrücklich emanzipatorischem Anspruch, etwa in den Bereichen Beruf, Forschung oder Sexualität. Über das publizistische Online-Engagement von Frauen berichten unter anderem Cresser, Gunn und Balme (2001) sowie Kennedy (2000). Dabei wird die Option zur Veröffentlichung persönlicher oder dezidiert feministischer Homepages und E-Zines (electronic magazines) einerseits von den Netzautorinnen selbst als sehr positiv eingeschätzt, andererseits aber durch Negativreaktionen (z.b. beleidigende E-Mails) von Männern sowie auch von Frauen teilweise negativ sanktioniert. Vergleichbares gilt für männerpolitische Webangebote (z.B. www.maennerrat.de).

Neben emanzipatorischen Beiträgen finden sich unter anderem zahlreiche Online-Versionen der klassischen Frauenzeitschriften (z.B. www.brigitte.de) sowie Frauenportale (z.B. www.women.com; www.frauen.de), die Frauen in erster Linie als Ehefrauen, Mütter, Köchinnen und Konsumentinnen ansprechen, was Dorer (2001) als »Einführung eines konservativen Frauenstereotyps« im Netz kritisiert (vgl. auch Media Metrix/Jupiter Communications 2000). Umgekehrt reproduzieren diverse Netzangebote auch ein tradiertes Männerbild, das sich etwa über Technik-, Sport-, Geld- und Sex-Themen definiert (z.B. Männerportal www.men.com). Mittlerweile werden unter geschlechtsbezogenen Domainnamen auch oft Online-Kontaktbörsen betrieben (z.B. www.maenner.de).

Ebenso wie manche Websites haben auch einige *asynchrone Online-Foren* in Titel und Thema einen explizit geschlechtsbezogenen Impetus, sei es etwa im medizinischem (z.B. <alt.support.menopause>; <alt.support.cancer.prostate>) oder gesellschaftspolitischen Bereich (z.B. <soc.women> und <soc.men>). Die von Kids-Hotline (www.kids-hotline.de) angebotenen Beratungs-Newsboards zu Fragen der Pubertät, Homo- und Heterosexualität werden für Jungen und Mädchen getrennt angeboten. Diese Form der Geschlechtertrennung sorgt für thematische Fokussierung und ermöglicht Parteilichkeit: In einem explizit für Mädchen/Frauen oder für Jungen/Männer betriebenen Forum lassen sich »weibliche« oder »männliche« Erfahrungen diskutieren, ohne dass die Beteiligten dies legitimieren müssen. Um entsprechend geschützte Kommunikationsräume zu schaffen, wird unter anderem mit *Moderationsverfahren* operiert. In der Newsgroup <soc.feminism> etwa werden alle eingehenden Beiträge zunächst von einem Moderationsteam daraufhin überprüft, ob sie den newsgroupeigenen formalen und inhaltlichen Richtlinien entsprechen. Zu diesen gehört, dass Grundsatzdebatten darüber unterbleiben, ob Frauen überhaupt gesellschaftlich benachteiligt werden. Ziel des Newsgroups ist es nämlich nicht, Feminismus zu legitimieren, sondern unterschiedliche feministische Ansätze kritisch zu diskutieren.

Während zur Diskussion in <soc.feminism> auch Männer eingeladen sind, werden bei anderen geschlechtsspezifischen Online-Foren nicht nur die Beiträge moderiert, sondern die Beteiligten selbst einer geschlechtsbezogenen *Zugangskontrolle* unterzogen. Eine solche Zugangskontrolle ist bei nicht-öffentlichen Newsboards sowie bei geschlossenen Mailinglisten durch ein persönliches Anmeldeverfahren möglich, das etwa durch die Zusendung einer Ausweiskopie, durch ein fernmündliches Gespräch oder zumindest eine ausdrückliche Bestätigung der eigenen Geschlechtszugehörigkeit flankiert wird (z.b. »a statement that you are female«). Typischerweise handelt es sich um All-women-Foren, die unterschiedliche private und berufliche Belange diskutieren. Lesbische Foren werden teilweise als geschlossene »women-only« Mailinglisten organisiert (www.sappho.net/lesbianlists). Sehr bekannt unter den berufsbezogenen Listen sind die von Anita Borg bereits 1987 gegründete Systers-Liste für Informatikerinnen mit mittlerweile rund 2.300 Mitgliedern aus 35 Ländern (Stand: September 2006; www.systers.org) sowie die Mailinglisten der Webgrrls, die weiblichen Führungskräften im Bereich der Neuen Medien vorbehalten sind (www.webgrrls.com und www.webgrrls.de).

Legt die in einem speziellen *Chat-Forum* ansässige soziale Gemeinschaft explizit Wert auf einen geschlechtshomogenen Teilnehmerkreis, wie das etwa eine Reihe von Lesben-Chats tun (vgl. www.lesben.org/chat.htm), wird systematisch mit *sozialen und technischen Sanktionen* reagiert (z.B. öffentlicher sozialer Verweis, technischer Forumsausschluss), wenn ein Mitglied der Fremdgruppe auftaucht (zur Sanktionierung in Chat-Foren s. Döring 2001a).

Da Feministinnen den Ausschluss von Frauen aus vielen männerdominierten sozialen Institutionen vehement kritisieren, mag sich gegen die Einrichtung reiner Frauen-Foren der Vorwurf des Separatismus oder der »Diskriminierung mit umgekehrtem Vorzeichen« erheben. Nutzerinnen von *All-women*-Foren betonen jedoch, dass es nicht darum ginge, sich von der Außenwelt abzuschotten, sondern dass der Austausch unter Geschlechtsgenossinnen die Beteiligten gerade auch darin fördere und unterstütze, in gemischtgeschlechtlichen Zusammenhängen stärker in Erscheinung zu treten (Camp 1996). Zudem wird durch den Ausschluss aus All-women-Online-Foren Männern nicht die Teilhabe an gesellschaftlich relevanten Institutionen oder an Ressourcen vorenthalten, zu denen sie anderweitig keinen Zugang hätten (vgl. Borg 1993).

3. Geschlechter-Zuordnung der Beteiligten

Bei der überwiegend textbasierten Netzkommunikation ist Geschlechtszugehörigkeit nicht offensichtlich. Durch verbale Selbst-Kategorisierung können Personen im Netz ihr biologisches bzw. soziales Geschlecht sichtbar machen und sich somit im Schema der Geschlechterdualität verorten (3.1). Sie können aber auch geschlechtsneutral bleiben (3.2) oder einen Geschlechtertausch vollziehen (3.3).

3.1 Geschlechterdualität

Bei *Webdokumenten* und eigenständigen Web-Publikationen in Form persönlicher Homepages ist eine große Bereitschaft zu beobachten, nachprüfbare Informationen über die eigene Person zu liefern. Dabei wird kein personenbezogenes Merkmal so oft und so deutlich (Name, Foto) präsentiert wie das Geschlecht (vgl. Döring 2001b: 339, 2001c). Zudem lässt sich über die öffentlichen Domain-Name-Datenbanken die Identität der Person oder Organisation nachprüfen, die eine bestimmte Domain betreibt (z.B. Whois-Datenbank bei www.denic.de).

Postings in Mailinglisten, Newsgroups und Newsboards enthalten typischerweise eine E-Mail-Adresse, eine Namensangabe und ggf. auch eine Signature mit Postadresse, Telefonnummer, Organisationszugehörigkeit usw. Nicht selten äußern sich die Beteiligten unter ihrem vollen realen Namen mitsamt Kontaktadressen im »real life« und vielleicht sogar noch mit Verweis auf die persönliche Homepage. So stellten Runkehl, Schlobinski und Siever (1998: 65f.) bei der Auswertung eines Korpus von Newsgroup-Postings fest, dass bei 84 Prozent der Postings im Header Vor- und Zuname angegeben wurden und in 70 Prozent der Posting-Bodys eine Verabschiedung mit realem Vornamen bzw. Vor- und Nachnamen erfolgte. Pseudonyme wurden nur in 3 Prozent der Beiträge verwendet. Als Minimalangabe wird über den Vor- oder Spitznamen in der Regel jedoch eine binäre Geschlechter-Zuordnung vorgenommen. Durch explizite Selbstetikettierung bzw. Selbstkategorisierung im Body der Postings wird diese Zuordnung oft noch unterstrichen (z.B. »ich als Lehrerin erlebe das [...]«, »als Familienvater macht man sich [...]«). Gerade in beziehungs- und sexualbezogenen Beratungs-Foren (<de.talk.romance>; <de. talk.liebesakt> oder

<soc.sexuality.general>) ist oftmals ein gemischtgeschlechtlicher Teilnehmerkreis sehr erwünscht, da man gern die Sichtweise »der anderen Seite« erfahren möchte. Dies setzt aber eben voraus, dass sich die Postenden ausdrücklich »als Männer« oder »als Frauen« zu Wort melden. Teilweise wird dabei jedoch Geschlechterdualität auch hinterfragt: Als Susanne sich etwa angesichts geplatzter Heiratspläne an <de.talk. romance> wandte mit »Mich wueren ein paar neutrale Meinungen sehr interessieren, vor allem natuerlich auch maennliche«, erhielt sie von Stefan zur Antwort »Ich habe keine maennliche Meinung, sondern nur eine ganz persoenliche und auch davon sind nur ein paar Aspekte wiedergegeben«.

Generell neigen auch die in *synchronen Online-Umgebungen* agierenden Menschen dazu, sich freiwillig als männlich oder als weiblich zu kategorisieren, indem sie auf geschlechtsspezifische Nicknames, Selbstbeschreibungen und Avatare zurückgreifen. In der vornehmlich unter dem Vorzeichen von Geselligkeit betriebenen synchronen Netzkommunikation legen die Beteiligten in der Regel großen Wert darauf zu wissen, ob sie gerade einen Mann oder eine Frau in einem Chat-Room kennenlernen.

Die Annoncierung der eigenen Geschlechtszugehörigkeit kann im Netz auch durch Empowerment-Bestrebungen motiviert sein, etwa wenn sich Computerspielerinnen explizit zu einem Mädchen-Clan oder -Squad zusammenschließen (z.B. www.maedchenblut.de) und dadurch als marginalisierte Gruppe in einem männlich bestimmten Bereich besser sichtbar – und auch vermarktbar – werden oder wenn ein Online-Computerspiel-Magazin explizit von und für »Girlz« angeboten wird (z.B. www.gamegirlz.com).

3.2 Geschlechtsneutralität

Eine Geschlechts-Zuordnung lässt sich auf Websites und in asynchronen Online-Foren vermeiden, wenn entsprechende Selbstetikettierungen unterbleiben und mit Initialen oder nur mit dem Nachnamen signiert wird. Diese Form der *Geschlechtsneutralität* scheinen Frauen anekdotischen Berichten zufolge etwas häufiger als Männer zu nutzen. Eine Felduntersuchung von Jaffe, Lee, Huang und Oshagan (1995) belegt diese Tendenz anhand einer Mailingliste für Studierende.

Um in synchronen Online-Umgebungen nicht sofort als Frau oder Mann klassifiziert zu werden, kann man einen geschlechtsneutralen Nickname wählen wie z.B. »Systemstörung«, »koffeinfrei«, »steinpilz« oder »Hallo47«. Auch die betont fantasievollen Charaktere in Online-Rollenspielen oder Grafik-Chats lassen es zu, sich beispielsweise als Fabelwesen, Pflanze, Blitz oder Mond zu verkörpern und sich somit jenseits der Geschlechterdualität zu positionieren (vgl. Suler 1999).

Auf den ersten Augenschein nicht kategorisierbar zu sein, ist jedoch etwas anderes als im Zuge längerer zwischenmenschlicher Online-Interaktionen einen »geschlechtsneutralen« Status zu behalten. Diejenigen, die sich nicht eindeutig zu erkennen geben, werden typischerweise am Beginn einer Online-Konversation zur Präzisierung aufgefordert, wobei der so genannte »*Age-Sex-Location-Check*« zum Einsatz kommt: »a/s/l?« »24/m/california«. Gerade in Chat-Umgebungen, in denen geselliges und erotisches Kennenlernen im Vordergrund stehen, ist es den Beteiligten wichtig zu wissen, ob das Geschlecht des Gegenübers mit der eigenen sexuellen Orientierung kompatibel ist. Daraus ergibt sich auch, dass die virtuelle Geschlechtszuordnung in der Regel dem eigenen biologischen bzw. realen Geschlecht entspricht.

Eine Auswertung der selbst gewählten Geschlechter-Zuordnungen in den beiden textbasierten Online-Rollenspielen MediaMOO (www.cc.gatech.edu/fac/Amy. Bruckman/MediaMOO/) und LambdaMOO ergab, dass tatsächlich ein nennenswerter Anteil der Personen (28% und 16%) als Geschlechtskategorie »neutral« gewählt hatte (s. Tab. 1). Es wird spekuliert, dass insbesondere Frauen aus defensiven Gründen (z.B. Vermeiden von »Anmache« oder von Marginalisierung) die neutrale Kategorie wählen (vgl. Dorer 2001). Zu beachten ist jedoch, dass im Unterschied zu MediaMOO und LambdaMOO viele andere Online-Spiele so programmiert sind, dass sie beim Systemeintritt zu einer binären Geschlechter-Fixierung zwingen und keine »neutrale« Kategorie anbieten. Manche Online-Spiele (z.B. Ego-Shooter wie Counterstrike) bieten den Spielerinnen und Spielern von vornherein nur männliche Charaktere zur Auswahl an.

Tabelle 1: Geschlechter-Wahlen der Personen in den MUDs MediaMOO (17.1.1996) und LambdaMOO (9.2.1996) (Quelle: Danet 1996, Figure 11)

Gender	MediaMOO		LambdaMOO	
male	495	49%	3.651	52%
female	197	19%	2.069	29%
neuter	280	**28%**	1.162	**16%**
sonstige	43	4%	183	3%
Gesamt	1.015	100%	7.065	100%

Die geschlechtertheoretisch sehr reizvolle Idee, neben »männlich«, »weiblich« und »neutral« auch mit neuen Phantasie-Geschlechtern (z.B. »spivac« oder »either«) zu agieren, wird in MediaMOO und LambdaMOO zwar systemtechnisch angeboten, aber von weniger als 5 Prozent der Mitglieder genutzt (s. Tab. 2). Da MediaMOO und LambdaMOO einen besonders medienversierten intellektuellen Mitgliederkreis aufweisen, ist der dort anzutreffende Umgang mit alternativen Geschlechtskonzepten nicht auf andere Online-Rollenspiele (MUDs = Multi User Domains/Dungeons) übertragbar und scheint auf quantitativer Ebene insgesamt ein sehr seltenes Phänomen zu sein.

Tabelle 2: Geschlechter-Wahlen der Personen in den MUDs MediaMOO (17.1.1996) und LambdaMOO (9.2.1996) (Quelle: Danet 1996, Figure 11)

Gender	Pronomen (Beispiel)	MediaMOO		LambdaMOO	
male	he reads his book himself	495	49%	3.651	52%
female	she reads her book herself	197	19%	2.069	29%
neuter	it reads its book itself	280	28%	1.162	16%
spivak	e reads eir book eirself	10		74	
either	s/he reads his/her book him/herself	9		15	
plural	they read their book themselves	7		26	
royal	we read our book ourselves	6		30	
splat	*e reads h*s book h*self	5		17	
egotistical	I read my book myself	2		16	
2nd	you read your book yourself	2		5	
person	per reads pers book perself	2		-	
		1.015	96%	7.065	97%

3.3 Geschlechtertausch

Dass in allen Bereichen der Online-Kommunikation die überwältigende Mehrzahl der Beteiligten eine Selbst-Zuordnung im binären Geschlechtersystem vornimmt, ist empirisch gut belegt. Die Frage ist jedoch, ob dieses annoncierte Online-Geschlecht mit dem biologischen bzw. sozialen Geschlecht übereinstimmt, das den Beteiligten außerhalb des Netzes zugeschrieben wird. Immerhin ist Geschlechtertausch im Netz sehr viel einfacher möglich als in Face-to-Face-Situationen, wo selbst bei aufwendigen kosmetischen, modischen und sonstigen Veränderungen oft kein unauffälliger Rollenwechsel möglich ist.

Obwohl in der Öffentlichkeit viel über den *Geschlechtertausch* im Netz diskutiert wird (gender swapping: Bruckman 1993), zeigt sich empirisch, dass - abgesehen von episodischen Experimenten – die überwältigende Mehrzahl der Chattenden keinen Geschlechterwechsel vollzieht. Nur 1 Prozent der N=9.177 Befragungspersonen von Cooper, Scherer, Boies und Gordon (1999) praktizierten einen regelmäßigen Geschlechterwechsel im Netz. Für Menschen, die im Netz Geselligkeit und Kontakt suchen, den sie dann auch außerhalb des Netzes ausbauen wollen, mag sich ein Geschlechterwechsel eher als kontraproduktiv darstellen, wie ein Respondent von Baraz (1998) es auf den Punkt bringt:

»Sowas [Geschlechtertausch beim Chat, N.D.] ist Geäffel, was nur Newbies zusammenbringen [...]. Was, wenn ich meine Traumfrau kennenlernen könnte (was ja auch passiert ist), aber das verpasse, weil ich mich als Frau präsentiere? Also lass' ich's gleich«.

Schließlich ist zu bedenken, dass ein glaubwürdiger Geschlechterwechsel auch im Netz nicht so leicht zu bewerkstelligen ist, wie man vielleicht annimmt. Schließlich ist Geschlecht eben nicht als fixes biologisches oder soziales Merkmal garantiert, sondern wird wesentlich durch soziale Kommunikationsprozesse konstruiert und situativ rekonstruiert. Neben den im Einzelfall berichteten positiven Aspekten (Spaß, Neugier, Selbsterkenntnis) des Online-Geschlechter-Tauschs treten deswegen auch unangenehme Nebenwirkungen auf. So fühlt man sich in der fremden Rolle vielleicht beobachtet, irritiert und angestrengt (vgl. Reid 1991).

Sogar wer durch Selbstreflexion von einem solchen Gender-Switch-Experiment lernt, dass und wie Geschlecht sozial konstruiert wird, kann netzintern und netzextern (s. Kasten 1) bei dieser Praxis auf Probleme stoßen. So wird Geschlechtertausch in vielen Online-Umgebungen als Täuschung interpretiert. Männer fürchten, beim Online-Flirt mit einer Frau in Wirklichkeit einem Geschlechtsgenossen zum Opfer zu fallen. Frauen befürchten, dass sich Männer als Frauen ausgeben, um sich – etwa mit voyeuristischen Motiven – in All-women-Foren und insbesondere in lesbisch orientierte Foren einzuschleichen. Die Frage, wie man herausfinden kann, ob es sich bei einer Person mit weiblichem Online-Geschlecht, wirklich um eine echte Frau oder nicht vielmehr um ein »Fake« handelt, wird deswegen ernsthaft diskutiert. Die Enttarnung von Frauen, die sich im Netz als Männer ausgeben, ist dagegen kaum ein Thema. Denn der Frau-zu-Mann-Geschlechtertausch gilt als selten und harmlos, während der Mann-zu-Frau-Geschlechtertausch als recht verbreitete, sexuell und/oder sexistisch motivierte und ethisch bedenkliche Praxis angesehen wird.

Die im Folgenden zitierte reflektierende Zusammenfassung des Informatikstudenten Jason Kraft (Nothern Illinois University 1997) zu seinem Gender-Switch-Projekt in einem Online-Rollenspiel (er schlüpfte in die Rolle von »Iris«) zeigt exemplarisch auf, dass geschlechtsbezogene Online-Erfahrungen nicht losgelöst von sozialen Real-Life-Kontexten betrachtet werden dürfen:
»The night I had to stand and state to the rest of my Communications class what the topic of my research was going to be, I felt very self-conscious about the topic. I felt that there was a pretty good chance that there were men and women in the class who made assumptions about my sexuality based on the topic I had chosen. For the record, I did not choose this topic because of some underlying ›need‹ to be a woman or for the chance to experiment sexually with others of the same sex. The fact that these possible assumptions weighed heavily in my mind is an indication of

how deeply the issue of gender-swapping can touch our concept of self. I felt somehow threatened by others' opinions that I was less of a man by choosing to do this project even though in the past I had played many role-playing games (like Dungeons & Dragons) where I had a female character and not thought twice about it. Maybe that is because this is somehow more than a game; it is a virtual life.

Kevin Leibengood, who is a fellow computer science student and a close friend of mine, relentlessly (but good naturedly) teased me throughout the course of this project- refering to me as ›Iris‹ in public places, asking me what Iris thought of various (obviously feminine) subjects, and pretending to flirt with me (as Iris). Kevin, and others, made it clear to me through day to day interaction that my talking about Iris and my experiences as Iris had crossed over into my every-day life. Looking for a photograph of Iris to include in my web pages led to my looking through dozens of issues of women's magazines- most notably Cosmopolitan and Seventeen. I found myself actually reading the articles at some points and now I can ask myself if I ever would have done so if it had not been for Iris.

I did not spend as much time playing Iris as I would have liked. My schedule as a computer science student is very tight with little to no time for recreation, and although I did spend quite a few hours as Iris, I didn't spend as much time as I wanted to. I am positive that I will continue to MUD after this class is over and that I will keep Iris as my online persona. I do tend to think of Iris as a real person. When I am playing her, I tend to think about the social situations presented to me in the MUSH in ways I wouldn't normally would. For one, I question men's motives more and I feel an increase in my need to be accepted by the women as a ›real‹ woman. It is a challenge to make Iris as feminine as possible, but the more I play her, the more easily her actions come to me.

Although I did not see any actual unwanted sexual advances in AmberMUSH, I did experience some very subtle gender-biased situations which made it clear that on MUDs, gender DOES matter. I don't think that many of the men on the MUD take my interest in plots seriously much in the same way that some men in real life don't take women seriously when they talk about careers. I was actually hoping to find Iris a ›sweetheart‹ on the MUSH, but was unsure about what to do about it. In a way, I am relieved that nothing much happened with Iris in that particular way.

I do now believe that it is possible to experience some of the nuances of being a member of the opposite sex, but I only feel that those experiences are truly valid IN the MUSH environment. I don't think I will ever know what it means to be a woman in real life, but I can appreciate some of the trials women face based on gender.«

Kasten 1: Erfahrungsbericht zum Mann-zu-Frau-Online-Geschlechtertausch (Quelle: Kraft 1997)

Doch wie kann eine solche »Enttarnung« von »Fakes« im Netz überhaupt vonstatten gehen? Zwei Ansätze sind dabei gängig: Der *direkte Test* konfrontiert etwa die betreffende virtuelle Frau mit Fragen zu »frauenspezifischem« Spezialwissen über Wäschegrößen, Kosmetik, Verhütung oder Menstruation (vgl. Suler 1997): »When coloring hair, how long is the dye usually left in one's hair?«, »What is the difference in how flushable and non-flushable tampons are made?« oder »What is the average range of sizes for women's panties?«. Einschlägiger zur Geschlechtsüberprüfung ist jedoch einfach eine *kritische Verhaltensbeobachtung*, bei der Vorstellungen über typisch männliches oder typisch weibliches Verhalten als Bewertungsmaßstab herangezogen werden. Bezieht etwa eine Person mit weiblichem Nickname bei sexuellen Themen deutlich Stellung, so wird hier rasch ein Fake vermutet, während die »wahre« Geschlechtszugehörigkeit derselben virtuellen Frau kaum hinterfragt wird, wenn sie in computertechnischen Fragen Rat einholt. Männer, die sich aus Neugier mit weiblichem Nick in Lesben-Chats begeben, fallen typischerweise im Gespräch durch ihre neugierigen Fragen auf.

Dass der Online-Geschlechtertausch so oft als »Fake« verurteilt wird, ist der Vorstellung klar abgrenzbarer, biologisch verankerter Geschlechter-Kategorien geschuldet. Durch die Sorge, einem Geschlechterschwindel zum Opfer zu fallen, wird in der Netzkommunikation die Geschlechtszugehörigkeit zu einer besonders wichtigen Kategorie. Die gängigen Spekulationen über die – tatsächlich kaum empirisch untersuchten – Motive von Geschlechtertäuschern affirmieren oft Geschlechterstereotype. Nur eine Minderheit scheint sich unter bestimmten Umständen dafür zu entscheiden, eigene und fremde Geschlechter-Zuordnungen im Netz als soziale Realitäten anzuerkennen, ohne biologische Legitimierung zu verlangen (McRae 1996).

In der Auseinandersetzung mit virtuellem Geschlechtertausch ist nicht nur zu beachten, dass er in synchronen Online-Umgebungen selten auftritt, sondern auch, dass er im Web sowie in asynchronen themenbezogenen Online-Foren so gut wie überhaupt keine Rolle spielt.

4. Geschlechter-Inszenierungen der Beteiligten

Selbst wenn wir davon ausgehen, dass die Mehrzahl der Menschen bei der Online-Kommunikation binäre Geschlechter-Zuordnungen gemäß den sonstigen »Real-Life«-Zuordnungen vornehmen, lässt sich fragen, ob sich nicht in der Inszenierung von Mannsein und Frausein Besonderheiten ergeben, wenn wir einander computervermittelt gegenübertreten. Anstatt etwa Mannsein und Männlichkeit bzw. Frausein und Weiblichkeit als binäre Kategorien durch computervermittelte Kommunikation komplett abdanken zu lassen, geht es in der Realität der Netznutzung vielleicht eher um subtile Veränderungen und Akzentverschiebungen im Rollenverhalten, die hier anhand von drei Konstrukt-Feldern kurz angedeutet werden sollen: Aggressivität und Macht (4.1), Emotionalität und Nähe (4.2) sowie Sexualität und Körperlichkeit (4.3).

4.1 Aggressivität und Macht

Der Cyberspace hat sich *nicht* als egalitäre, von Offline-Kontexten abgekoppelte Sphäre des herrschaftsfreien Diskurses etabliert, wie es Netzpioniere erträumt hatten (z.B. Barlow 1996). Stattdessen werden Online-Umgebungen als Erweiterung unserer alltäglichen Aktionsräume genutzt, in denen oft ein dichotomes, hierarchisiertes Geschlechterkonzept das Verhalten und Erleben vorstrukturiert. Polarisierte Verhaltenserwartungen und Rollenzuschreibungen an Frauen und Männer werden in Online-Kontexten ebenso reproduziert wie geschlechtsspezifischer Machtmissbrauch und Gewalt: Online-Belästigung (Spender 1996) bis hin zur virtuellen Vergewaltigung (Dibbell 1993), Cyberpornografie (Adams 1996; Butterworth 1996) und netzgestützter Frauenhandel (Hughes 1997) sind die eklatantesten Beispiele. Im Netzalltag scheinen sich in vielen Bereichen männliche Strategien kommunikativer Dominanz in dem Sinne zu etablieren, dass Männer Diskussionen monopolisieren, die Beiträge von Frauen ignorieren oder abwerten (Herring 1993, 1996), Führungsrollen in Online-Communitys beanspruchen und Personen mit weiblichem Online-Geschlecht unselektiv sexualisieren.

Dass Frauen »danken« und Männer »flamen« (also beleidigende Postings schicken), wie Herring einen ihrer Beiträge titelte (1993), konnte in anderen Studien jedoch nicht bestätigt werden (s. z.B. Gegenevidenzen bei Fröhlich/Goetz 1996; Smith/McLaughlin/Osborne 1998, Witmer/Katzman 1998). Anekdotisch berichten nicht wenige Frauen, sich in der Netzkommunikation aggressiver zu verhalten, wobei es sich einerseits um eine Anpassung an das zuweilen recht raue Diskussionsklima handeln mag, andererseits aber auch um eine Abweichung von der allgemeinen Norm weiblicher Zurückhaltung und Freundlichkeit. Es wäre systematisch zu untersuchen, bei wem ein solcher Effekt tatsächlich auftritt und unter welchen Umständen es sich dabei um offensiv-konstruktives Erleben (Steigerung der self-assertiveness, Exploration aggressiver Selbst-Aspekte) und/oder um defensives Reagieren auf stattfindende oder befürchtete Angriffe handelt (Smith/McLaughlin/Osborne 1998: 112):

»The percentage of female offenders (31%) [in five popular newsgroups – comp.sys.ibm.pc.games, rec.sport.hockey, soc.motss (members of the same sex), soc.singles, and rec.arts.tv.soaps.abc] is highly disproportionate to the estimated percentage (10-15%) of women's presence in network traffic. But this latter finding raises yet another concern: the higher proportion of male to female cross-gender reproaches suggests that additional study is needed regarding the treatment of women by men in newsgroup conversations«.

Wie sich Frauen und Männer in Online-Foren darstellen, ist von diversen Kontextbedingungen abhängig, wie etwa von der Geschlechter-Zusammensetzung des Forums (Savicky/Kelley 2000), der personellen Besetzung der Moderation oder dem aktuellen Diskussionsthema. Empirische Studien, die unterschiedliche Online-Foren systematisch miteinander vergleichen – etwa im Hinblick auf geschlechtsbezogene Kommunikationsstile und -inhalte, auf Rollenverteilung und Meinungsführerschaft, Marginalisierung und De-Marginalisierung – stehen weitgehend noch aus. So ist etwa zu vermuten, dass Frauen, die teilweise eine stärkere E-Mail-Affinität zeigen als Männer (vgl. Sherman et al. 2000) in Mailinglisten aktiver und einflussreicher in Erscheinung treten. Gleichzeitig ist anzunehmen, dass Frauen sich in Usenet Newsgroups, die sich aus der männerdominierten Unix-Szene entwickelt haben und in denen man sich mit jedem Beitrag vor einem unbekannten Massenpublikum exponiert, eher zurückhalten – entsprechend dem traditionell mit Privatheit gekoppelten Frauenbild der bürgerlichen Gesellschaft.

Die durch textbasierte, anonymisierbare Online-Kommunikation erleichterte Enthemmung mag im negativen Fall das Ausleben sexistischen Verhaltens begünstigen. Andererseits bieten die technischen Rahmenbedingungen auch verbesserte Möglichkeiten der Prävention und der sozialen wie technischen Sanktionierung von (nicht nur) geschlechtsbezogener Belästigung und Machtmissbrauch (vgl. Spertus 1996).

Dass in synchronen Online-Umgebungen insgesamt größere Probleme mit *sexistischem und belästigendem Verhalten* bestehen als in Offline-Kontexten, scheint zweifelhaft. Möglicherweise sind entsprechende Online-Episoden durch ihre wortwörtliche Protokollierung besser kommunizierbar und werden somit sichtbarer. Insofern sollte bei der komplexen Auseinandersetzung um Macht, Gewalt, Aggressivität und Dominanz im Netz darauf geachtet werden, dass gesellschaftliche Probleme nicht zu »Netzphänomenen« umgedeutet werden. Gerade feministisch orientierte Autorinnen tendieren jedenfalls dazu, in Chats, MUDs und Avatar-Welten die gesteigerten Möglichkeiten der Situationskontrolle (gerade auch in Situationen gewünschter oder unerwünschter Sexualisierung) für Frauen zu würdigen (vgl. Döring 2001a). Dies gilt nicht nur für den Umgang mit Angriffen, sondern auch für die Exploration eigener selbstbestimmt-aggressiver Seiten, wozu teilweise im Einzelfall auch ein Frau-zu-Mann-Geschlechterwechsel in Anspruch genommen wird (vgl. Reid 1991; Turkle 1995).

4.2 Emotionalität und Nähe

Die Option, bei der Netzkommunikation stereotypkonträres Verhalten in einem sanktionsärmeren Kontext zu erproben, kann umgekehrt Jungen und Männer ermutigen, mehr persönliche Selbstoffenbarung und emotionale Nähe zu wagen (vgl. Reid 1991). Dies gilt für private Chat-Gespräche, für Online-Diskussionen, aber auch für Web-Publikationen (z.B. Online-Tagebücher, www. diarist.net; Döring 2001d). Teilweise wird die Attraktivität des Mann-zu-Frau-Geschlechtertauschs auch damit erklärt, dass man sich männlichen Rollenanforderungen entziehen und sozial zugewandter verhalten kann. Andererseits kann die Kultivierung emotionaler Online-Diskurse und romantischer Online-Beziehungen (Döring 2000c) gerade auch stereotype Rollenverteilungen reproduzieren, etwa wenn keine Einigkeit über Kontakthäufigkeit und Beziehungsstatus erzielt wird und Frauen in emotionale Abhängigkeit geraten (vgl. auch Leiblum/Döring 2002).

Abgesehen vom unmittelbaren Emotionsausdruck, ist auch der Online-Diskurs *über* Gefühle mit Geschlechtsrollen verknüpft. Hier zeigt sich in manchen Online-Foren (z.B. <de.talk.romance>) eine außerhalb des Netzes kaum anzutreffende Bereitschaft von Männern – untereinander und mit Frauen – emotionale Belange öffentlich zu diskutieren. So leitete ein Gruppenmitglied seinen Beitrag in <de.talk.romance> (DTR) am 30. Oktober 2001 folgendermaßen ein:

»Hallo zusammen,
ich moechte erstmal anmerken, dass ich sozusagen aus einer Zeit komme, als DTR gerade erst entstanden ist. Damals war hier eine offene und helfende Stimmung, ich weiss nicht, wie es heute ist, doch hoffe, es ist immer noch so, denn fuer das Folgende koennte ich Eure Hilfe gebrauchen.«

Es folgt eine sehr ausführliche Schilderung seines Problems, von Frauen eher als Kumpel und nicht als potenzieller Partner betrachtet zu werden. Binnen eines Tages erhält er fünf ausführliche Antworten von anderen Männern, wobei in einer Antwort die Frage nach der immer noch »helfenden Stimmung« in <de.talk. romance> bejaht wird:

»Ist im allgemeinen auch heute noch so. Manche haben das auch schon als die Kuschelecke im de.* Usenet bezeichnet. Jedenfalls bist Du hier genau richtig mit Deinem problem. Ob Dir die ratschläge allerdings weiterhelfen werden – das bleibt abzuwarten. ;-)«

4.3 Sexualität und Körperlichkeit

Gerade in Kennenlern-Chats ist neben der klaren Geschlechter-Zuordnung auch eine an sexuellen Stereotypen orientierte Inszenierung der Geschlechtsrollen zu beobachten. So sind Nicknames wie »heisserhengst21«, »mieze39«, »suessebraut« oder »sexymaus« nicht untypisch, und zwar in nicht-kommerziellen Foren ebenso wie auf kommerziellen Sex-Sites. Auch Körperinszenierungen haben teilweise einen recht klischeehaften Anstrich. Das betrifft Icons, die in Chats mitverwendet werden, aber auch Avatare und Selbstbeschreibungen, die sich an gängigen Schönheitsnormen orientieren und primäre wie sekundäre Geschlechtsmerkmale besonders betonen. Wer im »realen Leben« eher unscheinbar auftritt, kann (und muss) hier glamourös und sexy erscheinen, was teils als Bekräftigung von Geschlechterstereotypen, teils aber auch als spielerische, ironische oder instrumentelle Unterminierung der Normierungskraft von Schönheitsidealen diskutiert wird (vgl. Döring 2000b, 2003: 286ff.). Wenn ein idealtypisch maskulines oder feminines Aussehen in der Online-Kommunikation allen Menschen gleichermaßen als soziale und sexuelle Ressource zur Verfügung steht, mag dies unter bestimmten Umständen de-marginalisierend wirken oder auch mit einer Entmystifizierung entsprechender Klischees einhergehen.

Abgesehen von netzspezifischen Möglichkeiten der körperbezogenen Attraktivitätssteigerung und sonstigen Idealisierung bedeutet die Möglichkeit der Abkopplung der Netzaktivitäten vom sonstigen realen Leben, dass eine Reihe physischer und sozialer Risiken entfällt, die es insbesondere Frauen sonst erschweren, sexualbezogene Identitäten zu explorieren (vgl. Benedikt 1995; Döring 2000a). De-Marginalisierungs-Effekte sind im Zusammenhang mit homo-, bi- oder transsexuellem Coming-out freilich auch für Jungen und Männer im Zusammenhang mit synchroner Online-Kommunikation möglich, wenn beim anonymisierten Agieren im Cyberspace die Bindung an heterosexistische Normen gelockert ist, positive Online-Erfahrungen gesammelt werden können und damit dann ein Coming-out außerhalb des Netzes vorbereitet wird (vgl. McKenna/Bargh 1998; Shaw 1997; zu therapeutischen Implikationen siehe auch Leiblum/Döring 2002).

5. Geschlechterpolitische Implikationen

Schon bei einem kursorischen Überblick über die verschiedenen Dimensionen und Varianten von Geschlechtsbezügen im Netz wird deutlich, dass Pauschalaussagen hinsichtlich der geschlechterpolitischen Implikationen kaum haltbar sind. Selbst Trendaussagen sind schwierig angesichts der bislang noch ungenügenden Basis systematischer Empirie. Dennoch lassen sich für die drei grundlegenden Wirkhypothesen – die Verfestigung (5.1), die Auflösung (5.2) und die Nichtveränderung (5.3) der Geschlechterhierarchie – Indizienbelege anführen.

5.1 Verfestigung der Geschlechterhierarchie

Für die These der *Verfestigung der Geschlechter-Hierarchie im Internet* lassen sich als Indizien anführen:
- Die Verbreitung, Sichtbarkeit und Nutzung geschlechtsspezifischer kommerzieller und nicht-kommerzieller Netzangebote, die tradierte Geschlechterbilder reproduzieren.
- Die relativ durchgängig praktizierte, sozial und technisch kontrollierte, binäre Geschlechter-Zuordnung der Beteiligten.
- Die durch Anonymität und mediale Distanz besonders überspitzten geschlechterstereotypen Selbstinszenierungen im Zusammenhang mit Aggressivität, Emotionalität und Sexualität, die bis zu juristisch relevanten Täter-Opfer-Szenarien reichen.

5.2 Auflösung der Geschlechterhierarchie

Für die These der *Auflösung der Geschlechter-Hierarchie im Internet* lassen sich als Indizien anführen:
- Die geschlechtsneutralen und geschlechtsspezifischen kommerziellen und nicht-kommerziellen Netzangebote, die sich ausdrücklich kritisch mit tradierten Geschlechterbildern befassen. Gerade auch geschlechterpolitische Gruppen, die anderweitig geringe Publikations- und Vernetzungsmöglichkeiten haben, profitieren von der Netzinfrastruktur.
- Da Geschlechter-Zuordnungen im Netz bewusster vorgenommen und auch häufiger hinterfragt werden, mag dies teilweise eine Reflexion der Konstruiertheit von Geschlecht begünstigen. Durch Geschlechtertausch lässt sich partiell nacherleben, wie sozial auf Personen »des anderen Geschlechts« reagiert

wird (z.B. Intensität und Qualität sozialer Aufmerksamkeit) bzw. welche Verhaltenserwartungen man an sich selbst in der jeweils »anderen« Rolle stellt.

- Der Inszenierungs-Charakter von Geschlecht und die netzspezifischen Möglichkeiten zu (stereotypkonträrer sowie stereotypkonformer) Überspitzung bei der Darstellung von Körperlichkeit und Sexualität erweitern soziale Handlungsfelder in spielerischer und selbst-explorativer Hinsicht (vgl. Eichenberg/Döring 2006).

5.3 Nichtveränderung der Geschlechterhierarchie

Wirkungen der Online-Kommunikation ohne Beachtung von Moderator- und Kontextfaktoren zu postulieren, wäre technik- bzw. mediendeterministisch gedacht. Tatsächlich sind geschlechterpolitische Implikationen nur bei denjenigen zu erwarten, für die Netznutzung einen zentralen Stellenwert im Leben einnimmt. Zudem werden geschlechtsbezogene Netzerfahrungen nur dann herkömmliche Konstruktionsweisen von Geschlecht modifizieren, wenn in realen sozialen Handlungsfeldern entsprechende Unterstützung in Form von Reflexion, Diskussion oder Veränderungsbereitschaft besteht. Ein Faktor wird hierbei auch die mediale Berichterstattung sein, die bislang für die Bevölkerungsmehrheit eine zentrale Informationsquelle über das Netzleben darstellt. Im Zuge der kulturellen Veralltäglichung und Domestizierung des Internets ist eher ein vermindertes Interesse am *Gender-Net-Diskurs* zu erwarten. Der große Schlagabtausch zwischen Egalisierungs-Utopie und Diskriminierungs-Dystopie ist abgehandelt.

6. Fazit und Ausblick

Exemplarisch hat der vorliegende Beitrag die Vielfalt von Geschlechterbezügen in unterschiedlichen Netzkontexten aufgezeigt. Es obliegt der zukünftigen Forschung, diese anekdotischen Evidenzen durch systematische Empirie zu ergänzen. Dies betrifft nicht nur gesicherte Befunde über die Verbreitung unterschiedlicher Geschlechterbezüge, sondern auch eine vertiefte Analyse der Motive der Handelnden sowie der daraus resultierenden Konsequenzen – unmittelbar in der Online-Kommunikation sowie mittelbar in verschiedenen Formen der Offline-Kommunikation. Derartige Analysen würden neben der Erhebung der Erfahrungen und Einschätzungen der Beteiligten freilich auch Bezug nehmen auf die gesellschaftlich-strukturellen Rahmenbedingungen des Gender-Systems. Für einzelne Netzphänomene (z.B. Wahl von Nicknames oder körperbezogenen Selbstbeschreibungen) wären etwa milieuvergleichende und interkulturelle Studien indiziert. Schließlich können selbstverwaltete Webangebote Frauen nicht nur Einfluss über ihre medialen Repräsentationen geben, sondern ihnen auch ökonomisch nutzen und z.B. in der Sex-Industrie ihre Unabhängigkeit von Männern stärken (vgl. Podlas 2000).

Abschließend sei noch einmal daran erinnert, dass der Umgang mit Geschlechtsidentitäten nicht losgelöst von anderen sozialen Kategorien verstanden werden kann: Prozesse der Selbst-Kategorisierung und Selbst-Inszenierung weisen zwar im Netz wie außerhalb des Netzes fast durchgängig Geschlechterbezüge auf, diese erlangen jedoch erst in Kombination mit anderen einschlägigen sozialen Kategorien wie etwa Alter, Ethnizität, Rasse, Klasse, Bildung oder Religion ihre sozialen Bedeutungen. Viel verbreiteter als der virtuelle Geschlechter-Wechsel, den 1 Prozent der befragten Online-User/innen häufig und 4 Prozent gelegentlich betreiben, sind in der synchronen Online-Kommunikation etwa eine Veränderung der Hautfarbe (11% häufig, 27% gelegentlich) oder des Alters (20% häufig, 41% gelegentlich; Cooper et al. 1999).

Eine Besonderheit der Netzkommunikation mag angesichts der Vielfalt und Heterogenität der Kommunizierenden und Publizierenden darin liegen, dass Binnendifferenzierungen innerhalb der Geschlechter deutlicher werden, etwa anhand von Homepages und Webrings (www.webring.org): »Men's Ring: Dealing with Men's Issues«, »Business Women«, »Cyber Sisters«, »Longhair Men«, »Biker Women«, »Boys in Makeup« oder »Pro-White Women«.

Zu beachten sind im Kontext der Internet-Nutzung auch neue explizit netzbezogene Stilbildungen in den Mädchenkulturen (z.B. Cybergrrls, Netchicks; Richard 2000) sowie in der Frauenbewegung (Cyberfeminism: Old Boys' Network www.obn.org). Obwohl man sich den Computerfreak typischerweise als (jungen) Mann vorstellt, kollidiert Computer- und Netzbegeisterung nicht nur mit traditionellen Bildern von Weiblichkeit. Das Image des weltfremden, introvertierten, sozial isolierten, unattraktiven Bastlers lässt den Freak – im Sinne überkommener Geschlechterstereotype – auch nicht als besonders männlich erscheinen. Dieses Negativ-Image des »Nerd« oder »Geek« wird teilweise offensiv und selbstironisch propagiert (z.B. Geek Purity Test: www.armory.com/tests/geek.html). Auch kommen neue Definitionen von Sexyness ins Spiel, wenn sich Männer und Frauen am Wettbewerb *Sexiest Geek alive* beteiligen, den 2001 die Informatikprofessorin Ellen Spertus (www.spertus.com/ellen) gewonnen hat.

Literatur

Adams, Carol (1996): »This Is Not Our Fathers' Pornography«: Sex, Lies, and Computers. In: Ess, Charles (Ed.): Philosophical Perspectives on Computer-Mediated Communication. New York: State University of New York Press, S. 147-170.
Baraz, Zeynep (1998): Eine Mini-Untersuchung über Chat-Kommunikation. [Online-Dokument] URL http://www.unet.univie.ac.at/~a9406029/untersuchung.htm.
Barlow, John Perry (1996): Unabhängigkeitserklärung des Cyberspace. (Deutsche Übersetzung von Stefan Münker) http://www.heise.de/tp/deutsch/inhalt/te/1028/2.html Originalfassung: http://www.eff.org/~barlow/Declaration-Final.html.
Benedikt, Claire (1995): Tinysex is Safe Sex. Infobahn Magazine: The Magazine of Internet Culture, June 1995. [Online-Dokument] URL http://www.cwrl.utexas.edu/~claire/texts/thoughts.html.
Borg, Anita (1993): Why Systers? [Online Document] URL http://www.systers.org/keeper/whysys.html.
Bruckman, Amy (1993): Gender-Swapping on the Internet. [Online-Dokument] URL: ftp://ftp.cc.gatech.edu/pub/people/asb/papers/gender-swapping.txt.
Butler, Judith (1990): Gender Trouble: Feminism and the Subversion of Identity. New York: Routledge.
Butler, Judith (1993): Bodies that Matter: On the Discursive Limits of »Sex«. New York: Routledge.
Butterworth, Dianne (1996): Wanking in Cyberspace: The Development of Computer Porn. In: Jackson, Stevi/Scott, Sue (Eds.): Feminism and Sexuality. A Reader. New York: Columbia University Press, S. 314-320.
Camp, L. Jean (1996): We are Geeks, and We are Not Guys. The Systers Mailing List. In: Cherny, Lynn/Weise, Elizabeth R. (Eds.): Wired Women. Gender and New Realities in Cyberspace. Seattle: Seal, S. 114-125.
Cooper, Alvin/Scherer, Coralie/Boies, Sylvian/Gordon, Barry (1999): Sexuality on the Internet: From Sexual Exploration to Pathological Expression. Professional Psychology: Research and Practice, 30 (2), S. 154-164. [auch als Online-Dokument] URL http://www.apa.org/journals/pro/pro302154. html.
Cresser, Francis/Gunn, Lesley/Balme, Helen (2001): Women's experiences of on-line e-zine publication. Media, Culture & Society, 23 (4), S. 457-474.
Danet, Brenda (1996): Text as Mask: Gender and Identity on the Internet. [Online-Dokument] URL http://atar.mscc.huji.ac.il/~msdanet/mask.html.
Dibbell, Julian (1993): A Rape in Cyberspace. How an Evil Clown, a Haitian Trickster Spirit, Two Wizards, and a Cast of Dozens Turned a Database Into a Society. In: Village Voice, 23.12.1993. [auch als Online-Dokument] URL http://www.levity.com/julian/bungle_vv.html.
Dorer, Johanna (1997): Gendered Net: Ein Forschungsüberblick über den geschlechtsspezifischen Umgang mit neuen Kommunikationstechnologien. In: Rundfunk und Fernsehen, 45 (1), S. 19-29. [leicht modifizierte Textfassung als Online-Dokument] http://www.univie.ac.at/Publizistik/DoLV96-1.html.
Dorer, Johanna (2001): Internet und Geschlechterordnung: Expertinnen im Gespräch. Medien & Kommunikationswissenschaft, 49, S. 44-61.
Döring, Nicola (2000a): Cybersex aus feministischen Perspektiven: Viktimisierung, Liberalisierung und Empowerment. Zeitschrift für Frauenforschung & Geschlechterstudien, 18, Heft 1+2, S. 22-48.
Döring, Nicola (2000b): Geschlechterkonstruktionen und Netzkommunikation. In: Thimm, Caja (Hg.): Soziales im Netz. Sprache, Beziehungen und Kommunikationskulturen im Netz. Opladen: Westdeutscher Verlag, S. 39-70.
Döring, Nicola (2001a): Belohnungen und Bestrafungen im Netz: Verhaltenskontrolle in Chat-Foren. Gruppendynamik und Organisationsberatung – Zeitschrift für angewandte Sozialpsychologie, 32 (2), S. 109-143.
Döring, Nicola (2001b): Persönliche Homepages im WWW. Ein kritischer Überblick über den Forschungsstand. Medien & Kommunikationswissenschaft, 49 (3), S. 325-349.
Döring, Nicola (2001c): Selbstdarstellung mit dem Computer. In: Boehnke, Klaus/Döring, Nicola (Hg.): Neue Medien im Alltag: Die Vielfalt individueller Nutzungsweisen. Lengerich: Pabst, S. 196-234.

Döring, Nicola (2001d): Öffentliches Geheimnis. Online-Tagebücher – ein paradoxer Trend im Internet. c't Magazin für Computer Technik. 2/2001, 15.1-28.1.2001, S. 88-93.
Döring, Nicola (²2003): Sozialpsychologie des Internet. Göttingen: Hogrefe.
Döring, Nicola (in press): Internet Use, Gender. In: Arnett, Jeffrey Jensen (Ed.): Encyclopedia of Children, Adolescents, and the Media. Thousand Oaks: Sage.
Eichenberg, Christiane/Döring, Nicola (2006): Sexuelle Selbstdarstellung im Internet. Ergebnisse einer Inhaltsanalyse und einer explorativen Befragung zu privaten Websites. In: Zeitschrift für Sexualforschung, 19 (2), S. 133-153.
Fröhlich, Romy/Goetz, Lutz (1996): Disputieren, flamen, chatten. Frauen und Männer in den kommunikativen Nischen des Internet. In: Hackl, Christiane/Prommer, Elizabeth/Scherer, Brigitte (Hg.): Models und Machos? Frauen- und Männerbilder in den Medien. Konstanz: UVK, S. 307-327.
Götzenbrucker, Gerit (2001): Soziale Netzwerke und Internet-Spielewelten. Eine empirische Analyse der Transformation virtueller in realweltliche Gemeinschaften am Beispiel von MUDs (Multi User Dimensions). Opladen: Westdeutscher Verlag.
Herring, Susan (1993): Gender and democracy in computer-mediated communication. Electronic Journal of Communication, 3 (2). URL http://www.cios.org/www/ejc/v3n293.htm.
Herring, Susan (1994): Politeness in Computer Culture: Why women thank and men flame. In: Bucholtz, Mary/Liang, Anita C./Sutton, Laurel A./Hines Caitlin (Eds.): Cultural Performances: Proceedings of the third Berkeley Women and Language Conference. Berkeley: Berkeley Women and Language Group, University of California, S. 278-294.
Herring, Susan (1996): Posting in a different voice: Gender and ethics in computer-mediated communication. In: Ess, Charles (Ed.): Philosophical approaches to computer-mediated communication. Albany: SUNY Press, S. 115-145.
Hughes, Donna M. (1997): Trafficking and sexual exploitation on the Internet. Feminsta! Online Journal of Feminist Construction no. 8, vol. 1. [Online] http://www.feminista.com/v1n8/hughes.html [August 30, 1998].
Jaffe, J. Michael/Lee, Young-Eum/Huang, Li-Ning/Oshagan, Hayg (1995): Gender, Pseudonyms, and CMC: Masking Identities and Baring Souls. [Online-Dokument] URL http://research.haifa.ac.il/~jmjaffe/genderpseudocmc.
Kennedy, Tracy (2000): An Explratory Study of Feminist Experiences in Cyberspace. CyberPsychology & Behavior 3 (5), S. 707-720.
Korenman, Joan (2000): Women, Women, Everywhere Looking for a Link. CyberPsychology & Behavior, 3 (5), S. 721-729.
Kraft, Jason (1997): My Life as Iris. A man's experience in virtual womanhood. [Online Dokument] URL http://www.niu.edu/acad/gunkel/example/page1.htm.
Leiblum, Sandra/Döring, Nicola (2002): Internet Sexuality: Known Risks and Fresh Chances for Women. In: Cooper, Alvin (Ed.): Sex and the Internet: A Guidebook for Clinicians. Philadelphia: Brunner-Routledge, S. 19-46.
McKenna, Katelyn/Bargh, John (1998): Coming out in the age of the Internet: Identity »de-marginalization« from virtual group participation. Journal of Personality and Social Psychology, 75 (3), S. 681-694.
McRae, Shannon (1996): Coming Apart at the Seams: Sex, Text and the Virtual Body. In: Cherny, Lynn/Weise, Elizabeth R. (Eds.): Wired Women. Gender and New Realities in Cyberspace Seattle: Seal Press, S. 158-168. [auch als Online-Dokument] URL http://dhalgren.english.washington.edu/~shannon/vseams.html.
Media Metrix/Jupiter Communications (2000): It's a Woman's World Wide Web. Women's Online Behavioral Patterns Across Age Groups and Lifestages. [Online Document] http://www.jup.com/images/jupmmxi_womenforum.pdf.
Podlas, Kimberlianne (2000): Mistresses of their Domain: How Female Entrepreneurs in Cyberporn are Initiating a Gender Power Shift. CyberPsychology & Behavior, 3 (4), S. 847-854.

Reid, Elizabeth M. (1991): Electropolis: Communication and Community on Internet Relay Chat. Honours Thesis, University of Melbourne, Department of History. [Online Document] URL http://www.aluluei.com.

Richard, Birgit (2000): Schwarze Netze oder Netzstrümpfe? Weibliche Kommunikationsräume in Jugendkulturen im Internet. In: Marotzki, Winfried/Meister, Dorothee M./Sander, Uwe (Hg.): Zum Bildungswert des Internet: Opladen: Leske + Budrich, S. 341-362.

Richardson, Angela (1996): Come on, join the conversation: ›zines as a medium for feminist dialogue and community buildung. Feminist Collections 17, 3/4, 10-13. URL: http://www.library.wisc.edu/libraries/WomensStudies/fc/fcrichrd.htm.

Rodino, Michelle (1997): Breaking out of Binaries: Reconceptualizing Gender and its Relationship to Language in Computer-Mediated Communication. Journal of Computer-Mediated Communicaton (JCMC), 3 (3). URL http://www.ascusc.org/jcmc/vol3/issue3/rodino.html.

Runkehl, Jens/Schlobinski, Peter/Siever, Torsten (1998): Sprache und Kommunikation im Internet. Überblick und Analysen. Opladen: Westdeutscher Verlag.

Savicky, Victor/Kelley, Merle (2000): Computer Mediated Communication: Gender and Group Composition. CyberPsychology & Behavior, 3 (5), S. 817-826.

Shaw, David (1997): Gay Men and Computer Communication: A Discourse of Sex and Identity in Cyberspace. In: Jones, Steven G. (Ed.): Virtual Culture. Identity and Communication in Cybersociety. London: Sage, S. 133-145.

Sherman, Richard C./End, Christian/Kraan, Egon/Cole, Alison/Campbell, Jamonn/Birchmeier, Zachary/Klausner, Jaime (2000): The Internet Gender Gap among College Students: Forgotten but not Gone? CyberPsychology & Behavior, 3 (5), S. 885-894.

Smith, Christine/McLaughlin, Margaret/Osborne, Kerry (1998): From Terminal Ineptitude to Virtual Sociopathy: How Conduct is Regulated on Usenet. In: Sudweeks, Fay/McLaughlin, Margaret/Rafaeli, Sheizaf (Eds.): Network & Netplay. Virtual Groups on the Internet. Menlo Park: AAAI Press/The MIT Press, S. 95-112.

Spender, Dale (1996): Nattering on the Net – Women, Power, and Cyberspace. Toronto: Garamond Press, S. 164.

Spertus, Ellen (1996): Social and Technical Means for Fighting On-Line Harassment. [Online-Dokument] URL http://www.ai.mit.edu/people/ellens/Gender/glc.

Suler, John (1997): Do Boys just wanno have fun? Male Gender-Switching in Cyberspace (and how to detect it). [Online-Dokument] URL http://www.rider.edu/users/suler/psycyber/genderswap.html.

Suler, John (1999): The Psychology of Avatars and Graphical Space in Multimedia Chat Communities or How I Learned to Stop Worrying and Love My Palace Props. [Online Document] http://www.rider.edu/users/suler/psycyber/psyav.html.

Treibl, Angelika (1999): Internetangebote für vergewaltigte Frauen. [Online Dokument] URL http://home.t-online.de/home/anujo/7inhalt.htm.

Turkle, Sherry (1995): Life on the Screen: Identity in the Age of the Internet. New York: Simon and Schuster.

Utz, Sonja (1999): Soziale Identifikation mit virtuellen Gemeinschaften – Bedingungen und Konsequenzen. Lengerich: Pabst.

West, Candace/Zimmerman, Don (1987): Doing Gender. Gender and Society, 1 (1), S. 125-51.

Witmer, Diane F./Katzman, Sandra Lee (1998): Smile When You Say That: Graphic Accents as Gender Markers in Computer-mediated Communication. In: Sudweeks, Fay/McLaughlin, Margaret/Rafaeli Sheizaf (Eds.): Network & Netplay. Virtual Groups on the Internet. Menlo Park: AAAI Press/The MIT Press, S. 3-12..

Zweiter Teil:
Bildung und Lernen

Allgemeinbildung durch informationstechnisch vermittelte Netzinformation und Netzkommunikation

Wolfgang Nieke

1. Die Renaissance der Allgemeinbildung

Bildung – und damit auch Allgemeinbildung – war einige Zeit lang außer Mode geraten. Wer davon sprach, galt als vorgestrig, Repräsentant eines sich überlebt habenden Bildungsbürgertums. Statt dessen waren die neuen und modernen Ziele absichtlicher Anstrengungen des Aufwachsens und Humanisierens nun:
- **Sozialisation** als das Hineinwachsen und Einfügen in die Gesellschaft und ihre Rollenanforderungen,
- **Qualifikation** als das Erlernen der spezifischen Fähigkeitsbündel zur effektiven Ausfüllung von Berufs- oder eher Arbeitsplatzanforderungen sowie
- **Lernen** als universale Strategie der anpassenden Weltaneignung, unabhängig von den konkreten Inhalten des zu Erlernenden.[1]

In der deutschsprachigen Erziehungswissenschaft hielt sich – gewissermaßen in einer gesellschaftlichen und intellektuellen Nische – das Reden und Nachdenken über Bildung als dem genuinen Gegenstand dieser Wissenschaft, die sich teils Erziehungswissenschaft, teils Pädagogik nannte (und nennt), ohne dass die Differenzen und Überschneidungen oft und genau zum Thema gemacht würden. Mit dem Festhalten an dem Begriff von Bildung sollte den Verkürzungen entgangen und gegengewirkt werden, die durch die neu eingeführten Begriffe drohten: Im Mittelpunkt der Überzeugung und des Interesses stand das handlungsfähige, entscheidungsfähige und damit freie Subjekt, das es heranzubilden gilt, da sich weder Handlungsfähigkeit noch Entscheidungsfähigkeit und damit Freiheit von allein durch bloßes Aufwachsen und Mittun einstellen. Eben dieses zur Freiheit zu bildende Subjekt war den Konzeptionen der kausalanalytisch erklärenden Sozialisationsforschung und den Sammlungen erforderlicher Arbeitsplatzanforderungen in Qualifikationsbündeln aus dem Blick geraten.

---

1 Seit der breiten Rezeption der Ergebnisse eines internationalen Vergleichs des Outcomes von nationalen Bildungssystemen (PISA) wird wieder verstärkt von Bildungsforschung geredet, aber hier meint Bildung das institutionelle Arrangement von gesellschaftlich organisierten Prozessen des Lernens und der Qualifikation, ohne Bezug zur konventionellen pädagogischen Bildungstheorie.

So fassten die beiden Sammelbände *Diskurs Bildungstheorie*, herausgegeben von Otto Hansmann und Winfried Marotzki 1988 und 1989, diese unerschüttert unaktuelle Diskussion zusammen, ohne dass davon außerhalb der engeren Diskussionszirkel der Erziehungswissenschaft viel Kenntnis genommen worden wäre. Entsprechendes gilt für einzelne Publikationen zur Allgemeinbildung (etwa Tenorth 1986, 1994), die einerseits das Fundamentale, für alle Unentbehrliche zu beschreiben sucht und andererseits darauf insistiert, dass es für alle gleichermaßen zugänglich sein müsse.

Inzwischen zeichnet sich eine Trendwende ab. Das Konzept einer an Schlüsselproblemen orientierten Allgemeinbildung von Wolfgang Klafki (1994) hat den Weg über die schulischen Lehrpläne bis in Parteiprogramme gefunden.

Diese Rückbesinnung auf eine fundamentale und für alle gleichermaßen verbindliche und zugängliche Allgemeinbildung kann jedoch nicht einfach zu den alten kanonischen Wissensbeständen aus der an der antiken Klassik orientierten Vorstellung vom gebildeten Bürger zurückführen, der sich damit gegen den zwar mächtigeren, aber entweder ungehobelten oder höfisch degenerierten Adel abheben wollte. Das wäre nurmehr kulturelles Kapital – im Sinne der von Pierre Bourdieu (1979/1982) differenzierten Sorten von ökonomischem, sozialem und kulturellem Kapital –, dessen einzige Bedeutung und Funktion darin bestünde, sich von anderen sozialen Gruppen und hierarchisch geschichteten Klassen nach unten oder auch nach oben abzugrenzen. Die weltorientierende Leistung dieser alten kanonischen Allgemeinbildung ist heute unübersehbar dahin, weil sie einer vorindustriellen, vormodernen Welt und Lebensweise entstammt. Bildung an klassischen Gehalten als universal gültigen ist heute mindestens inhaltlich obsolet geworden, vielleicht auch in den ästhetischen Formen.

Allgemeinbildung heute soll *erstens* eine Weltorientierung ermöglichen, die es jedem Gebildeten – und alle sollen sich bilden dürfen und können – erlaubt, sich in seiner komplexen Lebenswelt zurechtzufinden und *zweitens* darüber hinaus einen Zugang zum angesammelten Weltwissen zu finden.

Da die dafür erforderlichen Informationen und Inhalte weitaus mehr umfassen, als jemand in seiner Lebenszeit würde erlernen können, kann dies nicht enzyklopädisch, im Durchgang durch alle wichtigen Wissensbereiche und ihre grundlegenden Strukturen, geschehen, sondern muss sich anderer Orientierungsstrategien bedienen. Diese dürfen aber nicht rein formal sein; denn damit wäre nichts gelernt, nichts gewusst und nichts verstanden. Das hatte schon Kant gesehen, wenn er davon sprach, dass eine reine Form ohne Inhalt blind bleiben müsse.

Die Theorie der Bildung sucht deshalb seit der Überwindung des »didaktischen Materialismus«[2] im 19. Jahrhundert nach Bestimmungen der wesentlichen Inhalte sowie nach Wegen zur dauerhaften Aneignung derselben, mit denen solche nicht inhaltsfreien, aber auch nicht enzyklopädischen Orientierungen in der Welt aufgebaut werden können. Das reicht von dem Versuch, Bleibendes von Vergänglichem zu scheiden – etwa in den Kanones der klassischen Bildung – über das Prinzip des Exemplarischen und Versuche einer kategorialen Bildung bis zu Versuchen, das Weltwissen mithilfe einiger weniger Grundfragen im wörtlichen Sinne aufzuschließen. Deshalb wurde von Schlüsselqualifikationen[3] gesprochen und neuerdings von Schlüsselproblemen (Klafki 1994).

Solche Schlüsselprobleme seien die jeweiligen ungelösten großen Fragen einer Generation. Sie sind damit nicht allgemein und systematisch bestimmbar, sondern nur in einer Diagnose der gegenwärtigen Situation zu ermitteln, und sie verändern sich von Generation zu Generation. Von ihnen aus soll sich das zur Bewältigung relevante Weltwissen perspektivisch erschließen und in seiner orientierenden Bedeutsamkeit erweisen. Eine so neu gefasste Allgemeinbildung sortiert sich also nicht mehr in Wissensbereichen nach der Art von Schulfächern oder Wissenschaftsdisziplinen – also Sprache, Mathematik, Naturwissenschaften, Geschichte, Kunst und dergleichen –, sondern in so etwas wie konzentrischen Kreisen von Wissen, das um die definierten Schlüsselprobleme herumgelagert wird. Solche Schlüsselprobleme ergeben sich aus den jeweils aktuellen und ständig weiter zu entwickelnden Gesellschaftsanalysen. Klafki benennt folgende Probleme:
- Friedensgefährdung,
- Umweltfrage,
- gesellschaftliche produzierte Ungleichheit,

---

2 Das war ein Kampfbegriff in der zweiten Hälfte des neunzehnten Jahrhunderts und meinte die für irrig gehaltene Vorstellung, dass Bildung durch die Aneignung von möglichst viel und möglichst allem Wissen zu erreichen sei. Das Problem entstand durch die schnell zunehmende Publikationsrate in den Bezugsdisziplinen der Unterrichtsfächer. Die darin vorgestellten neuen Wissensbestände konnten in der unverändert bleibenden Unterrichtszeit nicht mehr alle berücksichtigt werden, auch wenn das zunächst versucht wurde. Diese Überlastung des Unterrichts mit immer mehr Fakten wurde als didaktischer Materialismus kritisiert, und die Kritik daran führte zu Suchbewegungen in Richtung auf formale Bildungsziele und exemplarische Inhalte, an denen stellvertretend für viele andere Gehalte und Strukturen erkannt werden können.

3 Dieses für die Berufsbildung entwickelte Konzept (zuerst von Mertens 1974) formulierte rein formale Informationsgewinnungs- und -aneignungsstrategien, die sich auf jeden beliebigen Inhaltsbereich anwenden lassen sollten. Zwar wurde das Konzept in der Folgezeit und bis heute viel zitiert, aber kaum wirklich konkretisiert und angewendet. Das hat seinen Grund darin, dass rein formale Strategien des Wissenserwerbs nicht funktionieren können; eine wenigstens exemplarische oder kategoriale Rückbindung an Inhalte ist unverzichtbar. Dann aber zeigt sich, dass die erschließenden Strategien ergänzt werden müssen um Orientierungskategorien, und damit wird dann auch der Grundgedanke der Schlüsselqualifikationen bereits verlassen.

- Gefahren der neuen technischen Steuerungs-, Informations- und Kommunikationsmedien,
- Ich-Du-Verhältnis.

Dementsprechend erbitterter Widerstand wird diesem Konzept von den Vertretern etablierter Schulfächer entgegengebracht, weil sie ihren bisher unbestrittenen Platz im Bildungskanon gefährdet sehen.

Ein noch nicht ganz zufriedenstellend gelöstes Problem dieses Konzepts besteht in der Spannung zwischen Problemperspektive einerseits und disziplinär geprägter Weltsicht der herangezogenen Wissensbereiche andererseits. Bei durchgängiger Problemorientierung besteht die Gefahr, die Differenzen und Divergenzen der verschiedenen Weltsichten in ihrer jeweils inneren Strukturiertheit und erkenntnistheoretischen Begründung nicht angemessen zu erarbeiten und zu verstehen.

Die Schlüsselprobleme sind zeitbezogen formuliert, beanspruchen also keine universale und überhistorische Geltung. Sie müssen also kontinuierlich überprüft und gegebenenfalls modifiziert werden, wobei das Problem entsteht, sie so zu formulieren, dass sie für einen Zukunftshorizont von einigen Jahrzehnten Geltung haben; denn für einen solchen Horizont sollen Kinder und Jugendliche in der Schule auf ihr künftiges Leben vorbereitet werden. Klafki selbst vermutet aufgrund seiner Theorie der kategorialen Bildung, dass Lerneffekte, die nicht material, sondern formal orientiert sind, eine hohe Transferabilität auf andere Inhaltsbereiche haben können. Dem steht die Domänenspezifik des Lernens entgegen, die in der zeitgenössischen kognitiven Psychologie und den an sie anschließenden Konzepten von allgemeiner Didaktik und vor allem in den Fachdidaktiken als bestimmend angesehen wird.

2. Bildung heute ist selbsttätige Aneignung von Information zu Wissen

Nicht nur die Gewissheiten über das Allgemeinwissen sind aufgelöst, auch die Lebensläufe und ihre typischen und unausweichlichen Anforderungen an Kompetenzen und das fundierende Wissen sind vielfältig und für den Einzelnen unvoraussehbar geworden. Das wird in den gängigen Gesellschaftsanalysen mit den Begriffen *Individualisierung* und *Risikogesellschaft* beschrieben.

Der Erwerb eines für alle wichtigen und richtigen Allgemeinwissens sowie der Aufbau von Kompetenz als Bildung können deshalb nicht länger in Form von vorgegebenen Bildungsgängen und Curricula organisiert werden.

Vielmehr steht nun jedes Individuum vor der – durchaus schwierigen und von vielen als belastend erlebten – Situation, sich seine Kompetenzen selbst zusammenzustellen, zu erarbeiten und aufzubauen, und dies in eigener Verantwortung, die immer weniger zur Entlastung delegiert werden kann – weder an die Eltern, die Bildungsinstitutionen oder normsetzende gesellschaftliche Instanzen. Das ermöglicht zwar grundsätzlich auch eine Freiheit der Lebensmöglichkeiten und Weltorientierungen, die historisch zuvor noch gar nicht oder nur für eine mit Willkür herrschende Elite möglich gewesen ist, die sich weder ökonomisch einschränken noch an die selbst aufgestellten moralischen Prinzipien halten musste. Aber diese Freiheit enthält zugleich den Zwang, auswählen zu müssen, sich entscheiden zu müssen, und um dies zu können, bedarf es einer eigenen, individuellen Relevanzordnung, die ebenfalls wieder ausgewählt oder individuell zusammengestellt werden muss. Erforderlich ist also so etwas wie eine Selbstbildungskompetenz.[4]

Dazu muss ein Wissen erworben werden über die Möglichkeiten der Lebensgestaltung und Weltorientierung. Informationen dazu stehen bereit, und zwar in den etablierten Formen des kollektiven Gedächtnisses, d.h. in den öffentlichen Bibliotheken, und neuerdings eben auch in Datenbanken und in den Informationsangeboten des weltweiten Netzes, das mit seiner Benutzeroberfläche des www (World Wide Web) den Zugang von einer kleinen verschworenen Gemeinde von Netznutzern mit Geheimbundcharakter innerhalb eines Jahrzehnts hin zu einer Form von Massenmedium erweitert hat. Während die für eine Individualbildung erforderlichen Informationen bisher in Bildungsgängen und Bildungseinrichtungen sorgfältig ausgewählt und aufbereitet und in eine Reihenfolge gebracht wurden, erfordert die neue Zeit nun ein selbsttätiges Aufsuchen und Auswählen der jeweils relevanten Informationen zum Aufbau von Orientierungswissen und darauf basierend von Handlungskompetenz in den drei großen Bereichen menschlicher Selbstvergewisserung und Lebensleistung, nämlich als Sachkompetenz, Sozialkompetenz und Selbstkompetenz.[5] Information kann erst dann zu Wissen werden, wenn es in die individuellen kognitiven Orientierungsstrukturen eingelagert worden ist und dort die Orientierung in der Welt und für das Handeln wirksam verändert und bereichert. Aufgenommene Information, die nicht in diese Strukturen

---

4 Dieser Begriff ist streng genommen tautologisch, weil Bildung stets die Eigenverfügung über den Aneignungs- und inneren Umwandlungsprozess gemeint hat. Er soll im Kontext der Kompetenzdebatte jedoch einen Anschluss an das Konzept einer Selbstsozialisation ermöglichen, wie es Zinnecker (2000) vorgelegt hat.
5 Gegenwärtig sind verschiedene Kompetenzmodelle in Gebrauch. Zwei Grundformen lassen sich differenzieren: Die eine besteht in einer Enumeration aller für wichtig gehaltenen Fähigkeiten und Fertigkeiten, und dafür wird der aus der amerikanischen Psychologie entlehnte Begriff der Kompetenz (competency) verwendet. Die andere bündelt die menschlichen Fähigkeiten und Fertigkeiten in einige wenige Grundkompetenzen nach Kriterien der Kohärenz und Übersichtlichkeit, und die meisten Konzepte reduzieren die Vielzahl der Fähigkeiten und Fertigkeiten auf das Grundschema von Whyte und Heinrich Roth (1969/71) mit den drei benannten Kompetenzen, manchmal ergänzt um eine eigene Handlungskompetenz. Für professionelle pädagogische Kompetenz vgl. dazu Nieke 2001 und 2006.

eingelagert werden kann, wird vergessen – sehr zum Leidwesen der Lernbemühten und der Pädagogen, die zu oft und zu sehr die segensreiche Wirkung des Vergessens von Unnützem, Fragwürdigem und Sinnlosem unterschätzen.[6]

Idealerweise steht dem Individuum in dieser Situierung das gesamte Weltwissen, das gesamte kollektive Menschheitsgedächtnis zur Verfügung. Die bisherigen technischen und praktischen Beschränkungen des Auffindens einer gesuchten relevanten Information in den Bibliotheken, bedingt durch die jeweilige Unvollständigkeit der Bestände jeder aufgesuchten Bibliothek und durch die nur sehr oberflächliche und rudimentäre Erschließung der Information durch die Zettelkataloge, sind mit der informationstechnischen Erschließung der Informationen, auch und vor allem der schriftlichen und gedruckten Formen, grundsätzlich aufgehoben. Hinzu kommen die Informationen in den neuen Formaten bewegter und vertonter Bilder, wie sie in Datenbanken für den jederzeitigen Zugriff von überall her zugänglich gemacht werden.

Der Zugang zu dem informationstechnisch aufgeschlossenen Weltwissen ist inzwischen von jedem Spezialwissen unabhängig gemacht worden. Die gegenwärtig angebotenen und verwendeten Suchverfahren erfordern keinerlei Kenntnisse spezieller Suchsprachen (SQL) mehr, wie sie noch vor Kurzem für das Suchen in Datenbanken unerlässlich waren. Erforderlich sind nur noch die Elementarkenntnisse des Umgangs mit einem Peripheriegerät des weltweiten Netzes. Das ist im Vergleich zu den Kenntnissen, welche die frühen Netznutzer brauchten, sehr gering und sehr einfach geworden, schließt aber derzeit auch in den Industriegesellschaften noch die Mehrheit der Bevölkerung von dieser Möglichkeit aus. Man muss immerhin noch wissen, wie etwa ein *Personal Computer* gestartet wird, wie die grafische Benutzeroberfläche mit Maus und Doppelklick zu bedienen ist und wie auf die noch immer ständig auftretenden Fehlermeldungen in technischem Englisch angemessen zu reagieren ist.

Eine weitere Hürde zeichnet sich ab: Während in den ersten Jahren der Euphorie über die Anarchie und Freiheit des WWW so gut wie alle Angebote kostenfrei ins Netz gestellt wurden, ändert sich dies gegenwärtig schnell. Gerade die Informationsdienste zum Orientierungs- und Weltwissen, über die in erster Näherung die großen Enzyklopädien informieren, werden gegenwärtig kostenpflichtig gemacht.[7] Dazu müssen die zum Teil unübersichtlichen Zahlungswege – etwa über

---

6 Diese Konzeptualisierung der Transformation von Information in Wissen folgt einerseits den Einsichten der Kognitionspsychologie und ist andererseits anschlussfähig an den aktuellen Diskurs des Kontruktivismus, auch in der Allgemeinen Didaktik.
7 Eine Ausnahme ist die freie Enzyklopädie Wikipedia, an der jeder Nutzer durch eigene Einträge und Ergänzungen oder Änderungen bestehender Artikel mitarbeiten kann. Dadurch sind die Einträge von sehr unterschiedlicher Qualität: Richtiges steht neben Falschem, und das kann ein bisher nicht

Kreditkarten – aktiviert werden, und solche Dienste können leicht Kosten erzeugen, die über die schmalen Einkommensfreiräume etwa von Kindern und Jugendlichen aus armen Familien hinausgehen. Allgemeinbildung als Bildung für alle ist dann möglicherweise auf diesem direkten, privaten Weg der Informationsbeschaffung über das Weltwissen aus dem WWW schon wieder pekuniär eingeschränkt und bedarf kompensierender Unterstützung vielleicht durch Angebote kostenfreien Zugangs in Schulen oder Internet-Cafés für Bedürftige.

Während in kanonisierten Bildungsgängen die vorausgewählten Inhalte einer Qualitätsprüfung durch professionelle Pädagogen und im Falle von staatlich beaufsichtigten Schulen wie etwa in Deutschland durch einen öffentlichen politischen Diskurs über die Seriosität und Bildungsbedeutsamkeit geprüft und bewertet wurden, obliegt diese Prüfung im Falle der individualisierten Bildung durch selbsttätige Informationsaneignung den sich Bildenden und Suchenden selbst – und damit sind sie grundsätzlich und unvermeidlich überfordert. Denn eine solche Prüfung ist erst auf der Basis vorhandenen Wissens möglich, aber dieses soll ja durch die Informationsaufnahme erst aufgebaut werden. Eine Lösung dieses grundsätzlich neuen Problems für Allgemeinbildung durch selbsttätige Informationsaneignung wird in so etwas wie Medienkompetenz gefordert und vermutet (vgl. Vollbrecht 2001: 53ff.; Meister et al. 2005). Damit ist eine Fähigkeit angesprochen, die ohne vorhandenes Wissen die Qualität und Seriosität der aufgefundenen Informationen, etwa anhand der Vertrauenswürdigkeit der Quelle, abzuschätzen gestattet. Aber auch dies erfordert umfangreiches und komplexes Wissen, das offenbar anders als durch selbsttätige Informationsaneignung erworben werden muss.

3. Bildung als Identitätsgestaltung

Bildung als eigenverantwortlicher, selbsttätiger Aufbau von Wissen als Basis für Orientierungs- und Handlungskompetenz ist die inhaltsbezogene Perspektive auf einen Prozess individueller Selbstgestaltung und Kohärenzbemühungen, der in psychologischer Perspektive als Identitätsgestaltung konzeptualisiert wird (Keupp et al. 1999). In einer gesellschaftlichen Selbstdefinition weitgehender Individualisierung, d.h. Verantwortung des Individuums für sich selbst, muss diesem Prozess der Selbstgestaltung eine wesentlich höhere Relevanz zugeschrieben werden als in Gesellschaftsformationen, in denen die Einzelnen in vorgegebene soziale Strukturen aus Positionen und engen Rollenvorschriften eingepasst werden. Das Bemü-

---

über das Gebiet informierter Nutzer nicht erkennen, sodass der Informationswert dieser Enzyklopädie einstweilen nur als gering angesehen werden muss.

hen um selbsttätig organisierte Allgemeinbildung wird dann zu einer lebenslangen Anforderung der Aufrechterhaltung einer innerlich wie äußerlich akzeptablen Identität und ist damit eine elementare Lebensleistung, die nur um den Preis der sozialen Ausgrenzung als krank oder behindert verfehlt werden kann. Allgemeinbildung in diesem Sinne ist dann nicht mehr mögliche Zugabe zu einer Persönlichkeitsentwicklung, die allenfalls zu mehr Lebensgenuss und sozialer Distinktion führen kann, ansonsten aber Luxus ist und notfalls auch entbehrlich wäre.

4. Bildung auf der Basis von Information und Kommunikation im Netz

Nach dem bisher Ausgeführten dürfte kein Zweifel daran bestehen, dass sich Bildung durch die Benutzung der vernetzten Informationstechnologie wesentlich verändert. Das ist allerdings keineswegs allein oder auch nur primär auf dieses technische Medium der Informationsübertragung und automatischen Informationsverarbeitung zurückzuführen, sondern auf den säkularen Trend der Individualisierung. Die neuartigen Möglichkeiten der Informationssuche und Informationsweiterverarbeitung verstärken lediglich die Wirkung dieses Trends, mit allerdings zum Teil gravierenden Folgen für die Eigengestaltung von Bildung und Identität.

4.1 Individualisierung, Amplifikation und Intensivierung der Bildungsmöglichkeiten durch neuartige Informationswege

Über die weitgehenden und weiterreichenden Notwendigkeiten und Möglichkeiten der Individualisierung wurde bereits das Wesentliche gesagt.

Die neuen Informationswege, vor allem über den für jeden leicht zugänglichen Weg über das WWW auf die dort zur Verfügung gestellten Daten, führen zu einer *Amplifikation*, einer Erweiterung der Bildungsmöglichkeiten, die gegenüber der bisherigen Situation qualitativ anders sind. Zwar gab es auch bisher schon grundsätzlich die Möglichkeit für jeden Menschen mit der Grundbildung der Literalität und den erforderlichen Fachkenntnissen zur Nutzung von öffentlichen Bibliotheken und ihres Fernleihverkehrs, alle irgendwann und irgendwo veröffentlichten Informationen, in Form von gedruckten oder vervielfältigten Texten und Bildern, gezielt nach seinen Interessen und Fragestellungen aufzusuchen. Doch stieß diese Informationssuche bald auf die engen Grenzen dieses Systems: Die Suche war nur aufgrund von Literaturangaben und Verweisen in vorliegenden Texten möglich, da die Verschlagwortung der Bücher – Zeitschriften und Buchbeiträge wurden von den Bibliotheken kaum oder gar nicht erfasst – nur sehr ungefähr und für spezielle Fragerichtungen unzureichend war und aufgrund der Herstellungsbedingungen auch sein und bleiben musste. Dadurch geriet der Leser und Suchende unvermeidlich in Verweisungszirkel und Zitationskartelle, die ihm den weitaus größeren Teil der zum Thema gehörigen und vielleicht relevanten anderen Texte absichtlich oder unvermeidlich verschwiegen. Suchende, die sich über diese Barriere hinwegsetzen wollten, pflegten denn auch, ihre Bücher in den Bibliotheken selbst aus- und aufzusuchen, ließen sich dabei von den nebenan stehenden Titeln beeindrucken und anregen und fanden auf diesem Weg zu Kostbarkeiten, die ihnen eine systematische Recherche auf dem beschriebenen Weg vermutlich nie zutage gefördert hätte. Natürlich war auch dieser Weg sehr beschränkt, hing er doch von den Zufälligkeiten ab, nach denen die Bücher nebeneinander aufgestellt und auch tatsächlich im Regal standen und nicht etwa ausgeliehen waren. – Das WWW bietet hier grundsätzlich weiterführende Suchwege mit ungleich besseren Ergebnissen, und zwar durch den – einstweilen meist noch kostenfreien – Zugang zu allen großen Literaturdatenbanken der Welt. Sie sind zwar grundsätzlich nicht anders aufgebaut als die früheren Zettelkataloge der Bibliotheken, aber die Amplifikation besteht in der Nutzungsmöglichkeit aller und nicht nur der am Ort befindlichen Literaturspeichersysteme. Überdies dauern elektronische Recherchen in solchen Systemen nur einen geringen Bruchteil der Zeit gegenüber früheren Studien an Zettelkatalogen.

Eine Datenbank wie das *Fachinformationssystem Bildung* vom *Deutschen Institut für Internationale Pädagogische Forschung* enthält über 400.000 Titel, und dabei auch Zeitschriftenbeiträge und Buchbeiträge mit zum Teil ausführlichen Kurzbeschreibungen. Eine Recherche von wenigen Minuten in dieser Datenbank erspart ein sonst erforderliches mehrtägiges oder noch längeres Suchen in der Bibliothek, an den Zettelkatalogen und in den Zeitschriften selbst und ist in seinen Ergebnissen stets umfangreicher und zielgenauer, als es die bisherigen Verfahren sein konnten.

Aber die meisten Nutzer des WWW verwenden nicht diese wirklich erweiternde Informationssuche, sondern lassen sich von den Suchmaschinen in den Bann ziehen. Diese suggerieren, alle zu den eingegebenen Stichworten im Netz stehenden Informationen aufzufinden. Das Ergebnis solcher Suchen ist jedoch in aller Regel stark enttäuschend. Über 95 Prozent der angezeigten Sites sind nicht anders denn als Müll zu bezeichnen. Er besteht überwiegend aus Werbung, die mit den eingegebenen Suchworten oft gar nichts zu tun hat (aber durch entsprechende Manipulation der Identifikations-Informationen geläufige Suchbegriffe auf sich lenken kann) sowie aus belanglosen, oft auch ärgerlichen Privatdarstellungen von Anbietern, deren Persönlichkeit und Motivationslage im Grenzbereich der Psychopathie vermutet werden muss.

Außer auf Literaturdatenbanken kann über das WWW auch – und inzwischen überwiegend schon kostenpflichtig – auf Informationsdatenbanken zugegriffen werden, die sich weitgehend am Format der bisherigen gedruckten Enzyklopädien orientieren. Die Amplifikation dieses Zugangs besteht erstens in der hohen Aktualität dieser Informationen gegenüber jeder im heimischen Bücherschrank stehenden Enzyklopädie und zweitens in dem Zugang zu allen, d.h. faktisch mehreren Datenspeichern. Vergleiche zeigen sehr schnell charakteristische Stärken und Schwächen der jeweiligen Enzyklopädien, sodass sich eine solche Parallelsuche stets lohnt.

Eine für *Selbstbildungsprozesse* wichtige neue Form des Zugangs zur Netzinformation besteht in den thematischen Portalen (für den Bereich der Bildung zum Beispiel der Deutsche Bildungsserver www.dbs.de). Wenn solche Zugänge zur Netzinformation von seriösen – also zumeist öffentlich geförderten – Betreibern angeboten werden, kann man den Verweisen zunächst vertrauen. Sie werden inhaltlich geprüft, ehe sie in das Verweissystem aufgenommen werden. Auch reduzieren sie die Ergebnisse der Suchen erheblich, sodass eine Übersicht über das jeweils Interessierende leichter und schneller möglich ist als bei den Standardsuchmaschinen für das gesamte WWW.

Über das WWW wird des Weiteren auch ein Zugang zu noch nicht oder gar nicht (mehr) gedruckten Informationen möglich. Das wird besonders deutlich an den aktuellen Texten zur Politik, etwa in Form der Informationen, die von den Landes- und der Bundesregierung oder von den Parteien aktuell zur Verfügung gestellt werden. Diese Texte waren auch bisher grundsätzlich zugänglich, aber *erstens* musste der interessierte Bürger schon wissen, *dass* es sie gab und *wo* er sie als Druckwerk anfordern konnte, und *zweitens* erschienen sie gedruckt oft erst Monate nach dem Verfall ihrer Aktualität.

Diese qualitativ neuen Wege zum Auffinden relevanter Informationen führen darüber hinaus zu einer *Intensivierung* der Bildungsmöglichkeiten. Das sei an den zwei Beispielen der Links und der dynamischen Präsentationen kurz erläutert. In den aufgefundenen Dokumenten, also den elektronisch auf dem Bildschirm aufscheinenden Texten, finden sich Verweise auf andere Texte oder Textteile, die eng mit dem gerade Erläuterten in Verbindung stehen. Diese Vernetzungstechnik ist alles andere als neu; solche Querverweise finden sich in allen gedruckten Enzyklopädien und Handbüchern und schon in den großen zusammenfassenden Schriften des Mittelalters. Das qualitativ Neue besteht in der Geschwindigkeit und Zugänglichkeit der verwiesenen Information. Wer je in einer zwanzigbändigen Enzyklopädie oder auch nur einem umfangreichen Handbuch den Querverweisen nachgegangen ist, wird wissen, wie viele Stunden das Hin- und Herblättern allein für *einen* längeren Artikel erfordert. Viele der Verweise erweisen sich für die eigene aktuelle Fragestellung als irrelevant. Die Links hingegen können in Sekundenschnelle angeklickt, kurz angeschaut werden und genauso schnell ist man wieder beim ursprünglichen Text. Darüber hinaus führen Links auch zu ganz anderen Dokumenten, grundsätzlich verteilt über den gesamten Erdball, wenn auch eingeschränkt auf den jeweils voreingestellten Sprachbereich. So führt ein Versuch, sich zu einem Thema zu informieren, mithilfe des WWW zu wesentlich anderen, erweiterten und intensivierten Text-Informationen, als es mit gedruckten Texten je möglich wäre.

Informationstechnisch vermittelte Information nutzt darüber hinaus gern auch die speziellen Möglichkeiten der Bildschirmdarstellung. Texte werden deshalb nicht nur mit Bildern ergänzt – das gab es in den gedruckten Enzyklopädien seit Jahrhunderten auch schon –, sondern mit bewegten Bildern, sei es als Filmsequenzen (damit wird die Bibliothek quasi mit der Bildstelle verbunden), sei es als dynamische Präsentation. So sind etwa die auf diese Weise erstellten Erläuterungen zur einsteinschen Relativitätstheorie oder zum Vulkanismus (etwa in den Multimedia-Enzyklopädien von Brockhaus oder Microsoft Encarta) qualitativ um ein Vielfaches informativer, als es jeder noch so ausführliche Text sein könnte. Das qualitativ neue informative Element ist der Bewegungsablauf in den schematischen Veranschaulichungen, oft verbunden mit der Möglichkeit der des Eingreifens durch den Nutzer (Interaktivität).

Solcherart vernetzte Informationsstrukturen wirken quasi wie ein *universaler Zettelkasten*. Solche Zettelkästen waren in der Vergangenheit der Versuch, die individuell relevante Information so abzulegen, dass sie nach einem meist alphabetisch organisierten System von Suchbegriffen schnell und zuverlässig wieder aufgefunden werden konnte. Viele Gelehrtenleben bestanden zu einem nicht unwesentlichen Teil ihrer Zeit aus dem Anlegen solcher Zettelkästen. Sie werden nun vermutlich weitgehend überflüssig, weil die Grundstrukturen in der angebotenen vernetzten Information über das WWW bereits vorhanden sind und in den Suchoberflächen leicht für den individuellen Gebrauch modifiziert werden können.

Die durch solche Nutzung von Vernetzung erreichbare Intensivierung der Bildung ist zugleich so etwas wie ein *Denkverstärker*. Die Sachverhalte können vollständig, umfassend, aktuell und medial in mehreren Dimensionen unterstützt erfasst und bedacht werden, wie es ohne die Nutzung dieser Instrumente so nicht möglich wäre.

Eine andere Frage ist, ob die neuen Formen der multimedialen Unterstützung von Lernen, die oft mit der Netznutzung verbunden werden – E-Learning, blended learning – weitere, darüber hinausgehende Effekte und Funktionen haben oder haben können, aber dafür soll an dieser Stelle auf die entsprechenden Beiträge in diesem Sammelband verwiesen werden (vgl. auch Nieke et al. 2004).

4.2 Bildung durch Netzkommunikation

Jugendliche Netznutzer haben einige Kommunikationsformen, die ursprünglich für den fachlichen Austausch von Wissenschaftlern konzipiert worden waren, sehr schnell für sich entdeckt und darauf eine Subkultur aufgebaut, die den Erwachsenen nicht ganz geheuer ist – wie alle dieser jugendlichen Subkulturen mit ihrem Anspruch an Novität und Kritik am Hergebrachten. Die Hauptformen sind die informationstechnisch vermittelten Brieffreundschaften über das System E-Mail (elektronische Post) und das Plaudern durch Texte am Bildschirm, das *Chatten* im *Chatroom* sowie die Präsentation von Tagebüchern im Netz *(Weblogs)*.

Bei den Brieffreundschaften über E-Mail ist zu konstatieren, dass die dort konventionell erlaubte Informalität von Stil und Rechtschreibung – Folge der später noch anzusprechenden Anarchie des Netzes – die Schwelle für das Schreiben von Briefen an persönlich Bekannte, aber auch Unbekannte niedriger legt, sodass die Bereitschaft zu schreiben größer ist als bei den seit vielen Jahrzehnten vielfach praktizierten Brieffreundschaften. Da die langen Postlaufwege von mehreren Tagen entfallen, ist der Austausch wegen der minutenschnellen Antwortmöglichkeit aktueller, munterer und der mündlichen Alltagskommunikation angenähert. Während beim Finden einer Partnerin für Brieffreundschaften eine Vermittlungsagentur erforderlich ist – meistens war es die Schule – lassen sich im Netz durch eigenständiges Suchen – Surfen – überall auf der Welt Mail-Partner finden. Das erhöht die Attraktivität dieser Form der ausprobierenden Kommunikation. Mail-Schreiben ist eine von Mädchen weitaus mehr als von Jungen praktizierte Nutzung der informationstechnisch vermittelten Kommunikation, nicht anders als die bekannte Brieffreundschaft. Während diese traditionellen Kontakte allerdings mit dem Eintritt in die Adoleszenz und dem Finden von heterosexuellen Partnern abrupt abbrechen, ist das Austauschen von Mails auch für viele junge, meist alleinstehende Erwachsene eine zunehmend beliebter werdende Freizeitbeschäftigung. Die Bildungswirkung von Briefeschreiben dieser Art ist ähnlich wie die von Tagebuchschreiben und hat zwei Dimensionen:

1. Die Selbstthematisierung im Prozess des Aufschreibens von Sätzen klärt die eigene Lage, fördert Selbstreflexion und damit die bewusste Identitätskonstruktion.
2. Das Aufschreiben von Gedachtem amplifiziert das Sprachvermögen, und zwar sowohl das schriftliche als auch das mündliche, weil dem Schreiben oft ein inneres Sprechen vorausgeht. Noch nicht hinreichend untersucht ist, ob das direkte Schreiben am Bildschirm und die geringer angesetzten Anforderungen

an die formale Qualität des Geschriebenen in elektronischer Post diese vom Schreiben auf Papier bekannten Bildungswirkungen qualitativ verändern.

Das Plaudern über das informationstechnische Medium vernetzter Bildschirme in eigens dafür geschalteten Kommunikationskanälen und auch optisch gestalteten Chatrooms ist demgegenüber eine neuartige Kommunikationsform, die das ungezwungene Plaudern zwar nachstellt, aber doch zu ganz anderen Formen und Ergebnissen führt. Es kann nur schriftlich kommuniziert werden, und damit geht das für das Plaudern Wesentliche der Kommunikation verloren, nämlich der nonverbale Signalstrom von Stimme, Mimik und Gestik sowie räumlicher Umgebung. Denn beim Plaudern kommt es nur sekundär auf die Inhalte an; primär geht es um die Aufnahme und Ausgestaltung von Beziehungen zwischen den kommunizierenden Personen. Die Reduktion auf den schriftlich zu verfassenden und zu lesenden Text führt beim Chatten zu anderen Perspektiven: Durch die grundsätzlich weltweite – nur durch die verwendete Sprache eingeschränkte – Offenheit des Chatrooms finden sich thematisch Gleichgesinnte und können sich durch ihre Teilnahme und die Bestätigung ihrer Weltsichten durch andere TeilnehmerInnen in einer weltweiten Solidarität fühlen. Da sich die Chatrooms – teils von den Betreibern absichtlich hergestellt, teils durch das Bleiben und Wiederverlassen der TeilnehmerInnen erzeugt – oft thematisch hoch spezialisieren, kann jeder Plauderwillige solche Rahmungen für seine Kommunikationsbedürfnisse finden, die viel mehr Verständnis erwarten lassen, als das in zufälligen Plaudersituationen seines kommunikativen Alltags mit Verwandten und der Handvoll Freunden und Bekannten möglich ist. Da überwiegend junge Menschen – Jugendliche und junge Erwachsene – in Chatrooms plaudern, bringen sie auch den generationstypischen Redestil mit ein: informell, albern, witzig, originell, aber auch oft ziemlich aggressiv, vor allem aber unernsthaft, um nicht als Langweiler zu gelten. Sobald es ein ernsthaftes Interesse an einzelnen TeilnehmerInnen gibt, wird auf den sogenannten Flüstermodus umgeschaltet, das heißt aus dem allgemeinen Plaudern, das alle mit ansehen können, wird so etwas wie eine Brieffreundschaft, weil in diesem Modus nur noch die zwei Partner ihre jeweiligen Texte sehen können, die sich auf diese Kommunikationsebene umgeschaltet haben. – Die Bildungswirkung dieser Kommunikation übers weltweite Netz ist das Erlebnis einer raumunabhängigen Solidarität, die so spezifisch und umfassend im konkreten Alltag meist nicht erreichbar wäre. Deshalb ist es nicht verwunderlich, dass diese Kommunikationsform besonders solche Menschen anzieht und dauerhaft bindet, die unalltägliche Orientierungen und Bedürfnisse haben, für welche sie in Alltagskommunikationen kein oder wenig Verständnis finden würden.

In Chatrooms, mehr aber noch in MUDs, kann eine virtuelle Identität präsentiert werden, die von den übrigen Kommunikationsteilnehmern grundsätzlich nicht auf ihre Richtigkeit überprüft werden kann: Geschlecht, Alter, Aussehen und soziale Lage können beliebig angegeben werden. Tatsächlich probieren nicht wenige TeilnehmerInnen solche anderen, »falschen«, vorgespielten, virtuellen Identitäten aus (s. die erste und für das Thema inzwischen wegweisende Studie von Turkle 1999 sowie Meder und Jörissen in diesem Band) und sind sehr an den Reaktionen der anderen TeilnehmerInnen interessiert. Das erweitert die Möglichkeiten der Identitätskonstruktion im Jugendalter, aber auch darüber hinaus. Gegenwärtig ist davon auszugehen, dass der Prozess der Identitätsdefinition weniger ein Weg zum Finden einer vorgedachten oder naheliegenden Identität ist, sondern mehr ein lebenslanger Prozess der Konstruktion von Identität durch das Modifizieren von Kernnarrationen (so Keupp et al. 1999) mit entsprechend größeren Möglichkeitsräumen, die in solchen virtuellen Präsentationen spielerisch und in den Konsequenzen unverbindlich ausprobiert werden können, was vielleicht den Reflexionsraum darüber erweitert.

4.3 Das Netz wird in seinen Möglichkeiten glorifiziert

Mit Einführung der grafischen und intuitiv bedienbaren Benutzeroberfläche WWW für Benutzer ohne Fachkenntnisse über das technische Funktionieren der vernetzten Kommunikation entstand eine Euphorie über die qualitativ neuen Möglichkeiten dieser Kommunikationsform. Diese Euphorie ist bis heute anzutreffen, wenngleich aktuell durch das Einbrechen der völlig überbewerteten Aktienwerte von Firmen, die auf das Geldverdienen mit dem Netz gesetzt haben und deren Gewinnerwartungen zusammengebrochen sind, mindestens die überzogenen Erwartungen im kommerziellen Bereich zurückgenommen werden. Auch nervt die Nutzer die Unsitte der Belästigungen durch Viren, Würmer und Spams sowie das Zusammenbrechen von Teilen des Netzes durch Hackerattacken (vgl. zu diesem Aspekt des Netzes den Beitrag von Richard in diesem Band). Sollte es nicht gelingen, diese Beeinträchtigungen künftig wirksam auszuschalten, könnten einige Nutzergruppen sich vom freien WWW verabschieden und wieder in separate Netze zurückkehren. und die Alltagsnutzer so verschreckt werden, dass die Netzkommunikation in ihrer allgemeinen Relevanz wieder verschwindet.

Die informationstechnisch vernetzte Kommunikation eröffnet durchaus spezifische neue Möglichkeiten für Bildung, aber vieles, was dazu derzeit in der Diskussion angeführt wird, erweist sich bei näherer Prüfung als unzutreffend oder fragwürdig. Einiges davon sei kurz angesprochen.

- Das *Bild*. Behauptet wird, dass der Text nun durch das Bild ersetzt, mindestens aber ergänzt werde. Das ist unzweifelhaft so, aber überhaupt nichts Neues, da es diesen Trend seit Erfindung des Klischeedrucks von Fotografien in allen Printmedien vom Buch bis zur Zeitung seit hundert Jahren gibt.
- Die *Anarchie*. Die Erfinder des WWW und die erste Netzgemeinde feierten die Anarchie des Netzes als Revolution im Zugang zu Informationen. Durch die Dezentralisierung der technischen Netzorganisation und die wenig institutionalisierte Form der wenigen zentralen Funktionen – wie der Vergabe von Domains und URLs – sei so etwas wie eine Weltdemokratie der Netzbenutzer entstanden, jenseits der Machtstrukturen von Nationalstaaten. Tatsächlich erleichtert die gegenwärtige Netzorganisation, vor allem durch die – noch – bestehende weitgehende Kostenfreiheit des Zugangs zu vielen Informationsangeboten, den Zugang zum im Netz präsentierten Ausschnitt aus dem Weltwissen. Sie realisiert damit den Grundsatz der Gleichheit im Zugang zum Wissen und relativiert das Prinzip *Wissen ist Macht*. Dieser gleiche und freie Zugang zu allem Wissen ist in den modernen abendländischen Demokratien stets ein wichtiges Konstitutionsprinzip für die öffentliche Kontrolle staatlicher und wirtschaftlicher Macht gewesen. Eine ähnliche befreiende Wirkung des für jeden Lesekundigen zugänglichen Weges zu Wissen wurde bereits zu Beginn der Neuzeit für die Einführung des Buchdrucks konstatiert (Chartier/Cavallo 1999). Die Wirkung des anarchischen Netzes ist also nicht grundsätzlich neuartig, sondern nur in ihren Möglichkeiten gegenüber den Druckwerken amplifizierend, dies allerdings nur unter der Voraussetzung, dass alle wichtigen Informationen ins Netz gelangen und grundsätzlich für alle Nutzer zugänglich sind. – Die Anarchie hat allerdings auch zu durchaus fragwürdigen Inhalten geführt, die bei den Printmedien durch staatliche Verbote sanktioniert werden und werden konnten: etwa Gewalt- und Kinderpornografie und rechtsradikale Hetzaufrufe. Der aus guten Gründen in Europa etablierte Jugendschutz ist so faktisch außer Kraft gesetzt und noch gibt es keine überzeugenden technischen Lösungen zu einer entsprechenden Filterung oder zu Verboten solcher Inhalte.
- Die *Faszination*. Die zentrale Faszination der vernetzten Kommunikation besteht in dem grundsätzlich möglichen jederzeitigen, schnellen und ortsunabhängigen Zugang zu jedweder Information weltweit, sei sie öffentlicher oder privater Herkunft. Die Anarchie des Netzes hat jedoch dazu geführt, dass die in ihm zur Verfügung stehende Menge an Information längst so groß geworden ist, dass die bisherigen Suchstrategien – das Surfen, d.h. das Verfolgen von durch Links suggerierten Querverweisen und -verbindungen, und das Verwenden von Suchworten in Suchmaschinen – nunmehr weitgehend Müll zutage fördern: Wer-

bung, Ungenießbares von privaten Sites, die oft von Psychopathen erstellt worden zu sein scheinen. Das verlangt nach noch nicht zur Verfügung stehenden kognitiven und maschinell unterstützten Strategien der Filterung (intelligente Assistenten für die Suche), da es an Kriterien der Glaubwürdigkeit, Vertrauenswürdigkeit der Informationen auf den Sites fehlt. Auch ist die technische Barriere des Zugangs zur Netzinformation noch überflüssig hoch; wie weiter oben beschrieben (S. 150), erzeugt sie einstweilen zwei Klassen von Menschen im Zugang zum Netz.

- Die *Aktualität*. Den unbestrittenen Vorteilen täglich mehrmals wechselnder Seiteninhalte steht das Problem der Flüchtigkeit gegenüber. Der schnelle Wechsel verhindert die intersubjektive Überprüfbarkeit von Netzinformationen. Die Angabe der Quelle – in öffentlichen Bibliotheken seit Jahrhunderten ein probater Weg für intersubjektive Überprüfbarkeit einer Information – ist im Netz wenig hilfreich, da sich der Seiteninhalt einer URL ständig und schnell ändert oder ändern kann. Lösbar wäre dies durch eine ständige Archivierung aller Seiten. Das ist in der Anfangszeit des Netzes von privater Seite versucht worden, doch ist der Aufwand inzwischen so groß, dass er nur in weltweit koordinierter Anstrengung zu bewältigen wäre.

4.4 Kritik dreier Mythen

In Texten über das weltweite Informationsnetz finden sich immer wiederkehrend drei Mythen, die kurz kritisiert werden sollen:

(1) Der *Digitalisierungs*-Mythos spricht davon, dass die technische Verarbeitung von Informationen durch eine Codierung auf zwei Systemzustände – elektrisch geladen und nicht geladen – das Weltwissen auf binäre Entscheidungen zwischen 0 und 1 reduziere. Entweder ist dies gedankenlos oder zeugt von technischer Verständnislosigkeit der Funktionsprinzipien technischer Informationsverarbeitung. Die Digitalisierung der Informationen zur Bearbeitung auf Maschinen, die nur zwei elektrische Systemzustände nutzen, ist eine kontingente technische Realisierung. Heute wird bereits an anderen, etwa optischen, Realisierungen gearbeitet, die weit mehr als zwei physikalische Systemzustände nutzen, und damit würden die Informationen nicht mehr binär, sondern in entsprechenden anderen algebraischen Formen codiert. Die binäre Codierung hat keinen Einfluss auf die Art der Verarbeitung von Information in den darauf

aufbauenden komplexen Werkzeugebenen der Programmierung.[8] – Die wesentlichen Merkmale der Netzinformation sind deshalb überhaupt nicht angemessen mit »Digitalisierung« zu beschreiben, sondern eher mit *Relationalität* und *Präsentialität*. Relationalität bezeichnet die beliebige und hochkomplexe Vernetzung der Informationen untereinander, die zu den beschriebenen Möglichkeiten der qualitativ neuartigen Amplifikation und Intensivierung von Wissensgenerierung führt. Präsentialität lenkt die Aufmerksamkeit auf die Möglichkeit des jederzeitigen und ortsunabhängigen Zugangs zum gesamten im Netz vorhandenen Weltwissen und auf die ständige Aktualisierung dieser Informationen.

(2) Der *Virtualitäts*-Mythos. Er entstammt einer Übergeneralisierung einzelner Konstruktionen wie dem Bewegen in einem virtuellen Raum mittels Datenhelm. Das dem Betrachter dabei projizierte Bild eines scheinbaren Raumes ist in vergleichbarer Weise real und zugleich nicht wirklich vorhanden wie ein Spiegelbild; dieses wird in der physikalischen Optik eben deshalb als virtuelles Bild bezeichnet. Die Netzwelt hingegen ist eine Welt des Bildschirms, und hier ist von vornherein jede Verwechslung von Bild und Wirklichkeit ausgeschlossen, allein schon wegen der Proportionsverkleinerung der Darstellung. Wer sich also über das Netz eine Welt bewegter dreidimensionaler Bilder vorspielen lässt, befindet sich deshalb noch überhaupt nicht in einem virtuellen Raum (cyber space), sondern in einer Bilderwelt, die sich kategorial durch nichts von dem zuvor Bekannten unterscheidet, von Bildern in Büchern oder bewegten Bildern auf dem Fernsehbildschirm. Die Welt des Netzes besteht aus Schrift, Bildern und Symbolen, das sind zwar Konstruktionen, aber nicht mehr und nicht weniger als in der Welt der übrigen Materialisationen von Schrift, Bildern und Symbolen. – Ein virtueller Spiel-Raum im wörtlichen Sinne entsteht erst etwa in MUDs (s. den Beitrag von Meder in diesem Band), d.h. in simulierten räumlichen Umwelten, die durch eigene Gestaltung durchgehbar und gestaltbar werden.

(3) Der *Vereinsamungs*-Mythos: Das Benutzen der Netzwelt, das Surfen mache einsam. Tatsächlich gibt es Menschen, die in exzessiver Form surfen, sodass alle Merkmale einer nicht stoffgebundenen Sucht erfüllt sind. Aber das sind wenige, und sie sind bereits vor dem Kontakt mit dem Netz isoliert gewesen. Die Nutzungsstudien zeigen hingegen, dass die Netzinformation gerade von solchen, meist hochgebildeten und jüngeren Menschen genutzt wird, die überdurchschnittlich viele soziale Kontakte innerfamilial und nach außerhalb pflegen.

---

8 Dies gilt mit Ausnahme der Simulation linearer Dynamiken mit kontinuierlichen Datenformen, die genauer in analog arbeitenden Maschinen dargestellt werden können als in digital programmierten; aber das ist für die humanwissenschaftlichen Anwendungen der Informationstechnik ein irrelevanter Anwendungsfall.

4.5 Gefahren der Netzkommunikation für junge Menschen

Noch jede technische Innovation ist von Pädagogen als schädlich für die jungen Menschen verdächtigt worden. Natürlich war das nicht immer berechtigt, aber in vielen Fällen auch nicht falsch. Wenn jedoch das Böse erst einmal in die Welt gekommen ist, kann es nicht mehr verbannt werden und die pädagogische Aufgabe heißt dann, mit den Gefahren umgehen zu lernen, sei es mit dem elektrischen Strom oder den Kraftfahrzeugen. Zwei Gefahren zeichnen sich nach dem derzeitigen Erkenntnisstand ab:

(1) *Surf-Sucht*. Das Surfen im Netz hat eine spezifische Faszination, die unter bestimmten Bedingungen zu einer nicht stoffgebundenen Sucht werden kann, nicht anders als eine Spielsucht oder der Geschwindigkeitsrausch. Auch bei einer Spielsucht geht es nicht primär um den angestrebten und in Aussicht stehenden Gewinn, sondern der Prozess des Spielens an sich ist suchterzeugend, indem von Augenblick zu Augenblick etwas Neues – nämlich die aktuelle Spielkonstellation – entsteht und wahrgenommen wird und dies die Erregung in einem sich selbst verstärkenden Mechanismus so steigert, dass ein Aufhören erst nach völliger Erschöpfung möglich wird. Entsprechend wirkt der Geschwindigkeitsrausch, sei es im selbst gesteuerten Auto auf der Straße oder beim Skifahren oder bei Extremsportarten. Vermutlich der gleiche Selbsterregungsmechanismus wird auch beim Surfen ausgelöst: Das selbstbestimmte Erzeugen immer neuer Konstellationen und Bilder auf dem Bildschirm durch das beliebige Verfolgen der Links steigert die Neotonie, bis es zur Erschöpfung kommt, was aber erst nach etlichen Stunden einzutreten braucht, die aber erst nach etlichen Stunden einzutreten braucht. Junge Menschen sind besonders suchtgefährdet, weil sie sich in ihren Reaktionen erst ausprobieren müssen, ehe sie die zwanghaften Mechanismen des Nicht-mehr-Aufhörenkönnens erfahren und dann erst nach Wegen suchen, ihnen wirksam zu entkommen oder auszuweichen. Wie bei anderen Suchtgefährdungen auch – Alkohol, Tabakrauchen, Drogen – wird es wohl erforderlich werden, labilen und besonders gefährdeten (jungen) Menschen vorsorgende Hilfen anzubieten, die ein verhängnisvolles Abgleiten in eine ausgeprägte Sucht verhindern oder abfangen können. Das ist nicht nur Aufgabe der bisherigen Suchtberatung, die sich ja schon jetzt sehr umfangreich mit Spielsucht befassen muss, sondern auch der Allgemeinbildung in der hier skizzierten Fassung und Aufgabenstellung.

(2) Verführung Labiler zur *Selbsttötung*. In *Selbstmord-Foren* (Repke et al. 2001) treffen sich im Netz junge Menschen mit der für dieses Alter typischen vorübergehen-

den melancholischen Grundstimmung von Weltschmerz und akutem Liebeskummer. Hier wirkt die oben beschriebene Solidarisierung mit Gleichgesinnten über räumliche Grenzen hinweg. Da können Stimmungslabile auf Gleichgestimmte treffen, die sie in der Alltagskommunikation nie getroffen hätten, weil das zum einen statistisch unwahrscheinlich ist und zum anderen im Rahmen einer physischen Begegnung solche Stimmungen üblicherweise nicht preisgegeben werden dürfen. In der Anonymität der Netzkommunikation wird das möglich und offensichtlich von einer neuen Spielart von Voyeuren auch ausgenutzt, indem diese die Labilen ermuntern, ihre geäußerte Suizid-Absicht auch in die Tat umzusetzen und die Netzgemeinde daran teilhaben zu lassen. So in ihrer Stimmung bestärkt und anerkannt, haben einige junge Menschen tatsächlich Suizid begangen und in den Foren dokumentiert. Da es sich hier nicht um eine reiflich erwogene Bilanz-Selbsttötung handelt, sondern um Selbsttötungen, die von denen, die sie nur versucht haben und überlebt haben, später als dumme Jugendtorheit bereut werden, bedürfen diese jungen Menschen unbedingt einer intervenierenden Hilfe. Dabei ist einstweilen offen, ob es ausreicht, dass sich Sozialpädagogen, quasi als Streetworker im WWW, in die laufenden Chats solcher Foren direkt einschalten, oder ob solche Foren institutionell sanktioniert werden sollten, was bei der Anarchie des Netzes alles andere als einfach wäre.

4.6 Die Relevanz des Englischen: Verständigungssprache oder kulturelle Dominanz?

Das Netz wurde von amerikanischen Wissenschaftlern zum Zwecke der internationalen Kommunikation zwischen Großforschungseinrichtungen erfunden, und deshalb ist die technische Basis selbstverständlich in technischem Englisch konzipiert worden, wie überhaupt in allen Informationstechnologien. Sobald die Nutzung des WWW und der elektronischen Kommunikationsdienste die Oberfläche verlässt, die in allen Nationalsprachen erhältlich ist – und das ist oft schon für die Ersteinrichtung, die Konfiguration der Benutzeroberfläche erforderlich –, muss der Nutzer dieses technische Englisch verstehen und benutzen können. Um im Netz *weltweit* kommunizieren zu können, wird Englisch als Verständigungssprache eingesetzt, nicht anders wie in den Wissenschaften, im Handel, in Seefahrt und im Flugverkehr. Allerdings zeichnen sich Tendenzen zu einer Re-Regionalisierung ab: Neben den englisch dominierten Domains entstehen französische, chinesische, die das technische Englisch nur noch auf der elementaren Basis der

Steuerung der Netzkommunikation nutzen und die Anwendung ganz in der Regionalsprache ablaufen lassen.

Die für Allgemeinbildung wichtige, aber schwierig zu beantwortende Frage lautet: Dominiert Englisch nur als Verständigungsmittel oder dominiert damit auch eine Kultur, eine darin eingewobene Weltanschauung? Um das plakativ gegeneinanderzustellen: Wird mit der Benutzung des Englischen auch eine Mentalität des *just do it!* vermittelt? *Erst tun, dann nachdenken* (angelsächsisch) oder: *Erst nachdenken – dann tun* (kontinentaleuropäisch)?

5. Konsequenzen für die Allgemeinbildung

5.1 Folgen für den Bezug auf Welt, Mitwelt und Selbst

Wie bei allen Befunden von Gesellschaftsanalysen stellt sich angesichts der Möglichkeiten des Umgangs mit Netzinformation und Netzkommunikation die Frage, ob sich dadurch die Bildung, die Allgemeinbildung, faktisch verändert oder sich gegebenenfalls normativ gegenwirkend einstellen soll. Diese Frage kann auf drei Bereiche ausdifferenziert werden: Wie verändert sich Bildung in Bezug auf

1. die Welt, also in Bezug auf die Sachkompetenz,
2. die Mitwelt, also in Bezug auf die Sozialkompetenz,
3. das Selbst, also in Bezug auf die Selbstkompetenz?

(1) *Welt*. Das Netz ermöglicht einen Zugang zum Weltwissen, wie er historisch zuvor für den Einzelnen noch nicht möglich gewesen ist. Die kundige Nutzung der Netzprinzipien Relationalität und Präsentialität führt zu einer Amplifikation der Kompetenz und zu einer höchstmöglichen Individualisierung von Bildung, unabhängig von den äußeren Lebensumständen und dem Aufenthaltsort.

(2) *Mitwelt*. Die Soziotäten, an denen sich Menschen orientieren, von denen sie die identitätsbestätigende Rückmeldung über sich erhalten, entgrenzen sich. Die Solidarisierungen in Foren von grundsätzlich weltweiter Kommunikation, jedenfalls aber orts- und sozialraumunabhängig, erzeugen neue Gruppen zur Solidarisierung, in denen die Interessenhomogenität zunimmt und die persönliche Anonymität hoch bleibt. Das ist eine qualitativ andere und neuartige Gruppierungsform von Peergroup als die bisher üblichen und bekannten Freundschaften, Cliquen und Banden, in denen Kognitionen, Informationen wenig gelten und Körperlichkeit – Attraktivität, Stärke – wesentlich Ansehen und Macht-

position bestimmt. Deshalb ist für die Bildungswirkung zu erwarten, dass solche gegenseitigen Orientierungen an Gleichgesinnten sich an den Interessen, den Themen, den Strukturen der Sachgehalte ausrichten und damit am Wesentlichen der Persönlichkeiten und nicht an den zufälligen biontischen Ausformungen der Körperlichkeit. – Hier zeigen sich Entsprechungen zur Kultur der grenzüberschreitenden Briefwechsel in der frühen Neuzeit, als sich Freundschaften zwischen Gleichgesinnten allein über dieses Kommunikationsmedium herstellten und lebenslang erhielten, ohne dass die Schreiber sich – wegen großer Distanzen und unerschwinglich teurer Verkehrsmittel – jemals persönlich zu Gesicht bekamen.[9] Allerdings ist die verwendete Rhetorik eine andere: Damals waren Briefe selten und wurden viele Male über Jahre hinweg immer wieder neu gelesen, heute kommen die Mails in kurzen Abständen auf den Bildschirm und werden alsbald gelöscht. Dadurch werden sie ähnlich flüchtig wie gesprochene Kommunikation.

(3) *Selbst*. Die beschriebene Intensivierung von Bildung durch relationierte und jederzeit und überall präsente Information aus dem Netz führt zu einer Denkverstärkung (intelligence amplification[10]), wie weiter oben beschrieben.

5.2 Medienkompetenz als Bestandteil von Allgemeinbildung

Der Umgang mit Netzinformationen und Netzkommunikation gehört zu den Themen der Medienkompetenz, da die Informationen auch in diesem Bereich wesentlich durch die Nutzung eines spezifischen Mediums konstruiert sind und rekonstruiert werden müssen.

Wie aus dem bisher Dargelegten deutlich geworden sein sollte, ist Medienkompetenz in diesem Bereich etwas anderes als die oft eingeforderte Computer literacy, also die Fähigkeit, mit den gegenwärtig geläufigen Benutzeroberflächen gängiger Computerprogramme umzugehen.

Seit diese Oberflächen nicht mehr die Kenntnis einer speziellen Programmiersprache erfordern – wie in der ersten Generation der Kleincomputer etwa Basic –, sondern in ihrer grafischen Gestaltung sich auch unvertrauten Erstnutzern sofort intuitiv erschließen, muss darauf keine große didaktische Mühe mehr verwendet werden. Zudem ist zu erwarten, dass der Personalcomputer als gegenwärtig

---

9 Als ein Beispiel unter zahlreichen anderen sei hier auf den Briefwechsel von Comenius verwiesen.
10 Dieser englische Fachausdruck wird hier absichtlich anders übersetzt, da es nicht um die einfache Ausweitung der Fähigkeiten geht – die ja auch von mir mit Amplifikation beschrieben wird –, sondern um eine qualitative Intensivierung der kognitiven Kapazität.

übliche Schnittstelle zum Netz bald durch wesentlich einfacher zu handhabende Endgeräte ersetzt werden wird, weil er als Universalmaschine viel zu komplex und damit auch störanfällig und eben auch zu teuer für solche einfachen Nutzungen ist.

Medienkompetenz für das Netz erfordert vielmehr die Fähigkeit, vertrauenswürdige Informationen zu finden und zu erkennen, und das ist alles andere als einfach. Vermutlich bedarf es dazu in einer Anfangsphase der Beratung durch einen Kundigen, also eine entsprechend qualifizierte PädagogIn. Rein autodidaktisch wird sich diese Kompetenz wohl nicht einstellen. Technische Hilfen könnten Portale sein, die von vertrauenswürdigen Betreibern zur Verfügung gestellt werden – etwa Universitäten oder staatlich betriebenen oder beaufsichtigten Bildungsservern. Sie würden nur geprüfte Links auf seriöse Sites enthalten, was eine ständige Überprüfung und Aktualisierung seitens dieser Instanzen erfordert und entsprechend arbeits- bzw. personalintensiv ist.

Die Netzinformation mit ihren Merkmalen der Kombination von Text und Bild sowie den Möglichkeiten der interaktiven Beeinflussung der präsentierten Inhalte gehört zu den so genannten Neuen Medien, die sich durch diese Kombination und Dynamik von den alten Medien unterscheiden. Nun ist festzuhalten, dass einfache Multimodalität die Lerneffizienz nicht erhöht, wie oft fälschlich angenommen wird (Meister/Sander 2000: 123f.). Um sich im Umgang mit diesen Neuen Medien erfolgreich zurechtzufinden, sind bestimmte kognitive Orientierungsstrategien erforderlich, die nicht vorgegeben sind, sondern systematisch erlernt werden können und müssen. Es handelt sich dabei um Metakognitionen, das heißt um solche gedanklichen Orientierungsverfahren, mit denen Ordnung in die vorgefundenen Orientierungen gebracht werden kann, welche ohne eine solche Ordnung nur überlasten und verwirren würden. Damit ist in psychologischen Termini nichts anderes beschrieben als das, was in älteren Reflexionen als *Sinn* bezeichnet wurde. Sinn ergibt sich durch die Einordnung von etwas in einen größeren Zusammenhang. Medienkompetenz hat also die Aufgabe, Sinn zu organisieren und von dort aus die Suche nach und den Umgang mit Informationen so zu lenken, dass aus ihnen verwertbares und im Gedächtnis behaltbares Wissen werden kann, d.h. sinnvolle Weltorientierung. Damit ergibt sich eine sehr enge Verbindung dieser Form von Medienkompetenz zu den bisherigen Konzepten von Allgemeinbildung.

Literatur

Bourdieu, Pierre (1982/1979): Die feinen Unterschiede. Kritik der gesellschaftlichen Urteilskraft. Frankfurt a.M.: Suhrkamp.
Chartier, Roger/Cavallo, Cuglielmo (Hg.) (1999): Die Welt des Lesens. Von der Schriftrolle zum Bildschirm. Frankfurt a.M.: Campus.

Hansmann, Otto/Marotzki, Winfried (Hg.) (1988/89): Diskurs Bildungstheorie. 2 Bände. Weinheim: Deutscher Studien Verlag.
Keupp, Heiner et al. (1999): Identitätskonstruktionen. Das Patchwork der Identitäten in der Spätmoderne. Reinbek: Rowohlt.
Klafki, Wolfgang (1994): Grundzüge eines neuen Allgemeinbildungskonzepts. In: Klafki, Wolfgang: Neue Studien zur Bildungstheorie und Didaktik. Zeitgemäße Allgemeinbildung und kritischkonstruktive Didaktik. Weinheim: Beltz, 4. Aufl., S. 43-81.
Meister, Dorothee M./Sander, Uwe (2000): Bildung *just in time* durchs Internet? In: Marotzki, Wolfgang/Meister, Dorothee M./Sander, Uwe (Hg.): Zum Bildungswert des Internet. Opladen: Leske + Budrich, S. 115-136.
Meister, Dorothee M./Hagedorn, Jörg/Sander, Uwe (2005): Medienkompetenz als theoretisches Konzept und Gegenstand empirischer Forschung. In: Jahrbuch Medienpädagogik 4. Wiesbaden: VS, S. 170-186.
Mertens, Dieter (1974): Schlüsselqualifikationen – Thesen zur Schulung für eine moderne Gesellschaft. In: Mitteilungen aus der Arbeitsmarkt- und Berufsforschung, S. 36-45.
Nieke, Wolfgang (2001): Gesellschaftsanalyse, Situationsdiagnose, Selbstreflexion und professionelles Handeln. In: Otto, Hans-Uwe/Rauschenbach, Thomas/Vogel, Peter (Hg.): Erziehungwissenschaft in Studium und Beruf. Bd. III. Opladen: Leske + Budrich (i.E.).
Nieke, Wolfgang/Höfke, Grit/Müsebeck, Petra (2004): Mobiles und hypertextbasiertes Lernen: Erfahrungen des Fachbereichs Erziehungswissenschaft mit dem Notebook-University-Rostock-Projekt. In: Kerres, Michael et al. (Hg.): Didaktik der Notebook-Universität. Münster: Waxmann, S. 63-78.
Nieke, Wolfgang (2006): Pädagogische professionelle Handlungskompetenz zwischen Qualifikation und Bildung. In: Rapold, Monika (Hg.): Pädagogische Kompetenz, Identität und Bildung. Baltmannsweiler: Schneider Hohengehren, S. 35-49.
Repke, Irina/Wensierski, Peter/Zimmermann, Felix (2001): »Let it be«. In: Der Spiegel, Nr. 9, S. 78-80.
Roth, Heinrich (1967/1971): Pädagogische Anthropologie. 2 Bde. Hannover: Schroedel.
Sandbothe, Mike/Marotzki, Winfried (Hg.) (2000): Subjektivität und Öffentlichkeit. Kulturwissenschaftliche Grundlagenprobleme virtueller Welten. Köln: von Halem.
Tenorth, Heinz-Elmar (Hg.) (1986): Allgemeine Bildung. Analysen zu ihrer Wirklichkeit, Versuche über ihre Zukunft. Weinheim: Juventa.
Tenorth, Heinz-Elmar (1994): »Alle alles zu lehren«. Möglichkeiten und Perspektiven allgemeiner Bildung. Darmstadt: Wissenschaftliche Buchgesellschaft.
Turkle, Sherry (1999): Leben im Netz. Identität in Zeiten des Internet. Reinbek: Rowohlt.
Vollbrecht, Ralf (2001): Einführung in die Medienpädagogik. Weinheim: Beltz.
Zinnecker, Jürgen (2000): Selbstsozialisation. In: Zeitschrift für Soziologie der Erziehung und Sozialisation, H. 3, S. 272-290.

Virtuelle Welten und Cyberspace

Johannes Fromme

Die neuen Informations- und Kommunikationstechnologien, die seit einigen Jahren nicht nur die Arbeitswelt, sondern unsere gesamte Kommunikationskultur grundlegend verändern, konfrontieren uns mit einer Reihe neuer Entwicklungen. Dazu gehören auch jene technisch-medialen Phänomene, die als »virtuelle Realität« oder »virtuelle Welt« bezeichnet werden. Virtuelle Realität war zunächst ein technischer Terminus, der sich auf bestimmte fortgeschrittene Computertechniken bezog, mit deren Hilfe ein dreidimensionaler Raum erzeugt wird, der einer Betrachterin[1] den Eindruck realer Präsenz in diesem Raum vermittelt und der ihr auch bestimmte Interaktionsmöglichkeiten eröffnet (vgl. Waffender 1991). Bald wurden aber auch andere computergenerierte Umgebungen als virtuelle Realität bezeichnet. Sherry Turkle hat sich beispielsweise Anfang der 1990er Jahre mit den sozialen Interaktionen in textbasierten Multi-User-Computerspielen im Internet beschäftigt, den sog. »Multi-User-Dungeons« (MUDs), und sie u.a. als virtuelle Umgebungen (virtual environments), als »Beispiele für einen neuen Typus virtueller Welten« (Turkle 1998: 310) und als virtuelle Realitäten (virtual realities) bezeichnet (s. auch Turkle 1995). Die Bezeichnungen virtuelle Welt und virtuelle Realität werden also inzwischen einerseits weitgehend synonym und andererseits für verschiedene »künstliche« Welten benutzt, z.B. auch für den vernetzten Datenraum des Internets sowie für einzelne Welten im Internet. Für Stefan Münker ist virtuelle Realität insofern

> »der allgemeine Titel für die unterschiedlichsten Formen computergenerierter Nachbildungen der Wirklichkeit – von den textbasierten virtuellen Gemeinschaften der MUDs und MOOs des Internet bis hin zu den multimedialen Environments aus den High-End Rechnern der avancierten Laboratorien ziviler wie militärischer Forschung oder der Studios Hollywoods« (Münker 1997: 108, Herv. i.O.).

Die Rede von virtueller Realität ist insofern voraussetzungsvoll, als sie unterstellt, es gebe mehrere (mindestens zwei) Realitäten, die voneinander unterscheidbar

---

[1] In diesem Beitrag benutze ich die weiblichen Funktionsbezeichnungen. Wo nicht ausdrücklich auf das Geschlecht von Personen oder Gruppen hingewiesen wird, meine ich immer weibliche *und* männliche Menschen.

seien. In öffentlichen und auch in wissenschaftlichen und philosophischen Diskursen werden diese beiden Realitäten nicht selten in einem Konkurrenzverhältnis der Art gesehen, dass die virtuelle Realität die »echte« Wirklichkeit zu verdrängen drohe (vgl. etwa Baudrillard 1988). Damit wird zugleich unterstellt, dass es eine ursprünglichere Wirklichkeit gibt, zu der eine weitere (virtuelle) hinzutritt, was zu einer tendenziellen Abwertung der ersten, der eigentlichen Wirklichkeit führt bzw. führen kann. Diese Vorstellung einer eigentlichen Wirklichkeit ist aber im Grunde schon seit Kant so nicht mehr haltbar, denn Kant hat die erkenntnistheoretische Einsicht, dass Wirklichkeit sich immer nur aus einer konkreten Betrachterperspektive erschließen lässt, in die philosophische These übersetzt, dass wir die Welt nie erkennen, wie sie an sich ist, sondern immer nur, wie sie uns erscheint (vgl. auch Münker 1997: 119). Wenn man aber davon ausgeht, dass auch unsere wirkliche Welt keine eigentliche, sondern eine erscheinende bzw. im Wahrnehmungsprozess erzeugte ist, dann stellt sich die Frage, wie noch sinnvoll zwischen virtueller und wirklicher Welt unterschieden werden kann und wie sich diese Welten zueinander verhalten.

Dieser Frage soll im vorliegenden Beitrag aus einer medientheoretischen Perspektive nachgegangen werden. Die Ausgangsthese ist, *dass eine Unterscheidung zwischen virtuellen und anderen Realitäten im Sinne von Relationsbegriffen möglich bleibt.* Es handelt sich meiner Ansicht nach um beschreibbar unterschiedliche Perspektiven auf die Welt. *Eine virtuelle Welt stellt einen Sonderfall einer medial vermittelten Wirklichkeit dar, der durch spezifische Wahrnehmungs- und Interaktionsmöglichkeiten gekennzeichnet ist.*

Perspektiven der Thematisierung von Welt und Wirklichkeit

Die wirkliche Welt

Die moderne Philosophie hat von Kant gelernt, dass man über die Welt an sich, also über jene Welt, die unabhängig von unseren Wahrnehmungen und Konstruktionen ist, kaum mehr sagen kann, als dass sie unserem Tun einen Widerstand entgegensetzt.[2] Zwar scheint uns die wirkliche Welt unmittelbar zugänglich zu sein, weil wir sie in unserer leiblich-sinnlichen Präsenz erleben, aber so unmittelbar ist dieses Verhältnis zur Welt nicht. Zum einen sind wir in unserem Erleben auf eine

---

2 Aus der Sicht des Radikalen Konstruktivismus wird sogar infrage gestellt, dass eine von unseren Wahrnehmungen und Konstruktionen unabhängige Welt überhaupt existiert. Diese Sichtweise unseres Verhältnisses zur Welt teile ich jedoch nicht. Unsere Weltkonstruktionen stoßen letztlich an Grenzen. Wir mögen die Widerständigkeit der Welt so oder so deuten, aber wir können nicht durch einen Felsen oder Baum gehen (vgl. Meder/Fromme 2001; zur Kritik radikal konstruktivistischer Erkenntnistheorien siehe auch Meyer-Drawe 1999).

Leiblichkeit und Sinnlichkeit verwiesen, die unseren Zugang zur Welt auch begrenzen[3] (und die im Prozess der Sozialisation außerdem von Anfang an sozial geprägt werden), und zum anderen ist unser Weltzugang immer schon kulturell und sprachlich vermittelt, weil wir uns in einer bereits vielfach gedeuteten und beschriebenen Welt bewegen (vgl. Welsch 1996; s. auch Meder/Fromme 2001). Diese Vermitteltheit bleibt aber zunächst unbewusst, denn der Gebrauch der Sinne, der Sprache und der sonstigen Mittel, die uns leiblich und geistig zur Verfügung stehen, erscheint uns ganz natürlich. Dass sie Hilfsmittel sind, die unsere Weltsicht mit konstituieren, erschließt sich nur reflexiv, denn sie sind für uns integrale Bestandteile unserer selbst; präreflexiv *sind* wir dieses Ensemble aus geistigen und sinnlichen Kräften.

Wenn wir alltäglich von der wirklichen Welt reden, dann bezieht sich diese Rede also auf die Welt, wie sie uns erscheint, wenn wir außer unseren Organen keine weiteren Hilfsmittel benutzen. Diese Welt der Erscheinung ist zwar eine im obigen Sinne immer schon gedeutete (bzw. konstruierte) Welt, sie bildet aber gleichwohl unseren Referenzrahmen für Unterscheidungen wie »real und fiktiv«, »wahr und falsch«, »natürlich und künstlich«. In welchem Verhältnis unsere Deutungen zur Welt an sich stehen, können wir letztlich nicht wissen, aber dennoch sind sie weder beliebige noch rein selbstreferenzielle Konstrukte. Sie basieren auf impliziten und expliziten Formen der sozialen Verständigung darüber, wo die Grenzen verlaufen (sollen) und was insofern als real, wahr, natürlich usw. gelten soll und was nicht.

»Und anders als in derlei Deutungen und Beschreibungen kann es eine Weltvorstellung – wie immer sie im einzelnen beschaffen sein mag – überhaupt nicht geben. Deutung bzw. Beschreibung erweist sich somit als der fundamentalere Horizont, innerhalb dessen Auffassungen über die Wirklichkeit oder Bezugnahmen auf die Wirklichkeit überhaupt nur möglich sind« (Welsch 1996: 161).

Eine Grenzziehung zwischen einer wirklichen und einer künstlichen (oder virtuellen) Welt verweist also darauf, dass uns bestimmte Objekte wirklicher und ursprünglicher erscheinen als andere und dass wir über sie insofern auch anders sprechen.[4] Mit Blick

---

3 Ulrich Beck hat darauf hingewiesen, dass unsere Sinnesorgane für die meisten Risiken der Gegenwart blind sind. Radioaktive Verseuchungen, chemische Giftstoffe in der Luft oder im Wasser und gentechnische Veränderungen an Nahrungsmitteln sind Beispiele für eine folgendreiche Entmündigung der Sinne in der Risikogesellschaft (vgl. Beck 1986).
4 Wolfgang Welsch spricht bei Begriffen wie Künstlichkeit und Natürlichkeit insofern von »Reflexionsbegriffen«, die keine Gegenstände bezeichnen, »sondern Hinsichten, Perspektiven, Relationen« (Welsch 1996: 163).

auf das Hineinwachsen in die Welt kann auch der umgekehrte Zusammenhang Plausibilität beanspruchen: Wir erleben, dass über bestimmte Objekte anders gesprochen wird, und lernen insofern, ihnen mehr (oder weniger) Realitätsgehalt zuzugestehen. So können zum Beispiel Albträume oder Fantasien einem Kind sehr ›real‹ erscheinen, sie werden von den Erwachsenen aber – zur Beruhigung – oft mit Sätzen wie »Das war doch nur ein Traum« kommentiert.

Die Pluralität von Welten

Wenn ein deutungsfreier Zugriff auf die Wirklichkeit nicht möglich ist, dann hat dies aus der Sicht des Philosophen Wolfgang Welsch zur Konsequenz, dass von einer »Vielheit von Welten« ausgegangen werden muss (Welsch 1996: 160). Die Welt wird in verschiedener Weise gedeutet und beschrieben. Ein Phänomen wie das Meer, das wir gewöhnlich der natürlichen Welt zuordnen, wird beispielsweise aus der Perspektive der Physik anders dargestellt als aus der Sicht der Meeresbiologie; Fischer oder Seefahrer erleben das Meer anders als Urlauber am Strand. Die Unterschiedlichkeit der Deutungen ergibt sich daraus, dass sie von anderen Grundformen der Anschauung und der Begrifflichkeit ausgehen. Man kann sie insofern auch als verschiedene Sprachspiele (vgl. Meder 1987; Fromme 1997) bezeichnen, die je eigene Welten bzw. Weltvorstellungen repräsentieren. Spätestens seit Lyotards Bericht zur Lage des Wissens in den höchst entwickelten (postmodernen) Gesellschaften ist die moderne Vorstellung zweifelhaft geworden, diese verschiedenen Perspektiven ließen sich im wissenschaftlichen Wissen integrieren und zusammenführen. Lyotards viel beachtete These war, *das wissenschaftliche Wissen sei nicht das ganze Wissen und könne andere Wissensformen keineswegs (vollständig) integrieren* (vgl. Lyotard 1982). Inzwischen wird im wissenschaftstheoretischen bzw. philosophischen Kontext weitgehend akzeptiert, dass wissenschaftliche Diskurse nur einen Typus von Sprachspielen neben anderen repräsentieren, die ohne Zweifel ihre Berechtigung haben, aber andere Sprachspiele nicht ersetzen können (vgl. Welsch 1988).

Dass von einer Pluralität von Welten ausgegangen werden muss, wird aber nicht nur in der Philosophie, sondern auch in anderen wissenschaftlichen Disziplinen diskutiert, etwa in der Soziologie. Bereits Ende des 19. Jahrhunderts hat die Soziologie auf Prozesse der sozialen Differenzierung aufmerksam gemacht, also auf die Entstehung unterschiedlicher Arten des Zusammenlebens. Dabei wurde u.a. zwischen vertikaler und horizontaler Differenzierung unterschieden. Gesellschaften, die viele verschiedene Arten des Zusammenlebens (vor allem im Sinne einer horizontalen Differenzierung) vereinen, werden zumeist als hoch differenzierte Gesellschaften bezeichnet. Wenn in sozialwissenschaftlichen Diskursen heute von gesellschaftlichen Modernisierungsprozessen gesprochen wird, dann wird damit nicht zuletzt auf eine weitere Steigerung der Vielfalt von sozialen und kulturellen Lebensformen und auf eine nachlassende Bedeutung traditioneller Lebensformen aufmerksam gemacht. An die Stelle des Begriffs der Differenzierung (oder Ausdifferenzierung), der noch die Assoziation einer zunehmenden Aufteilung eines Ganzen in viele Teile nahe legt, tritt inzwischen häufig der Begriff der Pluralisierung, mit dem stärker auf die (relative) Eigenständigkeit und Heterogenität der Lebensformen verwiesen wird. Ein aktuelles Beispiel für eine solche Diagnose ist das auch in der Erziehungswissenschaft breit rezipierte Individualisierungstheorem von Ulrich Beck (1986). Der gesellschaftliche Wandel am Ende des 20. Jahrhunderts wird dabei vor allem als Enttraditionalisierung der industriegesellschaftlichen Lebensformen gekennzeichnet. Die Herauslösung aus den bisherigen sozialen Einbindungen erlaubt und forciert laut Beck eine Individualisierung von Lebenslagen und eine Pluralisierung von Lebensstilen und Lebensläufen.

Alfred Schütz hat eine ähnliche Diagnose bereits 1945 vorgelegt. Während Beck sich vor allem mit der Auflösung jener Instanzen beschäftigt hat, die für das soziale Binnengefüge der Industriegesellschaft und ihren Modus der Vergesellschaftung prägend waren, also Familie, Klasse, Schicht usw.,[5] hat Alfred Schütz sich eher der Frage gewidmet, wie sich die Komplexität und Pluralität des modernen Lebens konzeptionell fassen lässt und wie die Menschen diese Pluralität verarbeiten. Er hat dazu das Konzept der »mannigfaltigen Sinnwelten« ausgearbeitet, das kurz gesagt auf der Annahme beruht, dass der moderne Mensch sich nicht in einer Welt, sondern in verschiedenen, voneinander abgrenzbaren Welten mit je spezifischen Funktionen, Merkmalen und Bedeutungen zu bewegen gelernt hat. Der einzelne Mensch wandert sozusagen zwischen verschiedenen Sinnprovinzen (vgl. auch Jörissen und Marotzki in diesem Band), in denen jeweils ein anderer kognitiver Stil – wir können auch sagen: ein anderes Sprachspiel – vorherrscht. Ronald Hitzler und Anne Honer haben diesen Ansatz im Rahmen ihrer qualitativen Verfahren zur Lebensweltanalyse reaktiviert (Hitzler/Honer 1991). Sie gehen mit Schütz davon aus, dass der moderne Mensch sein Leben gestaltet

> »als ›Collage‹ aus Partizipationen an verschiedenen sozialen Teilzeit-Aktivitäten und Zweckwelten, in denen oft völlig heterogene Relevanzen ›gelten‹ und von denen jede lediglich einen *begrenzten* Ausschnitt seiner Erfahrungen

---

5 Dabei weist er auch auf die Ambivalenz dieser Entwicklungen hin, denn sie bedeuten sowohl Freisetzung als auch Verunsicherung, neue Optionen ebenso wie neue Risiken.

betrifft [...]. In jeder seiner vielen Sinnwelten herrschen eigene Regeln und Routinen, mit prinzipiell auf die jeweiligen Belange beschränkter Geltung« (Hitzler/Honer 1991: 1, Herv. i.O.).

Eine Lebensweltanalyse, die auf eine verstehende Beschreibung von individuellen, aber gleichwohl sozial mit organisierten Welterfahrungen ziele, müsse diese Mannigfaltigkeit der Sinnwelten berücksichtigen, also etwa die Subsinnwelten des Alltags, des Traumes, der Fantasie und der Theorie zu rekonstruieren versuchen. Hier wird die These vertreten, dass (heute) auch die medialen Welten bei einer solchen Lebensweltanalyse verstärkt mit in den Blick genommen werden müssen, weil sie zu relevanten (Sub-)Sinnwelten des Alltags geworden sind. Was soll unter medialen Welten verstanden werden?

Medial vermittelte Welten

Medien sind allgemein »Mittel der und Mittler von Informationen« (Schorb 1998: 8). Sie fungieren also als Mittleres bzw. Vermittler zwischen Mensch und Welt, wobei der Terminus Welt auch andere Menschen (also die soziale Welt) mit einschließt. Wenn ein unmittelbarer Zugang zur Welt an sich nicht möglich ist, dann ist unser Verhältnis zur Welt in gewisser Hinsicht immer schon medial vermittelt. So gesehen können die Sinnesorgane wie auch die Sprache – und die darin fixierten Anschauungsweisen von der Welt – als Medien bezeichnet werden. Schorb (1998: 9) nennt solche Medien, die dem Menschen unmittelbar zur Verfügung stehen – bzw. unmittelbar zur Verfügung zu stehen scheinen – (wie Motorik, Gestik, Mimik und Sprache) personale Medien. Im Gegensatz dazu zeichnen sich die apersonalen Medien für Schorb dadurch aus, dass sie »die Informationen zum Zwecke der Vermittlung materialisieren« (ebd.), etwa in Form einer auf Papier fixierten Zeichnung oder eines architektonischen Modells. Auch Sandbothe verwendet den Medienbegriff für all jene Mittel, auf die der Mensch bei der Wahrnehmung der Wirklichkeit zurückgreift. Er unterscheidet dabei drei Kategorien von Medien: Als Medien *im weiten Sinne* bezeichnet er unsere Anschauungsformen von Raum und Zeit, die für ihn die grundlegenden Medien unseres Wahrnehmens und Erkennens sind. Medien *im engen Sinne* sind bei Sandbothe Bild, Sprache und Schrift; alles, was in diesem Kontext mit institutionellen und technologischen Entwicklungen zu tun hat, rechnet er zum Bereich der Medien *im engsten Sinne* (vgl. Sandbothe 1997: 56f.).

Auf diesen Bereich der apersonalen bzw. technologischen Medien richtet sich im Folgenden die Aufmerksamkeit. Ich grenze den Medienbegriff hier also ein auf jene *Hilfsmittel, die Informationen für die Vermittlung in eine Form bringen, in der sie gespeichert, übermittelt und entziffert werden können*. Was vermittelt werden soll, wird also so fixiert, dass es unabhängig von einer konkreten Person (z.b. einer Erzählerin oder Berichterstatterin) und von einer konkreten Situation verfügbar wird. Man bindet die Information z.b. an eine Schiefertafel, an ein Blatt Papier oder an ein Magnetband. Diese Materialisierung verändert in erster Linie die Reichweite unserer Wahrnehmungs- und Kommunikationsmöglichkeiten, denn was auf einer Schiefertafel, einem Blatt Papier oder einem Magnetband gespeichert wurde, das kann an andere Orte und auch in andere (spätere) Zeiten übermittelt werden (Vermittlungsperspektive) bzw. es kann genutzt werden, um etwas von entfernten Orten und aus vergangenen Zeiten zu erfahren (Aneignungsperspektive).

Es macht einen Unterschied, in welcher Form Informationen materialisiert werden. Wenn eine Botschaft in Stein gemeißelt wird, dann ist sie sehr dauerhaft fixiert, aber ihre Verbreitung wird auf diese Weise erschwert, denn Steine lassen sich nicht besonders gut transportieren. Umgekehrt wird der Transport von Informationen enorm beschleunigt, wenn die Technik der Elektrizität genutzt wird (wie z.B. beim Telegrafen), was aber einhergeht mit einer geringen Dauerhaftigkeit der Zeichen (vgl. Swertz 2000). Weitere Unterschiede betreffen z.b. die Differenziertheit und Detailliertheit der durch ein Medium übermittelbar transportierten Informationen oder den technischen Aufwand, der für die Speicherung, Übermittlung und Decodierung betrieben werden muss. Die Einsicht, dass jedes Medium Informationen in einer spezifischen Weise übermittelt, hat McLuhan in der bekannten These zugespitzt, dass die eigentliche Wirkung und Bedeutung eines Mediums gar nicht in den übermittelten Inhalten liege, sondern in der Art und Weise, wie es vermittelt und unsere personalen Möglichkeiten ausweitet: »Das Medium ist die Botschaft« (McLuhan 1994: 21). Wenn wir auf die von Schorb verwendete Unterscheidung zurückgreifen, dann können wir sagen, dass die apersonalen Medien die mit den personalen Medien gegebenen Möglichkeiten der Wahrnehmung und der Kommunikation *technisch* erweitern und verändern. Mit McLuhan käme es darauf an zu zeigen, worin die spezifische Veränderung unseres Verhältnisses zur Welt besteht, die ein bestimmtes Medium ermöglicht oder bewirkt.

Auch wenn die Möglichkeiten des Sehens, Hörens, Sprechens usw. durch die Medien erweitert werden, so erschließen wir uns medial vermittelte Informationen doch über die gleichen personalen Medien (und im gleichen kulturellen Deutungshorizont) wie die sog. Wirklichkeit. Damit ein Medium etwas vermitteln kann, muss es sinnlich anschlussfähig sein (vgl. Meder 1995: 9). Die auf einer Schallplatte oder DVD gespeicherten Informationen werden erst wahrnehmbar, wenn sie in Töne, Bilder, Texte o.ä. (zurück) übersetzt werden.[6] In diesem Sinne bleiben auch die neusten Medien an unsere leiblich-sinnliche Verfasstheit gebunden.

Die Materialisierung von Informationen verändert nicht nur deren Verbreitungs- und Übermittlungsmöglichkeiten, sondern sie eröffnet auch verschiedene Optionen, die Inhalte zu verändern, also zu manipulieren. Im Kontext der Informationsvermittlung durch Massenmedien wie Presse, Rundfunk und Fernsehen werden solche Manipulationen überwiegend kritisch diskutiert. Schließlich beziehen wir über sie einen Großteil unserer aktuellen Informationen über die Welt, haben dabei aber nur begrenzte Möglichkeiten, eventuelle Falschmeldungen zu erkennen oder jenen Horizont zu überschreiten, der von den Journalisten, Redakteuren usw. mit der Selektion dessen aufgespannt wird, was als berichtenswert eingestuft wird und was nicht.[7] Im Bereich der medial vermittelten Nachrichten und Berichte über die Welt steht also ein Anspruch auf Wahrheit im Raum, d.h. auf Übereinstimmung des medial Vermittelten mit der Wirklichkeit (als Welt der Erscheinung). Für den Bereich der Unterhaltung und Fiktion spielt ein solcher Anspruch dagegen keine Rolle. Hier wird vielmehr gerade mit der Möglichkeit gespielt, mediale Zeichen so zu gestalten und zu verändern, dass sie kein Pendant in der Welt der Erscheinung haben. Anders formuliert: Auch abstrakte oder fiktive Dinge, die unseren Fantasien und Ängsten, unseren Vorstellungen und Hoffnungen entstammen mögen, können in die Form medialer Zeichen gebracht werden. Medien können so die Funktion einer »Objektivation des Mentalen« übernehmen. Eine zeichenhafte Materialisierung kann helfen, die menschliche Vorstellungswelt zu verdeutlichen und intersubjektiv verständlicher zu machen (vgl. Fritz 1997a: 24; Schmidt 1991).[8]

Spätestens hier wird deutlich, dass Medien nicht nur Informationen übermitteln, sondern auch komplexe eigene Welten darstellen können, die in vielfältiger Weise mit der sog. Wirklichkeit verwoben sind. »Was wir über unsere Gesellschaft, ja über die Welt, in der wir leben, wissen, wissen wir durch die Massenmedien«, schreibt Niklas Luhmann (1996: 9). Die Rolle der Medien bei der Generierung und

---

6 Angesprochen werden im Bereich der technischen Medien bisher allerdings fast ausschließlich der Sehsinn und der Hörsinn. Insofern begegnen wir technisch-medial vermittelten Informationen zwar mit den gleichen leiblich-sinnlichen Hilfsmitteln wie der Welt der Erscheinung, aber nur ein Teil davon wird durch entsprechende mediale Stimuli angeregt.
7 Die Selektionsmechanismen der Massenmedien in modernen Gesellschaften analysiert Luhmann (vgl. 1996: 53-81; vgl. zu dieser Thematik auch Engelmann u.a. 1981).
8 Die mentale Welt der Vorstellungen beschränkt sich nicht auf Fiktionen und Fantasien. Auch wissenschaftliche oder philosophische Texte sind Objektivationen des Mentalen, die bei der Klärung und Diskussion von Gedanken und Überlegungen sehr hilfreich sein können.

Tradierung unserer Vorstellungen über die Welt kann also kaum überschätzt werden. Zusammenfassend ist eine medial vermittelte Welt (kurz: eine mediale Welt) also eine Welt der technologisch vermittelten Erscheinung, die von der Welt der organisch vermittelten Erscheinung zu unterscheiden ist. Eine mediale Welt kann sowohl diese für uns wirkliche Welt darstellen – oder Informationen über sie vermitteln – als auch fiktionale Welten, wie wir es z.b. von Hörspielen, Romanen, Comics oder Science-Fiction-Filmen kennen. Luhmann spricht mit Blick auf diesen Unterhaltungsbereich davon, dass in Büchern oder auf Bildschirmen »eine zweite Welt konstituiert wird«, deren Rahmen optisch oder akustisch markiert ist.»Dieser Rahmen setzt dann eine Welt frei, in der eine eigene fiktionale Realität gilt« (Luhmann 1996: 98). Insofern tragen mediale Welten auf doppelte Weise zu einer Pluralisierung der Sinnwelten bei: Sie vermitteln Informationen über Welten, die uns ohne Medien nicht oder nur unter großem Aufwand zugänglich wären, und sie erzeugen und vermitteln daneben eigene (z.b. fiktionale) Welten.

Der Computer als Medium

Der Computer ist ein Medium, denn er vermittelt – wie andere Medien auch – auf technologische Weise Informationen, verändert also unsere Wahrnehmungs- und Kommunikationsmöglichkeiten. Der Computer ist aber ein Medium mit besonderen Eigenschaften, die andere Medien nicht aufweisen. Die auf der Computertechnologie basierenden Medien werden daher zu Recht als Neue Medien bezeichnet. Die besonderen medialen Fähigkeiten der Computertechnologie sind in der Literatur schon häufig beschrieben und diskutiert worden. Folgende Eigenschaften werden dabei vor allem herausgestellt (vgl. z.B. Sandbothe 1997; Meder 1998; Sacher 2000): Multimedialität, Hypertextualität, Interaktivität, Simulativität und Vernetzung. Diese sollen im Folgenden kurz erläutert werden.

Multimedialität: Mithilfe der Computertechnologie können im Prinzip alle bekannten Medien simuliert werden. Sie kann beispielsweise benutzt werden, um einen Film zu zeigen, Musik abzuspielen, eine wertvolle Handschrift oder eine Fotosammlung abzubilden. Diesen medialen Präsentationen steht die Rezipientin zunächst genauso zuschauend, zuhörend oder lesend gegenüber wie den entsprechenden (zeichenhaften) Materialisationen in einem traditionellen Medium. Neu ist in dieser Hinsicht am Computer, dass er ein Universalmedium ist, weil er auf digitaler Technologie beruht. Informationen, die früher in je spezifischer analoger Form technisch fixiert wurden, können nun in einem universalen elektronischen

Code gespeichert werden. Das ist die Voraussetzung für Multimedia, also die Integration verschiedener Medien (traditionell gedacht) in einer Technologie, zum Beispiel Text, Grafik, Animation, Video, Sound und Musik.

Hypertextualität: Mithilfe der Computertechnologie lassen sich verschiedene mediale Dokumente in neuartiger Weise miteinander verknüpfen. Bei den Verknüpfungen handelt es sich um elektronische Verweise (Hyperlinks), durch die eine Nutzerin die Möglichkeit erhält, aus einem Dokument heraus ein anderes aufzurufen,[9] von dort wiederum ein anders usw. Die Reihenfolge der Nutzung von Hyperlinks ist zumeist nicht festgelegt, man kann innerhalb einer gegebenen Hypertextstruktur also relativ frei navigieren. Der Hypertext wird daher häufig als eine neue Textform betrachtet, die sich dem Modell linearer Textualität entzieht und stattdessen innerhalb eines Netzwerks aus Textbausteinen flexiblere Formen des Lesens und Schreibens eröffnet (vgl. Sandbothe 1997: 68-76).[10] Hypertexte können aber auch genutzt werden, um den Zugang zu Dokumenten nach didaktischen Prinzipien zu organisieren. Auf dieser Möglichkeit beruhen viele Lernprogramme, die die Navigationsmöglichkeiten für die Nutzerin bewusst eingrenzen, indem sie z.b. den Zugang zu bestimmten Dokumenten an Bedingungen knüpfen (etwa: bevor Seite Y erreichbar ist, müssen die Aufgaben auf Seite X bearbeitet worden sein). Die Navigation in einer Hypertextstruktur erfolgt zumeist in der Weise, dass mit der Maus besondere Zeichen auf dem Bildschirm angeklickt werden, was das Computerprogramm veranlasst, das damit verknüpfte Dokument aufzurufen und darzustellen.[11] Auch wenn wir mithilfe eines sog. Browsers, also einer hierfür konzipierten Software, im World Wide Web (WWW) surfen, bewegen wir uns in einer solchen – allerdings praktisch endlosen – Hypertextstruktur. Hypertexte bereiten somit andere mediale Zeichenwelten (z.B. Texte, Bilder, Multimedia) so auf, dass diese für die Nutzerin zugänglich werden, ohne die Software oder gar die Hardware wechseln zu müssen. Insofern sind Hypertexte auch *interaktive* mediale Welten. Interaktiv bedeutet hier, dass die mediale Welt auf Aktionen einer Nutzerin in gewisser Weise reagiert.[12]

---

9   Das ist die spezifische Leistungsfähigkeit der Programmiersprache HTML (HyperText Markup Language).
10 Auch wenn ein Hypertext keine fixe, lineare Sequenz darstellt, bleibt er doch dem Modell der Sequenzialität verhaftet, denn man bewegt sich von einem Dokument zu einem anderen, begegnet ihnen also nacheinander. Das ist etwas anderes als z.B. die Wahrnehmung eines Bildes, die mehr oder weniger »auf einmal« erfolgt.
11 Die Zeichen, die neben die traditionellen unveränderlichen Zeichen treten, können sensitive (oder interaktive) Zeichen genannt werden. Norbert Meder spricht von Superzeichen, die ihre Bedeutung nur andeuten und versteckt halten (1998: 36), hinter denen sich also weitere Zeichenräume (oder Prozeduren) verbergen.
12 Von interaktiver Software kann in ähnlicher Weise gesprochen werden wie z.B. von einem interaktiven Exponat in einem Museum.

Interaktivität: Bei der Entwicklung der Computertechnologie standen Aspekte wie Multimedialität und Hypertextualität zunächst im Hintergrund. Computer waren und sind – das sagt bereits das Wort – zuerst Rechner, genauer: Rechenautomaten. Ihre primäre Fähigkeit besteht darin, dass sie Informationen aus der Umgebung aufnehmen, speichern, verarbeiten und neue Informationen, als Resultat der Verarbeitung, an die Umgebung abgeben (vgl. Meder 1998: 27). Das können traditionelle Medien nicht. Es gibt verschiedene Möglichkeiten, einen Computer mit Informationen aus der Umgebung zu versorgen. Neben automatisierten technischen Verfahren (z.b. über optische oder akustische Sensoren) kann dem Computer bzw. dem jeweiligen Computerprogramm auch über entsprechende Schnittstellen (Tastatur, Maus, Joystick, Mikrofon usw.) ein individueller Input zur Verarbeitung übermittelt werden. Das ist die technische Grundlage dessen, was im Computerbereich Interaktivität genannt wird. Es könnte eingewendet werden, dass von Interaktivität und Interaktion nur sinnvoll gesprochen werden kann, wenn Personen interagieren. Sicher ist es richtig zu sagen, dass eine Software nicht handeln und somit streng genommen nicht mit einer Nutzerin interagieren kann. Gleichwohl kann eine vom Computer vermittelte mediale Welt einen Handlungsraum simulieren, dessen Zustand sich in Abhängigkeit von den Aktionen der Person vor dem Bildschirm verändert. Weil diese Eigenschaft in der Informatik als Interaktivität bezeichnet wird, hat es sich eingebürgert, auch von einer Interaktion mit und in solchen Computerwelten zu sprechen (vgl. Manninen 2001). Dass die Abgrenzung zu sozialer Interaktion nicht ganz so einfach und eindeutig möglich ist, wie man annehmen könnte, zeigt ein Blick auf die Medienrezeptionsforschung. Hier wurde z.B. gezeigt, dass sich Zuschauer während der Fernsehrezeption häufig in einer Art sozialen Situation wähnen, an der auch die Medienpersonen beteiligt sind. Es werden spezifische Beziehungen zu diesen (teilweise fiktiven) Personen entwickelt. Weil die Beziehungen zu und Interaktionen mit Medienpersonen prinzipiell eingeschränkt sind, sind sie als parasoziale Beziehungen und Interaktionen bezeichnet worden (vgl. Horton/Wohl 1986; Vorderer 1996). Es liegen Versuche vor, dieses Konzept auch auf den Bereich der Neuen Medien (z.B. auf Computerspiele) zu übertragen (z.B. Bente/Otto 1996; Klimmt/Vorderer 2002), die den Nutzern von vornherein einen umfassenderen und aktiveren Zugang zu einer medialen Welt und ihren (künstlichen) Figuren eröffnen.

Simulativität: Dass der Computer andere Medien und ihre Zeichenwelten simulieren kann, wurde bereits erwähnt. Die Kombination dieser Eigenschaft mit dem skizzierten Merkmal der (parasozialen) Interaktivität macht den Computer zu einem Medium der Simulation. Er kann (andere) Welten in einer Weise abbilden, dass in ihnen auch Handlungen simulierbar sind, die für diese Welten charakteristisch sind. Eine Simulation reagiert auf diese Aktionen wie jene Welt, die simuliert wird. Es handelt sich also um eine struktur- und handlungstreue Abbildung (vgl. Meder/Fromme 2001: 14). Die Grade der Komplexität und der Anschaulichkeit können dabei variieren. Man kann wirtschaftliche Prozesse z.b. auch mit einem Tabellenkalkulationsprogramm wie *MS Excel* simulieren, das relativ komplexe (automatisierbare) Rechenoperationen mit veränderbaren Ausgangsdaten oder sonstigen Variablen zulässt. In einer solchen Simulation wird primär mit (abstrakten) Zahlen operiert, die ggf. noch in ein Diagramm umgesetzt werden können. In einer modernen Flugsimulation werden die Handlungen und Handlungsresultate dagegen bildhaft-konkret und damit wesentlich anschaulicher dargestellt. Computersimulationen werden zumeist danach beurteilt, wie genau sie Strukturen und Handlungen eines realen Szenarios abbilden. Im Bereich der Spiel- und Unterhaltungssoftware finden sich aber auch Simulationen, die nicht Modelle oder Abbilder realer Welten sind, sondern nach den Regeln einer Simulation generierte fiktive Szenarien. Solche Hybridbildungen aus realistischen und fiktiven Elementen verdeutlichen, dass der Referenzpunkt für eine durch den Computer vermittelte Simulation nicht nur eine ›reale‹ Sinnwelt sein kann, sondern im Prinzip auch jede andere Welt.[13]

Vernetzung: Genau genommen ist Vernetzung keine Eigenschaft des Mediums Computer, sondern die Verbindung der Computer- und der Telekommunikationstechnik. Sie basiert auf der Möglichkeit, im universalen digitalen Code unterschiedliche mediale Informationen zu integrieren. Damit können mediale Dokumente, die in digitaler Form vorliegen, weltweit verfügbar gemacht, verschickt oder abgerufen werden, von kurzen Botschaften (wie im Chat) oder Briefen (E-Mail) bis hin zu Datenbanken (z.B. Bibliotheksverzeichnissen), längeren Texten, Musikstücken oder Filmen. Außerdem können sich in bestimmte Zeichenräume über das Internet mehrere Personen gleichzeitig einloggen, etwa in Chat-Rooms, Multiuseronline-Spiele oder Internet-Communitys. Damit erweitern sich die Handlungs- und Interaktionsmöglichkeiten der Nutzer gegenüber anderen vom Computer vermittelten Zeichenwelten grundlegend, weil nicht nur mit computergenerierten Figuren oder Settings (parasozial) interagiert wird, sondern auch mit anderen Menschen, die

---

13 Fiktive Szenarien mit ›realistischen‹ Anteilen finden wir u.a. in Science-Fiction- und Weltraum-Spielen (z.B. *Starcraft*), in denen Elemente von Wirtschaftssimulationen oder von Flug- und Kampfsimulationen enthalten sind. »Realistische« Szenarien mit fiktionalen Anteilen finden wir z.B. bei den *SimCity*-Spielen. Die Spiele dieser Serie gelten als recht komplexe und realitätsnahe Simulationen städtischer Entwicklungsprozesse und werden deshalb z.T. auch in der Schule eingesetzt (vgl. Franz 2001). In *SimCity* können aber auch Zukunftsszenarien gespielt werden, in denen technische Entwicklungen (z.B. im Bereich der Energieversorgung) und Katastrophen (z.B. die Invasion von Weltraummonstern) auftauchen, die es sonst nur in Science Fiction-Welten gibt.

(ggf. zeitgleich) irgendwo in der Welt an ihrem Computer sitzen. Die vernetzte mediale Welt wird so zur Multiuser-Plattform, also zu einer elektronisch generierten Umgebung, in der auch soziale Erfahrungen und Interaktionen mit ›echten Menschen‹ möglich werden, wobei sehr unterschiedliche Formen der ›Repräsentation‹ der Interaktions- und Kommunikationspartner anzutreffen sind, vom Nickname im Chat über den grafisch aufwendig gestalteten Avatar im Massively Multiplayer Online Role Playing Game bis zur Stimme im Teamspeak bei Netzwerkspielen oder Telefongesprächen über das Internet.

Die genannten Besonderheiten der vom Computer vermittelten medialen Welten haben den Charakter des Möglichen. Das heißt, diese Welten können eines oder mehrere dieser Merkmale aufweisen, sie müssen es aber nicht. Der Computer kann, wie erwähnt, auch genutzt werden wie ein CD-Spieler oder wie ein Dia- oder Filmprojektor. Systematisch betrachtet, beziehen sich Multimedialität, Interaktivität und Simulativität auf mögliche Eigenschaften der neuen Medienwelten selbst, während Hypertextualität (bzw. Hypermedialität) sich zunächst auf eine neuartige Verknüpfungsstruktur *zwischen* solchen Zeichenwelten bezieht. Man kann einen Hypertext aber auch als eigene Meta-Zeichenwelt betrachten (man denke an das World Wide Web), in der spezifische Aktionen möglich sind. Auch Vernetzung ist im Bereich der Computertechnologie so gesehen eine Meta-Struktur, in die der einzelne Computer eingebunden wird. Damit stehen lokal die verschiedenen Dienste des Internets zur Verfügung, z.B. E-Mail, Foren, Newsgroups, Chats, File Transfer und World Wide Web.

Medial vermittelte virtuelle Welten

Virtuelle Welten sind eine Sonderform computervermittelter medialer Welten. Der Versuch, genauer zu bestimmen, was mit der Bezeichnung virtuelle Welt gemeint ist, stößt aber auf einige Schwierigkeiten. Diese haben u.a. damit zu tun, dass sowohl das Adjektiv *virtuell* als auch das Kompositum *virtuelle Welt* uneinheitlich verwendet werden. Beginnen wir mit dem Wort *virtuell*. In den meisten Wörterbüchern wird virtuell mit *möglich* übersetzt. In älteren Auflagen des Duden (Bd. 5, Fremdwörterbuch, 3. Aufl. 1974) wird es beispielsweise bestimmt als »der Kraft od. Möglichkeit nach vorhanden«. Statt von »Kraft« ist in manchen Lexika auch von »Anlage« oder »Vermögen« die Rede (vgl. z.B. Bünting/Karatas 1996). In solchen Übersetzungsversuchen wird nahe gelegt, dass beim Virtuellen intrinsisch alle Bedingungen seiner Realisierung erfüllt sind (vgl. Münker 1997: 109). Dieses Begriffsverständnis ist zwar weit verbreitet, aus zeichentheoretischer Perspektive gibt es aber begründete Zweifel an seiner Richtigkeit bzw. Brauchbarkeit. Charles S. Peirce[14] etwa führt zum Begriff des Virtuellen aus:

»Ein virtuelles X (wobei X ein allgemeiner Begriff ist) ist etwas, das zwar kein X ist, aber die Wirksamkeit *(virtus)* eines X hat. Das ist die richtige Bedeutung des Wortes, es wurde jedoch weitgehend mit ›potentiell‹ verwechselt, was beinahe sein Gegenteil ist. Denn das potentielle X hat die Natur eines X, hat aber keinerlei tatsächliche Wirksamkeit« (Peirce 1967: 228).[15]

Demnach ist etwas Virtuelles nicht der Kraft oder Möglichkeit nach vorhanden, sondern es ist etwas, das die gleiche Kraft oder Wirkung entfaltet wie etwas Anderes. Dieses Andere, das als Bezugspunkt fungiert, wird von Peirce nicht näher bestimmt. Wenn etwas die gleiche *tatsächliche* Wirksamkeit wie etwas anderes haben muss, um als virtuell bezeichnet werden zu können, dann könnte dies zu der Annahme verleiten, das Virtuelle zeichne sich dadurch aus, dass es nicht ›real‹ sei, aber dennoch die gleiche Wirkung habe wie etwas ›Reales‹. Diese Lesart führt meiner Ansicht nach aber in die Irre, denn X fungiert im obigen Zitat als allgemeiner Relationsbegriff und nicht als Platzhalter für einen (im ontologischen Sinne) ›realen‹ Gegenstand. Anders formuliert: Der Bezugspunkt X wird nicht einer ›ursprünglichen‹ Wirklichkeit zugeordnet, sondern kann verschiedenen Erfahrungswelten angehören. Das Virtuelle wird also nicht kategorial von einem Realen abgegrenzt, sondern relational in einem plural gedachten Gefüge von Welten bestimmt. Wenn ein virtuelles X so wirkt wie ein X, dann kann die Relation besser als Stellvertretung denn als Möglichkeit gefasst werden (vgl. Meder/Fromme 2001: 16). Damit eine mediale Welt in diesem Sinne als virtuelle Welt bezeichnet werden kann, müssten die Erfahrungen dort stellvertretend für die Erfahrungen in jener Welt stehen können, die sie vertreten soll.

Zu fragen wäre nun, ob damit jene Szenarien angemessen beschreibbar sind, die mithilfe der Computertechnologie generiert werden und für die sich seit einigen Jahren der Terminus *virtuelle Welt* bzw. *virtuelle Realität* eingebürgert hat. Hier stoßen wir auf die eingangs erwähnte Schwierigkeit, dass die Bezeichnung virtuelle Welt inzwischen für unterschiedliche vom Computer vermittelte Zeichenwelten verwen-

---

14 Den Hinweis auf diese Stelle bei Peirce verdanke ich einer Fußnote in der Arbeit von Adamowsky (2000: 17).
15 Das Zitat stammt ursprünglich aus einem Dictionary-Beitrag von Peirce. Es wurde vom Herausgeber der hier zitierten »Schriften I« (Karl-Otto Apel) in eine Anmerkung aufgenommen, um die Bedeutung des Terminus *virtuell* in dem Halbsatz »so daß die Bedeutung eines Gedankens etwas gänzlich Virtuelles ist« (Peirce 1967: 204) zu erklären.

det wird (vgl. Adamowsky 2000: 179): Die ältere Begriffsverwendung bezieht sich auf einen vom Computer simulierten grafischen Datenraum, in den sich Menschen mithilfe technischer Geräte quasi hinein begeben und in dem sie auch agieren können. Hier geht es also um eine Medientechnologie, die eine realistisch erscheinende virtuelle Realität (VR) generieren soll. Sie wird daher im Folgenden als VR-Technologie bezeichnet. Daneben hat sich die Bezeichnung virtuelle Welt aber auch für den vernetzten Datenraum des Internets und für einzelne dort vorfindbare ›Welten‹ (wie Communitys, MUDs oder Online-Spiele) durchgesetzt. Außerdem werden auch Computerspiele, die offline gespielt werden, als virtuelle Spielwelten bezeichnet (z.B. Fritz/Fehr 2003). In allen Fällen wird mit virtueller Welt eine vom Computer generierte künstliche Welt bezeichnet, die physikalisch betrachtet lediglich aus digitalen elektrischen Impulsen besteht.[16] Die an der ›Oberfläche‹ dargestellten und vermittelten Zeichenwelten weisen aber unterschiedliche Merkmale auf.

Bleiben wir zunächst beim Internet. Vor allem zwei Eigenschaften legen es nahe, hier von einer virtuellen Welt zu sprechen: die neue Form der Interaktivität und die neue Form der Intersubjektivität. Mit Interaktivität meine ich, wie erwähnt, die spezifischen Handlungsmöglichkeiten im medialen Raum und den Umstand, dass dessen Zustand sich in Abhängigkeit von diesen Handlungen verändert. Die Nutzerin kann beispielsweise beim sog. ›Surfen‹ ihren eigenen Weg durch das Netz wählen, sodass der Eindruck eines selbst gesteuerten Navigierens entsteht, den es in dieser Form bei traditionellen Medien nicht gegeben hat. Das ›Surfen‹ ist aber selten der Endzweck eines Aufenthaltes im Internet. In der Regel werden bestimmte ›Seiten‹ angesteuert, die oft weitere Aktionsmöglichkeiten eröffnen (z.B. Spiele oder Chats). Das Internet ist so gesehen ein Netzwerk von unterschiedlichsten Datenräumen, und viele davon sind selbst im genannten Sinne interaktiv. Eine interaktive mediale Welt verändert die Rolle der Mediennutzenden: Aus externen Beobachtern (Rezipienten) werden am medialen Geschehen aktiv beteiligte Nutzer. Interaktive mediale Welten wirken insofern ›realistischer‹ als nicht interaktive mediale Darstellungen. Mit Intersubjektivität meine ich die Möglichkeit, im Internet anderen Menschen zu ›begegnen‹, mit ihnen zu kommunizieren oder auch sozial zu interagieren. Vor allem, wenn synchron mit anderen kommuniziert oder interagiert wird, wenn sich also mehrere Menschen gleichzeitig in eine Online-Umgebung eingewählt haben, dann entsteht der Eindruck einer belebten Welt. Die Umgebung ist künstlich, aber in ihr treffen sich auf neuartige Weise ›wirkliche‹ Menschen. In gewisser Weise ist es paradox, von einem ›Treffen‹ oder einer ›Anwesenheit‹ in einer medialen Umgebung zu sprechen, denn man kann hier

---

16 Zur Unterscheidung von physikalischer und semiotischer Dimension bei Medien vgl. Swertz (2000).

natürlich nicht physikalisch anwesend sein. Ähnlich wie beim Telefon kommuniziert man mit physikalisch nicht anwesenden Personen, anders als beim Telefon wird hier aber ein virtueller »Raum« eröffnet, in dem auch weitere Interaktionsformen mit symbolischen Stellvertretern des Anderen möglich werden. Aber eine Person kann dort wiederum in zeichenhafter, symbolischer Form repräsentiert werden, sei es, dass der von ihr getippte Text auf den Bildschirmen aller in der Welt medial anwesenden Personen erscheint, oder sei es, dass sie durch eine Figur (einen Avatar) auf den Bildschirmen vertreten wird (vgl. Abb. 1). Die Rede von der Stellvertretung ist hier also auch angebracht, insofern man in diesen virtuellen Welten i.d.R. einen »elektronischen Stellvertreter« hat, über den man darin agiert (Fritz 1997b: 84). Es kann also festgehalten werden, dass die medialen Zeichenwelten des Internets aufgrund ihrer spezifischen Interaktivität und Intersubjektivität für die Rezipienten ähnlich ›wirken‹ wie die Welt der Erscheinung. Insofern können sie als virtuelle Welten bezeichnet werden.

Abbildung 1: Avatare im Multiplayer Online-Rollenspiel *Ultima Online* (Origin Systems/Electronic Arts 1997)

Betrachten wir nun die VR-Technologie etwas genauer, die seit Anfang der 1990er Jahre periodisch die öffentliche Aufmerksamkeit auf sich zieht. John Walker beschreibt die technische Seite des Eintauchens in eine vom Computer erzeugte, dreidimensional erscheinende grafische Simulation wie folgt:

>»Im Mindestfall bietet ein Cyberspace-System die stereoskopische Darstellung dreidimensionaler Objekte, indem es die Kopfhaltung des Benutzers erkennt und die wahrgenommene Szenerie blitzschnell dementsprechend umgestaltet. Zusätzlich schafft ein Cyberspace-System die Möglichkeit, mit simulierten Objekten zu interagieren. Die Detailfülle und die Wirklichkeitstreue eines Cyberspace-Systems lassen sich vergrößern, indem man die dreidimensionale Darstellung verbessert, die Pupillenrichtung des Benutzers abtastet, Bewegungsauslöser und Kraftrückkopplung einbaut, Ton aus simulierten Quellen erzeugt und sich der Wirklichkeit weiter fast grenzenlos annähert« (Walker 1991: 27).

Virtuelle Realität fängt für Walker also dort an, wo eine grafische 3D-Simulation das gesamte Gesichtsfeld der Nutzerin ausfüllt und sowohl auf Bewegungen des Kopfes als auch auf bestimmte weitere Eingaben (z.B. Hand- und Fingerbewegungen, die durch einen Datenhandschuh erfasst und an den Rechner weitergegeben werden) ohne wahrnehmbare Verzögerung reagiert. Die VR-Technologie zielt auf eine möglichst vollständige Immersion, also hier: ein sensorisches Eintauchen in die Computerwelt und eine weitgehende (sinnliche) Abkopplung von der Welt der Erscheinung. Die Nutzerin ist zwar nach wie vor über technische Interfaces mit der medialen Zeichenwelt verbunden, aber diese Schnittstellen sind bei der VR-Technologie in der Wahrnehmung der Nutzerin tendenziell nicht mehr präsent. Hinzu kommt die Möglichkeit, auf die virtuelle Umgebung einzuwirken bzw. mit virtuellen Objekten in dieser Umgebung zu hantieren. Während die Teilhabe an medial vermittelten Welten zuvor beschränkt war auf die Wahrnehmung einer von anderen gestalteten Zeichenwelt, eröffnen die durch die VR-Technologie vermittelten medialen Welten auch die Möglichkeit einer handelnden Teilhabe. Jürgen Fritz beschreibt den Unterschied zwischen traditionellen Medienwelten und virtuellen Welten so:

>»Durch mein Handeln ›in‹ der virtuellen Welt entfaltet sie sich erst und macht ihre Elemente für mich erkennbar. In der medialen Welt hingegen kann ich nichts verändern oder gestalten – es sei denn, ich werde zu ihrem

Produzenten. Die mediale Welt liegt fest und gestattet lediglich die Entscheidung, teilzunehmen oder nicht« (Fritz 1997a: 27).[17]

Die besonderen Merkmale dieser Zeichenwelten sind also ihr sensorischer Realismus und ihre spezifische Interaktivität. Als *sensorischer Realismus* wird hier die besondere Wahrnehmungstreue dieser dreidimensionalen grafischen Umgebungen bezeichnet. Die von der medialen Umgebung vermittelten Sinneseindrücke entsprechen weitgehend denen aus der Welt der Erscheinung. Ein wesentliches Moment dieser Wahrnehmungstreue ist die audiovisuelle Immersion. Hinzu kommt das Moment der *Interaktivität*, und diese Interaktivität ist in diesen grafischen Zeichenwelten ebenfalls besonders ›realistisch‹, denn man kann sich[18] hier ähnlich frei bewegen wie in einem realen Raum. Außerdem können die dargestellten Objekte – zumindest einige von ihnen – auch manipuliert werden. Beide Merkmale tragen dazu bei, dass die Erfahrungen in einer mithilfe der VR-Technologie erzeugten virtuellen Welt in der Tat stellvertretend für Erfahrungen in jenen Welten stehen können, die wir der Welt der Erscheinung zurechnen. Ein umfassender sensorischer Realismus wird zwar (bisher) nicht erreicht, weil beispielsweise der Geschmacks- und der Geruchssinn noch nicht simuliert werden,[19] und auch der Interaktivitätsgrad bleibt noch hinter dem der sog. realen Welt zurück. Aber das audiovisuelle und das interaktive Erleben in diesen virtuellen Umgebungen nähern sich dem Erleben in der sog. Wirklichkeit doch so weit an, dass sie sich als Übungswelten etwa in der Piloten- oder Soldatenausbildung verwenden lassen. Die entsprechenden Simulationen ›wirken‹ also in wesentlichen Hinsichten so wie die simulierten Objekte und Szenarien.

Wir können damit festhalten, dass sowohl für das Internet als auch für die VR-Technologie die Bezeichnung virtuelle Welt eine Berechtigung hat, weil sie – auf je eigene Weise – wirken wie die jeweils simulierten Welten und als deren Stellvertreter fungieren können. Weil diese Wirksamkeit auf zum Teil unterschiedlichen Eigenschaften beruht, soll die Wirksamkeit des Cyberspace im Folgenden noch etwas genauer untersucht werden. Zuvor sei aber ein kleiner Exkurs zum Wort »Cyberspace« gestattet.

---

17 Hier werden mediale Welt und virtuelle Welt als zwei unterschiedliche ›Welttypen‹ einander gegenüber gestellt. Ich habe bereits darauf hingewiesen, dass auch virtuelle Welten *medial* vermittelt werden, nämlich durch das neue Medium Computer, und insofern m.E. eine Sonderform (oder Weiterentwicklung) der medialen Welt sind.

18 Das Reflexivpronomen ›sich‹ verweist genau genommen auf die symbolische Repräsentation der Nutzerin in der medialen Welt.

19 Überlegungen dazu, wie die bisher vernachlässigten Sinne simuliert werden können, liegen aber seit längerem vor (vgl. Sturman 1991). Ob solche Pläne gelingen können, kann hier ebenso wenig diskutiert werden wie die Frage, unter welchen Bedingungen ihre Umsetzung wünschenswert wäre bzw. von den Menschen akzeptiert würde.

Zur Entgrenzung von Science und Fiction (Exkurs)

Bemerkenswert ist, dass für die beschriebenen interaktiven Computerwelten heute zwei Bezeichnungen weitgehend synonym verwendet werden: virtuelle Welt (oder virtuelle Realität) und Cyberspace.[20] *Cyberspace* gilt als eine Wortschöpfung von William Gibson, der in den 1980er Jahren durch seine sog. Cyberpunk-Romane bekannt wurde.[21] Das Wort stammt also aus der Science-Fiction, und entsprechende technische Entwicklungen sind dort in der Tat fiktiv vorweggenommen worden. Mindestens seit den 1960er Jahren beschäftigen sich Autoren – meines Wissens keine Autorinnen – dieses Genres mit der Frage, wie es sein könnte, wenn man in eine vom Computer generierte Simulation hineintritt und dort agieren kann.[22] Die virtuelle Realität wird dabei unterschiedlich konzipiert. Gibson beschreibt den »kybernetischen Raum« – er spricht auch von der Matrix – beispielsweise nicht als wirklichkeitstreue 3D-Welt, sondern als ein »fragmentarisches Mandala visueller Information« (Gibson 1987: 77), das hypnotische Wirkungen entfaltet.[23] Auch im Film *Der Rasenmähermann* (1992) wird der Cyberspace eher als surreale Traum- und Fantasiewelt denn als Abbild der sog. Realität dargestellt. Bei anderen Autoren erscheint die virtuelle Realität dagegen eher wie eine zweite Wirklichkeit. Nicht selten wird dabei die Angst thematisiert, aus der virtuellen Welt nicht wieder in die erste Welt zurück zu können bzw. die wirkliche und die virtuelle Welt nicht zuverlässig unterscheiden zu können (z.B. in den Filmen *Existence*, *Matrix* oder *The Thirteenth Floor*).

Das Verhältnis solcher in den Medien dargestellter Fiktionen zu den Entwicklungen im Bereich der Computer- bzw. Simulationstechnik kann hier nicht im Detail diskutiert werden, aber die Pioniere und Visionäre der VR-Forschung sind von diesen Fantasien offenbar stark beeinflusst worden (vgl. das Interview mit

---

20 Die 9. Auflage des »Brockhaus in einem Band« aus dem Jahre 2000 enthält beispielsweise den Eintrag »**virtuelle Realität** → Cyberspace« (961). Der Verweis führt zu »**Cyberspace** [...], **virtuelle Realität,** vom Computer simulierte dreidimensionale Welt, an der Personen mittels techn. Geräte teilhaben können; Anwendung z.B. bei Fahr- und Flugsimulatoren« (171, Herv. i.O.).
21 Der Begriff wurde erstmals verwendet in dem 1984 erschienenen Roman *Neuromancer*.
22 Ein frühes Beispiel ist der Roman *Simulacron 3* aus dem Jahre 1964 von Daniel F. Galouye. Der Leiter eines Experiments, bei dem ein Computer eine Stadt in den 1930er Jahren simuliert, kann sich selbst in die Simulation hinein begeben und kommt so nach und nach zu der Überzeugung, dass auch seine wirkliche Welt nur ein Computerexperiment in einer übergeordneten Wirklichkeit ist. Bekannter als der Roman sind (hierzulande) die von ihm angeregten filmischen Umsetzungen des Stoffes: der Fernsehzweiteiler *Welt am Draht* von Rainer Werner Fassbender (1973) und der Kinofilm *The Thirteenth Floor* von Roland Emmerich (1999).
23 Die Erfahrungen in diesen erdachten virtuellen Welten stehen insofern eher stellvertretend für Erfahrungen, die in Träumen oder im Drogenrausch gemacht werden als für Erfahrungen in einer sog. realen Welt (vgl. auch Heidersberger 1991).

Jaron Lanier in Waffender 1991; siehe auch Heidersberger 1991). Die in traditionellen Medien dargestellten Fantasien und Vorstellungen über die Möglichkeit, eine zweite Realität zu erzeugen, haben also z.T. als Vorbilder und Anregungen für technisch-mediale Entwicklungen fungiert. Das Verhältnis von medialen Zeichenwelten und anderen Sinnwelten ist also komplexer, als es häufig unterstellt wird. Realität und Fiktionalität können sich in vielfältiger Weise vermischen, und mediale Welten können keineswegs darauf reduziert werden, Abbild entweder der sog. Wirklichkeit oder Scheinwelt zu sein.

Die oben skizzierte Zweideutigkeit der Bezeichnung virtuelle Welt ist in der Science-Fiction im Übrigen schon überwunden worden: In den *Otherland*-Romanen von Tad Williams zum Beispiel, die in der Mitte des 21. Jahrhunderts spielen, sind Internet und VR-Technologie miteinander verschmolzen. Wer sich ins Netz einklinkt, taucht in eine dreidimensionale grafische Umgebung ein. Diese Netzwelt zeichnet sich durch all jene Eigenschaften aus, die nach den bisherigen Ausführungen den Eindruck einer stellvertretenden Wirklichkeit hervorrufen: Interaktivität, Intersubjektivität und sensorischer Realismus. Der Grad des Realismus der Immersion hängt in dieser Romanwelt in erster Linie von dem verfügbaren Equipment und damit von den finanziellen Ressourcen ab. Der Abstand zwischen Fiction und Science ist aber auch in dieser Hinsicht nicht mehr besonders groß. Jedenfalls hat die Vorstellung, das bisherige WWW in eine 3D virtuelle Netzwelt umzuwandeln, längst Einzug gefunden in die Entwicklungslabore der Computerindustrie und der Hochschulen. Als Stationen auf diesem Wege können die im Internet mittlerweile vorhandenen grafischen Chatrooms und Onlinespiele angesehen werden, die zwar noch keine sensorische Immersion im engeren Sinne erlauben, aber auf dem Bildschirm doch bereits dreidimensionale, also räumlich wirkende Szenarien darstellen (vgl. Abb. 2 und 3).[24]

Die Wirksamkeit des Cyberspace

Momente der Wirklichkeitstreue bei virtuellen Welten

Den Begriff des Virtuellen habe ich mit Peirce als ›stellvertretende Wirksamkeit‹ gefasst: Ein virtuelles X ist zwar kein X, hat aber die Kraft oder Wirkung eines X. Im Bereich der computervermittelten virtuellen Welten geht es – wie gesehen – primär darum, dass mediale Welten sensorisch wie sog. reale Welten wirken sollen,

---

24 Die abgebildeten Online-Welten (bzw. Informationen dazu) sind im Netz zu finden unter (2.6.2003) http://www.activeworlds.com und http://everquest.station.sony.com

Virtuelle Welten und Cyberspace 189

Abbildung 2: Screenshot aus dem 3D Chat *Activeworlds* (Active Worlds 1999)

Abbildung 3: 3D-Grafik im Multiplayer Onlinerollenspiel *Everquest*
(Verant Interactive/Sony Online Entertainment 1999)

und zwar auch dann, wenn dabei etwas Fiktives dargestellt wird (z.B. ein Ritt auf einem Drachen). In den bisherigen Ausführungen wurden drei Momente herausgearbeitet, welche in computervermittelten medialen Welten wirklichkeitstreue Erlebnisse und Eindrücke generieren können. Sie sollen hier noch einmal zusammenfassend beschrieben werden um zu verdeutlichen, was Wirksamkeit oder Stellvertretung im Cyberspace heißen kann.

Das erste Moment ist die Interaktivität der medialen Umgebung. Der mediale Interaktivitätsgrad kann variieren, insbesondere hinsichtlich der *Inputrate*, d.h. der Geschwindigkeit, mit der Eingaben von der virtuellen Welt verarbeitet werden können, des *Repertoires*, d.h. der Vielfalt der jeweils verfügbaren Aktionsmöglichkeiten, und der *Art der Steuerung*, d.h. des Verhältnisses zwischen den physischen Aktionen der Nutzerin an den Eingabegeräten und den dadurch ausgelösten Veränderungen in der virtuellen Umgebung.[25] Durch das Moment der Interaktivität ändert sich prinzipiell das Verhältnis zu einer medialen Zeichenwelt, denn die Nutzerin kann in ihr nun eine Wirkung entfalten. Weil die Welt auf die Eingaben der Nutzerin reagiert, wirkt sie in einer neuen Weise ›realistisch‹, insbesondere dann, wenn eine räumliche Umgebung simuliert wird.

Das zweite Moment ist der sensorische Realismus, der im Internet bisher eher gering ausgeprägt ist, auf dessen Perfektionierung dagegen im Bereich der VR-Technologie besonderer Wert gelegt wird. Der sensorische Realismus einer virtuellen Umgebung hängt ab von der sensorischen *Breite*, d.h. von der Anzahl der gleichzeitig erfahrbaren Sinnesmodalitäten, und von der sensorischen *Tiefe*, d.h. dem Differenzierungsgrad innerhalb der einzelnen sensorischen Dimensionen (vgl. Steuer 1992). Die sensorische Breite ist bisher insofern noch relativ gering, als der Geruchs- und der Geschmackssinn keine Berücksichtigung finden. Eine gewisse sensorische Tiefe wird dagegen bereits im visuellen und akustischen Bereich erreicht. Ein besonders ›wirksamer‹ Aspekt ist in diesem Zusammenhang der Versuch, Immersion zu erzeugen, also der Nutzerin visuell und auditiv den Eindruck zu vermitteln, sich *in* einer (physikalischen) Umgebung zu befinden. Der Immersionsgrad kann in Abhängigkeit von der benutzten Technik variieren. *Immersive* Umgebungen isolieren die Nutzerin sensorisch (zumindest audiovisuell) von der realen Umgebung, in der sie sich aufhält. Die (dreidimensionalen) Szenarien einer *nicht-immersiven* Umgebung werden dagegen aus der realen Welt heraus betrachtet, wie wir es z.B. von Computerspielen kennen. Eine Zwischenstellung nehmen *semi-immersive* Umgebungen ein, in die man nicht vollständig eintaucht,

---

25 Ich folge hier Jonathan Steuer, der Interaktivität als Funktion der drei Faktoren »speed« (of responce), »range« (of possible user interactions) und »mapping« (of controls) fasst (Steuer 1992: 81; vgl. auch Manninen 2001).

sodass man sowohl in der virtuellen Welt als auch in der sog. realen Welt agieren kann, also in beiden Umgebungen präsent bleibt. Das dritte Moment ist die Intersubjektivität, die im Internet eine große Rolle spielt, im Bereich der VR-Technologie dagegen bisher noch nicht so ausgeprägt ist. Gemeint sind damit in erster Linie die internetbasierten Kommunikations- und Interaktionsmöglichkeiten mit anderen Menschen, nicht die (parasozialen) Interaktionen mit computergenerierten Akteuren.[26] Medial vermittelte Kommunikation ist allerdings nichts Neues. Die Erweiterung der Kommunikationsmöglichkeiten, z.b. durch die Überwindung von Raum, ist eine der zentralen Funktionen aller technischen Medien. Die Besonderheit des Internets besteht darin, dass nicht nur Botschaften von A nach B übermittelt werden (z.B. mit einer E-Mail), sondern dass Menschen quasi in das Medium eintreten und in einen intersubjektiven Austausch treten können (z.B. in einem Chatroom). Zwischen A und B gibt es also nicht nur eine Datenleitung, sondern einen Datenraum, der sich als virtueller Treffpunkt eignet und synchrone wie asynchrone Formen der Kommunikation erlaubt.[27] Was sich verändert, ist vor allem die kommunikative Situation. Das Internet offeriert virtuelle Kommunikationsräume, in denen sich spezifische Strukturen und Muster der Kommunikation herausbilden (vgl. Thimm 2000). Dass diese Räume oder Foren für diejenigen, die sich dort aufhalten, in gewisser Weise ›lebendig‹ wirken, dürfte mit der Erfahrung von Intersubjektivität zusammenhängen, die wir sonst primär von sozialen Orten der Alltagswelt kennen.

Den Begriff der Lebendigkeit (*vividness*) benutzt auch Jonathan Steuer in seinem Versuch, die Erfahrung von virtueller Realität zu definieren (Steuer 1992: 81; vgl. auch Abb. 4). *Vividness* ist für ihn eine von zwei Grunddimensionen virtueller Realität (die andere ist *interactivity*). Allerdings bezieht er diese Dimension lediglich auf die Lebendigkeit bzw. den Realismus des sensorischen Erlebens. Mein Vorschlag ist, den sensorischen Realismus (also die sensorische ›Lebendigkeit‹) und die Intersubjektivität (also die soziale ›Lebendigkeit‹) als zwei Teildimensionen von *vividness* zu betrachten und das Modell von Steuer entsprechend zu erweitern (vgl. Abb. 5, S. 192).

Wir haben bisher relativ ungebrochen von der Möglichkeit gesprochen, mithilfe der Computertechnologie bestimmte stellvertretende Wirkungen zu erzeugen. Diese Rede bedarf in zweierlei Hinsicht einer Präzisierung. Zum einen unterliegt die Wirksamkeit immer einer technischen Kontrolle, zum anderen können Wirkungen nicht unabhängig von Rezipienten und ihrer Verarbeitung der jeweiligen Reize gesehen werden.

---

26 Zur parasozialen Interaktion zwischen menschlichen Nutzern und simulierten Akteuren vgl. Bente und Otto (1996).

27 Es handelt sich dabei nicht um virtuelle, sondern um ›reale‹ Kommunikation, denn es findet eine wirkliche (nur durch ein neues Medium vermittelte) Kommunikation mit ›realen‹ Personen statt (vgl. auch Schmidt 2000). Virtuell ist lediglich die Umgebung, in der die Kommunikation stattfindet.

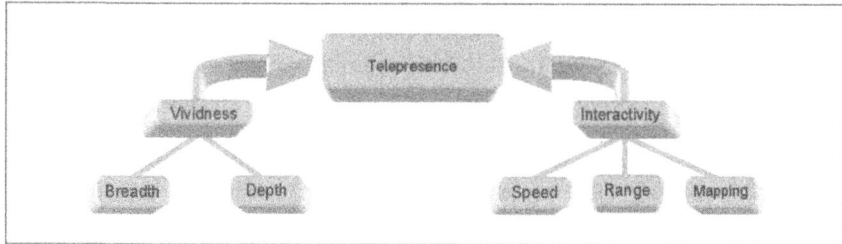

Abbildung. 4: ›Vividness‹ und ›Interacitity‹ als Einflussvariablen für Telepräsenz (nach Steuer 1992: 81)

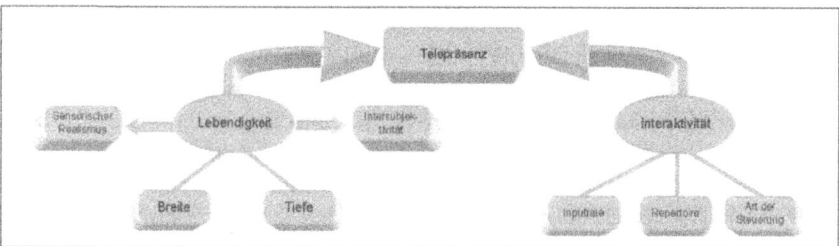

Abbildung 5: Eigenes (erweitertes) Modell der Einflussvariablen für virtuelle Wirksamkeit

Der Computer als Medium kontrollierter Virtualität

Die Wirksamkeit einer vom Computer vermittelten virtuellen Umgebung ist technisch begrenzt bzw. begrenzbar. Das ist etwas anderes als der bereits erwähnte Umstand, dass bisher noch technische Grenzen und Probleme bestehen, alle Dimensionen der sinnlichen Wahrnehmung detail- und wirklichkeitsgetreu zu simulieren. Gemeint ist vielmehr, dass die Wirksamkeit des Virtuellen *bewusst* begrenzt wird. Wenn eine Landung im Flugsimulator missglückt, dann passiert der Flugschülerin nichts, weil die bei einem Absturz auf die Pilotin einwirkenden (meist tödlichen) Kräfte eben nicht simuliert werden.[28] Das Handeln in virtuellen Umgebungen ist weitestgehend gefahrlos, weil der sensorische Realismus normalerweise dort endet, wo in einer vergleichbaren realen Situation Gefahr für Leib und Leben bestünde. In einer virtuellen Umgebung stirbt man also nur

---

28 Die Aussage, dass der Flugschülerin nichts passiert, meint, dass sie unversehrt aus der Simulation herauskommt. Es mag allerdings sein, dass wiederholte Abstürze im Flugsimulator andere Folgen haben, etwa dass ihr nahe gelegt wird, sich vielleicht ein anderes Ausbildungs- und Berufsziel zu suchen, oder dass die Simulation nicht mehr ernst genommen wird.

symbolisch.[29] Das ist ja der entscheidende Vorteil des Handelns in einer (virtuellen) Simulation: Man kann bei seinen Entscheidungen oder Verhaltensweisen ›Fehler‹ machen, ohne mit ernsthaften Folgen konfrontiert zu werden. Kontrollierbarkeit bedeutet aber nicht nur, dass die Reize und Kräfte des Virtuellen technisch *begrenzt* werden können, sondern auch, dass sie umfassend *gestaltbar* und insofern beeinflussbar sind. Beim Beispiel der Flugsimulation liegen zunächst positive Assoziationen nahe. Es ist natürlich zu begrüßen, wenn angehende Piloten ihre ersten Erfahrungen mit dem Steuern eines Flugzeuges gefahrlos in einer realistisch wirkenden Simulation sammeln können. Denken wir aber an eine militärische statt an eine zivile Flugsimulation, bei der nicht nur Flugmanöver, sondern auch das Abfeuern von Raketen oder der Einsatz sonstiger Waffensysteme simuliert werden können, dann werden auch Möglichkeiten einer als problematisch einzustufenden Gestaltung erkennbar. Ralf E. Streibl schreibt dazu:

»Komplexitätsreduktion in Zusammenhang mit der Simulatorausbildung kann zur Erreichung spezifischer Trainingsziele durchaus hilfreich sein. Es ist jedoch auch eine systematische subtile Einflußnahme auf den Soldaten im Simulator denkbar, indem beispielsweise spezifische Szenen-Aspekte unberücksichtigt bleiben oder bewußt weniger realistisch dargestellt werden als andere (z.B. Darstellung der Opfer). Auch die Auswahl der im Simulationsmodell möglichen Aktionen, d.h. der Handlungsspielraum, beeinflußt das Erleben der Situation« (Streibl 1996: 209).

Wir können im Bereich der Computertechnologie also von kontrollierter (oder variabler) Virtualität sprechen, denn die Dimensionen und Grade der Interaktivität und der Lebendigkeit sind gestaltbar. Darin steckt ein ambivalentes Potenzial. Primär scheint Virtualität bisher in der Weise gestaltet und eingesetzt zu werden, dass die Interaktionen in und mit virtuellen Umgebungen für die Handelnden risikolos bleiben. Alle Kräfte, die in der Realität gefährlich wären, wirken sich in der virtuellen Welt nicht physikalisch aus, sondern nur auf der semiotischen Ebene (also symbolisch). Daher können die Wirkungen verschiedener Vorgehensweisen erprobt werden. Wenn sich eine Entscheidung als ›falsch‹ erweist, hat man im Prinzip beliebig viele weitere Versuche, es anders zu machen. Aus diesem Grunde liegt es nahe, virtuellen Welten einen ähnlichen Status zuzuschreiben wie ästhetischen Welten (vgl. Münker 1997: 121) oder wie Spielwelten (vgl. Fromme 2002).

---

29 Diese Begrenzungen sind in erster Linie kulturell (bzw. ethisch) und pragmatisch, aber nicht technisch begründet. Es könnten auch Kräfte simuliert werden, die für die Personen in einer VR wirklich gefährlich wären.

Wirksamkeit aus Nutzersicht

Die bisherigen Ausführungen zu virtuellen Welten waren auf die technische Seite fokussiert. Im Vordergrund stand die Frage, wie mithilfe der Computertechnologie Objekte und Umgebungen generiert werden können, die bei einer Nutzerin den Eindruck von (stellvertretender) Wirklichkeitstreue hervorrufen. Thematisiert wurde also, in welcher Weise diese Wirksamkeit mit spezifischen Eigenschaften der computervermittelten medialen Welt zusammenhängt. Eine hierauf beschränkte Sichtweise ist allerdings in mindestens zwei Hinsichten problematisch. Zum einen ist die Computertechnologie durch eine hohe Entwicklungsdynamik gekennzeichnet, sodass jede zu sehr an den technischen Geräten orientierte Definition von virtueller Welt Gefahr läuft, in kurzer Zeit überholt zu sein. Zum anderen wird die Art und Weise der Rezeption (und insofern auch der Wirkung) von Medien nicht technisch determiniert, vielmehr partizipieren die Rezipienten an diesem komplexen Prozess in aktiver Weise.

Es wurde bereits angedeutet, dass schon der Prozess der sinnlichen Wahrnehmung als ein Vorgang angesehen werden muss, an dem der oder die Wahrnehmende aktiv und konstruktiv beteiligt ist. Das heißt, Sinneswahrnehmungen sind nicht Ergebnisse eines Prägungsprozesses, bei dem ein äußerer Reiz auf ein Sinnesorgan einwirkt und eine entsprechende qualitative Empfindung auslöst, sondern sie sind »Produkt der Entwicklung mittelbarer Beziehungen zwischen Organismus und Umwelt« (Leontjew 1980: 132). Sinnesreize gewinnen ihre Qualität und Wirksamkeit also erst in einem Prozess der aktiven organischen und psychischen Auseinandersetzung mit der Umgebung und ihrem ›Reizangebot‹.[30] Auch wenn ich mich den sensorischen Reizen einer Umgebung, in der ich mich aufhalte, kaum gänzlich entziehen kann, so kann ich doch einzelnen Dingen mehr oder weniger Aufmerksamkeit schenken, etwas übersehen oder besonders würdigen, Zwischentöne wahrnehmen oder auch nicht usw. Dies gilt für die Wahrnehmung medialer (und virtueller) Welten ebenso wie für die Wahrnehmung (in) der Welt der Erscheinung. Ob eine virtuelle Welt die Wirksamkeit einer anderen Welt hat, hängt daher auch von der Person ab, an der sich diese Wirksamkeit zeigen soll. Man kann sich gegenüber den Reizen und Kräften, die auf einen einwirken – jedenfalls bis zu einem gewissen Grad – verschließen, man kann aber umgekehrt

---

30 Leontjew vertritt in Bezug auf die Empfindungen (und die sinnliche Erkenntnis) eine theoretische Konzeption, die er als »reflektorisch« bezeichnet und von einer »rezeptorischen« Auffassung abgrenzt. Er konnte zeigen, dass an der sinnlichen Wahrnehmung die Sinnesorgane selbst aktiv beteiligt sind: »das bewegungslose Auge kann nicht sehen, die bewegungslose Hand vermag den Raum nicht wahrzunehmen« (1980: 127).

auch fehlende äußere Reize kompensieren. Eine Person sieht in einer Geisterbahn nur mechanische Puppen und Attrappen und findet die ganze Inszenierung vielleicht albern, eine andere Person sieht dort Furcht einflößende Geister und Gespenster und kreischt auf vor Schreck.

Bemerkenswert ist die menschliche Fähigkeit und Bereitschaft, auch vergleichsweise unvollständige mediale Informationen zu akzeptieren bzw. mental zu vervollständigen. Dafür können unterschiedlichste Beispiele angeführt werden: So zeigen Comic-Hefte nur standbildartige Szenen, aber wir sind bereit und in der Lage, die Lücken zwischen den einzelnen Bildern so auszufüllen, dass daraus für uns eine zusammenhängende Geschichte wird. Auch bei Filmen fällt den Zuschauern die Aufgabe zu, die Lücken selbst auszufüllen, die durch den Filmschnitt entstehen.[31] Wir können uns auch in Medienwelten hineinversetzen, die uns nur in Form eines gedruckten Textes – also in einer nicht gerade wahrnehmungstreuen Weise – vermittelt werden: Die mediale Welt wird dann quasi vor unserem inneren Auge lebendig. Wir sind bereit, eine Ansammlung von (im Original farbigen) Pixeln wie in Abbildung 6 (S. 196) als Repräsentation der bekannten Videospielfigur *Super Mario*, die auf dem kleinen Dinosaurier *Yoshi* reitet, zu akzeptieren.

Die Beispiele verweisen auf zwei Varianten unvollständiger medialer Information. Zum einen haben wir es mit Leerstellen im Informationsfluss zu tun, die von der Rezipientin ausgefüllt werden (müssen) und die von den Medienproduzenten zum Teil auch bewusst in dramaturgischer Absicht eingesetzt werden. Zum anderen finden sich Informationen, die selbst in gewisser Weise unvollständig bzw. detailarm sind. Im Vergleich zu einer Fotografie ist eine Karikatur beispielsweise detailarm, weil weniger optisches Informationsmaterial zur Verfügung steht. Zum Teil ist Detailarmut ein Effekt des Umstandes, dass die Darstellungskapazitäten begrenzt sind (wie im Beispiel des Videospiels). Allerdings wird auch diese Art der Lückenhaftigkeit von Informationen zum Teil bewusst eingesetzt, etwa um das medial Dargestellte in einer bestimmten Weise zuzuspitzen oder quasi zu kommentieren.[32] Insofern kann Unvollständigkeit (oder Detailarmut) von Informationen nicht von vornherein als Mangel betrachtet werden. Folgt man McLuhan, so

---

31 James Monaco hat in seinem Buch »Film verstehen« gezeigt, dass die Fähigkeit, bestimmte Lücken zu schließen, erst erworben werden muss und in Kulturen, in denen das Fernsehen noch nicht verbreitet ist, nicht vorhanden ist (Monaco 2002). Dass sich die Fähigkeit, Filmschnitte zu verstehen aufgrund unserer Filmerfahrung auch verändert hat, kann am Beispiel der Inszenierung von Ortswechseln veranschaulicht werden. In älteren Filmen gibt es häufig noch lange Szenen mit Autofahrten. Heute reicht eine Szenenfolge wie: jemand steigt in ein Auto, Schnitt, das Auto steht in einer anderen Umgebung und die Person steigt wieder aus.
32 Das Spiel mit Detailreichtum und Detailarmut von Informationen ist so gesehen eine Möglichkeit, im Bereich der medialen Kommunikation metakommunikative Botschaften zu übermitteln, die darauf hinweisen, wie eine inhaltliche Botschaft verstanden werden soll.

Abbildung 6: *Mario* auf *Yoshi* im Videospiel *Super Mario World* (Nintendo 1991)

fordern detail*reiche* Medien (er nennt sie auch heiße Medien) »vom Publikum nur eine geringe Beteiligung oder Vervollständigung«, während detail*arme* Medien (bzw. kühle Medien) »in hohem Grade persönliche Beteiligung oder Vervollständigung durch das Publikum« erfordern (McLuhan 1994: 45). Wer das Publikum aktiv beteiligen – oder in McLuhans Worten »aufheizen« – will, der sollte ihm also eher unvollständige und detailarme Informationen präsentieren. Eine ähnliche These wird auch in der Spieltheorie vertreten. Sutton-Smith (vgl. 1978: 77) berichtet etwa, dass eine größere Strukturierung von Spielmaterialien ein geringeres Maß an Ideenreichtum bei den Spielenden zur Folge hat. Demnach wäre zu erwarten, dass der im Bereich der Neuen Medien im Allgemeinen und bei den Video- und Computerspielen im Besonderen beobachtbare Trend zu fotorealistischen grafischen Darstellungen zu einer geringeren persönlichen Beteiligung der Rezipientinnen führt. Ob diese Annahme zutrifft und welche Bedeutung die Interaktivität als neue Form der ›Beteiligung‹ an einem medialen Geschehen in diesem Zusammenhang hat, wären interessante Fragestellungen, die durch künftige empirische Forschungsarbeiten geklärt werden müssten.

In Bezug auf die Frage nach der (stellvertretenden) Wirksamkeit medial vermittelter virtueller Welten zeigt sich somit, dass diese nicht an eine technologisch höchst immersiv und realistisch angelegte interaktive 3D-Umgebung gebunden ist. Denn wir nehmen es mit der Wirklichkeitstreue medialer Zeichenwelten nicht so genau, sondern sind in der Lage, in nicht unerheblichem Maße fehlende Sinnesreize zu kompensieren und störende Informationen auszublenden.

Wie aber könnte eine Definition von virtueller Welt aussehen, die diese Aktivität und Flexibilität der Nutzer berücksichtigt? Sie müsste wohl mehr von deren medialem Erleben als von technischen Details ausgehen. Einen Vorschlag für eine solche rezipientenorientierte Definition hat Jonathan Steuer unterbreitet, auf dessen Konzept oben bereits Bezug genommen wurde:

> »The key to defining virtual reality in terms of human experience rather than technological hardware is the concept of presence. Presence can be thought of as the experience of one's physical environment; it refers not to one's surroundings as they exist in the physical world, but to the perception of those surroundings as mediated both automatic and controlled mental processes« (Steuer 1992: 75).

Steuers Ausgangspunkt ist also der Begriff der Präsenz. In der sog. realen Welt – Steuer spricht von der physikalischen Umgebung – ist Präsenz die normale, selbstverständliche Erfahrung. Aber diese Erfahrung ist keine unmittelbare, sondern sie basiert auf der Wahrnehmung dieser Umgebung (ebd.: 2ff.), die für Steuer auf einer Mischung aus automatischen und kontrollierten mentalen Prozessen beruht. Die Erfahrung medialer Welten ist traditionell eine andere, weil wir sie nicht als uns umgebende Welten wahrnehmen, sondern als medial gerahmte Sonderwirklichkeiten. Diese Differenz wird bei virtuellen Welten (tendenziell) aufgehoben. Die sensorischen Informationen kommen jenen in der Welt der Erscheinung in bestimmten Hinsichten so nahe, dass sie als »Telepräsenz« erlebt werden: »Telepresence is defined as the experience of presence in an environment by means of a communication medium« (ebd.: 76). Von einer virtuellen Welt kann mit Steuer also dann gesprochen werden, wenn eine Nutzerin mit bzw. in einer medial vermittelten Welt diese Erfahrung einer stellvertretenden Präsenz macht. Wann es zu dieser Erfahrung kommt, ist dann eine letztlich nur empirisch genau zu beantwortende Frage. Die zur technischen Seite vorgetragenen Überlegungen sind dabei insofern anschlussfähig, als angenommen werden kann, dass mediale Interaktivität, sensorischer Realismus und Intersubjektivität die Erfahrung von Telepräsenz fördern (vgl. Abb. 5). Eine Aufgabe der medienwissenschaftlichen Forschung ist dann darin zu sehen, das Verhältnis von medialem Angebot und Medienaneignung bzw. -handeln in virtuellen Welten in dieser Perspektive differenzierter zu untersuchen.

Ausblick

Der vorliegende Beitrag hat sich mit den medialen Besonderheiten virtueller Welten beschäftigt, wobei die Inhalte oder Themen dieser Welten keine Rolle gespielt haben. Damit wurde an der Medientheorie McLuhans angeschlossen, die davon ausgeht, dass ein neues Medium im Hinblick auf seine mediale Grammatik untersucht werden muss, wenn die sozialen und persönlichen Auswirkungen seiner Einführung und Nutzung erkennbar werden sollen (vgl. auch Meder 1995). Eine Grammatik regelt den Gebrauch von Zeichen, ohne dass diese Regeln beim Sprechen im Normalfall bewusst werden. Bei den Medien sind die Regeln des Zeichengebrauchs im jeweiligen Medium quasi vergegenständlicht. Sie werden bei der Mediennutzung en passant angeeignet. Die Grammatik ist als Regelstruktur insofern quasi »der heimliche Lehrplan einer Sprach- und Medienkultur« (Meder 1995: 10).

Bei einer strukturellen oder grammatischen Analyse geht es insofern (auch) um die Bildungsrelevanz der Medien, weil sich durch sie das individuelle Verhältnis zur Welt verändert bzw. verändern kann. Bildungsprozesse bedeuten »stets eine Transformation der grundlegenden Kategorien, in bzw. mit denen Subjekte sich zur Welt und zu sich selbst verhalten« (Kokemohr/Koller 1996: 91). McLuhan ist kein Pädagoge oder Bildungstheoretiker, aber im Grunde handelt sein Buch »Understanding Media« (1994) von solchen Transformationen, wobei er sich vor allem mit Veränderungen beschäftigt, die nicht nur das Weltverhältnis Einzelner, sondern das der Gesellschaft insgesamt betreffen.

Wenn Veränderungen des Selbst-Welt-Verhältnisses als Bildungsprozesse angesehen werden, dann impliziert dies natürlich einen weiten Begriff von Bildung, der sich nicht nur auf Transformationsprozesse bezieht, die unter pädagogischer Anleitung stattfinden, sondern auch auf Prozesse, die außerhalb (institutionalisierter) pädagogischer Räume – also informell – stattfinden. Außerdem wird Bildung nicht von vornherein normativ an bestimmte Wissensbestände oder Kompetenzen gekoppelt, sondern als ein (offenes) heuristisches Konzept gefasst, das helfen kann, unterschiedliche Transformationsprozesse zu beschreiben und zu untersuchen. Diese informellen und nonformellen Lern- und Bildungsprozesse müssen künftig in der Bildungsforschung und in der Bildungstheorie stärker als bisher in den Blick genommen werden. Den Medien wird dabei eine zentrale Stellung einzuräumen sein, denn zur Pluralisierung und Komplexitätssteigerung von Lernanlässen in der Lebenswelt haben nicht zuletzt die Prozesse der Mediatisierung beitragen. Vor allem durch sie findet sich der Einzelne in einer Umgebung vielfältiger und heterogener Informations- und Kommunikationsangebote wieder, die sich einer (pädagogischen) Kontrolle weitestgehend entziehen, aber gleichwohl umfassende und neue Möglichkeiten des Lernens und der Bildung bereitstellen.

Die im Kontext der Medien stattfindenden Transformationen des kulturellen und sozialen Lebens können als Medienbildung bezeichnet werden.[33] Das ist ein vergleichsweise neuer Begriff, der in der Medienpädagogik aber zunehmend verwendet wird. Er erscheint geeignet, eine erziehungswissenschaftliche Medientheorie wie auch einen erziehungswissenschaftlichen Zugang zur Medienforschung zu fundieren. Vor dem Hintergrund der medientheoretischen Annäherung an das Phänomen der virtuellen Welten ist meine abschließende Hypothese die, dass Medienbildung in virtuellen Welten strukturell den Index des Spielerischen erhält (vgl. auch Adamowsky 2000; Fromme 2002): Es handelt sich um primär beiläufige Lern- und Bildungsprozesse, die gebunden sind an prinzipiell reversible, aber auch wiederholbare Aktivitäten, Erfahrungen und Entscheidungen. Gleichwohl handelt es sich nicht um Räume bar jeder Handlungsverantwortung, denn sobald sie für soziale Interaktionen genutzt werden, werden auch in virtuellen Umgebungen Verständigungen über »Regeln« erforderlich, etwa über zulässige und nicht zulässige Spielzüge. Auf Regeln bezogene Aushandlungsprozesse können, ähnlich wie bei anderen Spielformen auch, als eigenes, besonders wichtiges Feld des Lernens (besser: Metalernens) betrachtet werden.

Literatur

Adamowsky, Natascha (2000): Spielfiguren in virtuellen Welten. Frankfurt a.M./New York: Campus.
Baudrillard, Jean (1988): Die Simulation. In: Welsch, Wolfgang (Hg.): Wege aus der Moderne. Schlüsseltexte der Postmoderne-Diskussion. Heidelberg: VCH, Acta Humaniora, S. 153-162.
Beck, Ulrich (1986): Risikogesellschaft. Auf dem Weg in eine andere Moderne. Frankfurt a.M.: Suhrkamp.
Bente, Gary/Otto, Ingolf (1996): Virtuelle Realität und parasoziale Interaktion. Zur Analyse sozioemotionaler Wirkungen computer-simulierten nonverbalen Kommunikationsverhaltens. In: Medienpsychologie, 8. Jg., Heft 3, S. 217-242.
Bünting, Karl Dieter/Karatas, Ramona (Hg.) (1996): Deutsches Wörterbuch. Chur: Isis.
Der Brockhaus in einem Band (2000): Leipzig/Mannheim: F.A. Brockhaus, 9., vollständig überarbeitete und aktualisierte Aufl.
Duden Fremdwörterbuch (1974): Der grosse Duden, Band 5. Mannheim/Wien/Zürich: Dudenverlag, 3., völlig neu bearbeitete und erweiterte Aufl.
Engelmann, Bernt u.a. (Hg.) (1981): Anspruch auf Wahrheit. Wie werden wir durch Presse, Funk und Fernsehen informiert? Göttingen: Steidl.
Franz, Hans-Peter (2001): Computerspiele im Unterricht – Spielerische Vermittlung von politischen Inhalten? In: Fromme, Johannes/Meder, Norbert (Hg.): Computerspiele und Bildung. Opladen: Leske + Budrich, S. 117-126.

---

33 Wenn etwas durch einen heimlichen Lehrplan vermittelt wird, wird dies üblicherweise als mediale Sozialisation und nicht als mediale Bildung bezeichnet. Hier wird aber davon ausgegangen, dass Bildung auch als »Resultat sozialisierender Einflüsse der Institution Medien betrachtet« werden kann (Pietraß 2002: 395).

Fritz, Jürgen (1997a): Lebenswelt und Wirklichkeit. In: Fritz, Jürgen/Fehr, Wolfgang (Hg.): Handbuch Medien: Computerspiele. Bonn: Bundeszentrale für politische Bildung, S. 13-30.

Fritz, Jürgen (1997b): Was sind Computerspiele? In: Fritz, Jürgen/Fehr, Wolfgang (Hg.): Handbuch Medien: Computerspiele. Bonn: Bundeszentrale für politische Bildung, S. 81-86.

Fritz, Jürgen/Fehr, Wolfgang (Hg.) (2003): Computerspiele. Virtuelle Spiel- und Lernwelten. Bonn: Bundeszentrale für politische Bildung (mit CD-ROM). Auch online verfügbar: http://www.medien paedagogik-online.de (Zugriff: 31.10.2003).

Fromme, Johannes (1997): Pädagogik als Sprachspiel. Zur Pluralisierung der Wissensformen im Zeichen der Postmoderne. Neuwied/Kriftel/Berlin: Luchterhand.

Fromme, Johannes (2002): Spiel und Bildung im Zeitalter der Neuen Medien. Zur Bildungsrelevanz von spielerischem und medialem Probehandeln. In: medien praktisch, 26. Jg., Heft 2, S. 8-13.

Gibson, William (1987): Neuromancer. Roman. München (Amerikanisches Original: 1984).

Heidersberger, Benjamin (1991): Die digitale Droge. In: Waffender, Manfred (Hg.): Cyberspace. Ausflüge in virtuelle Wirklichkeiten. Reinbek: Rowohlt, S. 52-65.

Hitzler, Ronald/Honer, Anne (1991): Qualitative Verfahren zur Lebensweltanalyse. Online (als pdf-Dokument): http://www.hitzler-soziologie.de/pdf/hitzler_1991a.pdf (Zugriff: 5.10.2002).

Horton, Donald/Wohl, Richard R. (1986): Mass Communication and Para-social Interaction: Observations on Intimacy at a Distance (1956): In: Gumpert, G./Cathcart, R. (Hg.): Inter/Media. Interpersonal communication in a media world. New York: Oxford University Press, S. 185-206.

Klimmt, Christoph/Vorderer, Peter (2002): »Lara ist mein Medium«. Parasoziale Interaktionen mit Lara Croft im Vergleich zur Lieblingsfigur aus Film und Fernsehen. In: Rössler, Patrick/Kubisch, S./Gehrau, Volker (Hg.): Empirische Perspektiven der Rezeptionsforschung. München: Reinhard Fischer, S. 177-192.

Kokemohr, Rainer/Koller, Hans-Christoph (1996): Die rhetorische Artikulation von Bildungsprozessen. in: Krüger, Heinz-Hermann/Marotzki, Winfried (Hg.): Erziehungswissenschaftliche Biographieforschung. Opladen: Leske + Budrich, 2. Aufl., S. 90-102.

Leontjew, Alexej N. (1980): Probleme der Entwicklung des Psychischen. Königsstein: Athenäum, 3. Aufl.

Luhmann, Niklas (1996): Die Realität der Massenmedien. Opladen: Leske + Budrich, 2., erw. Aufl.

Lyotard, Jean-François (1982): Das postmoderne Wissen. Ein Bericht. Bremen: Impuls & Association.

Manninen, Tony (2001): Rich Interaction in the Context of Networked Virtual Environments – Experiences Gained from the Multi-player Games Domain. In: Blanford, A./Vanderdonckt, J./Gray, P. (Eds.): People and Computers XV – Interaction without frontiers. Joint Proceedings of HCI 2001 and IHM 2001 Conference. Heidelberg. Online (Zugriff 21.12.2002): http://www.tol.oulu.fi/~tmannine/publications/IHM-HCI2001_Rich_Interaction_in_the_Context_of_Networked_Virtual_Environments.pdf.

McLuhan, Marshall (1994): Die magischen Kanäle. Understanding Media. Dresden/Basel: Verlag der Kunst (Amerikanisches Original: 1964).

Meder, Norbert (1987): Der Sprachspieler. Der postmoderne Mensch oder das Bildungsideal im Zeitalter der neuen Technologien. Köln: Janus.

Meder, Norbert (1995): Multimedia oder McLuhan in neuem Licht. In: GMK Rundbrief Nr. 37/38, Juni 1995, S. 8-18.

Meder, Norbert (1998): Neue Technologien und Erziehung/Bildung. In: Borrelli, Michele/Ruhloff, Jörg. (Hg.): Deutsche Gegenwartspädagogik. Band III. Baltmannsweiler: Schneider Verlag Hohengehren, S. 26-40.

Meder, Norbert/Fromme, Johannes (2001): Computerspiele und Bildung. Zur theoretischen Einführung. In: Fromme, Johannes/Meder, Norbert (Hg.): Bildung und Computerspiele. Opladen: Leske + Budrich, S. 11-28.

Meyer-Drawe, Käte (1999): Kritik der grassierenden Weltnichtung. In: Vierteljahrsschrift für wissenschaftliche Pädagogik, 75. Jg., Nr. 4, S. 428-439.

Monaco, James (2002): Film verstehen. Kunst, Technik, Sprache, Geschichte und Theorie des Films und der Neuen Medien. Reinbek: Rowohlt (Sonderausgabe).
Münker, Stefan (1997): Was heißt eigentlich: »Virtuelle Realität«? Ein philosophischer Kommentar zum neuesten Versuch der Verdopplung der Welt. In: Münker, Stefan/Roesler, Alexander (Hg.): Mythos Internet. Frankfurt a.M.: Suhrkamp, S. 108-127.
Peirce, Charles S. (1967): Schriften I. Zur Entstehung des Pragmatismus. Mit einer Einführung herausgegeben von Karl-Otto Apel. Frankfurt a.M.: Suhrkamp.
Pietraß, Manuela (2002): Medienbildung. In: Tippelt, Rudolf (Hg.): Handbuch Bildungsforschung. Opladen: Leske + Budrich, S. 393-408.
Sacher, Werner (2000): Schule und Internet: Informations- und Wissensmanagement als zeitgemäße Bildungsaufgabe. In: Marotzki, Winfried/Meister, Dorothee M./Sander, Uwe (Hg.): Zum Bildungswert des Internet. Opladen: Leske + Budrich, S. 97-113.
Sandbothe, Mike (1997): Interaktivität – Hypertextualität – Transversalität. Eine medienphilosophische Analyse des Internet. In: Münker, Stefan/Roesler, Alexander (Hg.): Mythos Internet. Frankfurt a.M.: Suhrkamp, S. 56-82.
Schmidt, Gurly (2000): Chat-Kommunikation im Internet – eine kommunikative Gattung? In: Thimm, Caja (Hg.): Soziales im Netz. Opladen/Wiesbaden: Westdeutscher Verlag, S. 109-130.
Schmidt, Siegfried J. (1991): Gedächtnisforschungen: Positionen, Probleme, Perspektiven. In: Schmidt, Siegfried J. (Hg.): Gedächtnis. Probleme und Perspektiven der interdisziplinären Gedächtnisforschung. Frankfurt a.M.: Suhrkamp, S. 9-55.
Schorb, Bernd (1998): Stichwort: Medienpädagogik. In: Zeitschrift für Erziehungswissenschaft, 1. Jg., Nr. 1, S. 7-22.
Schütz, Alfred (1945): Über die mannigfaltigen Wirklichkeiten. In: Schütz, Alfred (1971): Gesammelte Aufsätze Bd. 1. Das Problem der sozialen Wirklichkeit. Den Haag: M. Nijhoff, S. 237-298.
Steuer, Jonathan (1992): Defining Virtual Reality: Dimensions Determining Telepresence. In: Journal of Communication, 42, S. 73-93. Auch online verfügbar (Zugriff 2.6.2003): http://cyborganic.com/People/jonathan/Academia/Papers/Web/defining-vr1.html http://cyborganic.com/People/jonathan/Academia/Papers/Web/defining-vr2.html.
Streibl, Ralf E. (1996): Spielend zum Sieg? Krieg im Computerspiel – Krieg als Computerspiel. In: Informatik Forum, Band 10, Nr. 4 (Dezember 1996), S. 203-214.
Sturman, David J. (1991): Spürbar real? Virtuelle Wirklichkeit und menschliche Wahrnehmung. In: Waffender, Manfred (Hg.): Cyberspace. Ausflüge in virtuelle Wirklichkeiten. Reinbek: Rowohlt, S. 99-123.
Sutton-Smith, Brian (1978): Die Dialektik des Spiels. Schorndorf: Hofmann.
Swertz, Christian (2000): Computer und Bildung. Eine medienanalytische Untersuchung der Computertechnologie in bildungstheoretischer Perspektive. Bielefeld (Dissertation an der Fakultät für Pädagogik der Universität Bielefeld). Online publiziert als Postscript-Dokument: http://archiv.ub.uni-bielefeld.de/disshabi/2001/0033/diss.ps (Zugriff 21.12.2002).
Thimm, Caja (Hg.) (2000): Soziales im Netz. Sprache, Beziehungen und Kommunikationskulturen im Internet. Wiesbaden: Westdeutscher Verlag.
Turkle, Sherry (1995): Life on Screen. Identity in the Age of the Internet. New York: Simon and Schuster.
Turkle, Sherry (1998): Identität in virtueller Realität. Multi User Dungeons als Identity Workshops. In: Bollmann, Stefan/Heibach, C. (Hg.): Kursbuch Internet. Reinbek: Rowohlt, S. 309-327.
Vorderer, Peter (Hg.) (1996): Fernsehen als »Beziehungskiste«. Parasoziale Beziehungen und Interaktionen mit TV-Personen. Opladen: Westdeutscher Verlag.
Waffender, Manfred (Hg.) (1991): Cyberspace. Ausflüge in virtuelle Wirklichkeiten. Reinbek.
Walker, John (1991): Hinter den Spiegeln. In: Waffender, Manfred (Hg.): Cyberspace. Ausflüge in virtuelle Wirklichkeiten. Reinbek: Rowohlt, S. 20-31.
Welsch, Wolfgang (1988): Unsere postmoderne Moderne. Weinheim, 2., durchgesehene Aufl.
Welsch, Wolfgang (1996): Künstliche Welten? Blicke auf elektronische Welten, Normalwelten und künstlerische Welten. In: Hammel, E. (Hg.): Synthetische Welten. Essen: Die Blaue Eule, S. 157-189.
Williams, Tad (1998-2002): Otherland. 4 Bände. Stuttgart: Klett-Cotta..

Neue Bildungskulturen im »Web 2.0«:
Artikulation, Partizipation, Syndikation

Benjamin Jörissen und Winfried Marotzki

Die Entwicklung des Internets geschieht, wie die Erfahrung lehrt, offenbar eher in Form einzelner Innovationsschübe denn als stetige und kontinuierliche Evolution. Die Einführung vieler neuer Kommunikationsanwendungen – wie bspw. der E-Mail (1971), des Usenets mit seinen Diskussionsforen (1978), der textbasierten Rollenspielwelten der »Multi User Dungeons« (1979), des Internet Relay Chat (1988), des World Wide Web (1990), der ersten vernetzten PC-Spiele (1993) – ging jeweils mit Erweiterungen des Nutzerkreises einher. Umgekehrt betrachtet ist es freilich erst die breite Akzeptanz, welche einer Kommunikationstechnologie eine signifikante Bedeutung erteilt. Insofern bilden die Einführung neuer Kommunikationsanwendungen, ihre Annahme zunächst durch einige Nutzer und schließlich die exponentielle Verbreitung der betreffenden Technologie einen engen Zusammenhang. All diese Entwicklungen kreisen um die Erweiterung und Transformation der Optionen zu kommunizieren, zu kollaborieren, Kontakte zu knüpfen und Gemeinschaften zu bilden – kurz, sie betreffen das ganze Spektrum der Sozialität, ihrer Modi und Herstellungsbedingungen.

Die (teilweise gar nicht mehr so) neuen Kommunikationstechnologien des Internets bringen neue kulturelle und subkulturelle Räume hervor, die aus unserer Perspektive von hoher Bildungsrelevanz sind. In Online-Communitys, sozialen Netzwerken und anderen Gemeinschaftsformen finden viele medial vermittelte – also verbale und audiovisuelle – Prozesse der Artikulation und Partizipation statt (Marotzki 2004a, 2007a; Jörissen 2007b). Es lassen dabei, in Anlehnung an die vier kantischen Fragen – Was kann ich wissen? Was soll ich tun? Was darf ich hoffen? Was ist der Mensch? (Kant 1800/1977: 448) – vier grundsätzliche Dimensionen von Bildung untersuchen: *erstens* den Wissensbezug, *zweitens* die Handlungsdimension, *drittens* die Reflexion der Grenzen von Rationalität sowie *viertens* die Reflexion auf das Subjekt, sei es auf anthropologischer Ebene (als Frage nach dem grundlegenden Verständnis von Menschsein überhaupt) oder aber auf biografieanalytischer Ebene (die Frage nach der eigenen Identität und ihren biografischen Bedingungen). Wir können an dieser Stelle nicht im Detail auf die Systematik eingehen (vgl. ausführlich: Marotzki 2007b), werden jedoch auf die Relevanz von Web 2.0-Phänomenen für einzelne Bildungsdimensionen immer wieder zurückkommen.

Die Diskussion um das Schlagwort »Web 2.0«

Das Internet ist ein Feld, das einerseits selbst einer rasanten Transformationsdynamik unterworfen ist und andererseits ganz besonders im Licht der öffentlichen Aufmerksamkeit steht. Die Selbstbeobachtung des Mediums, die einen festen Bestandteil der Internetkommunikationen ausmacht, weist eine gewisse Tendenz zum »Hype« auf, der dann gerne von den Massenmedien aufgegriffen wird und mit der entsprechenden Verbreitung von Schlagwörtern einhergeht. Das Platzen der sog. »Dotcom«-Blase kurz nach der Jahrtausendwende hat diesen Umstand in ökonomischer Hinsicht auf dramatische Weise belegt. Seit einiger Zeit findet ein neues Schlagwort Verbreitung, und zwar das des »Web 2.0«. Längst ist es im Mainstream der Berichterstattung großer Tageszeitungen und Wochenmagazine angekommen, dass eine neue ökonomisch getriebene Innovationswelle Tausende von »Web 2.0-Startups« hervorgebracht hat – risikokapital-basierte Jungunternehmen, denen kritische Beobachter längst attestieren, eine neue Investitionsblase (»Bubble 2.0«) zu bilden. Von »Social Software« ist in diesen Zusammenhängen die Rede, die das Internet revolutioniere, und von einer neuen Phase der Etablierung kollektiver Intelligenz, des »Hivemind« oder der »Wisdom of the crowds«, die freilich schon Mitte der 1990er Jahre Gegenstand medienanthropologischer Entwürfe waren (Lévy 1997). Wir möchten im Folgenden einige Eckpunkte der recht unübersichtlichen Debatten um Web 2.0 vorstellen und diskutieren. Unser Interesse gilt dabei der Frage, ob das Web 2.0 nur ein Schlagwort der Informationstechnologiebranche darstellt, oder ob bzw. inwiefern damit tatsächlich ein Wandel des Internets bezeichnet werden kann, der sich an entsprechenden neuen Entwicklungen im Hinblick auf Vergemeinschaftungsoptionen und Orientierungspotenzialen festmachen lässt.

Bekannt gemacht wurde der Ausdruck »Web 2.0« durch den Verleger Tim O'Reilly. O'Reillys Verlagshaus zählt zu den bekanntesten der Branche; es ist vor allem auf Literatur zu neuen informationstechnologischen Entwicklungen (Internet, Programmiersprachen und Anwendungen) spezialisiert und spielt durch seine Publikationen und Tagungen, wie man von Branchen-Insidern erfahren kann, eine nicht unerhebliche Rolle innerhalb der Programmierer-Szenen, insbesondere auch der OpenSource-Bewegung. Bereits 1992 erschien im O'Reilly-Verlag ein »Whole Internet User's Guide and Catalog« (Krol 1992), der nach Verlagsangaben über eine Million Käufer fand. Es versteht sich insofern, dass diesem Verlag eine besondere, orientierende Rolle innerhalb der Programmierer- und Entwicklerszenen des Internets, aber auch darüber hinaus zukommt. Im Jahr 2004 veranstaltete der O'Reilly Verlag eine »Web 2.0 conference«, die seitdem jährlich unter dem Motto

»The Web As Platform« stattfindet.[1] Diese Veranstaltung markiert den Beginn einer weit ausgedehnten und ausgesprochen kontroversen Diskussion über das Label »Web 2.0«, die O'Reilly zu einem klärenden Artikel veranlasste, der im Firmenweblog des Verlags im September 2005 veröffentlicht wurde.[2] In diesem Beitrag hebt O'Reilly u.a. folgende Merkmale hervor, die aus seiner Perspektive das Web 2.0 definieren:

- *Neue Browser- und Programmtechnologien* geben dem World Wide Web zunehmend den Charakter von Anwendungen, welche zuvor nur als lokale Installation auf Computern bekannt waren.[3] Im WWW beheimatete Anwendungen sind im Gegensatz zu lokalen Installationen grundsätzlich einer beliebigen Anzahl von Nutzern zugänglich, sodass neue Vernetzung und Kollaborationsmöglichkeiten (etwa im Sinne der kollektiven Erstellung von Texten) entsteht. Zudem erlauben neue Browsertechnologien »Rich User Experiences«, insofern die Browserbenutzung sich nicht mehr oder weniger auf das Anklicken von Hyperlinks beschränkt, sondern vielfältige weitere Möglichkeiten der Interaktion bietet.

- Die *Nutzung »kollektiver Intelligenz«*, also der Sammlung und Verwertung kleiner Beiträge einer großen Anzahl von Nutzern etwa zur Optimierung von Suchmaschinen oder zur Angebotsoptimierung in Online-Shops bewirkt eine sprunghafte Verbesserung der Nutzbarkeit von Angeboten. Googles »PageRank«-Technologie wertet vorhandene Hyperlinks, die auf eine Seite verweisen, zur Errechnung der wahrscheinlichen Relevanz dieser Seite für eine bestimmte Suchanfrage aus; Amazon generiert automatisch aus dem eigenen Kaufverhalten und dem anderer Käufer neue Buchempfehlungen und verfügt über umfassende Datenbestände an »User Reviews«, die auf den entsprechenden Produktseiten eingeblendet werden. Die Orientierung im WWW erfolgt also aufgrund der Entscheidungen anderer Nutzer und weniger auf der Grundlage abstrakter Algorithmen. Die Technologie basiert somit auf individuellen, sinnhaften Vernetzungen wie gesetzten Hyperlinks oder gekauften Büchern zu einem Thema; sie extrahiert und rckombinicrt dicsc »sozialcn Informationcn« aus cincr (für menschliche Maßstäbe) unüberschaubar komplexen Anzahl von Einzelinformationen. Damit entstehen Orientierungspotenziale, die ohne die jeweilige Technologie nicht denkbar wären.

---

1 http://www.web2con.com/web2con [20.11.2006].
2 http://www.oreillynet.com/pub/a/oreilly/tim/news/2005/09/30/what-is-web-20.html [20.11.2006].
3 Für einen ersten Eindruck seien die rein browserbasierten Textverarbeitungen »Google Docs & Spreadsheeds« oder »Zoho Office Suite« empfohlen: http://docs.google.com/; http://www.zoho.com [20.6.2007]. Hilfreich ist möglicherweise die dynamisch aktualisierte Linksammlung der Autoren: http://del.icio.us/user/joeriben/web20.

- Web 2.0 steht für den *Wechsel von proprietären zu offenen verfügbaren Datenbeständen* (z.B. Wikipedia vs. Microsoft Encarta), analog zum Wechsel von proprietärer zu freier und quelloffener Software.
- Leichtgewichtige Programmiermodelle in Form von »Skriptsprachen«, die (im Gegensatz zu komplexen Programmiersprachen) leicht erlernt werden können, erlauben ein *Software-Design »for ›hackability‹ and remixability«*[4], das den Austausch von Datenbeständen mit anderen Webseiten aktiv unterstützt. Auf diese Weise sind mittlerweile über tausend sogenannter »Mashups«, entstanden – Seiten, die auf fremde Datenbestände dynamisch zugreifen und diese in einem neuen Rahmen miteinander funktional verknüpfen.[5]

Obwohl die einzelnen Aspekte dieser Auflistung jeweils signifikante Innovationen des World Wide Web darstellen, hinterlässt das Konzept Web 2.0 nach der Darstellung O'Reillys einen sehr heterogenen Eindruck. Der von O'Reilly als zentral hervorgehobene Aspekt des »Web as Platform« beispielsweise trifft nicht auf alle Anwendungen zu, die unter Web 2.0 gefasst werden (einfache Weblogs z.B.); noch weniger verallgemeinerbar ist O'Reillys Standpunkt, dass die sog. »AJAX«-Technologie eine Schlüsselkomponente des Web 2.0 ausmache – die Wikipedia etwa, als eines der Vorzeigeprojekte des Web 2.0, kommt (bzw. falls sich dies ändert, *käme* grundsätzlich) ohne AJAX-Technologie aus. Entsprechend harsch fällt teilweise die Kritik an diesem Konzept aus: »Web 2.0 – It doesn't exist« urteilt Russel Shaw in einem Weblog der ebenso seriösen wie viel beachteten Ziff David Net-Website.[6] Auch Tim Berners-Lee, der »Erfinder« des World Wide Web und gegenwärtige Direktor des World Wide Web Consortiums[7] urteilt in einem viel zitierten Interview: »[…] I think Web 2.0 is of course a piece of jargon, nobody even knows what it means«.[8] Insbesondere sei die verbreitete Ansicht, das Web 1.0 hätte (lediglich) Computer verbunden, während das Web 2.0 Menschen zusammen bringe, zurückzuweisen: »Web 1.0 was all about connecting people. It was an interactive space […]« (ebd.).

---

4 http://www.oreillynet.com/pub/a/oreilly/tim/news/2005/09/30/what-is-web-20.html?page=4 [20.11.2006].
5 Vgl. http://programmableweb.com [20.11.2006].
6 http://blogs.zdnet.com/ip-telephony/?p=805 [20.11.2006].
7 Das »W3C« ist ein internationales Konsortium zur Ausarbeitung und Verbreitung von Web-Standards wie etwa html, xml, xhtml usw. (http://www.w3c.org).
8 http://www-128.ibm.com/developerworks/podcast/dwi/cm-int082206.txt [28.06.2007].

Vom interaktiven zum partizipativen World Wide Web

Interessant ist in diesem Zusammenhang aber ein Sachverhalt, über den Tim Berners-Lee in einem vor einigen Jahren erschienenen Rück- und Ausblick auf das WWW berichtete (Berners-Lee 2000) und der im Kontext der Web 2.0-Diskussion neue Aktualität erlangt. Gemeint ist der allgemein wenig bekannte Umstand, dass der von Berners-Lee im Kontext der »Erfindung« des WWW konzipierte Webbrowser zugleich ein Editor in der Art einer Textverarbeitung war. Geplant war der Browser als ein Werkzeug zum kollaborativen Schreiben. Genau dies ist dann aber in der Frühphase der Browserentwicklung entgegen diesen Plänen nicht realisiert worden – die Interaktivität des Browsers wurde auf die Eingabe von Web-Adressen und das Anklicken von Hyperlinks beschränkt. Der partizipative Zugang zum World Wide Web war insofern für die meisten Menschen in einer Weise beschränkt, welche nicht dem ursprünglichen Entwurf des WWW entsprach.

Um diesen Umstand in seiner Tragweite einschätzen zu können, lohnt sich ein Blick in die Geschichte des Internets. Die soziotechnischen Kommunikationseinrichtungen des Arpa- und Internets der 1970er und 1980er Jahre sind von einem hohen Maß an Interaktivität im Sinne aktiver Partizipation geprägt: E-Mails und Mailinglisten, MUDs und MOOs, die Foren des Usenets und auch das Ende der 80er Jahre implementierte IRC (Chat-Netz) zeugen von diesem Umstand. Das WWW der ersten Phase jedoch basierte auf statischen Html-Seiten, die zunächst für andere, entgegen den Ideen Berners-Lees, nicht editierbar waren. Im Vergleich zu den genannten älteren Kommunikationseinrichtungen fiel das frühe WWW im Hinblick auf aktive Partizipation stark ab. Die technischen Ansprüche an den User – Html-Quellcodeprogrammierung bzw. Beherrschung spezieller Html-Editoren oder Content-Management Systeme sowie der Software zum Hochladen der Dateien per ftp (file transfer protocol) – stellten, wie heute angesichts der explodierenden Zahlen aktiv partizipierender Nutzer im WWW gesagt werden kann, eine sehr hohe Partizipationshürde dar.

Im WWW wurden nach und nach die Eigenschaften anderer Netze und Dienste implementiert – Webforen traten in Konkurrenz zum Usenet, Gästebücher auf Homepages ermöglichten ein minimales Maß an Interaktivität, etc. Als Anwendungen innerhalb des WWW waren es insbesondere die Online-Communitys, die ein hohes Maß an Partizipation bei verhältnismäßig geringen Anforderungen an technische Fähigkeiten ermöglichten. Funcity.de ist ein (immer noch lebendiges) Beispiel dafür, wie leicht Nutzer Identity-Cards und eigene virtuelle Wohnungen mit bestimmten Funktionalitäten einrichten können und wie unkompliziert die Teilnahme an Foren und Chats in dieser an der Metapher der Stadt orientierten, ihre Kommunikationsangebote insofern stark veranschaulicht darbietenden Community ist (vgl. Marotzki 2004).[9]

Wo im frühen WWW Partizipation in diesem Maße ermöglicht wurde, handelte es sich jedoch gewissermaßen immer um »Insellösungen«. Die klassischen Online-Communitys sind geschlossene Einrichtungen – d.h., sie sind eindeutig lokalisiert unter einer Serveradresse, sie setzen Anmeldeverfahren voraus und abgesehen von Hyperlinks findet die gesamte Kommunikation ausschließlich innerhalb der Community statt. Im frühen World Wide Web erhielt der Bedarf an Kommunikation und Partizipation zu großen Teilen an solchen virtuellen Orten Raum, während das WWW sich zwar als Plattform für diese Einrichtungen eignete, in seiner technischen Struktur aber diesem Maß an Partizipationsfähigkeit nicht gleichkam.

Gegen Ende der 1990er Jahre änderte sich dies grundlegend – aktive Partizipation im Internet wurde zu einem Massenphänomen (Gauntlett 2004). Zunehmend wurden Technologien eingeführt, die mittels leicht zu bedienender Interface-Elemente eine interaktive dynamische Veränderung von Inhalten und auch von Verweisen (Links) ermöglichten. Hier sind beispielsweise die allmähliche Verdrängung des im frühen Internet so wichtigen *Usenet* durch Web-Foren, die Verbreitung leistungsfähiger »Webmailer«, die über den Webbrowser bedient werden einen eigenen E-Mail-Clienten überflüssig machen, und allem die Entwicklung von Weblog-Technologien zu nennen.

Während auch statische Html-Seiten schon Anfang der 90er Jahre in Weblog-Form (also nach dem Prinzip der chronologischen Erweiterung einer Html-Seite) geführt wurden,[10] hat die Verbreitung von Blogging-Software und v.a. Weblog-Hosting-Anbietern die Einrichtung von Weblogs in einem Maße vereinfacht (vgl. Abb. 1, S. 209), das zu einem extremen Anwachsen der Anzahl von Weblogs geführt hat, und das diese mit einer Vielzahl interaktiver Merkmale ausstattet.

In ähnlicher Weise bilden Wikis – allen voran die bekannte Wikipedia – ein WWW-basiertes Partizipationstool, das sich durch eine sehr einfach zu bedienende Benutzeroberfläche auszeichnet (und häufig, wie die Wikipedia, nicht einmal eine Anmeldung voraussetzt und insofern ein besonders niederschwelliges Partizipationsangebot darstellt) – ebenfalls eine Technologie, die zuvor in anderen Teilen des Internets realisierbar war,[11] im WWW jedoch nicht vorhanden war. Durch

---

9 http://www.funama.de [20.11.2006].
10 Vgl. etwa http://www.dejavu.org/prep_whatsnew.htm [20.11.2006].
11 Kollaboratives Schreiben fand in MUDs/MOOs sowie im Usenet statt: so sollte das nichtrealisierte Projekt Interpedia, welches als Vorläufer der Wikipedia gilt, als Newsgroup eingerichtet werden (vgl. Usenet:comp.infosystems.interpedia oder den Welcome-Eintrag der Interpedia unter http://tinyurl.com/27mfyr [28.6.2007]).

diese Entwicklung wird der klassische Nutzer immer mehr zum sogenannten »Produser« (also User *plus* Producer), zum Mitgestalter eines universellen Wissensnetzwerkes. Damit verliert er seine passive Konsumentenrolle und wird aktiver Teilnehmer an einem Netzwerk der Wissensproduktion – *Artikulation* als reflexiver Ausdruck und auch »Organisationsprinzip von Erfahrung« (Jung 2005) wird damit zu einem Bestandteil medialer Alltagspraxen.

Abbildung 1: Die Startseite von www.blogger.com (Ausschnitt) demonstriert, wie niederschwellig Partizipationsangebote im Web 2.0 hinsichtlich ihrer Anforderungen an Internet-Literacy sein können.

Schließlich haben solche Dienste massenhafte Verbreitung gefunden, die auf dem Tausch oder dem Mitteilen von kulturellen Objekten im weitesten Sinne basieren – Bookmark-Sharing, Foto-Sharing, Video-Sharing-Communitys. Zusammen mit Sozialen Netzwerken, die zunächst nach dem Prinzip klassischer, geschlossener Online-Communitys antraten, dieses aber durch die technische Implementierung des Small World-Theorems bzw. Freundesfreunde-Prinzips wesentlich erweiterten, bilden die meisten dieser Dienste mittlerweile ein dichtes Netz an dynamisch aufeinander zugreifenden Inhalten.

Wir möchten im Folgenden aus der großen Anzahl wichtiger Web 2.0-Aspekte eine Auswahl treffen und drei für uns besonders wichtige Bereiche – *erstens* das Blogging im Sinne eines gemeinsamen Schreibens und Kommentierens (»shared authoring«), *zweitens* Kollaboration und Sharing sowie *drittens* die Transformation von der klassischen Online-Community zum »social networking« – darstellen.

Die Blogosphere

Weblogs, oft (irreführend) als Online-Tagebücher wahrgenommen,[12] wurden ursprünglich dazu verwendet, Internet-Funde zu verbreiten und zu archivieren (also ein Art Logbuch für Internet-Navigationen). Die Technologie existiert seit Mitte der 1990 Jahre (1996 wurde der Blogging-Service xanga.com gegründet), doch erst seit einigen Jahren zeigt sich in diesem Bereich eine Dynamik, die heute zu enormen Ausmaßen geführt hat. Nach Statistiken des Weblog-Suchservices Technorati.com ist davon auszugehen, dass sich die Anzahl der Weblogs derzeit alle 5 Monate verdoppelt – eine Dynamik, die seit 2003 unverändert anhält.[13]

Sowohl die Vernetzungsstrukturen als auch die Nutzungsweisen des Mediums Weblog sind ausgesprochen vielfältig und unterschiedlich. Nach wie vor werden Weblogs als sog. »Filter« zur Präsentation von Internet-Funden verwendet; eine der häufigsten Anwendungen ist die Journal-Form, in der Einzelpersonen über berufliche und/oder private Erlebnisse, Themen oder Probleme berichten (Nardi/Schiano/Gumbrecht 2004). Eine zentrale Rolle kommt inzwischen den oft professionell (und redaktionell) betriebenen »Knowledge-Blogs« zu, die rein thematisch orientiert sein können, also im Grunde News-Verteiler darstellen, und von denen viele auf der Liste der Blogs mit den meisten Abonnenten und Verweisen (sog. »A-Blogs«) zu finden sind.[14] Interessanterweise sind die meisten Weblogs nicht oder nur marginal mit anderen verlinkt,[15] während diejenigen, die aktiv an der Verlinkung innerhalb der Blogosphere partizipieren, ein soziales Netz im Sinne einer »small world« bilden, das zugleich extensive Fernverbindungen und intensive Nahverbindungen aufweist: »The Blogosphere appears to be selectively inter-

---

12 Der Vergleich ist insofern problematisch, als das Tagebuch klassischerweise nicht zur Veröffentlichung gedacht ist; sein intimer Charakter ist geradezu konstitutiv für die damit angestrebte Form der »radikalen« Selbstreflexion. Ein Weblog als echtes Tagebuch zu führen, käme wohl nicht selten einem sozialen Selbstmord gleich. Außerdem treten Weblogs, wie sogleich ausgeführt wird, in unterschiedlichen Formen und Funktionen auf, die häufig eher einem Journal oder einem Logbuch gleichen. Falls das Weblog eine Form der Reflexion wäre, die das Tagebuch abgelöst hat – aber das wäre erst zu zeigen –, wäre ein Vergleich höchst aufschlussreich, dennoch bleiben die beiden Phänomene in der Sache verschieden.
13 Im Juni 2003 wurden 450.000 Weblogs verzeichnet, im November 2004 4,5 Millionen, im Juni 2006 waren es über 45 Millionen. Dies entspricht einer Verzehnfachung ca. im 18-Monats-Rhythmus.
14 Sowohl Individuen als auch Unternehmen betreiben solche Blogs mit kommerziellem Hintergrund (Werbeeinnahmen). Einer der beliebtesten A-Blogs ist der News- und Kuriositätenblog Boingboing (http://www.boingboing.net/).
15 Susan Herring et al. berichten, dass in einer von ihnen gesampelten Zufallsstichprobe von ca. 5.500 Weblogs 75% der Blogs nicht auf andere Blogs verweisen, und immerhin 42% der Blogs weder auf andere verweisen noch von anderen Blogs Verweise erhalten, also »social isolates« darstellen (Herring, Kouper, Paolillo et al. 2005: 10).

connected, with dense clusters in parts, and blogs minimally connected in local neighborhoods, or free-floating individually, constituting the majority« (Herring, Kouper, Paolillo et al. 2005: 10).

Im Hinblick auf die Frage nach der Gestaltung von Sozialität sind besonders solche Weblogs interessant, die einen hohen gegenseitigen Vernetzungsgrad aufweisen, die also weder zu den »A-Blogs« noch zu den »social isolates« gehören. Die Vernetzung von Weblogs untereinander geschieht auf verschiedenen Ebenen durch

1. doppelseitige Verlinkung durch Permalink und Trackback,
2. Gegenlesen und Kommentieren,
3. die sog. *Blogroll*,
4. Blogringe sowie
5. Blogger-Maps oder -*Metros*.

1. Der Hyperlink auf einen anderen Blog (in der Regel auf einen konkreten Blogeintrag) geschieht häufig in einem Posting, das unmittelbar auf den entsprechenden Eintrag Bezug nimmt, also entweder dessen Information weiterverbreitet und/oder diese Meldung kommentiert. Da die Blogseiten jeweils dynamisch aus der Datenbank der vorhandenen Einträge generiert werden, können sie jedoch nicht einfach verlinkt werden. Es entsprach dem zunehmenden Bedürfnis nach Möglichkeiten zur Interaktion zwischen Weblogs, dass zur Lösung dieses Problems der sog. *Permalink* eingeführt wurde (jeder Blogeintrag erhält einen zweiten, statischen Hyperlink, der unterhalb des Eintrags angezeigt werden kann).
Hyperlinks innerhalb von Blogeinträgen stellen eine zunächst eher schwache, nicht institutionalisierte Form der Vernetzung dar, wie sie etwa auch unter statischen Webseiten üblich ist. Der verlinkte Blog kann der eines Freundes sein, er kann einem regelmäßig gelesenen Blog entstammen oder auch einer eher arbiträren Quelle. Sehr häufig finden sich innerhalb von Postings Links auf »A-Blogs«, womit eher eine unidirektionale Vernetzung initialisiert wird – denn es ist angesichts der hohen Leserzahlen unwahrscheinlich, dass A-Blog-Betreiber alle Kommentare zur Kenntnis nehmen können, welche die Leser in ihre eigenen Weblogs posten. Um das Problem der Unsichtbarkeit dieser Vernetzung zu lösen, wurde die *Trackback*-Technologie eingeführt, mit der es möglich ist, unterhalb eines Blogeintrags alle auf diesen Eintrag verweisenden Blogs und Webseiten aufzulisten. Der Besitzer des Weblogs kann auf diese Weise Links auf seine Einträge erkennen und die verweisenden Weblogs finden und ggf. in Interaktion treten.

2. Eine zentrale Funktion innerhalb der Blogosphere kommt der *Kommentar-Option* zu. Die meisten Weblogs erlauben es ihren Lesern, unterhalb der Einträge Kommentare einzustellen. Hierzu befindet sich unter jedem Eintrag ein »comment this«-Button.[16] Die Kommentare können entweder direkt angezeigt oder hinter einem entsprechenden Link verborgen sein, der die Anzahl der vorhandenen Kommentare zu einem Eintrag angibt. In jedem Fall etabliert die Kommentar-Funktion auf der Interface-Ebene eine *Partizipationsoption* für die Leser eines Weblogs.

Weblogs werden – neben der Tagebuch-Analogie – bisweilen mit Broadcast-Medien wie etwa dem Radio verglichen (Nardi/Schiano/Gumbrecht 2004); doch ist auch dieser Vergleich angesichts der partizipativen Struktur der Weblogs (im Gegensatz zu verwandten Web-Technologien wie etwa dem Audio- oder Video-Podcast) von begrenzter Reichweite. Über regelmäßiges Kommentieren (das als medienspezifische Form der Anerkennung verstanden werden kann) stellen sich Kontinuitäten her, über die Vergemeinschaftungsprozesse verlaufen können. Im Fall persönlicher Weblogs stellt die regelmäßige Kommentierung einen Anreiz dar, mehr über den Kommentator zu erfahren und ggf. seinen Weblog besuchen oder auch zu abonnieren, also in die eigene »Blogroll« aufzunehmen.

3. Die *Blogroll* stellt eine Liste der von einem Blogger abonnierten und idealiter regelmäßig gelesenen anderen Weblogs dar. Es wäre sehr zeitaufwendig, mehrere Weblogs regelmäßig auf neue Einträge hin abzusuchen. Aus diesem Grund existiert in der Blogosphere eine spezielle »Ping«-Technologie, die jeweils neue Blogeinträge automatisch an Blogsuchdienste oder Weblog-Aggregatoren[17] meldet, sodass Neueinträge der eigenen Blogroll auf einen Block erfasst werden können. Die in den Suchdiensten abonnierten Weblogs können dann als »Blogroll«, also als dynamischer Seiteninhalt wiederum in das eigene Weblog eingebunden werden. Die Blogroll ist eine der wesentlichen »Freundesfreunde«-Technologien in der Blogosphere, insofern die Nutzer durch die Blogroll eines frequentierten Weblogs Hinweise auf andere lesenswerte Weblogs erhalten.

4. Die Blogroll eines Bloggers ist sehr häufig inhaltlich heterogen; sie versammelt A-Blogs, befreundete Weblogs und verschiedene thematische Weblogs in einer einfachen Liste. Ein strukturierteres Instrument der thematischen Vernetzung

---

16 Die meisten Weblogs erlauben es den Lesern, unterhalb der Einträge Kommentare einzustellen. zu diesem Zweck befindet unter jedem Eintrag ein »comment this«-Button.
17 Aggregatoren stellen mehrere Weblogs übersichtlich auf einer Seite zusammen, etwa in einer Verzeichnisstruktur. Sie erlauben überdies, die dort abonnierte Blogliste mit anderen Nutzern zu teilen. Vgl. etwa www.bloglines.com.

stellen *Blogringe* dar. In Zeiten statischer Internetseiten haben sich Interessengemeinschaften zu Webringen zusammengestellt; Blogringe sind hierzu das Pendant. Sie können entweder selbst organisiert werden (z.b. auf der Basis entsprechend selektiver Blogrolls) oder aber auf den Plattformen großer Blog-Anbieter strukturell verankert sein. Der Service blogger.com etwa erlaubt auf seinen Seiten die Einrichtung, Kategorisierung und Suche von Blogringen. Alternativ bestehen Blog-Communitys als Hybride aus sozialen Netzwerken und Blogging-Service (etwa der Service Vox.com).
5. Lokalisierungs- und Visualisierungsfunktionen werden ebenfalls auf den Seiten der großen Blog-Services angeboten. So kann man sich auf der Website des Blogservice Xanga.com einer lokalen sog. *Metro* anschließen (ein Service, der allerdings nur für große und mittelgroße Städte angeboten wird). Die Blogger-Metro »Berlin« umfasst derzeit etwas mehr als 1.000 eingetragene Weblogs. Auch von Drittanbietern werden Weblog-Stadtpläne und -Landkarten erstellt, die eine genaue Übersicht über die geografisch benachbarten Weblogs leisten (sofern die Blog-Inhaber sich dort angemeldet haben).[18]

Wie aus dieser Auflistung ersichtlich wird, bieten Weblogs vielfältige Optionen der Vernetzung. In der bereits zitierten ethnografischen Studie über kleinere Weblogs mit begrenzter Leserschaft stellen Bonnie Nardi, Diane Schiano und Michelle Gumbrecht den sozialen Charakter dieser Form des Bloggens deutlich heraus. Die Rückmeldung der Leser stellt danach einen wesentlichen Anreiz zum Bloggen dar (Nardi/Schiano/Gumbrecht 2004: 224): »Bloggers consider audience attention, feedback, and feelings as they write. While bloggers do not always judge their audiences correctly, […] conscience of audience is central to the blogging experience« (ebd.: 225). Hier zeigt sich, welchen qualitativen Sprung der Wechsel von der klassischen statischen Website (»Homepage« – »Web 1.0«) zum Weblog (»Web 2.0«) darstellt. Auch bei der Erstellung von Homepages spielen, wie bei jeder Form der Selbstdarstellung, die Phantasien (oder auch Informationen) über Rezipienten eine wichtige Rolle. Doch in aller Regel erfolgt hier keine regelmäßige Rückmeldung; die Verpflichtung zur Pflege der Seite ist insofern weitaus geringer. Damit wird ein Anreiz des Bloggens deutlich, der etwa über die bloße Selbstdarstellung, wie sie auch auf Homepages erreichbar wäre, hinaus geht: Dieser Anreiz liegt unmittelbar in der Sozialität des Bloggens. Private Blogger, die sich mit anderen Bloggern vernetzen und eine Community des Lesens, Gegenlesens und Kommentierens bilden, erschaffen sich damit ein neues kulturelles Feld, dessen komplexe Bildungseffekte zunehmend in den Fokus der Aufmerksamkeit rücken

---

18 So z.B. www.blogplan.de, http://www.bloghaus.net/karte/karte-index.php [20.11.2006].

(Lüders 2006). Die Praxis des privaten Bloggings ist hinsichtlich der Medienbildung als eine neue, fluide Weise sozial vermittelter Reflexivität (häufig auch der Biografisierung) und insofern der Transformation von Selbst- und Weltverhältnissen im Sinne des Gedankens der strukturalen Medienbildung (Marotzki 1990) zu verstehen.

Kollaboration und »Sharing«

Kollaboration gehört zu den Ursprungsideen des Internets. Sei es der wissenschaftliche Austausch über E-Mail oder der Aufbau komplexer narrativer Rollenspieluniversen (MUDs/MOOs) – die Idee eines »shared authoring« entstammt der Frühzeit des Internets. Neu ist allerdings die Konsequenz, mit der dieses Prinzip zum gemeinsamen Wissensaufbau in Wikis genutzt wird. Großprojekte wie die Wikipedia basieren auf dem Community-Gedanken, doch sie verweisen auf ein neues Moment desselben. Im Zentrum derartiger Projekte steht weniger der soziale Kontakt (im Gegensatz zu MUDs), sondern das gemeinsam erreichte Ergebnis. Derartige projekt- oder ergebnisorientierte Communitys, die man als *Achievement-Communitys* bezeichnen könnte, zielen darauf ab, dass etwas geschaffen wird, was die Summe der Einzelbeiträge übertrifft; es geht eher um die *Emergenz* eines kollektiven Geistes (»hive mind«) als um Sozialität. Im Fall der Wikipedia geht es um Wissen, doch auch die Projekte der OpenSource-Bewegung könnten als solche Communitys aufgefasst werden.

Ein weiteres Phänomen in diesem Kontext ist das der »Folksonomy«. Hinter dieser Verschmelzung von »folk« und »taxonomy« verbirgt sich die Idee einer community-basierten *semantischen Indizierung* von Objekten des Internets (z.B. Webseiten, Anwendungen, Nachrichten etc.) mittels sogenannter *tags*.[19] Die Leistung, die hierbei erbracht wird, liegt in dem erheblich erhöhten Orientierungspotenzial, da durch das *social tagging* – im Vergleich zur technischen Indizierung von Web-Inhalten durch Suchmaschinen und ihre Algorithmen – die beschriebenen Objekte auf ihrer sozialen und kulturellen Bedeutungsebene erfasst werden können. Die von den Teilnehmern individuell und ohne vorgegebene Regel ausgewählten *tags* bilden dabei selbst dynamische Bedeutungsnetze, die in sog. *tagclouds* visualisiert werden (wobei die am häufigsten vergebenen tags hervorgehoben werden):

---

19 Z.B. http://del.icio.us.

Neben dem »Social Bookmarking« existieren *social news*-Communitys, in denen es darum geht, aktuelle Nachrichten (je nach Ausrichtung politischer oder auch medienbezogener Natur) zu verbreiten und zu bewerten. Neben dem *tagging* sind hier die Momente der Bewertungen sowie der Anzahl der Bewertungen durch die Community-Mitglieder von Bedeutung: wichtige oder als vertrauenswürdig erachtete Nachrichten erhalten auf diese Weise einen hohen Rang.[20]

Neben dem Teilen (sharing) von Bedeutungen, Neuigkeiten und Erfahrungsberichten finden sich zunehmend andere »sharing«-orientierte Communitys. Stärker im jugendkulturellen Bereich verankert ist dabei etwa das Video-Sharing, das mittlerweile trotz der offenbar enormen Datenübertragungsmengen auf werbefinanzierter Basis angeboten wird. Verbreitet werden hier entweder Eigenproduktionen oder Fundstücke aus Internet und Massenmedien, wobei eine »Fun«-Orientierung ganz offensichtlich dominiert. Sharing-Communitys sind i.d.R. als soziale Netzwerke implementiert, wobei die Bedeutung des Community-Aspekts nicht vorschnell überschätzt werden sollte.

Abbildung 2: Tag-Cloud auf www.blog.de.

Man kann zusammenfassend sagen, dass es bei den meisten projektorientierten und bei vielen sharing-orientierten Communitys weniger um Gemeinschaftlichkeit geht als (häufig) um *Partizipation* von Netz-Bürgern (Netizens), nicht selten auch im Sinne einer dezidierten Gegen-Öffentlichkeit. Der Aspekt der Bildung weist hierbei eine starke Betonung des Aufbaus von Sach-, aber auch von Orientierungswissen (Mittelstrass 2002) auf.

---

20 Z.B. http://www.digg.com, http://www.reddit.com.

Soziale Netzwerke

Wir haben bereits eingangs darauf hingewiesen, dass die veränderten technischen Bedingungen erhebliche Innovationen im Bereich des Interface-Designs wie auch der Möglichkeit der Datenvernetzung hervorgebracht haben. In diesem Kontext ist eine Welle von Veränderungen zu beobachten, die erhebliche Auswirkungen auf Art und Gestaltung von Online-Communitys haben. Zugleich ist zu bemerken, dass »klassische« Online-Communitys[21] durch diese Neuerungen nicht unbedingt verdrängt werden. Die virtuelle Welt »Secondlife« etwa – strukturell betrachtet eine klassische 3D-Chatcommunity – erfreut sich zunehmender Beliebtheit und schnell ansteigender Mitgliederzahlen, ohne dass hier Web 2.0-Strukturen (bisher) eine Rolle spielen. Viele klassische Foren- oder Themencommunitys aus dem deutschsprachigen Raum ließen sich als weitere Beispiele anführen, so etwa Fotocommunity.de.

Die wesentliche Erneuerung des Community-Gedankens basiert auf dem Prinzip der Sozialen Netzwerke. In Anlehnung an das *small world-Theorem* stehen nach einer These Stanley Milgrams weltweit alle Menschen miteinander über relativ wenige Vermittlungsgrade (Freundesfreunde) miteinander in Beziehung (Holzer 2005; Milgram 1967). Die neuen Onlinecommunitys nutzen dieses Prinzip überwiegend, indem sie jedem Nutzer die Freundesfreunde (also die Kontakte zweiten Grades, üblicherweise abgekürzt als FOAF: Friend of a Friend) sichtbar und zugänglich machen. Auf diese Weise sind zunächst solche Communitys entstanden, in denen das *social networking* selbst im Mittelpunkt steht, sei es zu eher privaten (myspace.com, facebook.com) oder zu eher beruflichen Zwecken (studiVZ.de, xing.com, linkedin.com). Wie bereits die »Ur-Onlinecommunity« *The Well* (die in San Francisco lokalisiert ist),[22] weisen Soziale Netze oft einen »glokalen« Charakter auf, indem sie einerseits globale Kontakte ermöglichen, andererseits aber Lokalisierungsfunktionen bieten (inzwischen z.B. durch dynamische Erstellung von geografischen Übersichten oder Listen). Vereinzelt, so z.B. aktuell in der Community »Die Lokalisten«, steht die Online-Vernetzung im urbanen Raum sogar im Vordergrund.[23]

---

21 Im Gegensatz zu den dezentralen neuen Community-Formen lassen sich klassische Onlinecommunities durch das Prinzip der Zentralität (Lokalisierung auf einem Server bzw. unter einer Internetadresse) und der technologischen, i.d.R. auch sozialen Geschlossenheit beschreiben (d.h., es existieren keine definierten Schnittstellen nach außen; die Community bildet ein in sich geschlossenes soziales Gefüge). Eine strenge Abgrenzung ist in manchen Fällen allerdings schwierig, zumal Communities durch die Integration von innovativen Elementen (z.B. www.uboot.com) einen hybriden Charakter erhalten können.
22 Vgl. Rheingold (1994).
23 http://de.wikipedia.org/wiki/Lokalisten [20.11.2006].

Soziale Netzwerke als Community-Plattformen – das Beispiel flickr.com

Das Prinzip sozialer Netzwerke findet inzwischen zunehmend Eingang in Communitys, die zuvor als klassische chat- oder forenbasierte Communitys realisiert wurden. Diese Entwicklung vollzieht sich teilweise als *Integration* neuer Technologien – ein Beispiel aus dem deutschsprachigen Internet ist die jugendkulturelle Foren- und Chatcommunity uboot.com, die inzwischen durch Weblogs und (allerdings marginal platzierte) Freundesfreunde-Listen ergänzt wurde.[24]

Deutlicher tritt das Transformationspotenzial in der Gegenüberstellung klassischer forenbasierter Onlinecommunitys, etwa www.fotocommunity.de oder www.deviantphoto.de, mit Fotosharing-Communitys wie www.flickr.com hervor (vgl. Jörissen 2007a). Forenbasierte Fotocommunitys sind zwar ebenfalls komplexe soziale Gebilde; in ihrer Interface-Struktur (Benutzeroberfläche und Navigationsstruktur) sind sie jedoch verhältnismäßig linear. In der Fotocommunity.de besteht die Kommunikationsstruktur im Wesentlichen aus Fotoforen, Textforen, »Quickmails« und dem »Fotohome« des Users samt (statischer) Identitätspräsentation. Die Mitglieder können einander als »Buddys« kennzeichnen oder auch auf die »Ignore«-Liste setzen. Die Buddylisten sind anderen Mitgliedern nicht zugänglich, sodass Freundesfreunde nicht gefunden werden können. Die sozialen Aktivitäten sind somit auf die Foren konzentriert. Es existiert keine definierte Schnittstelle nach außen, mit der Bilder in andere Web-Anwendungen eingebunden werden könnten.[25]

Flickr.com weist eine wesentlich komplexere Struktur auf. Es gibt im Wesentlichen zwei verschiedene, voneinander unabhängige Ebenen sozialer Organisationsformen: *erstens* die als *friends* bzw. *family* gekennzeichneten anderen Mitglieder, *zweitens* die sog. flickr-Groups – themenbezogene Gruppen, die von jedem Mitglied in beliebiger Anzahl eingerichtet werden können und deren Ausrichtung völlig frei wählbar ist (die Besitzer können gruppenspezifische Regeln festsetzen und im Streitfall auch durchsetzen). Auf den Profilseiten der Mitglieder werden sowohl Freunde als auch Group-Mitgliedschaften aufgeführt – die soziale Vernetzung erfolgt also nicht nur nach dem Freundesfreunde-Prinzip, sondern zusätzlich nach dem »Freundesgruppen«-Prinzip. Es ist nicht unwahrscheinlich, dass einzelne Mitglieder auf flickr.com an mehreren Communitys im engeren Sinne partizipieren (und in diesen etwa an verschiedenartigen bildlichen und verbalen Diskursen teilnehmen). Flickr.com selbst stellt eher eine unspezifizierte Community-Infrastruk-

---

24 Z.B. http://dextah1.uboot.com [20.11.2006].
25 Das geht nur »inoffiziell«, indem die Links auf die eigenen Fotos händisch herauskopiert und als html-Code in andere Seiten hineinkopiert werden. Ein solches Vorgehen widerspricht allerdings den Nutzungsbedingungen und kann zum Ausschluss führen.

tur dar und überlässt es weitestgehend den Mitgliedern, welche *konkreten* Gemeinschaften und Communitys sich auf dieser Plattform herausbilden. Die vorfindbaren »On-Site«-Communitys sind dementsprechend ausgesprochen heterogen.

Auf der *ersten* Ebene wären die *friends* und »family«-Mitglieder (die für andere Mitglieder nicht sichtbar sind) zu verorten. Während zu vermuten ist, dass zur *family* eines Mitglieds eher ein engerer Kreis gehört (family-Mitglieder werden anderen Usern nicht angezeigt), bewegt sich die Anzahl der als *friends* markieren Mitglieder nicht selten im dreistelligen Bereich. Typischerweise würde die *family* ein soziales Netzwerk mit wenigen Außenkontakten darstellen, während die Verbindung durch *friends* der klassischen Gestalt eines Freundesfreunde-Netzwerkes entspricht.

Auf der *zweiten* Ebene befinden sich die »flickr-Groups«. Die über hunderttausend existierenden Gruppen decken thematisch beinahe jeden denkbaren Bereich ab, von der Nonsense- und Fun-Gruppe bis hin zur ambitionierten oder auch professionellen Genrefotografie. Gruppen definieren ihre Zugangsbedingungen sowie die Rechte und Pflichten der Gruppenmitglieder eigenständig (während auf der Ebene des flickr-Netzwerkes weder ein Gratifikations- noch ein Sanktionssystem existiert). Die *Groups* stellen definierte Bereiche innerhalb von flickr.com dar, die sich (theoretisch) mit friends-Gruppen decken können, was aber – angesichts der oft großen Anzahl von Freunden wie auch Gruppenzugehörigkeiten einzelner Mitglieder – recht unwahrscheinlich ist. Die größten Gruppen erreichen dabei fünfstellige Mitgliederzahlen (so etwa die Gruppe »B&W« mit derzeit über 42.000 Mitgliedern). Angesichts der genannten formalen Strukturmerkmale können solche Gruppen als eigenständige »On-Site«-Communitys innerhalb der Plattform flickr.com betrachtet werden. Auch daran wird die erhebliche strukturelle und soziale Komplexitätssteigerung, die mit Web 2.0-Technologien einhergeht, deutlich.

Als *dritte* Ebene sind die Foto-Weblogs zu berücksichtigen, die im technischen Anschluss an die flickr-Infrastruktur entstehen. Diese verbinden ihrerseits das soziale Universum auf flickr mit externen Blogger-Communitys und hierdurch mit der *Blogosphere*. Andere Blogger müssen nicht die flickr-Seite besuchen, um die Einträge ihres Netzwerk-Mitgliedes zu betrachten, sondern sie können die hierfür angebotene sog. RSS-Schnittstelle nutzen und die Bildinhalte ihres Freundes in ihren eigenen Blog-Aggregator einbinden (s. Abb. 3).

Welche Community-Ebene ein Mitglied zu welchen Anteilen nutzt, ist dabei vollkommen freigestellt. Diese Öffnung auf externe Webangebote hin gehört bei flickr.com – und darin dokumentiert sich die Idee der »syndication« als entscheidender Unterschied zu »Web 1.0«-Angeboten – zum Grundverständnis. Über die Weblogs hinaus bietet flickr.com kleine Skripte an, welche die Benutzer in ihr (externes) Weblog oder in ihre Profilseite in einem anderen sozialen Netzwerk einbinden können. Die ohnehin erheblich komplexe soziale Vernetzungsstruktur der Seite wird durch diese Öffnung nach außen zu einem hyperkomplexen Gewebe. Angebote wie flickr.com oder zooomr.com werden damit zum Motor völlig neuer visueller Kulturen und Handlungspraxen. Was Außenstehenden leicht als amorphe neue Bilderflut erscheinen könnte (flickr.com hält aktuell etwa 500 Millionen Fotos von ca. 7 Millionen Mitgliedern bereit), erweist sich bei näherer Hinsicht als ein zwar ausgesprochen komplexes, aber durchaus strukturiertes und von vernetzter Sozialität getragenes Phänomen (dessen Bildungsaspekte allerdings aufgrund dieser Komplexität nur am konkreten Beispiel diskutiert werden können).

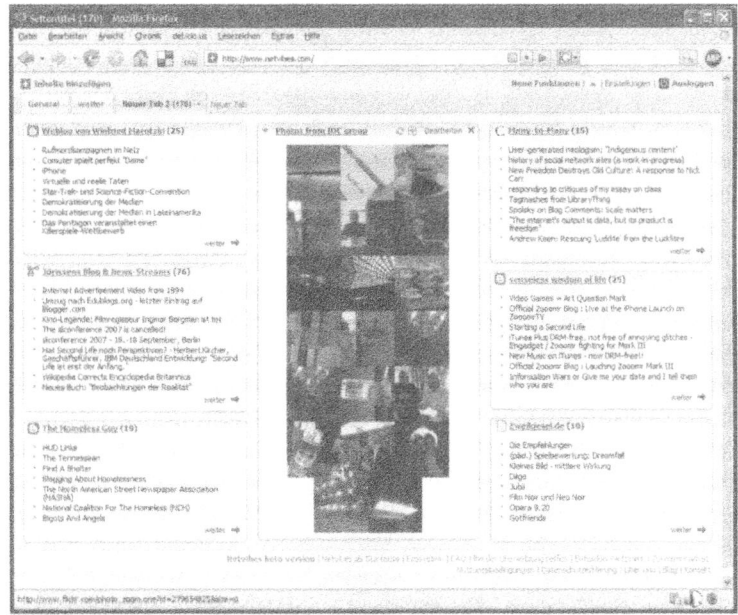

Abbildung 3: Screenshot

Ausblick: Vernetzungsstrukturen und Medienbildung im Web 2.0

Wir haben in diesem Beitrag anhand einiger ausgewählter Aspekte des Web 2.0 einen Einblick in die neuen Chancen und Möglichkeiten, aber auch in die geradezu hyperbolisch angewachsene Komplexität dieses jungen Forschungsfeldes der Internet Studies gegeben. Im Folgenden möchten wir versuchen, thesenartig einige der Aspekte hervorzuheben, die uns als die prägnantesten erschienen.

1. In einem mittlerweile klassischen Text der Onlinecommunity-Forschung haben Barry Wellmann und Milena Gulia bereits im Hinblick auf das »alte« Web die besondere Bedeutung schwacher sozialer Bindungsformen (»weak ties«) hervorgehoben: »Online and offline, weak ties are more apt than strong ties to link people with different social characteristics. Such weak ties are also a better means than strong ties of maintaining contact with other social circles [...]« (Wellman/Gulia 1999: 176). Die Vermehrung schwächerer sozialen Bindungsformen durch das Internet bringt jedoch auch Probleme mit sich – Probleme des Vertrauens einerseits, der Selektionsmöglichkeiten angesichts potenzierter Kontaktmöglichkeiten andererseits.

Soziale Netzwerke führen zu einer im Internet grundsätzlich bestehenden *Aufwertung von »weak ties«*. Eine wichtige Eigenschaft des Freundesfreunde-Prinzips ist die strukturelle Entschärfung der Vertrauensproblematik (vgl. Marotzki/Dittmann 2005). Soziale Netzwerke arbeiten nach dem Prinzip des *small world*-Theorems. Sie stellen hocheffiziente soziotechnische Mechanismen bereit, um *weak ties* nach Maßgabe der Online-Peers (*strong ties*) zu selektieren. Erst dadurch können schwache Bindungen eine größere Handlungs- und Orientierungsrelevanz erlangen. Kontakte, die – etwa aufgrund von Habitusunterschieden (vgl. Jörissen 2002) – eher unwahrscheinlich sind, können durch solche Netze wahrscheinlicher werden. Mit dem eher spielerischen Sichten der Kontakte eines Buddies geht tendenziell ein größeres Maß an Tentativität einher – Erfahrungsräume werden offener, aber dafür werden die Sozialstrukturen zugleich fragmentierter und an ihren Grenzen gleichsam »ausgefranst«.

2. *Verschachtelte Sozialität*: Nicht nur werden *weak ties* durch *strong ties* selektiert und aufgewertet; umgekehrt entstehen können neue *strong ties* innerhalb eines Netzes schwacher Bindungen entstehen (Prinzip der *Transivität:* Übertragung der Bindungsstärke auf schwache Bindungen durch erhöhtes Vertrauenspotenzial in den Freundesfreund).[26] Innerhalb eines sozialen Netzwerkes können sich – je nach technischer Realisierung des Interfaces – verschiedene Gestalten von Communitys mit einem eigenen Set (bzw. Subset) an Regeln formieren. Communitys – noch nicht unbedingt Gemeinschaften – können als Verbund von *strong ties*[27] als Teil sozialer Netzwerke entstehen.

---

26 Der Begriff der Transivität entstammt der soziologischen Netzwerkanalyse (Wassermann/Faust 1994). Er dient heute zur Beschreibung von Netzwerken in der statistischen Mechanik (Albert/Barábasi 2002: 49).

27 Dass es sich hierbei um ein zunehmend relevantes Phänomen handelt, zeigt sich an der Suche nach mathematischen Modellen, um Communities innerhalb komplexer Netzwerke identifizieren zu können. Dabei werden Anzahl und Art der Verbindungen der Netzwerk-Knotenpunkte (nodes) mit quantitativ-komparativen Verfahren bewertet (Flake et al. 2000; Radicchi 2004). Eine quantitative

3. Das *Ziel* der Herstellung enger persönlicher Bindungen weicht in vielen Bereichen einer Projektorientierung nach dem Modell der Wikipedia. Weitere Beispiele dafür wären »Social Bookmarking« (del.icio.us) Social News (digg.com, reddit.com) und nicht zuletzt die OpenSource-Bewegung. Der Anreiz liegt in diesem Fall vermutlich überwiegend in der Partizipation an Großprojekten in Dimensionen, die auch durch größere Gruppen nicht realisierbar wären.
4. Das Web 2.0 ist von einer *Entbindung* von Inhalten aus den Grenzen bestimmter Plattformen charakterisiert. Aggregation, die partielle Integration von Inhalten auf anderen Seiten, ist eines der auffälligsten äußeren Merkmale des Web 2.0. Die Einheit von Ort (»Site«) und Inhalt wird aufgelöst zugunsten des Prinzips der »Syndication«. So können z.B. flickr-Fotografien, Online-Bookmarks, Youtube.com-Videos etc. dynamisch im eigenen Weblog erscheinen; somit werden sie zu einem Kommunikationsbeitrag innerhalb der eigenen Weblog-Peergroup. Durch die direkte Einbeziehung von Inhalten wächst das Internet als soziales Netz in zunehmendem Maße auch über die Grenzen geschlossener Services (Communitys, Networking-Sites etc.) hinaus.
5. Eine fortschreitende Integration des Internets in die *außermediale soziale Alltagswelt* lässt sich feststellen. Einerseits wird das Netz mehr und mehr von selbst produzierten Fotos und Videos (flickr.com, youtube.com) oder auch Audiobeiträgen (Podcasts) dominiert, die häufig unmittelbar dem sozialen Alltag der Nutzer entstammen und diesen inszenieren. Ein besonderes Beispiel sind hier die sog. Moblogs – »mobile« Fotoblogs, deren Beiträge mit der Handykamera aufgenommen und unmittelbar in das Weblog hochgeladen werden. In der umgekehrten Richtung werden Online-Beiträge zunehmend auf mobilen Geräten konsumiert. Dies gilt v.a. für Podcasts und Video-Podcasts, die auf den beliebten Portable Media Playern abgespielt werden. Dieses Einwandern des Internets in den Alltag wird sich vermutlich zunehmend – mit preiswerteren mobilen Datentarifen – verstärken. Der überragende Erfolg der SMS verweist auf den Bedarf nach mobiler Interkonnektivität unter Jugendlichen, die in Zukunft schätzungsweise vor allem auf der Basis von Social-Networking-Webangeboten wie MySpace.com stattfinden dürfte.

Definition von Community kann dabei z.B. lauten, dass jedes Mitglied (jeder Netzwerk-Knoten) mehr Verbindungen innerhalb der Community als Verbindungen zu anderen Mitgliedern haben muss (Radicchi/Kastellano/Cacconi et al. 2004: 3). Auf diese Weise werden innerhalb sozialer Netzwerke Cluster von besonderer Beziehungsdichte isolierbar. Solche quantitativen Modelle beurteilen Communities auf dezisionistische Weise. Angesichts des fluiden Verhältnisses zwischen sozialen Netzwerken einerseits und Communities andererseits stellen sie allerdings eine Herausforderung für die qualitative Internetforschung dar.

6. Insgesamt betrachtet lässt sich hinzufügen, dass insbesondere das Prinzip der sozialen Netze eine Tendenz zu Community-Formen hervorbringt, die nicht scharf abgegrenzt sind. Je dezentralisierter ein soziales Netzwerk strukturiert ist, desto mehr ist es auf technische Lösungen angewiesen. Die Herausbildung der Blogosphere ist ein Beispiel dafür, der enorme Erfolg von sozialen Netzwerk-Angeboten ein anderes. Diese Verschränkung von Technik und Sozialität ist für die Neuen Medien generell charakteristisch; sie tritt im Web 2.0 verstärkt in Erscheinung.

Was – jenseits der berechtigten Kritik an der marketingstrategischen Ausschlachtung und Ausweitung dieses Labels – die Idee des »Web 2.0« charakterisiert, ist nicht etwa, dass mit ihm völlig neue Ideen über Sozialität einhergingen (wie häufig suggeriert wird). Das Small-World-Theorem, auf dem das Social Networking beruht, wurde von Stanley Milgram bereits in den 1960er Jahren formuliert, und das zur gleichen Zeit entworfene »Projekt Xanadu« des britischen Soziologen Ted Nelson zielte auf die technische Implementierung eines globalen Hypertext-Systems ab, das, weit über das frühe WWW hinausgehend, auf partizipativer Interaktion, Annotation, Zitation, Kollaboration und Semantisierung bzw. Kommentierung beruhte, und das im Übrigen für die Entwicklung der Weblog-Technologien wichtige Anreize lieferte.[28] Kernideen des »Web 2.0« stammen mithin aus den 1960er Jahren. Doch viele dieser Ideen wurden in der frühen Phase des World Wide Web nicht implementiert, während andere Netze und Services aufgrund der hohen Anforderungen an technische Kenntnisse großen Nutzergruppen de facto niemals zur Verfügung standen.[29]

Was sich mit dem Web 2.0 deutlich geändert hat, ist der Umstand, dass Partizipation und Kollaboration nicht mehr nur als Insellösungen innerhalb des WWW existieren, sondern dass sich tatsächlich das Web selbst von einer Sammlung verlinkter Hypertextseiten zunehmend in einen großen Partizipationsraum transformiert. Das WWW hat in den 1990er Jahren nicht zuletzt aufgrund seiner einfachen Benutzbarkeit das Internet zu einem Massenmedium gemacht. Wir sehen nun im Web 2.0 die, wie Geert Lovink im Hinblick auf die ökonomische Verwertung von »Produser«-Aktivitäten durch Web-Angebote kritisch formuliert,[30] »Ver-

---

28 Vgl. http://xanadu.com [20.11.2006].
29 Telnet-basierte MUDs, das IRC mit seinen nicht leicht zu konfigurierenden Chat-Clients und auch das Usenet, das der jüngeren Generation unserer Studierenden schon überwiegend unbekannt ist, gehören zu den Anwendungen, die – trotz ihres Bekanntheitsgrades in der Online-Forschung – nie eine solche Öffentlichkeit wie das WWW erreicht haben.
30 Dass dies auch seine Schattenseiten und kritischen Momente hat, liegt auf der Hand. Es würde den Rahmen dieses Aufsatzes sprengen, dies hier zu diskutieren. Wir möchten zumindest auf einen

massung« von Partizipationsdiensten – damit aber auch von Partizipationsstrukturen und -chancen und damit, wie wir hoffen demonstriert zu haben, neuen Bildungsanreizen. Die neueren Entwicklungen bestätigen uns also in folgenden Thesen, die aus unserer Sicht zentrale Grundlagen der erziehungswissenschaftlichen Internetforschung darstellen:

1. dass das Internet ein Sozial- und Kulturraum von außerordentlicher Komplexität, Vielgestaltigkeit und Relevanz ist;
2. dass Sozialisationsleistungen immer mehr durch sog. Virtualitätslagerungen erbracht werden (Marotzki 2000), also durch Medienarchitekturen, die Online- und Offline-Anteile enthalten (Medienkonvergentes Verhalten bei Jugendlichen registrieren wir schon seit einiger Zeit; vgl. Schuegraf 2007 sowie Jenkins 2006);
3. dass das Internet aus bildungstheoretischer Perspektive veränderte Modi der Subjektivitätskonstitution mit sich bringt, die von der Forschung erschlossen werden müssen (Marotzki 2007; Jörissen 2007b).

Literatur

Albert, Réka/Barabási, Albert-László (2002): Statistical mechanics of complex networks. *Review of Modern Physics* 74, 1, S. 47-97.
Flake, Gary William/Lawrence, Steve/Giles, C. Lee (2000): Efficient identification of Web communities. In: Proceedings of the sixth ACM SIGKDD international conference on Knowledge discovery and data mining. New York: ACM Press, S. 150-160. (Internet: http://dx.doi.org/10.1145/347090.347121 [20.6.2006]).
Gauntlett, David (2004): Web Studies: What's New. In: Gauntlett, David/Horsley, Ross (Eds.): Web.Studies. 2nd Edition. London: Arnold Publishers, S. 3-23.
Herring, Susan/Kouper, Inna/Paolillo, John C. et al. (2005): Conversations in the Blogosphere: An Analysis »From the Bottom Up«. Proceedings of the 38th Hawaii International Conference on System Sciences. Online-Version: http://doi.ieeecomputersociety.org/10.1109/HICSS.2005.167 [12.6.2006].
Holzer, Boris (2005): Vom globalen Dorf zur kleinen Welt: Netzwerke und Konnektivität in der Weltgesellschaft. In: Heintz, Bettina/Münch, Richard/Tyrell, Hartmann (Hg.): Weltgesellschaft. Sonderheft der Zeitschrift für Soziologie. Stuttgart: Lucius & Lucius, S. 314-329.
Jenkins, Henry (2006): Convergence Culture. Where Old and New Media Collide. New York/London: New York University Press.
Jörissen, Benjamin (2002): Virtually different – interkulturelle Erfahrungsräume im Internet. In: Wulf, Christoph/Merkel, Christine (Hg.): Globalisierung als Herausforderung der Erziehung. Theorien, Grundlagen, Fallstudien. Münster/New York/München: Waxmann, S. 308-338.
Jörissen, Benjamin (2007a): Informelle Lernkulturen in Online-Communities. Mediale Rahmungen und rituelle Gestaltungsweisen. In: Wulf, Christoph et al.: Lernkulturen im Umbruch. Rituelle Praktiken in Schule, Medien, Familie und Jugend. Wiesbaden: VS, S. 184-219.

Artikel Geert Lovinks verweisen, der verschiedene problematische Aspekte des Web 2.0 kritisch diskutiert (Lovink 2006).

Jörissen, Benjamin (2007b): Mimesis im Cyberspace? Performative Bildungsprozesse in der »virtual reality«. In: Wulf, Christoph/Zirfas, Jörg (Hg.): Pädagogik des Performativen. Theorien, Methoden, Perspektiven. Weinheim: Beltz, S. 188-199.
Jung, Matthias (2005) »Making us explicit«: Artikulation als Organisationsprinzip von Erfahrung. In: Schlette, Magnus/Jung, Matthias (Hg.): Anthropologie der Artikulation. Begriffliche Grundlagen und transdisziplinäre Perspektiven. Würzburg: Königshausen & Neumann, S. 103-142.
Kant, Immanuel (1800/1977): Logik. Ein Handbuch zu Vorlesungen, hg. v. G.B. Jäsche. In: Kant, Immanuel: Schriften zur Metaphysik und Logik 2. Werkausgabe Bd. VI, hg. v. Wilhelm Weischedel. Frankfurt a.M.: Suhrkamp.
Krol, Ed (1992): The Whole Internet User's Guide & Catalog. Sebastopol: O'Reilly & Associates.
Lévy, Pierre (1997): Die kollektive Intelligenz. Eine Anthropologie des Cyberspace. Mannheim: Bollmann.
Lüders, Jenny (2006): Ambivalente Selbstpraktiken. Eine Foucault'sche Perspektive auf Bildungsprozesse in Weblogs. Bielefeld: transcript.
Marotzki, Winfried (1990): Entwurf einer strukturalen Bildungstheorie. Biographietheoretische Auslegung von Bildungsprozessen in hochkomplexen Gesellschaften. Weinheim: Beltz.
Marotzki, Winfried (2000): Zukunftsdimensionen von Bildung im neuen öffentlichen Raum. In: Marotzki, Wolfgang/Meister, Dorothee M./Sander, Uwe (Hg.):Zum Bildungswert des Internet. Opladen: Leske + Budrich, Opladen: Leske + Budrich, S. 233-258.
Marotzki, Winfried (2004a): Bildung und Orientierung im Zeichen neuer Informationstechnologien oder: Warum Lara Croft eine kulturelle Ikone ist. In: Korte, Petra (Hg.): *Kontinuität, Krise und Zukunft der Bildung. Analyse und Perspektiven.* Münster: LIT, S. 363-380.
Marotzki, Winfried (2004b): Virtuelle Gemeinschaften als Impulsgeber für das Online-Lernen. In: Meister, Dorothee M. (Hg.): *Online-Lernen und Weiterbildung.* Wiesbaden: VS, S. 43-62.
Marotzki, Winfried (2007a): Zur Performativität von Bildungs- und Orientierungsprozessen angesichts neuerer technologischer Entwicklungen virtueller Welten. In: Wulf, Christoph/Zirfas, Jörg (Hg.): Pädagogik des Performativen. Theorien, Methoden, Perspektiven. Weinheim: Beltz, S. 176-187.
Marotzki, Winfried (2007b): Dimensionen der Medienbildung. Abschätzung und Reichweiten am Beispiel audiovisueller Formate (Film): In: Hartwich, David/Swertz, Christian/Witsch, Monika: Mit - Spieler. Überlegungen zu nachmodernen Sprachspielen in der Pädagogik. Norbert Meder zum 60. Geburtstag. Würzburg: Königshausen und Neumann (i.E.).
Marotzki, Winfried/Dittmann, Jana (2005): Digitale Vertrauenskulturen. *Jahrbuch Medienpädagogik* 4, S. 187-208.
Marotzki, Winfried/Nohl, Arnd Michael (2004): Bildungstheoretische Dimensionen des Cyberspace. In: Thiedeke, Udo (Hg.): *Soziologie des Cyberspace. Medien, Strukturen und Semantiken.* Wiesbaden: Verlag für Sozialwissenschaften, S. 335-354.
Meister, Dorothee M. (Hg.) (2004): Online-Lernen und Weiterbildung. Wiesbaden: VS Verlag.
Milgram, Stanley (1967): The Small World Problem. *Psychology Today*, Mai 1967, S. 60-67.
Mittelstrass, Jürgen (2002): Bildung und ethische Masse. In: Killius, Nelson/Kluge, Jürgen/Reisch, Linda (Hg.): Die Zukunft der Bildung. Frankfurt a.M.: Suhrkamp, S. 151-170.
Nardi, Bonnie A./Schiano, Diane J./Gumbrecht, Michelle (2004): Blogging as Social Activity, or, Would you let 900 Million People Read Your Diary? *Journal for Social and Behavioral Sciences*, 6, S. 222-231.
O'Reilly, Tim (2005): What is Web 2.0? Design Patterns and Business Models for the Next Generation of Software. Verfügbar: http://www.oreillynet.com/lpt/a/6228 [24.11.2006].
Radicchi, Filippo/Castellano, Claudia/Cecconi, Federico (2004): Defining and identifying communities in networks. Internet: http://arxiv.org/abs/cond-mat/0309488 [19.6.2006].
Rheingold, Howard (1994): Virtuelle Gemeinschaft. Soziale Beziehungen im Zeitalter des Computers. Bonn: Addison-Wesley.
Schuegraf, Martina (2007): Medialität und Subjektkonstitution. Medienkonvergente Interaktionen am Beispiel von Musikfernsehen. Wiesbaden: VS.

Tully, Claus J. (Hg.) (2006): Lernen in flexibilisierten Welten. Wie sich das Lernen der Jugend verändert. Weinheim/München: Juventa.

Wassermann, Stanley/Faust, Katherine (1994): Social Network Analysis: Methods and Applications. Cambridge u.a.: Cambridge University Press.

Wellman, Barry/Gulia, Milena (1999): Virtual communities as communities: Net surfers don't ride alone. In: Smith, Marc A./Kollock. Peter (Eds.): Communities in Cyberspace. London/New York: Routledge, S. 167-194.

Wiedemann, Dieter/Volkmer, Ingrid (Hg.): Schöne neue Medienwelten? Konzepte und Visionen für eine Medienpädagogik der Zukunft. Bielefeld: GMK.

Bildung und virtuelle Welten – Cyberbildung

Norbert Meder

Es ist keine Frage unter den Erziehungswissenschaftlern, dass Bildung – was immer sie konkret sein mag – unser Welt- und Selbstverhältnis bzw. unser Welt- und Selbstverständnis betrifft. Vor diesem Hintergrund hat wissenschaftliche Pädagogik zu klären, was Welt ist, was Selbst ist, was ein Verhältnis zwischen den beiden ist und wie das Ganze in einem Prozess des Verstehens aktualisierbar ist. Diese Frage und das damit verbundene Problem sind durch das Aufkommen virtueller Welten auf besondere Weise virulent geworden. Ich beginne den angesprochenen Klärungsprozess damit, den Begriff der virtuellen Welt zu bestimmen.

Die medial vermittelte virtuelle Welt

Virtuelle Welten sind einerseits medial vermittelte Welten – über das Instrument ›Computer‹ vermittelt. Weil nun das Instrument ›Computer‹ ein semiotisches Instrument ist, erlaubt es, alle anderen physikalischen, chemischen oder biologischen Gegenstände und Instrumente zu ›bezeichnen‹ und damit stellvertretend präsent zu machen. Dieser Umstand macht aus dem Instrument Computer zugleich ein Medium. Das ist nicht trivial, weil es der Logik des Instrumentalen die Logik des Medialen zur Seite stellt. Die Logik des Instrumentalen ist die Logik der Causa finalis, die Zweck-Mittel-Rationalität mithin eine technische Logik bzw. eine Herstellungslogik. Die Logik des Medialen ist demgegenüber die Logik der Causa formalis, die Form-Inhalts-Rationalität mithin eine Ausdruckslogik. Während die Logik der Causa finalis der Zeitstruktur des Nacheinander verpflichtet ist, folgt die Logik der Causa formalis der Struktur der Gleichzeitigkeit, denn Form und Inhalt, Ausdruck und Ausgedrücktes trennt keine zeitliche Differenz.[1] Es liegt gleichwohl

---

[1] Wenn im erziehungswissenschaftlichen Diskurs von Wirkungszusammenhang gesprochen wird, dann ist zumeist unbefriedigend, dass ungeklärt bleibt, um welche Art der Wirkung es sich handelt. Mir ist immer wieder unverständlich, wie man hinter den Differenzierungsgrad eines Aristoteles zurückfallen kann, der immerhin schon vier verschiedene Wirkungszusammenhänge unterscheiden konnte: die Causa efficiens, die Causa finalis, die Causa materialis und die Causa formalis. Der Kreis der Causae ist heute vermutlich noch zu erweitern, z.B. muss offensichtlich auch von einer Causa informationis gesprochen werden. Es wäre zu prüfen, ob diese auf eine der vier aristotelischen zurückführbar ist.

eine Differenz vor. Man kann diese Differenz als Stellvertretung fassen. Man kann sie aber auch als Konstruktion oder auch als strukturelle Konstitution oder auch als semiotische Kreation vor dem Hintergrund dessen fassen, was ein Medium an Gestaltungsmöglichkeiten hergibt.

Die Reflexivität der Computerdarstellung

Die Verwicklung dieser beiden Logiken, der zweckrationalen und der medialen, bringt es mit sich, dass das Verhältnis von Computerdarstellung und der dargestellten Welt reflektierbar ist, denn die Machbarkeitslogik der Causa finalis eröffnet diesen Raum, indem sie ihre Konstruktionen explizit und damit zum Gegenstand möglicher Reflexionen macht. Computer sind Problemlösungsautomaten, d.h. universelle Lösungsinstrumente für tendenziell jedes Problem. Daher gehört es zum ›Wesen‹ des Computers, dass Probleme ge- und erfunden werden, die seinen Einsatz notwendig machen und damit auch sein Vorhandensein als Kulturtechnik legitimieren.

Es mag am Anfang der technologischen Entwicklung ein Problem gegeben haben, wofür man einen Rechner als Lösung benötigte – vielleicht das militärische Dekodierungsproblem (Turing im 2. Weltkrieg) oder das Atombombenproblem (die Eniac Ende des 2. Weltkrieges). Dennoch entstand über Turings mathematisches Konzept des abstrakten universellen Automaten – vor dem Hintergrund der Berechenbarkeitstheorie – ein technisches Gerät, das zu nichts anderem nütze war, als per Software zu Lösungen konkretisiert zu werden, wofür die Probleme aller erst gefunden werden mussten, d.h. noch gar nicht bekannt waren. Schon in der Suche nach Problemen, die man mit Computern lösen kann, wird die bis dahin natürliche Welt reflexiv. Sie wird im Modus der Machbarkeitslogik danach abgesucht, ob in ihr Phänomene vorkommen, die man als Probleme deuten kann, für deren Lösung dann Computer die geeigneten Instrumente sind. Das allein hätte noch keinen strukturell erhöhten Reflexionsgrad ergeben, denn man kann, auch ohne die ›Lösung Computer‹ zu haben, Praxisfelder danach in Augenschein nehmen, ob in ihnen Verbesserungen und Optimierungen möglich sind. Da aber Computer semiotische Maschinen sind, gerät die Suche nach Problemen zugleich zur Prüfung daraufhin, ob gefundene Probleme auch so darstellbar, d.h. semiotisch fassbar sind, dass sie mit dem Computer gelöst werden können. Mit diesem zusätzlichen Gesichtspunkt kommt eine wahrheitslogische Dimension ins Spiel, die man in der Tradition als *Adäquationsproblem* kennt. Die Frage kommt ins Spiel, inwieweit die Darstellung eines Sachverhalts mit dem Sachverhalt adäquat ist. Da

Computer als Instrumente nur die Form der Darstellung vorgeben, handelt es sich dabei um ein Problem in der Logik der Causa formalis, d.h. in der Logik der Darstellung. In der Tradition hat die Adäquationstheorie stets ontologischen Rang, denn es ging um die Frage, ob die Sachverhalte a parte rei mit denen in mente übereinstimmen. Das hat sich als unlösbar erwiesen. Das moderne Problem der Computeradäquation ist demgegenüber schlichter, denn es geht nur noch um die Adäquation von organisch vermittelter Welterfassung und computervermittelter Weltdarstellung. Kantisch gesprochen bewegt man sich also nicht auf der ontologischen Ebene des unmöglichen Vergleichs von Ding an sich und Erscheinung, sondern auf der Ebene des Vergleichs von Ding in der Erscheinung und computertechnologischer Darstellung (Simulation). Erkenntnistheoretisch ist demnach nur (!) eine neue Schicht jenseits der ontologischen Frage eingezogen.

Trotz der Vermeidung der traditionellen Wahrheitsfrage und obwohl man das harte Adäquationsproblem umschifft hat, wird dennoch die Geltungsproblematik in den Blick genommen, was man leicht daran sieht, dass mittlerweile die Simulierbarkeit im Computer zu den Verfahren der Geltungsbewährung nicht nur bei Wetterprognosen und in der Klimaforschung gehört, sondern auch schon Atombombentests ersetzt. Das heißt, dass die darstellungslogische Dimension, die im medialen Charakter des Computers – in der Causa formalis – begründet ist, zur Verschärfung der Reflexivität führt, denn es sind stets die Wahrheitsfragen bzw. die Geltungsprobleme, die das Reflektieren anstoßen. Es ist also die explizite Instrumentalität in Verquickung mit der Geltungsfrage bzgl. der Darstellung, was die strukturell erhöhte Reflexivität ausmacht.

Über das Instrument ›Computer‹ reflektieren wir daher im Modus der Semiotik – und das heißt im Modus der Sprache – über alle andersartig erfahrenen Welten. ›Reflektieren‹ ist hier nicht vorrangig im strengen philosophischen Sinne – als Sprache über Sprache (Metasprache und Metatheorie) – zu verstehen, sondern als Reflexiv-werden einer Darstellung von Welt. Fasst man allerdings die organisch vermittelte Darstellung von Welt – die Erscheinung der Welt – auch als Sprache, d.h. als Objektsprache des Sensumotorischen, dann ist die Computersprache als Metasprache zu verstehen und das reflexive Verhältnis wird zur expliziten Reflexion: Indem Computersimulation nur gebraucht wird, mag sie bloß reflexive Darstellung von Welt sein (das Reflexiv-werden der Moderne); indem sie aber sich selbst erläutert oder gezwungen ist, sich zu erläutern, wird sie zur expliziten Reflexion im ganz traditionellen Sinne.[2]

---

2 Das heißt als Spiel von intentio recta und intentio obliqua (von intentio prima und intentio secunda). In der Computersprache wird über die Darstellung in der Sprache sensumotorischer Erscheinung dahingehend reflektiert, ob eine adäquate Übersetzung möglich und wenn ja, ob sie

In diesem Sinne reflektiert beispielsweise Multimedia auf den singulären Gebrauch von Medien oder SimCity auf die alltagsweltliche Konstruktion unserer Städte, und das im doppelten Verständnis als reflexiv gewordener Habitus der Moderne wie auch als explizite Reflexion auf die Geltungsbedingungen in der Geltungsbewährung.

Korrelation von Mittelbarkeit und Unmittelbarkeit

Vor diesem Hintergrund bezeichnet die Virtualisierung von Welt eine Darstellung der Darstellung, die Darstellung eines schon vorher kulturell vermittelten in der Welt der Erscheinung. Es ist ein weitverbreitetes Missverständnis, dass virtuelle Welten authentische Welten vertreten oder dass ein Agieren in virtuellen Welten nicht authentisch ist. Unser ganzes Leben ist immer schon vermittelt – ein Umstand, der Plessner (1976: 58ff., 44) dazu geführt hat, von vermittelter Unmittelbarkeit und unmittelbarer Vermitteltheit zu sprechen. Der Ausdruck ›authentisch‹ kann in diesem Kontext nur das Moment der Unmittelbarkeit bezeichnen. Wenn er allerdings ›echt‹ bedeuten soll, dann will ich fragen, was in unserer Welt denn noch echt ist? Es bleibt nur eines übrig, und das ist formal und inhaltsleer: der Widerstand im Erleben bzw. das Faktum, dass wir im Erleben stets auf Widerstände treffen, die das Nicht-Anders-Können ausmachen. Nur dieses Erleben ist authentisch, original, echt und auf nichts anderes zurückführbar, und ein solches Erleben ist in jeder Welt möglich, auch in der virtuellen Welt. Es ist gleichsam das Definiens von Welt überhaupt.

Virtualität als Simulation

Kehren wir nach diesem Exkurs über das Authentische zum Kern unseres Themas zurück. Ich will im Folgenden versuchen, einen sauberen Begriff von Virtualisierung herauszuarbeiten, um den inflationären Gebrauch der Virtualität kritisch

---

getroffen ist. Die Reflexion findet mithin im Modus der Logik der Causa formalis statt. Ob man dies mit der teleologisch oder ästhetisch reflektierenden Urteilskraft bei Kant in Verbindung bringen kann, lasse ich hier dahingestellt. Als Reflexion in der Darstellungslogik steht sie mit Sicherheit im Kontext der ästhetischen Urteilskraft, deren Allgemeines eben die Adäquation, die Passung, die Genauigkeit und die Angemessenheit ist. Ob darüber hinaus teleologische Momente wie Fruchtbarkeit, Verbesserung der Klarheit, einfachere Systematik und ähnliches eine Rolle spielen, will ich hier nicht behandeln.

einzuschränken. Das mache ich schrittweise über die Begriffe des Modells und der Simulation.

An dem Sprachcharakter der Computer als Problemlöseautomaten[3] hängt das wesentliche Merkmal dieses Mediums: Es ist hochgradig interaktiv. Das Problem muss in angemessener Übersetzung eingegeben werden, die Maschine operiert auf den Eingaben und gibt Ergebnisse aus, die vom Benutzer wiederum interpretiert werden müssen und gegebenenfalls zu neuen Eingaben führen.

Diese Interaktivität macht nun aus, dass wir beim Computer von einem Medium der Simulation sprechen. Simulation folgt nicht nur der Strukturtreue in der Abbildung von Welt, wie dies das Modell tut, sondern auch der Handlungstreue: Was man in der Simulation machen kann, kann man auch in der sogenannten ›wahren‹ Welt so machen; und die simulierte Welt reagiert genauso wie die sogenannte ›wahre‹ Welt. Dabei kann es Verkürzungen und Reduktionen geben, aber es gilt, dass die Interaktionen, die in der Simulation stattfinden, auch in der Realität stattfinden könnten, und zwar mit demselben Effekt (derselben Wirkung). Unter diesem Gesichtspunkt ist die Simulation der Logik der Causa efficiens verpflichtet, die ja handlungstheoretisch nur die andere Seite der Medaille ist, auf deren Vorderseite die Causa finalis ihren Platz hat.

Andererseits können solche Verkürzungen didaktische Reduktionen sein, wie sie im formellen Bildungssektor allemal üblich sind und dem Zweck dienen, die Verständlichkeit zu erhöhen. Didaktische Reduktionen sind den Kriterien der Genauigkeit, der Klarheit und der Zutreffendheit verpflichtet.[4] Sie können aber auch neue Sinndimensionen ermöglichen, indem sie dafür Räume konstituieren und freilegen, so wie die Abwesenheit des Leibes im Chat zur schriftlichen Mündlichkeit, zu Onomatopoien (Lautsprachlichkeiten), zu Emotikons als Masken und zu einer neuen Semiotik – z.B. ROTFL als Abkürzung von Rolling On The Floor Laughing – führt. Damit folgen didaktische Reduktionen einer Logik der Didaktik, die man eine *Logik der Reduktion auf das Wesentliche* nennen kann und deren Wirkungszusammenhang mit dem Konzept einer Causa didactica zu fassen ist: Einerseits werden die Räume für Bildungsprozesse eng gemacht, andererseits wird ein unbestimmter Raum eröffnet, in dem ›alles‹ möglich ist. Das heißt, der Kreativität und Phantasie wird freier Raum gelassen.

Obwohl Simulationen in dem, *was* sie abbilden, handlungstreu sind, modifizieren und modalisieren sie Alltagswelt über die Art und Weise, *wie* sie Alltagswelt

---

3 Vgl. Meder 1998.
4 Vgl. Herbarts informationstheoretisches Konzept der Klarheit als korrelativer Begriff zur Assoziation. Alles, was bei Herbart unter dem Verdikt der Klarheit steht, beschreibt letztlich didaktische Reduktion.

verkürzen und in ihrer Komplexität reduzieren, d.h darüber, was sie verschweigen bzw. ausblenden (Causa didactica). In der Reduktion dieser didaktischen Logik eröffnen Simulationen einen Leerraum, der – wenn auch nicht beabsichtigt – kreativ dazu genutzt wird, um neue Varianten der Welt- und Selbsterfahrung zu generieren, wie dies am Phänomen des Chats mit den emotikalen Masken und den ROTFLs deutlich wird. Und genau darin sind Simulationen und virtuelle Welten auf kreativ-spielerische Weise bildungsrelevant. Denn sie verändern strukturell unser Selbst- und Weltverhältnis – zumeist unbeabsichtigt, aber medial unterstützt und in der didaktischen Logik kompatibel. Dabei bleibt diese Veränderung unseres Bildungsverhältnisses nicht auf die virtuelle Welt beschränkt, sondern dringt auch in das Verständnis der nicht-virtuellen, realen Welt ein. Wie dies möglich ist, werde ich weiter unten entwickeln.

Virtualität als Simulation plus Wahrnehmungstreue

Bis hierher habe ich nur von simulierten Welten gesprochen. Virtuelle Welten sind stets simulierte Welten. Als Sonderfall bringen sie die Wahrnehmungstreue in der Abbildung von Welt ins Spiel: Alles soll auch so aussehen wie in der sogenannten ›wahren‹ Welt. Deshalb sind virtuelle Welten auch so sehr von grafischen Momenten geprägt, deshalb tendieren sie zu 3D-Darstellungen. Deshalb bilden auch die Hersteller im Feld der Computerspiele die Avantgarde dessen, was virtuelle Welt in alltagspraktischer Umgebung jetzt schon heißt und zukünftig in Bildungsumgebungen heißen kann und wird.

Man kann gegen diese Begriffsbestimmung von ›Virtueller Welt‹ einwenden, dass sie das Phänomen eng führt und die weite Bedeutung, die dieser Begriff heute in der Alltagssprache hat, nicht mehr einfangen kann. Dem muss entgegengehalten werden, dass ohne diese Präzisierung des Begriffs der Virtualisierung unsinnige oder zumindest verdunkelnde Ausdrücke möglich sind – wie beispielsweise ›virtuelle Kommunikation‹ oder ›virtuelles Lernen‹. Kommunikation ist aber niemals virtuell, sondern stets real und dies auch im Chat – ich tue es doch wirklich. Virtuell ist die Umgebung der Kommunikation. Wer diese Differenz verwischt wird niemals verstehen, dass und auf welche Weise Kommunikation im Internet mit unserer Alltags- und Lebenswelt verbunden und verwickelt ist. Er wird auch nicht begreiflich machen können, warum Lernen in virtuellen Umgebungen wie dem Flugsimulator oder der virtuellen Weltraumkapsel so erfolgreich ist. Das Lernen ist real, nur die Umgebung ist virtuell und trägt zum Lernerfolg soviel bei, wie sie den Geltungsbedingungen der Adäquation mit der Welt der Erscheinung folgt. Diese Geltungsbedingungen heißen bei der Virtualisierung: Strukturtreue, Handlungstreue und Wahrnehmungstreue!

Die Wirkung beim Benutzer (User) virtueller Welten stellt sich aufgrund der Wahrnehmungstreue tendenziell auch so ein, als ob alles wirklich wäre. Das Als-ob gaukelt Wirklichkeit vor, und das ist notwendig dafür, dass das Realitätsbewusstsein in Kommunikation und Lernen so hoch wie möglich ist. Denn nur bei gültiger Adäquation von virtueller und realer Welt kommt es zum Transfer des Kommunikationsstiles wie auch der Lernhandlung in die reale Welt. Nur dann ist es möglich, dass Weltraumpiloten im Weltraum sich gleich verhalten, dass sich Chatpartner auch im Café um die Ecke genauso intensiv unterhalten wie im Internet.

Beim Flugsimulator in der Pilotenausbildung oder bei Weltraumsimulationen in der Ausbildung der Weltraumfahrer stellen mich virtuelle Situationen also real vor Bedingungen, als ob ich in der Luft oder im Weltraum wäre, obwohl ich es nicht bin. Die virtuelle Welt ist eine Art Stellvertretung für die wirklichen Flugbedingungen und für den wirklichen Weltraum. Die Wirkung eines virtualisierten Gegenstands bzw. einer virtualisierten Umgebung ist nur möglich, weil das Virtualisierte handlungsgetreu und wahrnehmungsgetreu den realen Gegenstand bzw. die reale Handlungsumgebung in der Welt der Erscheinung abbildet.

Über die Wahrnehmungstreue bleibt die virtuelle Welt als Abbildung gegenständlicher Verhältnisse, wie sie in der sogenannten realen Welt vorgefunden werden, an die reale Welt gebunden. Sie bleibt auf diese Weise – genauer gesagt – an die organisch vermittelte Welt gebunden, weil sie sich dem Moment der Affektion unserer Sinne verpflichtet, in der sich im Übrigen gerade jenes oben (S. 230) erwähnte Moment des ›Nicht-anders-Könnens‹ unserer Wirklichkeit ausdrückt. Das heißt: Wenn die virtuelle Welt nicht jenen Indikator der sinnlichen Bestimmtheit in ihre Simulationsabbildung integriert, gelingt der Umschlag vom realen Gegenstand in den stellvertretenden nicht, was im Übrigen bei den meisten Computerspielen der Fall ist. Und umgekehrt: Die Weltraum- oder Flugsimulationen hätten keinen Transferwert in die Realität und wären damit sinnlos für die Ausbildung, wenn sie nicht über die Wahrnehmungstreue an die sogenannte reale Welt gebunden blieben.

Virtualität und Möglichkeit

Virtuelle Welten werden oft auch als mögliche Welten bezeichnet. Wenn man dies alltagssprachlich nimmt, ist es nicht wirklich falsch, aber auch nicht wirklich richtig. Denn virtuelle Welten sind die semiotisch adäquate Darstellung von Realität und das Handeln in virtuellen Welten ist wirkliches Handeln. Dagegen ist mögliches Handeln ein Handeln, das noch nicht zur Wirklichkeit kommt und gegebenenfalls auch nicht zur Wirklichkeit wird. Wenn ich sage ›das Fliegen mit einem Flugzeug ist auch eine Möglichkeit, von A nach B zu kommen‹, aber dennoch die Eisenbahn nehme, dann kommt das Fliegen von A nach B in keinen Modus der Wirklichkeit. Das ist anders beim virtuellen Flug von A nach B. Dort habe ich die wirklichen Sinneswahrnehmungen und Handlungszusammenhänge wie beim Flug, dort muss ich das alles, was zum Flug gehört, wirklich machen, als würde ich fliegen. In der virtuellen Welt liegt das Wirkliche in der Handlung, das Mögliche in der Umgebung. In der möglichen Welt, d.h. bei der Möglichkeit zu fliegen, statt Eisenbahn zu fahren, ist es umgekehrt: Das Mögliche liegt in der Tätigkeit zu fliegen, das Wirkliche in der Umgebung, dass ein Flughafen da ist usw. Die mögliche Handlung ist niemals wirkliche Handlung. Sie ist als wirkliche erwogen. Wird sie gewählt, dann ist sie keine mögliche mehr, sondern wirklich. Wirklich und Möglich schließen sich aus, Virtuell und Real sind verquickt. Dennoch kann man Möglichkeit mit Virtualität in Verbindung bringen.

Eine virtuelle Welt ist nur insofern eine mögliche Welt, als das Handeln in der stellvertretenden virtuellen Welt als ein reales Handeln genauso stattfindet wie in der originalen Welt und damit eine Handlungsoption für die Zukunft in der wirklichen Welt darstellt. Das Beispiel von der Flugsimulation in der Ausbildung macht dies deutlich. Genau dieser Umstand macht das Phänomen des Transfers aus virtuellen Trainingssituationen in die Realität aus. Die virtuelle Welt als eine struktur-, handlungs- und wahrnehmungsgetreue Darstellung der sogenannten realen Welt wird in die Reflexion auf Handlungsmöglichkeiten *in der realen Welt* überführt und damit an diese Welt gebunden.

Die Überführung von Handlungen aus der virtuellen Stellvertretung der Welt in Handlungen in der realen – sozusagen originalen – Welt ist nur deshalb möglich, weil dabei die Handlungen nicht ihren Charakter der Realität wechseln, sie sind und bleiben wirkliche Tätigkeiten in Raum und Zeit, strukturell gleich und folgen gleichen Regeln und Zielen, wenn auch mit einem anderen Ernst der Lage. Aber der hängt nicht an der Handlung, sondern an der Umgebung, die einmal virtuell und ein andermal real ist.

Über genau diesen Mechanismus sind alle virtuellen Welten mit unserer realen Welt der Erscheinung untrennbar verbunden. Die reale Welt wird im Lichte der virtuellen Welt ebenso betrachtet, wie die virtuelle Welt nach Kriterien der realen Welt beurteilt und eingeschätzt wird. Dieser Umstand bringt eine spezifische Variante der Geltung ins Spiel: die pädagogische Geltung der Darstellung von Welt.

Virtualität und Geltung

Das Verhältnis der virtuellen Welt als Stellvertretung zur Welt als Möglichkeit ist ein Geltungsverhältnis pädagogischer Art. Es zieht die Grenze zwischen spielerischer Beliebigkeit und spielerischem Umgang mit der Welt ein. Was in virtuellen Welten gemacht werden kann, muss auch in der realen Welt möglich und das heißt: eine Option sein. Das heißt: Die didaktische Reduktion, die in aller Virtualisierung unumgänglich ist, gilt dann, wenn der Transfer in die sogenannte Wirklichkeit strukturell adäquat und auf der Handlungsebene erfolgreich ist.

Virtualität im Sinne der Stellvertretung ist im spielerischen Umgang ein didaktisches Arrangement – notwendig, um im Noch-nicht-Ernstfall, im pädagogischen Moratorium, sich ausprobieren zu können, aber nicht hinreichend, die Wahl der Möglichkeit im Ernstfall zu treffen, d.h. den Transfer zu vollziehen. Damit ist gleichsam der didaktische Aspekt im pädagogischen Handlungszusammenhang gegeben: Es geht um das Probehandeln, um das ›Sich-Ausprobieren‹, aber noch nicht um das Agieren in realen Umgebungen. Damit ist der didaktische Geltungsaspekt genannt, der darauf beruht, dass die in virtueller Umgebung realisierte Handlung im Lichte der Adäquation zur wirklichen Welt richtig ist. Bei der didaktischen Geltung handelt es sich also um ein eher syntaktisches Geltungskriterium.

Die Wahl der Möglichkeit aber, der Entschluss, das, was man in virtueller Umgebung gelernt hat, auch in die eigene Wirklichkeit umzusetzen, ist eine bildungsbezogene Handlung. In ihr beziehe ich Position zur Welt, in ihr lokalisiere ich mich in der Welt, in ihr definiere ich mich und die Welt. Und wie ich dann – nach der Entscheidung bzw. nach der Wahl meiner Handlungsoptionen – tatsächlich angemessen agiere, entscheidet darüber, welches Welt- und Selbstverhältnis ich tatsächlich in der Übertragung des in der virtuellen Welt Gelernten eingehe. Es handelt sich also hier um eine Art semantischer Geltung, insofern die wirkliche Welt wahrheitslogisch das Modell für die syntaktische Richtigkeit des in der virtuellen Welt Gelernten bildet. Mit anderen Worten: Der gelungene Transfer realisiert faktisch die Referenzbeziehung von der Darstellung der Welt in die Welt der Erscheinung selbst. Damit ist diese Beziehung das, was Hönigswald (1927: 33, 86f.) die faktische Geltungsbeziehung genannt hat: Es wird faktisch vollzogen, was in der geltenden Wissenschaftstheorie die Korrespondenzregel genannt wird, die zwischen theoretischen Konzepten (hier virtuellen Arrangements) und beobachtbaren Konstellationen (hier den wirklichen Arrangements) im Sinne der Adäquation abbildet.

Pädagogische Geltung

Im Zusammenhang der virtuellen Welten habe ich versucht, einen pädagogischen Geltungsmodus herauszuarbeiten. Das Spezifische dieses Geltungsmodus stellt sich als die faktisch realisierte Übertragung des bloß Simulierten in die Wirklichkeit dar. Dabei wird nicht die Handlung verändert, auch nicht deren Realitätsgrad, sondern nur die Rahmung gewechselt. Der Wechsel der Rahmung aber ist ein

Darstellungsproblem, das sich – wie oben ausgeführt – zwischen Genauigkeit der Virtualisierung und Ausblendung als unwesentlich eingestufter Momente in der didaktischen Reduktion bewegt. Darstellungsprobleme aber sind Probleme in der Logik des Ästhetischen, die auf den Regeln der Causa formalis und der Causa materialis aufsetzt. Rezeptionstheoretisch geht es um das Setzen von Leerstellen, die durch die Genauigkeit der Virtualisierung begrenzt sind.[5] Ästhetisch haben die Leerstellen die Funktion, die Phantasie der einzelnen Rezipienten derart zu kanalisieren, dass sie einerseits die konkrete Ausfüllung durch individuelle Phantasie zulassen, anderseits aber die Aussage des Kunstwerks nicht beeinträchtigen. Pädagogisch haben die Leerstellen die Funktion, die Phantasie der einzelnen Lerner derart zu kanalisieren, dass sie einerseits die konkrete Ausfüllung durch Variation der Umstände zulassen, anderseits aber die syntaktischen Regeln und die damit verbundenen bzw. inhärenten diffusen Strategien des Handelns nicht beeinträchtigen. Die Leerstellen haben pädagogisch also gerade die Aufgabe, Raum für Urteilskraft zu schaffen – zum einen in der Anwendung und zum anderen in der kritischen Reflexion auf die Anwendung und ihr Recht. Damit lokalisiert sich pädagogische Geltung als Geltung im Bereich einer Logik der Urteilskraft, die ja unter anderem die Logik des Transfers, der Übertragung einer Darstellung in eine andere ist.

Ein Anspruch auf pädagogische Geltung betrifft also nicht das Sein bzw. die Unabhängigkeit der Welt von unseren interaktiven Vollzügen mit ihr – das wäre ein erkenntnistheoretischer Zugang –, sondern die Darstellung von Welt in variierenden Medien der Darstellung. Pädagogische Geltung bezieht sich auf die darstellende Bezugnahme auf Welt, d.h. auf die Bildung als die Relation meiner selbst zur Welt. Geltung im pädagogischen Kontext bezieht sich stets auf eine Relation, genauer auf eine dreifache Relation:

1. auf die Relation des Einzelnen zur dinglichen Welt,
2. auf die Relation des Einzelnen zur sozialen Welt sowie
3. auf die Relation des Einzelnen zu sich selbst.

Pädagogische Geltung bewährt sich mithin an Beziehungen, nicht an Relaten, mithin auch nicht an substanziellen Fragen und Problemen, sondern an den Beziehungen, die der Einzelne mit Welt, Gesellschaft und sich Selbst eingeht. Damit entzieht sich Pädagogik in Praxis wie auch in Theorie der ontologischen Frage, weil ihr Geltungskriterium gar nicht substanzieller Art ist. Pädagogik bleibt dennoch an die erkenntnistheoretische Frage auf doppelte Weise gebunden, weil

---

5   Vgl. Iser 1971.

erstens das eine der Relata (Welt, Gesellschaft, Selbst) nicht verfügbar, d.h. nicht beliebig ist. Es hat jenen welthaften Charakter, Widerstand zu sein. Damit bestimmt sich das dreifache Verhältnis der Bildung als nicht-beliebig, auch wenn über diese Nicht-Beliebigkeit nichts ausgesagt werden kann. Pädagogik bleibt *zweitens* an die erkenntnistheoretische Frage gebunden, weil das, was im dreifachen Verhältnis mit dem Einzelnen, dem anderen Relatum, gemeint ist, schlechthin unbestimmbar ist. Der Einzelne ist erkenntnistheoretisch betrachtet nur eine Raum-Zeitstelle mit irgendwelchen Markierungen, die seine Materialisierung bezeichnen. Darüber hinaus bleibt er unbestimmt, und diese Unbestimmtheit markiert eine Grenze, die wir nur als Welt zu bezeichnen gewohnt sind. Nimmt man das mit dem zusammen, was mit Bezug auf die anderen Relata (Welt, Gesellschaft, Selbst) schon oben ausgeführt worden ist, dann sind aus pädagogischer Sicht in dem geltungsrelevanten dreifachen Verhältnis der Bildung die Relata prinzipiell nicht bestimmbar, faktisch aber Orte der Bestimmung, die sich jedoch als Möglichkeitsareale erst ergeben, wenn das dreifache Verhältnis der Bildung entfaltet wird.[6]

Ästhetische Möglichkeit – Fiktionalität[7]

Es gibt eine weitere Verwendung des Begriffs der Möglichkeit in der alltagssprachlichen der Unterredung über Kunst. Dort wird immer wieder von den fiktionalen Welten als von möglichen Welten in der Kunst gesprochen. Erfundene Geschichten, Gemälde, Musikstücke oder Filme erzählen von Welten, die es nie gegeben hat, aber die für möglich gehalten werden.[8] Indem man sie rezipiert, taucht man in sie hinein und denkt und fühlt, als ob es sich um eine wirkliche Welt handelt. Diesen Umstand haben fiktionale Welten mit virtuellen Welten gemein. Was die beiden Welten nicht gemein haben, sind sensumotorische Handlungs- und Wahrnehmungstreue. Beides ist in fiktionalen Welten aufgeweicht bzw. besser erweitert. Das, was ich in fiktionalen Welten erlebe und tue, muss in einer wirklichen Welt nur vorstellbar und denkbar sein – mehr noch: Es findet schon beim Erleben des Kunstwerks im Modus der Denkbarkeit und Imagination statt.

In medial vermittelten fiktionalen Welten kann mit den Möglichkeiten der Welt der Erscheinung gespielt werden, bis hin zur Aufhebung bestimmter Grenzen dieser Welt (z.B., wenn Pipi Langstrumpf fliegen kann). Hier können also Träume, Phantasien, Imaginationen, Mythen, Zukunftserwartungen etc. zur Darstellung

---

6 Bildung ist ein Korrelationsbegriff im strengen Sinne.
7 Vgl. auch Meder 1997.
8 Vgl. mentale Welt und Traumwelt bei Jürgen Fritz 1997, insbesondere S. 17f.

kommen. Die Aufweichung bzw. die Entschärfung der Strukturtreue erweitert nämlich den Raum dessen, was mit Bezug auf die wirkliche Welt deutungsoffen ist, sie erweitert den Raum der Leerstellen, die der Rezipient mit seiner Erfahrung und mit seiner Phantasie ausfüllen kann.

Damit schaffen fiktionale Welten einen Überschuss an welthaften Möglichkeiten. Es können durch die fiktionale Darstellung der Welt Vorstellungen und Gedanken in die Welt der Erscheinung kommen, die zwar auch in der Alltagswelt möglich sind, aber dort nicht so leicht entstehen, weil der Realitätsdruck zu hoch ist. Man kann sogar noch weiter gehen: Die fiktionale Darstellungssprache kann in der Gestaltung, Positionierung und Einschränkung von Leerstellen etwas aufweisen, das sonst nicht sagbar wäre. Der so entstehende Mehrwert an Weltbezug macht ästhetische Bildungsprozesse aus, die auch auf mein Verhältnis zur Welt der Erscheinung zurückwirken.

Aus den wenigen Überlegungen kann in Anlehnung an die Begriffsbestimmung der virtuellen Welt festgehalten werden, dass die Fiktionalisierung der wirklichen Welt eine mediale Darstellung (Sprache, Musik, Film etc.) ist, in der die Struktur-, Handlungs- und Wahrnehmungstreue mehr oder minder durch Vorstellungstreue und Denkbarkeit ersetzt werden. Dabei bleibt die Tätigkeit des Rezipienten, die Leerstellen auszufüllen, so wirklich, wie das auch in der Wahrnehmung der wirklichen Welt sein könnte. Kurz: Die Phantasie bleibt auch in der fiktionalen Welt wirklich und lässt sich deshalb auch aus der fiktionalen Rahmung in die der wirklichen Welt übertragen. Dass dies auch wirklich getan wird, kann hier wie oben nicht didaktisch angeleitet werden, sondern vollzieht sich in Bildungsprozessen, die das dreifache Bildungsverhältnis neu bestimmen und damit zugleich einen neuen Geltungsanspruch erheben. In Bezug auf die ästhetische Bildung ist dies der zentrale Gesichtspunkt, den Marcuse in der Studentenrevolte, den Freire und Boal bei ihrem Theater der Unterdrückten (Forumtheater, legislatives Theater) verfolgten.

Schlussbemerkung

In irgendeiner je unterschiedlichen Weise geht es in allen Welten, die hier zur Sprache gekommen sind – in der Modellwelt, in der simulierten Welt, in der virtuellen oder fiktionalen Welt –, um die Auseinandersetzung mit der einen wirklichen Welt, in die alle anderen modalen Welten eingebettet und in der sie verankert sind. In dieser Auseinandersetzung geht es um die beste aller möglichen Performanzen der Welt. Insofern ist diese Auseinandersetzung immer geltungsbezogen. Schon allein um den Geltungsanspruch bezüglich der besten Darstellung möglichen Welten zu erheben, muss die Zustimmung bei einer genügend großen Zahl der Akteure einer Gemeinschaft durch ein Potenzial möglicher Handlungsalternativen bildungswirksam erreicht werden. Die erörterten Sonderwelten machen dies möglich, indem sie Alternativen generieren helfen.

Literatur

Fritz, Jürgen (1997): Lebenswelt und Wirklichkeit. In: Fritz, Jürgen/Fehr, Wolfgang (Hg.): Handbuch Medien: Computerspiele. Bonn: Bundeszentrale für politische Bildung, S. 13-30.
Hönigswald, Richard (1927): Über die Grundlagen der Pädagogik. München.
Iser, Wolfgang (1971): Die Appellstruktur der Texte. Konstanz: Universitätsverlag.
Meder, Norbert (1997): Ethik und Aesthetik sind Eins. In: Fromme, Johannes/Freericks, Renate (Hg.): Freizeit zwischen Ethik und Ästhetik. Neuwied/Kriftel/Berlin: Luchterhand, S. 15-35.
Meder, Norbert (1998): Neue Technologien und Erziehung/Bildung. In: Borelli, Michelle/Ruhloff, J. (Hg.): Deutsche Gegenwartspädagogik. Band 3, Hohengehren, S. 26-40.
Plessner, Helmuth (1976): Die Frage nach der Condition humana. Frankfurt a.M.: Suhrkamp..

Computerbasiertes kooperatives Lernen (CSCL) als technische und pädagogische Herausforderung

Udo Hinze

1. Gegenstandsbereich und Begriffsbestimmung

Kooperatives Lernen mit neuen Medien spielt eine zentrale Rolle bei der Diskussion neuerer E-Learningszenarien. Die Begründungen für den Einsatz sind vielfältig. Die Forderung nach Schlüsselqualifikationen wie Teamfähigkeit; die Implikationen der konstruktivistischen Lerntheorie; die neuen technischen Möglichkeiten im Rahmen des E-Learning 2.0 und sogar Kostenüberlegungen lassen computerbasiertes kooperatives Lernen ubiquitär und quasi unausweichlich erscheinen. Hinzu kommen Auffassungen wie die von *Reimann* (1998), der feststellt, dass »*wir [...] immer in Gruppen [lernen]; nur wird deren Einfluss mehr oder weniger direkt vermittelt*«.[1]

Im Internet existiert – mit stark steigender Tendenz – eine Vielzahl an Mailinglisten, Newsgroups, Weblogs und Wikis, die – mehr oder weniger – kooperative Lernmöglichkeiten bzw. -gruppen darstellen. Unter der relativ weitgefassten Definition: »*regelmäßige Interaktion an einem virtuellen Ort*« (Döring 2000: 399) finden sich die verschiedensten formal bzw. informell interagierenden Gruppen.

Eine Beschreibung dieser Gemeinschaften ist nur fragmentarisch möglich. Auch wenn – etwa unter der Perspektive des lebenslangen Lernens – diese selbstgesteuerten und -organisierten Lernmöglichkeiten sukzessive von steigendem Interesse sind: das Forschungsfeld »Virtual Communitys« kann und soll hier in seiner Breite nicht reflektiert werden. Die Definition der Virtual Communitys als »social aggregations that emerge from the Net when enough people carry on those public discussions long enough, with sufficient human feeling, to form webs of personal relationships in cyberspace« (Rheingold 1993) geht weit über die hier thematisierten »klassischen« Lerngruppen hinaus.

---

1   Diese Auffassung von Reimann ist nicht unumstritten. So ist etwa für Hesse u.a. der Lernprozess im »engeren Sinne immer individuell« (1997: 253). Dieser vermeintliche Widerspruch löst sich auf, wenn man die unterschiedlichen Perspektiven betrachtet. Reimanns Sicht auf Lernen als *sozial vermittelten Aushandlungsprozess* ist ebenso möglich wie die Sicht von Hesse u.a. auf den *individuellen Vorgang der kognitiven (Re)Strukturierung*. Die CSCL-Forschung betrachtet vor allem die sozial vermittelten Aushandlungsprozesse und verortet Lernen vor allem »in der Bedeutungsaushandlung, die statt in den individuellen Köpfen in der sozialen Welt ausgetragen wird« (Stahl/Koschmann/Suthers 2006).

Um das Feld einzuschränken, werden selbst organisierte Communitys mit einem relativ geringen Grad an Commitment und Zusammenarbeit nicht berücksichtigt. Es erfolgt eine Beschränkung auf organisierte und weitgehend formal ablaufende Prozesse[2] im Bereich des E-Learnings, die in temporär zusammengesetzten Kleingruppen stattfinden. Konzeptualisiert wird dieses Lernen in »virtuellen« Gruppen als CSCL.[3]

Obwohl damit prinzipiell eine Unterscheidung zwischen eher informellen Lerngruppen in Communitys und mehr formalen Gruppen im CSCL getroffen ist, bleibt der Grad an Zusammenarbeit ein virulentes Thema schon bei der Begriffsbestimmung von CSCL. So wird das zweite C (das erste steht übereinstimmend für Computer) im Englischen wahlweise als Abkürzung für collective, coordinated und vor allem cooperative (z.b. McConnell 2000) oder collaborative (vgl. z.B. die CSCL-Konferenz 2005) gebraucht (vgl. Koschmann 1994; Koschmann/Chan/Suthers 2005). Hier besteht ein prinzipieller konnotativer Unterschied. Kooperatives Lernen verläuft überwiegend individuell in stark strukturierten Bahnen. Die Teilnehmer fügen erst am Schluss kumulativ die Ergebnisse zusammen. Beim kollaborativen Lernen ist hingegen eine permanente, überwiegend selbstgesteuerte Zusammenarbeit in der Gruppe vorhanden (Reinmann-Rothmeier/Mandl 1999; vgl. Abb. 1, S. 243).

Ein CSCL-Szenario kann kooperatives Lernen (z.B. das Arbeiten mit dem Material anderer) und kollaboratives Lernen (z.B. den Prozess der Einigung auf ein gemeinsames Ergebnis) enthalten (Kienle 2003).

Der Grad an Kooperation wird noch geringer, wenn man nach *Schneider* (2005) auch kollektives Lernen mit einbezieht. Beim kollektiven Lernen arbeitet jeder Teilnehmer alleine an einer Aufgabe. Es werden nur spezielle Resultate und Probleme mit den anderen geteilt, um Probleme besser zu erkennen, Ideen zu propagieren, und damit eine generelle Austauschs-, Wettbewerbs- und Beihilfekultur zu fördern (a.a.O., vgl. Abb. 2).

Je nach dem, ob man das C mit kollaborativ, kooperativ oder kollektiv übersetzt, kann der Begriff CSCL ein sehr breites Spektrum an unterschiedlich intensiver Zusammenarbeit umfassen. Zur weiteren Verwirrung trägt die Schwierigkeit bei, trennscharf zwischen den Zusammenarbeitsformen zu unterscheiden. Kooperation und Kollaboration werden oft nicht konsistent definiert und die Übergänge bei den Unterscheidungskriterien wie Interaktionshäufigkeit oder Ausmaß der Arbeitsteilung bleiben fließend (vgl. Hinze 2004). Eine pragmatische Variante,

---

2 Die Unterscheidung zwischen formalen und informellen Lernprozessen ist im CSCL-Bereich nicht unkompliziert. Viele Projekte, z.B. das relativ bekannte Knowledge-Forum (früher CSILE), verfolgen explizit die Intention, beide Lernformen zu unterstützen und miteinander zu verbinden (z.B. Scardamalia/Bereiter 1999).

3 Der Hinweis, dass es sich dabei um verteilte Prozesse, d.h. also konkret um Distributed CSCL (D-CSCL) handelt (vgl. Pfister/Wessner 2000), erscheint möglich, aber nicht unbedingt notwendig.

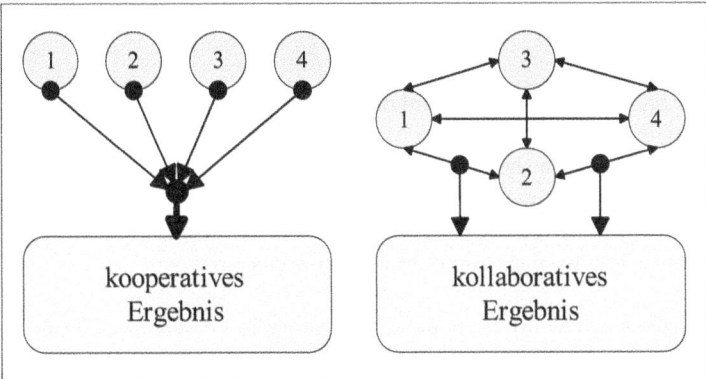

Abbildung 1: Kooperatives und kollaboratives Lernen

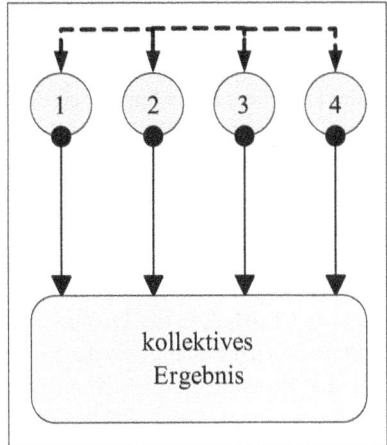

Abbildung 2: Kollektives Lernen

um Begriffsstreitigkeiten zu vermeiden und verschiedene Interpretationen zuzulassen, ist die simple Nutzung allein der Abkürzung CSCL ohne weitere Erläuterung (Koschmann 1994: 220).

Die Diskussion zeigt exemplarisch, dass sich CSCL, obwohl es schon 1996 zum neuen Paradigma ausgerufen wurde (Koschmann 1996), als Gegenstand der wissenschaftlichen Forschung immer noch in der Definitionsphase befindet. CSCL ist von einer übergreifenden Theorie weit entfernt und besitzt keine allgemein akzeptierten Forschungsstandards (Wessner/Haake/Schwabe 2004). Grundlegend lassen sich drei divergente Forschungsrichtungen im CSCL identifizieren (Stahl/ Koschmann/Suthers 2006).

1. Nach dem *experimentellen Paradigma* wird die Wirkung einzelner Variablen auf das Lernszenario untersucht.
2. Die *deskriptive Tradition* analysiert beim CSCL entstandene Videos oder Transkripte, um die Vorgehensmethoden der Gruppenmitglieder zu rekonstruieren.
3. Im *iterativen Design* wird versucht, die vorgegebenen Artefakte[4] erforschend und intervenierend schon bei der Durchführung zu optimieren.

Durch die verschiedenen Sichtweisen und die Dynamik im Forschungsfeld sind die Ergebnisse oft kontextbezogen und »*beispielsweise nur gültig für eine konkrete technische Umsetzung in Hard- und Software*« (Wessner/Pfister 1999). Zudem ist zu beachten, dass sich viele Projekte unter praktizistischen und pragmatischen Aspekten mehr auf das technisch Machbare und weniger auf das pädagogisch Sinnvolle konzentrieren (Reinmann-Rothmeier/Mandl 1999).

Dementsprechend können die von *Sader* für die klassische *Kleingruppenforschung* formulierten »Appelle an die Forscher« und »Appelle an die Leser« (1998: 21) auch auf CSCL übertragen werden. Die Appelle an die Forscher umfassen Forderungen nach mehr Nützlichkeit der Forschungsergebnisse hinsichtlich der Verallgemeinerbarkeit. Die Appelle an die Leser warnen vor zu hohen Erwartungen.

Die Ursachen für die Defizite liegen zum einen in der noch jungen Geschichte des CSCL. Der erste Workshop fand 1989 statt, die erste offizielle Tagung 1995 (vgl. Stahl/Koschmann/Suthers 2006). Zum anderen ist CSCL ein interdisziplinäres Fachgebiet. Deutlich wird dieser Charakter in der Definition von Koschmann (2002), der CSCL als einen Forschungsbereich beschreibt, »der sich hauptsächlich mit [der] Bedeutung und der Praxis der Bedeutungskonstruktion im Kontext gemeinsamer Aktivitäten sowie den Wegen, wie diese Praxis durch gestaltete Artefakte mediiert wird, befasst« (Übersetzung nach Kienle u.a.). Um zu analysieren, wie divergente Bedeutungen miteinander in Kontakt gebracht werden und wie Bedeutung in Form von »Gruppenkognition« (Stahl 2006) intersubjektiv konstruiert wird, sind u.a. (mikro)-soziologische, psychologische, anthropologische sowie kommunikations- und organisationswissenschaftliche Methoden und Perspektiven erforderlich (Stahl/ Koschmann/Suthers 2006). Die Gestaltung der Artefakte wiederum verweist auf die

---

4 Artefakte umfassen beim CSCL zum einen die Ausgangsbedingungen, die der Gruppe beispielsweise an Software oder an Informationen zur Verfügung stehen. Zum anderen produziert die Gruppe im kooperativen Lernen ständig neue Artefakte. Dies können etwa archivierte Meinungen oder Beiträge sein, die im weiteren Prozess für die folgende Problemlösung von Bedeutung sind.

technischen Grundlagen. Diese Dichotomie zwischen der technischen Perspektive, die sich mit dem computer supported Bereich (d.h. also mit CS) befasst und der eher pädagogischen Richtung, deren Fokus auf den kooperativen Lernprozessen (d.h. CL) liegt, ist nicht immer spannungsfrei. Im Folgenden sollen einige Entwicklungen und Fragestellungen aus beiden Bereichen umrissen werden.

2. CSCL als technische Herausforderung

Technik ist conditio sine qua non für computergestützte Kooperation: Sie ist nicht alles, aber ohne Technik ist alles nichts. Bei der Einschätzung der Rolle der Technik ist zu beachten, dass E-Learning im Allgemeinen und CSCL im Speziellen anfällig ist für die »Versuchung des technisch Machbaren« (Reglin 1997). Unter der Losung »What is possible becomes desirable!« (Salomon 2000) wird technischen Innovationen vielfach unreflektiert ein hohes pädagogisches Potenzial unterstellt, das sich kaum verifizieren lässt.

Diese technologiezentrierte Sicht findet sich allgemein im E-Learning etwa bei der Entwicklung von CBTs (Computer based training) und WBTs (Web based training). Auf diesem Gebiet gab es lange einen unerschütterlichen Glauben an die Notwendigkeit des Einsatzes eines Maximums multimedialer Elemente. Natürlich hat E-Learning prinzipiell ein hohes Potenzial, etwa durch die Möglichkeiten der anschaulichen Präsentation, durch neue Formen der interaktiven Auseinandersetzung mit den Lerninhalten (z.B. Navigations-Hypertext, Simulationsprogramme) oder durch die Individualisierung des Lernprozesses (vgl. z.B. Euler/Seufert/Wilbers 2004). Die oft beklagte eindimensionale Argumentation mit dem Fokus auf die Multimodalität der multimedialen Angebote bleibt aber fragwürdig. Mit der Begründung, dass die Ansprache von mehr Sinneskanälen zu einem gesteigerten Lernerfolg führe, werden multimodale Inhalte, die beispielsweise Bild und Ton verbinden, pauschal als effizient deklariert. Diese naive Hypothese ist empirisch nicht belegt und »in ihrer Allgemeinheit sicher auch nicht belegbar« (Reglin 2004). Eine hohe Multimedialität wird nur im geeigneten didaktischen Kontext wirksam. In der Praxis findet sich speziell in Bezug auf den Medieneinsatz eine scheinbar paradoxe Gleichzeitigkeit: In vielen E-Learning-Projekten wird »die mediale Komponente überbetont [...], während das Insgesamt der methodisch-didaktischen Konzeption zu wenig Beachtung findet« (Iberer/Müller 2002).

Insgesamt sind unter pädagogisch-psychologischer Sicht die Erwartungen an eine höhere Lerneffizienz durch E-Learning oft unrealistisch. Fasst man die Studien zur Wirkung von E-Learning zusammen, so sind die Befunde in vielen

Punkten widersprüchlich (vgl. z.B. Euler/Seufert/Wilbers 2004). Beispielsweise bleibt offen, ob beim E-Learning wirklich eine höhere Motivation vorhanden ist, die über einen kurzfristigen Novitätseffekt hinausgeht.

Das technologische Argument zeigt sich speziell auch im CSCL. Obwohl es seit längerem Zweifel gibt, ob die technischen Aspekte generell für CSCL von größerer Relevanz sind (Salomon 1995) und etwa Salomon die Fokussierung auf die Technik für den zentralen Fehler in der Debatte hält (2000), wird die Diskussion weiterhin auf die technischen Aspekte zugespitzt.

Ab Mitte der 1990er Jahre wurde etwa die Nutzung von MUDs (Multiple User Dimension) in Lernprozessen propagiert (z.B. Dillenbourg/Schneider 1995). In diesen virtuellen Räumen können die Teilnehmer synchron mit einer virtuellen Identität (sog. Avatar) interagieren bzw. in der erweiterten Form, dem MOO (Multi-User Domain Object-Oriented), sogar selbst Objekte programmieren. Diese meist textbasierten Räume sollten mit Virtual Reality Markup Language (VRML) zu dreidimensionalen Welten weiterentwickelt werden (Krempl 1997). Bis heute ist allerdings kein überzeugender Nachweis gelungen, welchen pädagogischen Mehrwert diese technisch sehr anspruchsvollen Szenarien haben können.

Eine ebenfalls mehr technisch als pädagogisch begründete Euphorie entstand durch die sich minimierenden Probleme bezüglich Bandbreite, Kosten und Stabilität bei der Nutzung von Videokonferenzen. Durch die Möglichkeit der Übertragung von Mimik und Gestik ist Videokonferenz ein medial sehr reichhaltiges Kommunikationsmedium. Es ist möglich, dass sich die Gruppenteilnehmer im wahren Wortsinn »ein Bild voneinander machen« und damit der Gruppenzusammenhalt beim CSCL wächst. Dem Einsatz von Videokonferenzsystemen wurde daher eine entscheidende Rolle bei der Gestaltung netzbasierter kooperativer Lernprozesse zugeschrieben. Trotz der Vorzüge ist der Einsatz von Videokonferenzsystemen in Lernszenarien bisher aber eher die Ausnahme (vgl. Gaiser 2002).[5] Auch wenn sich der technische Aufwand, die Stabilitätsprobleme und die anfallenden Kosten im Laufe der Zeit verringert haben, bleibt es eine ungewohnte Kommunikationssituation, bei der nicht immer deutlich wird, welcher Mehrwert gegenüber einer Audioübertragung oder einem textbasierten Austausch gegeben ist.

Dass die reine Fokussierung auf technische Parameter von CSCL problematisch ist, zeigt exemplarisch eine Untersuchung nach dem experimentellen Paradigma von Hearnshaw (1999). Ziel des achtwöchigen Modellversuches war die Analyse der vermeintlichen Kausalbeziehung zwischen der Bildübertragungsrate bei Videokonferenzen und der Interaktionshäufigkeit in Gruppen. Hearnshaw nutzte dazu

---

5 Allerdings ist die weitere Entwicklung umstritten. So schreibt etwa Ertl (2003) diesen Lernarrangements im CSCL ein »enormes Wachstumspotenzial« zu.

Videokonferenzen mit einer Bildwiederholfrequenz, die bis zur vierten Woche zwei Bilder pro Sekunde betrug. Ab der fünften Woche wurde sie auf 8 Bilder pro Sekunde erhöht.

Die Analyse der Kommunikationsintensität zeigte insgesamt nur eine kontinuierliche lineare Steigerung der Zahl der Diskussionsbeiträge. Die Forschungshypothese, dass die verbesserte Qualität in der zweiten Hälfte der Gruppenarbeit einen deutlicheren Einfluss auf die Diskussionen hat, traf nicht zu. Ausschläge in der Kommunikationsintensität waren eher abhängig von externen Faktoren wie z.B. Ferien oder Prüfungen.

Insgesamt hat die Überschätzung neuer Medien und Technologien bezüglich ihrer Wirkung auf Lernleistung und Effizienz Tradition im CSCL. Sie taucht nach Dillenbourg/Schneider (1995) wie das Loch-Ness-Monster immer wieder auf.

In einer neuen Dimension werden technische Möglichkeiten und ihre Auswirkungen auf das Lernen in der aktuellen Debatte um »E-Learning 2.0« diskutiert. Diese geht von den Möglichkeiten des so genannten Web 2.0 aus. Unter dieser Überschrift existiert eine Reihe von neuen Tools und Möglichkeiten (die sog. *social software* wie Wikis, Weblogs oder Podcasts). Web 2.0 ist allerdings nicht primär an bestimmte Tools gebunden, sondern basiert auf Grundprinzipien wie

- Vertrauen in Anwender als Mitentwickler,
- Nutzung kollektiver Intelligenz,
- Erreichen des »Long Tail« durch Bildung von Communitys etc.,
- Erstellen von Software über die Grenzen einzelner Geräte hinaus sowie
- einfache Benutzeroberflächen (O'Reilly 2005).

Zur Verdeutlichung, was Web 2.0 kennzeichnet, wurde von Kerres eine Taxonomie entwickelt, die die zentralen Grenzüberschreitungen zwischen Web 1.0 und Web 2.0 in drei Bereichen zeigt (vgl. Tab. 1, S. 248).

Für das CSCL stellt sich die Frage, welche Implikationen aus den Prinzipien des Web 2.0 folgen. Eine naheliegende Vermutung ist die Propagierung eines E-Learnings 2.0, das die vorhandenen Tools in einen kooperativen Lernprozess einbindet. Dieses Lernen mit Wiki, Weblog oder Podcast kann leicht als E-Learning 2.0 etikettiert und vermarktet werden. Damit begeht man allerdings den gleichen technologisch verkürzten Schluss wie etwa beim Einsatz von dreidimensionalen Gruppenräumen. Ob wirklich einfach von neuen technologischen Möglichkeiten auf neue pädagogische Optionen geschlossen werden kann, bleibt fraglich.

Exemplarisch ist etwa zu untersuchen, ob die These von Baumgartner (zit. nach Panke/Ostermeier 2006) »Weblogs have the potential to revolutionize education« wirklich zutrifft. Prinzipiell sind beispielsweise Weblogs als dialogorientierte persönliche Publikationsumgebungen ein geeignetes Instrument des kollaborativen

Lern- und Wissensmanagements (vgl. z.B. Schmidt/Mayer 2006: 3). Dementsprechend werden Weblogs zunehmend in formellen und informellen Lernszenarien erprobt und beispielsweise im Bereich des universitären E-Learnings (vgl. Jadin/Batinic 2005) oder auch im selbstgesteuerten Lernen (vgl. Mosel 2005) eingesetzt Betrachtet man allerdings die Motive, warum »gebloggt« wird, dann steht der gemeinsame Austausch von Wissen, der die Grundmotivation für soziales Lernen ist, erst an sechster Stelle (vgl. Tab. 2).

Tabelle 1: Grenzüberschreitungen zwischen Web 1.0 und Web 2.0 (nach Pütz 2006)

Grenze	Web 1.0	Web 2.0	Beispiele
User vs. Autor	Für Internetseiten ist klar definiert, wer Autor und wer Konsument des Angebotes ist.	Die Trennung zwischen Autor und Konsument verschwimmt. Besucher von Internetseiten können zunehmend eigene Beiträge einstellen und sich als Autoren am Internetangebot beteiligen.	Weblogs ermöglichen es jedem Besucher, Kommentare zu den einzelnen Textbeiträgen zu hinterlassen.
lokal vs. entfernt	Die Speicherung privater Daten erfolgt auf dem eigenen PC, öffentlich zugängliche Daten werden auf einem Server gespeichert.	Die Trennung zwischen der Speicherung auf dem eigenen PC und einem Server löst sich auf. Eigene Daten werden zunehmend auch im Internet auf Servern gespeichert.	Speicherung von Fotos: http://www.flickr.com Speicherung von Bookmarks: http://www.furl.net
privat vs. öffentlich	Private Daten sind in der Regel öffentlich nicht zugänglich.	Die Privatheit wird in großen Bereichen des Internets in Frage gestellt und öffnet sich einem öffentlichen Zugriff.	Private Daten und Beiträge werden in E-Portfolios und Weblogs öffentlich zur Verfügung gestellt.

Tabelle 2: Motive für das Führen eines Weblogs (Mehrfachantworten möglich; Schmidt/Mayer 2006: 7)

	Antwort	Prozent
1.	Zum Spaß	70,8
2.	Weil ich gerne schreibe	62,7
3.	Um eigene Ideen und Erlebnisse für mich selber festzuhalten	61,7
4.	Um mich mit anderen über eigene Ideen und Erlebnisse auszutauschen	49,0
5.	Um mir Gefühle von der Seele zu schreiben	44,5
6.	Um mein Wissen in einem Themengebiet anderen zugänglich zu machen	33,4

Versucht man, den Weblog in institutionalisierte Bildungskontexte zu übertragen (im sog. »Edublogging«), dann gehen »Eigenschaften wie Spontaneität und Authentizität der Weblog-Kommunikation verloren, die wichtige Nutzungsanreize ausmachen« (Panke/Ostermeier 2006). Weblogs und Wikis im CSCL nur einzusetzen, weil die technischen Möglichkeiten vorhanden sind, wäre ein weiterer Schritt auf dem rein technikfixierten (Irr-)Weg. Welches Tool in welchem Kontext wann sinnvoll eingesetzt werden kann, ist unter pädagogischer Sicht noch weitgehend offen.[6]

Vor allem aber werden mit der Technikfixierung die Potenziale eines E-*Learning* 2.0, das weit über den reinen Einsatz von Wiki und Weblog hinausgeht, nur unzureichend abgebildet. Die Auffassung, dass man beim E-Learning 2.0 allein die bisherigen Konzepte um neue Facetten bzw. Tools ergänzt, ist ein fundamentales Missverständnis: »if you see e-learning 2.0 as just another means of implementing mandated learning in the workplace, then you are not really seeing e-learning 2.0 at all, and you are simply trying to recast it in old familiar terms. And in this light, e-learning 2.0 will seem like nothing of particular interest at all. As, indeed, it wouldn't be« (Downes 2006).

Qualitativ neu sind aus pädagogischer Sicht damit nicht primär die Tools, sondern die Implikationen, die sich nach Kerres aus den drei neuen Entwicklungen des Web 2.0 für ein E-Learning 2.0 ableiten lassen (Pütz 2006):

- Web 2.0: User vs. Autor – E-Learning 2.0: Lerner vs. Lehrer: Lerner erzeugen Inhalte

  Lernende sind nicht mehr ausschließlich als Konsumenten zu betrachten, denen vorgegeben werden muss, was sie wie zu lernen haben. E-Learning 2.0 umfasst, dass sich Lernende aktiv am Lernprozess beteiligen und ihn mitbestimmen. So wie die Grenze zwischen User und Autor verschwimmt, so vermischen sich auch die Rollen von Schülern und Lehrern.

- Web 2.0: lokal vs. entfernt – E-Learning 2.0: Zuhause vs. Schule: Lernen wird ubiquitär

  Analog zu der Entwicklung, dass sich die Trennung zwischen der Datenspeicherung auf dem eigenen PC und einem Server auflöst, spielt es zunehmend keine Rolle mehr, wo gelernt wird. Lernen erhält eine ubiquitäre Qualität und kann mithilfe entsprechender Technologien mit Internetanschluss überall stattfinden. Unwichtig wird demnach, ob zu Hause, im Bildungszentrum oder bei der Arbeitsstelle gelernt wird.

- Web 2.0: privat vs. öffentlich – E-Learning 2.0: Lernen vs. Prüfen: Lernen wird zur Performanz

---

6   Erste Ergebnisse deuten darauf hin, dass Gruppen im CSCL mit hoch strukturierten Tools wie Weblogs erfolgreicher sind als jene mit weniger strukturierten Tools wie Wikis. Tools, mit denen sich die Kommunikation gut strukturieren lässt, gewährleisten den Lernenden offenbar einen besseren Überblick (Jadin/Batinic 2005).

Da Lernen in den meisten Fällen nach außen hin nicht sichtbar wird, entsteht die Tendenz, Lernaktivitäten zunehmend mit einer Aktivität zu verbinden, bei der eine Leistung erbracht wird, die zudem öffentlich sichtbar wird wie z.b. bei einem Weblog-Beitrag. Auf diese Weise können andere von der eigenen Lernleistung profitieren und das vormals »private« Lernen wird durch die erbrachte »Leistung« öffentlich sichtbar. Zudem verschmelzen Lernen und Arbeiten.

Dieser übergreifende Ansatz bietet eine neue Vielfalt, die über die von Parkins (2005) beschriebenen Möglichkeiten des bisherigen E-Learning 1.0 hinausgeht: »E-Learning, as it exists in the mainstream today, is learning at the old Ford Model-T stage. You can have any color you want so long as it's black«. Beim E-Learning 1.0 wurde für die Lerner verbindlicher Content entwickelt, der den Lernenden auf einem Lern-Management-System (LMS) im Internet verfügbar gemacht wird. Das LMS stellt nach Kerres (2006a) eine »Insel« im Internet dar.

Angesichts des betriebenen Aufwands und der neuen Möglichkeiten des Web 2.0 stellt sich die Frage, »warum [...] machen wir uns so viel Mühe, Contents und Werkzeuge auf diese Insel [...] zu bringen? Wo das Internet doch selbst diese Inhalte ständig neu (re-)generiert und zig Werkzeuge bereit hält, die unsere Lernenden ebenso wie oft auch die Lehrenden bereits kennen und viel lieber nutzen als die in den Lernplattformen?« (Kerres 2006a).

Nach Kerres hat es »fast etwas tragisch Rührendes« (2006b: 6), wie im E-Learning 1.0 das LMS mit Contents und Tools bestückt wird, während »das Internet selbst doch eine Fülle an Materialien und Anwendungen bereithält, wie ich sie nie liefern könnte« (2006a). Im E-Learning 2.0 wird die Metapher der Insel von dem Bild des Tores bzw. Portals zum Internet abgelöst. Dieses Tor führt die Lernenden zu den für sie relevanten und interessanten Informationen und Tools.

Die Organisation dieses Portals und die Auswahl der Tools ist im E-Learning 2.0 primär in der Verantwortung der Lerner. Der Lehrende nimmt in diesem Szenario die Tutorenrolle ein und es kommt zu der oft und seit langem beschworenen, aber selten umgesetzten Entwicklung »from the sage on the stage to the guide on the side«. Insgesamt ergibt sich ein deutlicher Unterschied im Lehr-/Lernverständnis zwischen E-Learning 1.0 und 2.0 (vgl. Tab. 3).

E-Learning 2.0 unterstützt besonders soziale Lernprozesse und ist damit für CSCL besonders interessant. Die Konsequenz für CSCL sollte aber keine Beschränkung auf eine Ersetzung oder Ergänzung etwa eines Diskussionsforums durch ein Wiki sein. Zu bestimmen, mit welchen Tool kommuniziert werden soll, wäre nach Kerres (2006b) in etwa damit vergleichbar, den Studierenden in der Präsenzlehre vorzuschreiben, mit welchem Stift sie zu schreiben haben.

Tabelle 3: E-Learning 1.0 vs. E.Learning 2.0 (Kerres 2006b: 6)

E-Learning 1.0	E-Learning 2.0
Lernumgebung = eine Insel im Internet mit Inhalten und Werkzeugen	Lernumgebung = ein Portal ins Internet mit Inhalten und Werkzeugen
Lehrer überführt alle Ressourcen auf die Insel	Lehrer stellt Wegweiser auf, aggregiert Ressourcen
Lerner nutzt die vorgegebenen Inhalte und Werkzeuge	Lerner konfiguriert seine persönliche Lern- und Arbeitsumgebung

Diese Offenheit und Selbstbestimmtheit bei der Gestaltung der Lernumgebungen ist längst über das programmatische Stadium hinaus. Die Berücksichtigung der neuen Ansätze zeigt sich zum einen in der Einbeziehung von Wikis in immer mehr Lernplattformen. Die Prognose »Lernplattformen werden CSCL-fähig« (Wessner/Haake/Schwabe 2004) hat sich damit relativ schnell erfüllt.

Zum anderen gibt es direkt einen Wechsel von klassischen Insellösungen zu Portalen. So hat sich das oncampus-Projekt (http://www.oncampus.de) 2006 entschlossen, von der Lernplattform »Blackboard« zum Open Source Projekt »Sakai« zu wechseln. Der zentrale Vorteil von Sakai ist die Offenheit des Systems. Es kann nicht nur der vorhandene Content integriert werden, sondern es existieren offene Schnittstellen, die es dem Nutzer erlauben, eigene Tools für individuelle Anforderungen zu implementieren.

E-Learning 2.0 bietet damit trotz oder besser gerade wegen der neuen technischen Möglichkeiten eine Chance, die Technikfixierung in der Diskussion im CSCL zu überwinden. Die bisherige Debatte oszilliert oft zwischen minimalistischen und maximalistischen Positionen im Hinblick auf die Notwendigkeit des Einsatzes der jeweils neuesten Technik im CSCL. Entweder wird eine oft unreflektierte technische Aufrüstung um jeden Preis gefordert oder ein technischer Minimalismus unter der Losung »less is more« (z.B. Collins/Berge 2000) propagiert. Diese Dichotomie kann überwunden werden. In einem möglichen »CSCL 2.0« stellt sich dann die Frage, wie man Rahmenbedingungen schaffen kann, damit die Lerner selbstorganisiert geeignete Tools zu Kooperation auswählen können. Das bedeutet allerdings auch, dass man offen problematisiert, wieviel Freiheit bei der Selbststeuerung des Lernens möglich und sinnvoll ist. Um die scheinbare »Borniertheit« des E-Learning 1.0 zu überwinden, muss geklärt werden, wie konkret die offenen Lernformen etwa in den durch den Bolognaprozess vorgegebenen konsekutiven Rahmen implementiert werden können (vgl. Reinmann 2006). Schon jetzt wird trotz der Euphorie ein Zielkonflikt zwischen den formalen und institionalisierten Strukturen und den informellen Lernmöglichkeiten deutlich (vgl. Panke/Gaiser/Draheim 2006). Erst nach Beantwortung dieser zentralen Frage kommt man der – bisher ebenso oft wie folgenlos gebetsmühlenhaft wiederholten – Forderung nach Orientierung an den Bedürfnissen des Lerners langfristig näher.

3. CSCL als pädagogische Herausforderung

Die Bedeutung, die kooperativem Lernen aus pädagogischer Sicht zugeschrieben wird, stützt sich auf eine Vielzahl unterschiedlicher Begründungen. Diese basieren auf grundlegenden didaktischen Annahmen oder resultieren aus motivations- und kognitionspsychologischen Überlegungen (vgl. Slavin 1993). In den letzten Jahren wird vor allem auf die konstruktivistische Perspektive rekurriert und kooperatives Lernen zu den Methoden einer konstruktivistischen Didaktik gezählt (Arzberger/ Brehm 1994).[7] Die Zusammenfassung der pädagogischen Implikationen einer konstruktivistischen Sicht verweist auf kooperatives Lernen (vgl. Gräsel u.a. 1996):
- Lernen als aktiver und konstruktiver Prozess.

Die Aufgabe ist es, Wissen aus den unterschiedlichen Bereichen (Vorwissen, Einstellungen, Überzeugungen usw.) sowohl unter der Perspektive einer Aufgabenstellung als auch unter Berücksichtigung persönlicher Interessen und Ziele zu integrieren.
- Lernen hat einen starken Handlungs- und Problemlösungsbezug.

Die Aufgaben sollten vom Typ Problemlösen und nicht vom Typ Reproduktion sein. Lernsituationen sollten multiple Perspektiven ermöglichen, um die kognitive Flexibilität des Lernenden zu fördern. Die Existenz alternativer Vorgehensweisen und Problemlösungsmöglichkeiten erleichtert die Initiierung individueller Lernwege.
- Lernen ist situations- und kontextgebunden.

Da bereits die Wissenserwerbssituation darüber mitbestimmt, ob und wie das Wissen angewandt wird, besteht die Forderung nach authentischen Aufgabenstellungen.
- Lernen ist ein selbstgesteuerter Prozess.

Die Lernumgebung muss dem Lernenden – abgestimmt auf die individuelle Kompetenz – viele Möglichkeiten zur Selbststeuerung geben, da Lernen unter konstruktivistischer Perspektive in erster Linie Selbstorganisation ist.

---

7 Die Kritik, dieser Bezug wirke »wie nachgeschoben« (Gaiser 2002: 61) ist allerdings nicht unbegründet. Die Kontroverse zwischen der konstruktivistisch inspirierten Forderung nach sozialer Einbindung und der starken Betonung der individuellen Wissenskonstruktion durch den Konstruktivismus verweist auf das bereits diskutierte Problem der grundlegenden Sichtweisen auf Lernen (vgl. Fußnote 1, S. 241).

- Lernen ist ein sozialer Prozess.
Lernarrangements, die am gemäßigten Konstruktivismus orientiert sind, berücksichtigen unter der Prämisse, dass Lernprozesse nie allein individuell, sondern auch sozial bestimmt sind, oft kooperative Lernformen. Ebenso nachvollziehbar lässt sich die Bedeutung von CSCL aus der Perspektive des selbst organisierten Lernen und dem Konzept der *Distributed Cognition* ableiten (vgl. z.B. Gaiser 2002).

Neben der konzeptionellen Sicht scheint auch die Empirie die Präferenz kooperativer Lernformen zu unterstreichen. Nach Till (1999) übertreffen die Leistungen des kooperativen Lernens diejenigen des individuellen und des wettbewerbsbetonten Lernens qualitativ. Weitverbreitete Ansicht ist, dass »kooperatives Lernen per se dem Lernerfolg förderlich ist« (Pfister/Wessner 2000: 140).

So plausibel diese Aussage erscheint, bei näherer Betrachtung steht fest: weder »theoretisch noch empirisch lässt sich entscheiden, welche Sozialform des Lernens und Arbeitens die bessere ist« (Reinmann-Rothmeier/Mandl 1999: 4). Empirische Hinweise lassen sich sowohl für negative als auch für positive Wirkungen kooperativen Lernens relativ stabil nachweisen. Prozesse von »free riding« (d.h. geringe Beteiligung auf Grund geringer Erwartung über Nützlichkeit des eigenen Beitrags zur Gruppenarbeit), »social loafing« (d.h. geringe Beteiligung auf Grund angenommener geringer Sanktionserwartung, da der eigene Beitrag nicht messbar ist) und der Effekt, dass Gruppenmitglieder ihre Leistungen reduzieren, wenn andere nicht die erwartete Leistung bringen, finden sich auch im CSCL (vgl. Bremer 2006). Zu diesen »klassischen« Motivationsverlusten kommen Koordinationsprobleme, die durch die Eigenheiten der computermoderierten Kommunikation entstehen. Die von Hesse u.a. (1997) angeführten Bereiche wie Mangel an sozialer Präsenz, fehlende Gruppenkohäsion und Überangebot an Informationen spielen hier eine wesentliche Rolle. Im CSCL ist die Abstimmung und Koordination (wie z.B. die Aufteilung der Aufgaben) erheblich aufwändiger als in herkömmlichen Gruppen. Hinzu kommt, dass sich im CSCL nicht immer eine Gruppenstruktur herausbildet, in der sich die Lernenden verantwortlich und kompetent erleben. Daraus resultieren oft eine ineffiziente Zusammenarbeit, ein hoher Zeitverlust und ein geringer Zusammenhang zwischen den Einzelarbeiten.

Zusätzlich zu den Hinweisen auf Prozessverluste konnten Untersuchungen zeigen, dass Kooperation in Lernprozessen nicht generell, sondern nur dann besonders sinnvoll ist, wenn die einzelnen Teilnehmer bereits über Vorwissen zu einem Fachbereich verfügen (Straub 2000). Diese Differenzierung verweist darauf, dass die grundlegende Fragestellung nicht lautet, *ob*, sondern *wie*, d.h. unter welchen Rahmenbedingungen CSCL erfolgreich ist.

Die Gestaltung der pädagogischen Rahmenbedingungen ist dabei weitaus komplexer als die Bereitstellung einer adäquaten Technik. Welche differenzierten Überlegungen notwendig sind, wird exemplarisch bei der Gestaltung der Aufgabe deutlich. Für eine Gruppenaufgabe gelten allgemeine Kriterien (vgl. Reetz 1986) wie:
- Situative Repräsentation (Grad an Authentizität):
  - Ist die Aufgabe exemplarisch, praxisgerecht und komplex gewählt und wurde sie realistisch gestaltet?
  - Sind zur Lösung unterschiedliche Perspektiven und Kontexte möglich bzw. notwendig?
- Wissenschaftliche Repräsentation (Grad an wissenschaftlicher Relevanz)
  - Lässt sich die Aufgabe so verallgemeinern, dass sie einer (wissenschaftlichen) Theorie entspricht?
  - Werden Erkenntnisse der Wissenschaften konkret und wissenschaftlich exakt abgebildet?
  - Entspricht die Aufgabe allgemeinen Anforderungen an wissenschaftliche Erkenntnis (Widerspruchsfreiheit)?
- Subjektive Bedeutsamkeit
  - Ist die Aufgabe bedeutsam für jetzige und zukünftige (außer-)berufliche Situationen der Lernenden?
  - Werden konkrete Probleme der Lernenden thematisiert?
  - Ist die Aufgabe übersichtlich und anschaulich?
- Subjektive Adäquanz (Fasslichkeit)
  - Wird an individuelle Voraussetzungen angeschlossen?
  - Ist die Komplexität dem Vermögen angemessen?

Die Gruppenaufgabe sollte außerdem so konzipiert sein, dass eine gemeinsame Aufgabenorientierung der Gruppenmitglieder initiiert wird. Gemeinsame Aufgabenorientierung bedeutet u.a., dass die Gruppenmitglieder bereit sind, Verantwortung zu übernehmen und zu akzeptieren. Zudem muss die Möglichkeit gegeben sein, einen nützlichen Beitrag für ein im Gruppenkontext hergestelltes Produkt zu leisten. Gruppen, die sich über eine gemeinsame Aufgabe definieren, sind motivierter und stabiler als Gruppen, bei denen der Gruppenzusammenhalt ausschließlich auf sozioemotionalen Aspekten beruht (Slavin 1993). Generell gilt für die Aufgabengestaltung im CSCL in Anlehnung an Brocher (1982):
- Jeder Lernende sollte wissen, dass er zur Lösung beitragen kann.
- Jeder Lernende sollte wissen, dass alle anderen mitwirken müssen.

Die Aufgabenstellung sollte daher so gestaltet sein, dass sie »a) arbeitsteilige Aufgabenerledigungen vorsieht und b) so komplex ist, dass sie nicht durch eine

Einzelarbeit in derselben Zeit erledigt werden kann, d.h. die Mitarbeit aller Gruppenmitglieder gefragt ist« (Bremer 2005).

Bei diesen »natürlichen« Gruppenaufgaben (vgl. Johnson/Johnson 1989) kommt es vor allem darauf an, dass die Einzelaktivitäten so verknüpft werden, dass eine positive Interdependenz evoziert wird (Johnson/Johnson 1992). Die Lernenden müssen wahrnehmen, »dass sie ihre eigenen Lernziele dann und nur dann erreichen, wenn die anderen Mitglieder der Lerngruppe ihre Ziele auch erreichen« (Johnson/Johnson/Holubec 1993: 6).

Die additiven Aufgaben sind im CSCL kaum verwendbar, da keine Zielinterdependenz besteht. Konjunktive Aufgaben, bei denen die Mitglieder ihre jeweiligen Fähigkeiten einbringen können, entsprechen dem Ideal von »natürlichen« Gruppenaufgaben weit mehr.

Neben der Zielinterdependenz muss auch Ressourceninterdependenz vorhanden sein. Das bedeutet, dass es für die erfolgreiche Bearbeitung einer Aufgabe notwendig ist, dass die einzelnen Lernenden verschiedene Ressourcen oder Informationen in die Kooperation einbringen (Kopp/Mandl 2006). Beim Beispiel des Segeltörns (vgl. Tab. 4) muss etwa jedes Besatzungsmitglied seine spezifischen Fähigkeiten (z.B. Navigieren oder Segel setzen) mit einbringen, damit die Gesamtaufgabe gelingt.

Tabelle 4: Zusammenhang der Einzelaufgaben in Gruppenaufgaben (Steiner 1976)

Aufgabenart	Beispiel	Potenzielle Leistung
additiv	Aufgabe in Teilaufgaben unterteilbar, z.B. Holz sammeln	Addition der Einzelleistungen
kompensatorisch	z.B. Größenschätzung	Leistung ist der Mittelwert der individuellen Beiträge
disjunktiv (nicht heureka)	komplexe Probleme, z.B. Geschworenenentscheidungen	die Gruppe präsentiert eine einzige Lösung, die als Gruppenresultat gilt
disjunktiv (heureka)	Probleme mit einer eindeutigen Lösung, z.B. Rätsel	
konjunktiv (nicht unterteilbar)	z.b. gemeinsame Seilschaft bei Bergbesteigung	alle Mitglieder müssen ihren Beitrag leisten
konjunktiv (unterteilbar)	z.B. Segeltörn	

Besteht Ressourceninterdependenz, dann besteht nicht nur die Möglichkeit, sondern auch die Notwendigkeit zur Interaktion. Dabei müssen auch Prozesse der kognitiven Elaboration (z.B. Slavin 1993) stattfinden. Einer der effektivsten Elaborationsprozesse, mit denen der Lernstoff begriffen und mit vorhandenem Wissen verknüpft werden kann, ist die Präsentation des Lernstoffs aus eigener Sicht. Wenn vorhandenes Wissen zur Vermittlung an andere expliziert werden muss, ist eine Abstrahierung und Strukturierung des Wissens in einem hierarchischen Wissenssystem erforderlich. Außerdem müssen die Zusammenhänge zwischen einzelnen Sachverhalten hergestellt bzw. analysiert werden. Dadurch wird der Wissensbestand elaboriert, sodass sich das Wissen stärker organisiert und festigt. Diese Form von Lehr-/Lernprozessen findet in kooperativen Lernszenarien relativ häufig statt.

Die Elaborationsprozesse gelten allgemein in kooperativen Lernszenarien als eine der Determinanten des Erfolgs. Allerdings haben die Prozesse auf den Lernerfolg unterschiedliche Auswirkungen. Die Vorteile liegen nach der »Self-Explanation-Theorie« (vgl. Chi et al. 1994) weitgehend bei der Person, die die Erläuterungen gibt. Damit nicht nur die ohnehin Kompetenten von der Gruppenarbeit profitieren, muss die Aufgabe so gestaltet werden, dass alle Mitglieder unabhängig von ihrem Status in der Gruppe und der individuellen Kompetenz aktiv an Elaborationsprozessen beteiligt sind.

Eine weitere Anforderung an die Aufgabe im CSCL lautet, dass die Lernenden ein präsentierbares Ergebnis erstellen, dieses vorstellen und diskutieren können. Damit wird die Verbindlichkeit der Kooperation und neben der Analyse die Synthese von Lerninhalten gefördert. Die Präsentation kann außerdem Grundlage einer von den Lernenden selbst vorgenommenen Auswertung und Kritik sein (und ggf. eine Diskussion über die Lernmethode CSCL initiieren).

Ein prinzipielles Problem der Aufgabengestaltung ist »real« und »virtuell« die Dimensionierung der Aufgabe. Insbesondere ist auf die adäquate Gestaltung des Zeitrahmens zu achten. Dabei muss berücksichtigt werden, dass die Koordinationsprozesse im CSCL deutlich länger dauern. Zumindest am Anfang ist oft der Zeitrahmen zu eng gesteckt und die Teilnehmer fühlen sich überfordert. Die Evaluation des IT-Einführungskurses an der Open University zeigte beispielsweise, dass die Studierenden meist mehr Zeit investieren mussten als vorher festgelegt. Zwar wurde die Diskrepanz zwischen den Vorgaben der Kursleitung und der real investierten Zeit der Teilnehmer mit zunehmender Kompetenz geringer, trotzdem blieb Zeitmangel ein wesentliches Problem (vgl. Tab. 5).

Tabelle 5: Angaben der Teilnehmer des IT-Einführungskurs der Open University zum Zeitrahmen (nach Mason/Weller 2000)

Module	vorgegebene Zeit zu kurz	vorgegebene Zeit ausreichend
1	85%	15%
2	78%	22%
3	72%	28%

Clustert man die möglichen Aufgabenformen im CSCL nach Komplexität und Planbarkeit, dann lassen sich drei wesentliche Phänotypen finden (vgl. Tab. 6).

Tabelle 6: Zielbezogene Aufgaben nach dem Grad ihrer Strukturiertheit

Aufga-bentyp	Problemstellung	Informationsbedarf	Kommunikationsparameter	Lösungsweg
un-strukturiert	hohe Komplexität, niedrige Planbarkeit	unbestimmt	wechselnd, nicht festgelegt	offen
semi-strukturiert	mittlere Komplexität und Planbarkeit	problem-abhängig	wechselnd, festgelegt	geregelt bis offen
strukturiert	niedrige Komplexität, hohe Planbarkeit	bestimmt	gleich bleibend	festgelegt

Komplexe, unstrukturierte Aufgaben mit offenem Lösungsweg sind prinzipiell gut geeignet, selbst gesteuertes kooperatives Lernen zu initiieren. Aufgaben, die beispielsweise mehrere oder keine klaren Lösungen aufweisen, sind schwer nur durch einen Einzelnen zu lösen. Es besteht Ressourceninterdependenz, die Gruppe ist zwingend auf Kooperation angewiesen. Allerdings sind diese Aufgaben sehr anspruchsvoll und damit nicht für jede Lerngruppe geeignet. Sie können durch Überforderung zu Demotivierung führen. Wird dagegen die Aufgabe als zu anspruchslos gesehen, fühlen sich die Lernenden unterfordert und sind ebenfalls demotiviert. Ein iterativer Weg zur Lösung komplexer Aufgaben ist die sukzessive Einführung in kooperatives Lernen. Die Gruppenarbeit wird dabei anfangs durch leichte, eher informelle Aufgaben trainiert.

4. Fazit

Vergleicht man die Ausführungen zur technischen und zur pädagogischen Gestaltung von CSCL, wird exemplarisch deutlich, dass speziell für die pädagogische Konzeption von CSCL sehr viele Aspekte berücksichtigt werden müssen. Trotz der scheinbaren Evidenz des Einsatzes von CSCL ist die praktische Umsetzung noch weit von eindimensionalen Erklärungen und standardisierten Ratschlägen entfernt.

Zwar sagt beispielsweise Slavin (1996) dezidiert: »research on cooperative learning is one of the greatest success stories in the history of educational research«, trotzdem bleibt CSCL ein komplexes, von vielen Variablen bestimmtes Handlungsfeld, das sich einer eindimensionalen Faktorenanalyse weitgehend entzieht. Mit der Hinwendung zu einer prozess- und interaktionsorientierten Forschung, mit dem Fokus auf die bedeutungskonstruierenden Praktiken in Gruppen und auf das Design der dazu erforderlichen Artefakte (Stahl/Koschmann/Suthers 2006) kann es gelingen, den »Appellen an die Forscher« stärker gerecht zu werden. Offen bleibt, ob die weitere Forschung mit diesem Fokus »zu einem kohärenten Rahmenwerk sowie einer kohärenten Forschungsmethodologie für CSCL führen kann, wird und sollte« (a.a.O.). Entscheidende Bedingung dafür ist, dass die CSCL-Forschung nicht dominierend allein im technischen Bereich arbeitet. Auch wenn die höhere Faszination der spektakulären technischen Möglichkeiten im CS-Bereich nachvollziehbar ist, müssen für eine konsistente und erfolgreiche CSCL-Forschung speziell die Überlegungen zum CL-Bereich vertieft werden. CSCL ist und bleibt weit mehr eine pädagogische als eine technsiche Herausforderung.

Literatur

Arzberger, Heinz/Brehm, Karl-Heinz (Hg.) (1994): Computerunterstützte Lernumgebungen – Planung, Gestaltung und Bewertung. Erlangen.
Bremer, Claudia (2005): Handlungsorientiertes Lernen mit Neuen Medien. In: Lehmann, Burkhard/ Bloh, Egon (Hg.): Online-Pädagogik – Band 2 – Methodik und Content-Management. Baltmannsweiler: Schneider.
Brocher, Tobias (1982): Gruppendynamik und Erwachsenenbildung: zum Problem der Entwicklung von Konformismus oder Autonomie in Arbeitsgruppen. Braunschweig.
Chi, Michelene T. H./De Leeuw, Nicholas/Chiu, Mei-Hung/Lavancher, Christian (1994): Eliciting Self-Explanations. Improves Understanding. Cognitive Science, 18 (3), S. 439–477.
Collins, Mauri P./Berge, Zane L. (2000): Technological Minimalism in Distance Education. The Technology Source, November/December 2000. http://ts.mivu.org/default.asp?show=article&id=812 [04.05.2004].
Dillenbourg, Pierre/Schneider, Daniel (1995): Collaborative learning and the Internet. http://tecfa.unige.ch/tecfa/research/CMC/colla/iccai95_1.html [12.06.2007].
Döring, Nicola (2000): Lernen und Lehren im Internet. In: Batanic, Bernad (Hg.): Internet für Psychologen. Göttingen, S. 379-415.
Downes, Stephen (2006): Is E-Learning 2.0 For Real? http://www.downes.ca/cgi-bin/page.cgi?post=33383 [29.09.2006].
Ertl, Bernhard (2003). Kooperatives Lernen in Videokonferenzen. Förderung individuellen und gemeinsamen Lernerfolg durch external repräsentierte Strukturangebote. Dissertation. München: Ludwig-Maximilians-Universität.
Euler, Dieter/Seufert, Sabine/Wilbers, Karl (2004): eLearning in der Berufsbildung. In: Arnold, Rolf/Lipsmeier, Antonius (Hg.): Handbuch der Berufsbildung. http://www.scil.ch/publications/ [28.03.2006].
Gaiser, Birgit (2002): Die Gestaltung kooperativer telematischer Lernarrangements. Dissertation. Hamburg: Universität der Bundeswehr.
Gräsel, Cornelia/Bruhn, Johannes/Mandl, Heinz/Fischer, Frank (1996): Lernen mit Computernetzen aus konstruktivistischer Perspektive. München: LMU, Lehrstuhl für Empirische Pädagogik und Pädagogische Psychologie.
Hearnshaw, David (1999): Desktop Videoconferencing for Tutorial Support. PhD Thesis. University College London. http://www2.wmin.ac.uk/hearnsh1/Thesis/thesis.htm [12.09.2000].

Hesse, Friedrich W./Garsoffky, Bärbel/Hron, Aemilian (1997): Interface-Design für computerunterstütztes kooperatives Lernen. In: Issing, Ludwig/Klimsa, Peter (Hg.): Information und Lernen mit Multimedia. Weinheim, S. 252-267.

Hinze, Udo (2004): Computergestütztes kooperatives Lernen – Einführung in Technik, Pädagogik und Organisation des CSCL. Münster.

Iberer, Ulrich/Müller, Ulrich (2002): Sozialformen für E-Learning. Werkstatt für Neue Lernkultur. http://www.neuelernkultur.de [19.03.2006].

Jadin, Tanja/Batinic, Bernad (2005): Weblog im Einsatz bei Online-Gruppenarbeiten. Ein effektives Lernwerkzeug? Vortrag beim Workshop »Weblogs 05«, 16./17.11.2005, Linz. http://www.elearning.jku.at/dateien/jadin/Vortrag_Weblog05.pdf. [12.09.2006].

Johnson, David/Johnson, Roger (1989): Cooperation and competition: Theory and research. Edina.

Johnson, David/Johnson, Roger (1992): Positive interdependence: Key to effective cooperation. In: Hertz-Lazarowitz, Rachel (Ed.): Interaction in cooperative groups: The theoretical anatomy of group learning. Cambridge: Cambridge University Press, S. 174-199.

Johnson, David/Johnson, Roger/Holubec, Edythe Johnson (1993): Circles of learning: Cooperation in the classroom. Edina: Interaction.

Kerres, Michael (2006a): Web 2.0 und seine Implikationen für E-Learning. http://mediendidaktik.uni-duisburgessen. de/web20 [29.09.2006].

Kerres, Michael (2006b): Potenziale von Web 2.0 nutzen. In: Hohenstein, Andreas/Wilbers, Karl (Hg.): Handbuch E-Learning. München.

Kienle, Andrea (2003): Integration von Wissensmanagement und kollaborativem Lernen durch technisch unterstützte Kommunikationsprozesse. Dissertation. Universität Dortmund.

Kopp, Birgitta/Mandl, Heinz (2006): Selbst gesteuert kooperativ lernen mit neuen Medien (Praxisbericht Nr. 33). München: Ludwig-Maximilians-Universität, Department Psychologie, Institut für Pädagogische Psychologie.

Koschmann, Timothy (1994): Toward a theory of computer support for collaborative learning. Journal of the Learning Sciences, 3(3), S. 219–225.

Koschmann, Timothy (1996): Paradigm shifts and instructional technology: An introduction. In: Koschmann, Timothy (Ed.): CSCL: Theory and practice of an emerging paradigm. Mahwah: Erlbaum: 1-23.

Koschmann, Timothy (2002): Dewey's contribution to the foundations of CSCL research. In: Stahl, Gerry (Ed.): Proceedings of CSCL 2002, S. 17-22.

Koschmann, Timothy/Chan, Tak-Wai/Suthers, Daniel D. (2005): Computer Supported Collaborative Learning 2005: The Next 10 Years! Routledge.

Krempl, Stefan (1997): Das virtuelle College – (die) Zukunft für die Universität? http://viadrina.euv-frankfurto.de/~sk/Virtual-College/ZukUni1.html [12.08.2007].

Mason, Robin/Weller, Martin (2000): Factors affecting students' satisfaction on a web course. Australian Journal of Educational Technology 2000, 16(2), S. 173-200.

McConnell, David (2000): Implementing computer supported cooperative learning. London: Routledge Falmer.

Mosel, Stephan (2005): Praktiken selbstgesteuerten Lernens anhand der Nutzung von web-basierten Personal-Publishing-Systemen. Diplomarbeit. Universität Gießen. http://weblog.plasticthinking.org/media/1/diplom arbeit-weblogs-lernen.pdf [20.10.2006].

O'Reilly, Tim (2005): What Is Web 2.0. Design Patterns and Business Models for the Next Generation of Software. http://www.oreillynet.com/pub/a/oreilly/tim/news/2005/09/30/what-is-web-20.html [29.09.2006].

Panke, Stefanie/Gaiser, Birgit/Draheim, Susanne (2006). Weblogs als Lerninfrastrukturen zwischen Selbstorganisation und Didaktik. In: Dittler, Ullrich/Kindt, Michael/Schwarz, Christine (Hg.): Online Communities als soziale Systeme. Münster: Waxmann, S. 81-95.

Panke, Stefanie/Oestermeier, Uwe (2006): Weblogs in der Lehre – Drei Fallbeispiele. http://www.e-teaching.org/didaktik/gestaltung/kommunikation/weblog/weblogs_ 25.07.06cr.pdf [2.09.2006].

Parkins, Godfrey (2005): E-learning grows up. http://parkinslot.blogspot.com/2005/11/e-learninggrowsup. html [29.09.2006].
Pfister, Hans-Rüdiger/Wessner, Martin (2000): Evaluation von CSCL-Umgebungen. In: Krahn, Joachim/Wedekind, Joachim (Hg.): Virtueller Campus '99: heute Experiment – morgen Alltag?. Münster (S.139-149).
Pütz, Mark Sebastian (2006): E-Learning 2.0 – Buzzword oder ernstzunehmende Entwicklung? http://www.fortbildungbw.de/wb/09_bildungsanbieter/05_e-learning/zwei_null.php [29.09.2006].
Reetz, Lothar (1986): Konzeptionen der Lernfirma. Ein Beitrag zur Theorie einer Organisationsform wirtschaftsberuflichen Lernens im Betriebsmodell. Wirtschaft und Erziehung, 39(11), S. 351-365.
Reglin, Thomas (1997): Der elektronische Dozent: Erfahrungen aus der Praxis des Lehrens im Internet. http://www.bfz.de/cornelia2/home/dozent.htm [21.10.2000].
Reglin, Thomas (2004): Zwischen Effizienzversprechen und Sachzwang: Systematische Zielreflexion im eLearning. In: Institut der deutschen Wirtschaft Köln (Hg.): E-Learning: Theorie und betriebliche Praxis. Fallstudien aus der betrieblichen Bildungsarbeit. Köln, S. 9-34.
Reimann, Peter (1998): Warum eigentlich Lernen in Gruppen? Unterstützung kollaborativer Arbeitsformen in Teleteaching-Szenarien. http://paeps.psi.uni-heidel-berg.de/reimann/Learntec98/learntec.htm [13.09.2000].
Reinmann, Gabi (2006): Bologna und Web 2.0: Wie zusammenbringen, was nicht zusammenpasst? http://medienpaedagogik.phil.uni-augsburg.de/denkarium/wpcontent/uploads/2006/11/Vortrag_Bonn_Nov06.pdf [29.07.2007].
Reinmann-Rothmeier, Gabi/Mandl, Heinz (1999): Teamlüge oder Individualisierungsfalle? Eine Analysekollaborativen Lernens und deren Bedeutung für die Förderung von Lernprozessen in virtuellen Gruppen. München: Ludwig-Maximilians-Universität, Department Psychologie, Institut für Pädagogische Psychologie.
Rheingold, Howard (1993): The Virtual Community. Reading.
Robes, Jochen (2006): E-Learning 2.0 – Buzzword oder ernstzunehmende Entwicklung? http://www.weiterbildungsblog.de/archives/cat_elearning_20.html [29.09.2006].
Sader, Manfred (1998): Psychologie der Gruppe. Weinheim/München: Beltz.
Salomon, Gavriel (1995): What does the design of effective CSCL require and how do we study its effects? http://www.cica.indiana.edu/cscl95/outlook/62_Salomon.html [12.09.2000].
Salomon, Gavriel (2000): It's not just the tool, but the educational rationale that counts. http://construct.haifa.ac.il/~gsalomon/edMedia2000.html [21.01.2001].
Scardamalia, Marlene/Bereiter, Carl (1999): Schools as knowledge-building organizations. In: Keating, Daniel P./Hertzman, Clyde (Eds.): Today's children, tomorrow's society: The developmental health and wealth of nations. New York, S. 274-289.
Schmidt, Jan/Mayer, Florian (2006): Wer nutzt Weblogs für kollaborative Lern- und Wissensprozesse? Ergebnisse der Befragung ›Wie ich blogge?!‹ 2005. Berichte der Forschungsstelle »Neue Kommunikationsmedien«, Nr. 06-02.
Schneider, Daniel (2005): Gestaltung kollektiver und kooperativer Lernumgebungen. In: Euler, Dieter/Seufert, Sabine (Hg.): E-Learning in Hochschulen und Bildungszentren, Gestaltungshinweise für pädagogische Innovationen. München.
Slavin, Robert E. (1993): Kooperatives Lernen und Leistung: Eine empirisch fundierte Theorie. In: Huber, Günter L. (Hg.): Neue Perspektiven der Kooperation. Baltmannsweiler: Schneider, S. 151-170.
Slavin, Robert E. (1996): Research For The Future: Research on Cooperative Learning and Achievement: What We Know, What We Need To Know. Contemporary Educational Psychology, 21 (1), S. 43-69.
Stahl, Gerry (2006): Group Cognition. Computer Support for Building Collaborative Knowledge. Cambridge.
Stahl, Gerry/Koschmann, Timothy/Suthers, Dan (2006): Computer-supported collaborative learning: An historical perspective. In: Sawyer, Robert Keith (Ed.): Cambridge handbook of the learning sciences. Cambridge, S. 409-426.

Steiner, Ivan Dale (1976): Task-performing groups. In: Thibaut, John W./Spence Janet T./Carson Robert C. (Eds.): Contemporary topics in social psychology. Morristown: Learning Press, S. 393-422.

Straub, Daniela (2000): Ein kommunikationspsychologisches Modell kooperativen Lernens. Dissertation, Universität Tübingen. http://w210.ub.uni-tuebingen.de/dbt/voll-texte/2001/211/pdf/ Aktuell Dissertation_Straub.pdf [12.05.2001].

Till, A. (1999): Virtuelles Seminar/Gruppenarbeit. Computer Supported Collaborative Learning CSCL. http://studweb.studserv.uni-stuttgart.de/studweb/users/inf/inf-13425/projects/projektgr/gruppenarbeit.html [20.09.2000].

Wessner, Martin/Haake, Jörg/Schwabe, Gerhard (2004): Perspektiven. In: Haake, Jörg/Schwabe Gerhard/Wessner, Martin (Hg.): CSCL-Kompendium. München: Oldenbourg, S. 449-459.

Wessner, Martin/Pfister, Hans-Rüdiger (1999): Kooperative Lernumgebungen: Eine Beispielarchitektur und einEvaluationsrahmen. Positionspapier für den Workshop »Evaluierung von Computer Supported Cooperative (Tele-)Learning (CSCL) – Systemen«. Universität Hohenheim.

Autorinnen und Autoren des vorliegenden Bandes

Prof. Dr. Nicola **Döring**: Leiterin des Fachgebietes »Medienkonzeption und Medienpsychologie« an der Technischen Universität Ilmenau.
Arbeitsschwerpunkte: Psychologische Aspekte der Online- und Mobilkommunikation, Lernen und Lehren mit neuen Medien, Forschungsmethoden und Evaluation und Geschlechterforschung.

Prof. Dr. Johannes **Fromme**: Jg. 1956, Professor für Erziehungswissenschaftliche Medienforschung unter Berücksichtigung der Erwachsenen- und Weiterbildung an der Otto-von-Guericke-Universität Magdeburg, Institut für Erziehungswissenschaft.
Arbeitsschwerpunkte: Medienpädagogik und Medienbildung, Mediensozialisation und mediale Alltagskulturen und (mediale) Lern- und Bildungssettings für lebensbegleitende Bildung.

Dr. Udo **Hinze**: Jg. 1969, Projektleiter E-Learning im Schweriner Ausbildungszentrum.
Arbeitsschwerpunkte: Implementierung von E-Learning in Aus- und Weiterbildung, Computergestütztes Kooperatives Lernen und Internetbasierte soziale Lernprozesse.

Dr. Benjamin **Jörissen**: Jg. 1968, Wissenschaftlicher Mitarbeiter (Habilitand) am Institut für Erziehungswissenschaft an der Otto-von-Guericke-Universität Magdeburg.
Arbeitsschwerpunkte: Medienanthropologie und Medienbildung, Internet Studies, Theorie und Phänomenologie der Identität.

Prof. Lars **Løvlie**: Jg. 1938, Professor für Philosophy of Education am Institute for Educational Research an der University of Oslo, Norwegen und Gastprofessor am Department of Education an der Örebro University in Schweden.
Arbeitsschwerpunkte: Philosophy of Education, »Technoculture«, und Theory of liberal Education/Citizenship Education.

Prof. Dr. Winfried **Marotzki**: Jg. 1950, Professor für Allgemeine Pädagogik an der Otto-von-Guericke-Universität Magdeburg.
Arbeitsschwerpunkte: Lern- und Bildungstheorien, Qualitative Bildungsforschung, Internet Research und Audio-visuelle Kommunikation.

Prof. Dr. Norbert **Meder**: Jg. 1947, Universitätsprofessor für Allgemeine Systematische Pädagogik an der Universität Duisburg-Essen im Fachbereich Bildungswissenschaften, Institut für Berufs- und Weiterbildung.

Arbeitsschwerpunkte: Theorie der Erziehungswissenschaft, Bildungsphilosophie, Medientheorie, eLearning und Web-Didaktik.

Prof. Dr. Wolfgang **Nieke**: Jg. 1948, Gründungsprofessor für Allgemeine Pädagogik an der Universität Rostock.

Arbeitsschwerpunkte: Bildungstheorie, Interkulturelle Bildung und Identitätskonstruktion.

Prof. Dr. Arnd-Michael **Nohl**: Jg. 1968, Professor für Erziehungswissenschaft, insbesondere systematische Pädagogik an der Helmut-Schmidt-Universität Hamburg.

Arbeitsschwerpunkte: Qualitative Bildungs-, Medien-, Migrationsforschung, systematische und interkulturelle Pädagogik.

Dr. Wolfgang **Ortlepp**: Jg. 1955, war bis 2004 als Wissenschaftlicher Mitarbeiter am Lehrstuhl für Allgemeine Pädagogik (Prof. Marotzki) der Universität Magdeburg tätig und arbeitet seitdem als Referent des Rektors und des Prorektors für Forschung der Otto-von-Guericke-Universität Magdeburg.

Arbeitsschwerpunkte: Biografieforschung und Gedächtnis und Erinnerung aus erziehungswissenschaftlicher Perspektive.

Ph.D., Prof. Mark **Poster**: Jg. 1941, Professor für History und Film and Media Studies an der University of California, Irvine.

Arbeitsschwerpunkte: Media Theory, Internet Studies, Cultural Theory und European Intellectual History.

Prof. Dr. Birgit **Richard**: Professorin für Neue Medien am Institut für Kunstpädagogik an der Johann Wolfgang Goethe-Universität in Frankfurt am Main.

Arbeitsschwerpunkte: Neue Medien in Theorie und Praxis, Kritische Stilanalyse, Ästhetik aktueller Jugendkulturen und Konstruktion von Geschlecht in den Medien.

Dr. phil. habil. Udo **Thiedeke**: Privatdozent am Institut für Soziologie der Johannes-Gutenberg-Universität Mainz.

Arbeitsschwerpunkte: Soziologie der Medien und der virtualisierten Vergesellschaftung, Soziologie der Bildung und soziologische Theorien.

SPRINGER NATURE

GPSR Compliance

The European Union's (EU) General Product Safety Regulation (GPSR) is a set of rules that requires consumer products to be safe and our obligations to ensure this.

If you have any concerns about our products, you can contact us on ProductSafety@springernature.com

In case Publisher is established outside the EU, the EU authorized representative is:

Springer Nature Customer Service Center GmbH
Europaplatz 3
69115 Heidelberg, Germany

The manufacturer's authorised representative in the EU is Springer Nature Customer Service Centre GmbH, Europaplatz 3, 69115 Heidelberg, Germany. If you have any concerns regarding our products, please contact ProductSafety@springernature.com

Printed and bound by CPI Group (UK) Ltd, Croydon, CR0 4YY

25/03/2026

02078192-0003